Gender and the Politics of History

젠더와 역사의 정치

조앤 W. 스콧 지음 | 정지영 · 마정윤 · 박차민정 · 정지수 · 최금영 옮김

후마니타스

엘리자베스에게

차례

9   30주년판 서문

23   서론

1부 페미니즘 역사학을 향해

41   1장 여성의 역사

63   2장 젠더: 역사 분석의 유용한 범주

2부 젠더와 계급

105   3장 언어와 젠더, 그리고 노동계급의 역사에 대하여

131   4장 『영국 노동계급의 형성』의 여성들

3부 역사 속 젠더

171   5장 남성과 여성의 노동 정체성
          : 1848년 파리 의류 산업에서 노동과 가족을 둘러싼 정치

203   6장 통계로 재현된 노동: 『파리 산업통계 1847~48』

245   7장 "여성 노동자! 불경스럽고 더러운 단어,⋯⋯"
          : 1840~60년 프랑스 정치경제학 담론 속 여성 노동자

4부 평등과 차이

289   8장 시어즈 소송

307   9장 미국의 여성 역사가들, 1884~1984

341   10장 평등이라는 난제

372   감사의 글

374   옮긴이 후기

388   미주

430   찾아보기

일러두기

▮ 본문의 대괄호([ ])와 각주(✦)는 옮긴이의 첨언이며,
인용문에 추가된 지은이 조앤 스콧의 첨언은〔 〕로 구분했다.

▮ 단행본, 정기간행물에는 겹낫표(『 』)를,
소제목, 논문, 기고문 등의 한국어 표기에는 홑낫표(「 」)를,
노래 제목·시·영화·연극·텔레비전 프로그램 등에는 가랑이표(〈 〉)를 사용했다.

30주년판 서문

이 책이 처음 출판된 지도 30년이 지났다. 이토록 오랫동안 읽힌다는 것은 우리가 정치적·문화적으로 사용하는 말들 가운데 젠더가 여전히 중요하다는 것을 보여 준다. 젠더의 의미는 이미 확립된 것 같지만 그렇지 않다. 그 의미의 확립은 여전히 요원한 상황이다. "젠더"라는 말에는 사전의 한 항목으로는 다 포괄할 수 없을 만큼 많은 의미가 함축돼 있다. 페미니스트들이 로버트 스톨러의 성과 젠더, 생물학적인 것과 문화적인 것 사이의 구분을 가져와 사용하기 시작한 1970년대부터 이 용어는 논쟁을 불러일으켰으며, 그 후 시간이 지나면서 사용하는 이들이 눈에 띄게 많아졌고, 그만큼 열렬한 지지자와 비판자 모두 늘었다. 진보 쪽에서는 주디스 버틀러가, 젠더가 오랫동안 기초해 온 남/여 이분법을 "허물어야"undo 한다고 했다. 보수 쪽에서는 페미니즘과 동성 결혼을 반대하는 자들이 "젠더 이론"을 사회와 국가의 자연적 질서를 전복하려는 공산주의자들의 모략에 비유했다.[1] 번역과 관련한 문제 또한 크게 다가온다. "젠더"라는 단어가 존재하지 않던 언어들에 이 용어가 수입된 것은 영미권 포스트모던 철학에 대한 조건부 항복의 신호인가, 아니면 성적 질서를 구축하는 규범적인 범주들이 근본적으로 와해되고 있음을 시사하는가? 이 문제에 대한 두 입장 모두 그럴듯한 점이 있다.[2]

　논쟁이 계속된다는 것은 젠더 자체가 가진 규정하기 힘든 특성을 보여 준다. 신체적 차이에 고정된 의미를 부여할 수도 없고, 그 차이와 사회적 처신 및 성적 욕구의 관계 역시 고정적이지 않다. 역사적 기록은 젠더 범주의 가변성과 다양성을 입증하며, 인류학자들도 젠더 범주가 문화적으로 각양각색이라는 사실을 보여 준다. 또한 퀴어 연구자들은 성적 차이[성차]sexual difference의 경계들을 확고하게 단속하는 사회·문화에서조차 완전한 통제는 불가능하다는 증거를 내놓고 있다. 젠더 범주를 영원히 고정하려는 모든 노력들에도 불구하고, 우리의 정신은 규율에 따르기를 거부한다. 데니즈 라일리는 "저 이름이 날 부르는 건가?"Am I that name?✦ 라는 질문으로 여성 혹은 남성으로 지칭되었을 때의 어리둥절했던(아마도 대개가 그랬을) 반응을 우리에게 상기시킨다.[3] 젠더의 호명에 대한 아이의 혼란을 이야기하면서 버틀러는 다음과 같이 지적한다. "여기서 질문은 당연히 '나는 무슨 젠더인가?'가 아닐 것이다. 그보다는 '젠더가 나한테 바라는 것은 무엇인가' 혹은 더 정확히 말하자면, '나에게 젠더를 배정함으로

✦　셰익스피어의 희곡 『오셀로』 4막 2장 중 데스데모나의 대사. 오셀로는 이아고의 간계로 아내 데스데모나가 자신의 부관인 캐시오와 불륜 관계에 있다고 오해하고 그녀를 '창녀'라 부르며 모욕한다. 이를 들은 데스데모나가 충격과 슬픔에 빠져 던지는 말이다.

써 누구의 욕망이 달성되고 있으며, 나는 어떻게 대응할 수 있는가?'일 것이다."[4] 이런 관점에서 볼 때 젠더는 성별sex을 명료하게 인식하게 하는 좌표를 제공하기 위한 시도로, 역사적·문화적으로 변화하는 것이다. 따라서 그 자체로 그것은 결코 어느 하나의 의미로 고정할 수 없다. 그리고 바로 이 불확정성 때문에 젠더가 역사 분석에서 계속해서 유용한 범주로 남아 있는 것이다.

젠더의 불확정성 ─ 결코 성차의 의미들을 최종적으로 고정시킬 수 없는 젠더의 무능 ─ 에 대한 나의 사유는, 처음에는 미셸 푸코의 영향을 받은 것이었다. 근대성 속의 편재하는 권력, "권력"을 나타내는 것이라고는 생각지도 못했던 보통의 관계 속에 존재하는 권력에 대한 그의 주장은 사회사 그리고 나중에는 문화사에 큰 영향을 미쳤다. 푸코는 권력을 어떤 대상으로 정의하는 것을 거부했는데, 이는 그것을 규칙, 법, 부, 폭력의 독점 같은 것들과 관련된 어떤 양도 가능한 자산으로 보지 않겠다는 것이었다. 그 대신 그는 권력을 관계적이며 생성적인 것으로 바라보고, 그것을 그 효과의 측면에서 이해하려 했다. 권력은 억압적인 것이 아니라 생산적인 것이고, 주체를 구성하는 것이며, "담론을 따라 흐르고, 사람들 사이를 지나는" 것이었다.[5] 문제는 누가 권력을 잡는가가 아니라 권력이 어떤 형태를 띠며 어떤 작용을 하는가였다.

푸코에 의해 권력에 대한 연구는 더 이상 국가기관 및 국가의 대리인들에 대한 연구에 국한되지 않게 되었고 넓은 범위의 인간 활동에 대한 연구로 확장되어, 이전에는 정치적 영역의 바깥에 놓여 있다고 생각했던 것들 ─ 과학, 예술, 문학, 심지어 성과 성적 욕망 ─ 까지 포함하게 되었다. 이런 인간 활동과 권력은 그 영역이 따로 분리되어 있는 것이 아니라 상호 구성적이다. 예를 들어, 과학은 경제정책을 정당화하고, 예술과 문학은 규범적 이상이 "상식"이 되도록 돕는다(물론 때로는 그런 인식에 도전하기도 한다). 또 학회들은 전문 지식의 위계와 지식 생산의 기준을 정한다. 지식 생산은 그 자체의 내부 정치에 의해 분열돼 있는 것이면서 동시에 전통적인 의미의 권력 역학에도 긴밀히 연결되어 있다.[6]

여성과 섹슈얼리티의 역사를 연구하는 연구자들에게 푸코의 논의는 젠더에 대한 새로운 사유의 길을 열어 주었고, 이를 통해 우리는 기존의 주제를 넘어 연구의 경계를 확장할 수 있었다. 이제 우리는 젠더에 대한 새로운 사유를 통해 여성과 남성의 불평등한 관계에 대한 질문과 기존의 관습을 거스르는 섹슈얼리티에 대한 질문뿐 아니라 성차가 표면적으로는 성과 전혀 상관없어 보이는 제도를 구축하는 데 (문자 그대로나 비유적으로가 아니라) 구성적으로 얼마나 중요한 작용을 하는지에 관한 질문을 제기할 수 있게 되었다. 이는 내게 여성 및 젠더 연구가 역사학에서 분리된 하위 분야로 분류되는 것을 넘어설 수 있는 길, 곧 젠더에 주목함으로써 차이·권력·정치에 대한 오래된 질문들을 새롭게 통찰할 수 있다고 주장할 수 있는 길을 제시해 주었다. 이런 관점에서 볼 때 젠더는 단순히 여성이 [역사 서술에] 등장하는지 부재하는지의 문제가 아니라, 성차가 온갖 종류의 차이들(인종적·종교적·제국적·문명적 차이 등)을 의미화하고 그 차이들 내부와 여러 차이들 간의 위계를 설정하는 데 어떤 식으로 이용되는지의 문제다.[7]

젠더의 불확정성에 대한 나의 사유는, 내가 정신분석 이론을 활용해이 책을 집필한 이후 해를 거듭하며 더 선명해졌다. 1980년대에 나는 정신분석에 대해 회의적이었다. 그것이 몰역사적이라고 생각했기 때문이다.

그러나 그 후 애덤 필립스가 — 언어와 그것이 연상시키는 많은 것들에 주목하며 포스트구조주의, 포스트 식민주의, 인종주의 이론의 눈으로 프로이트를 독해하면서 — "포스트 프로이트적" 프로이트✦라고 명명한 것에 비추어 내 관점을 갱신하게 되었다.⁸ 장 라플랑슈는 "해부학적인 성차는 불확정적이고, 인지적이며, 그저 환상일 뿐이라는 특징을 갖는다"라고 언급하며 성차는 그보다 선행하는 젠더 배치에 대한 근거가 될 수 없다고 말한다.⁹ 알렌카 주판치치는 다음과 같이 지적한다. "프로이트의 발견에서 핵심은 정확히 인간의 섹슈얼리티에 '자연적'이거나 미리 정해진 것은 없다는 것이었다. …… 성적인 것은 정확하게 기술되거나 경계 지어질 수 있는 실체가 아니다. 그것은 경계가 정해지거나 한계 지어질 수 없다는 불가능성 그 자체다. …… 성적인 것은 인간 활동이나 삶에서 따로 분리된 영역이 아니다. 그래서 그것은 인간 삶의 전 영역에 걸쳐 있을 수 있다."¹⁰ 이것이 의미하는 바는, 성과 성차라는 것이 인간 활동의 어떤 다른 분야에 대한 단순한 은유가 아니라는 점이다. 그것은 [인간 삶의 모든] 영역들과 관련한 개념화 속에 항상 이미 얽혀 들어 있다.

성차를 영원한 수수께끼로 보는 포스트 프로이트적 프로이트의 이론화는 내가 젠더를 역사화하는 데 핵심적이다. 남/여 범주는 정치적 시기마다 서로 다른 형태를 띠며 그 시기를 이해하는 방법을 제공한다. 만약 젠더가 지시하는 성적 차이들이 궁극적으로 불가해한 것이라면, 젠더의 범주들은 바로 그런 이유로 말랑말랑한 것이다. 젠더 범주는 다른 제도들

✦ 애덤 필립스는 프로이트 이론에는 서로 상반된 경향성이 동시에 존재한다면서 이를 "계몽주의적" 프로이트와 "포스트 프로이트적" 프로이트라 명명했다.

과 연관되면서 그 제도의 의미를 분명하게 할 수 있을 뿐만 아니라 그 제도 — 가족, 인종, 국가, 민족 등 — 자체와 그 내부의 위계적 분할을 설명하고 정당화하는 데 이용될 수 있다. 이런 의미들은 문자나 이성적인 방식으로 표현될 수도 있지만 무의식적인 것에 호소함으로써 확보될 수도 있다. 이때 동원되는 것이 성적 판타지나 거세에 대한 공포 같은 것들이다. 이런 식으로 젠더는 그런 제도들에 의미를 부여하고 또한 그것들로부터 의미를 부여받는다. 내가 1986년에 이야기했듯이, "역사가들은 젠더 개념이 사회관계들을 정당화하고 구성하는 방식에 대한 탐색을 통해 젠더와 사회 사이의 상호적인 특성과 정치가 젠더를 구성하고 젠더가 정치를 구성하는 구체적이고 맥락적으로 특수한 방식들에 대한 통찰을 발전시킬 수 있다." 이 복잡한 구성 과정을 파악하는 방법 중 하나는 정신분석 이론의 도움을 받는 것이다.[11]

정치사는, 젠더와 정치가 과거와 현재 속에서 서로를 어떻게 구성해 왔는지에 대한 정신분석학적 독해를 통해 새로운 방식으로 확장된다. 과거에 젠더와 정치가 어떻게 서로를 구성했는지를 보여 주는 예로는, 페미니스트 역사가 엘리안 비엔노의 저작에 등장하는 프랑스의 앙시앵레짐을 들 수 있다. 비엔노는 르네상스 시대부터 프랑스혁명 직후까지의 시기를 다루며 여성과 정치권력에 관해 훌륭한 책을 몇 권 썼다. 그녀는 여왕, 섭정, 어머니, [궁정의] 시녀들이 15세기부터 17세기까지 수행한 엄청난 정치적 역할들을 기록했다. 이에 따르면, 발루아 왕가의 왕들은 귀족 여성들에게 특별히 의존했다. 당시 귀족 여성들은 궁정 사회를 자유롭게 누비며 공공연히 공적인 역할을 수행했다. 그들✦의 참여가 보편적으로 받아들여진 것은 아니었다. 이는 유명한 여성 논쟁✦✦과 [여성에 반감을 가진 부르주아, 지방정부의 대변인들, 외국인들이 몇 세기에 걸쳐 썼던 여성 혐오적 저작들만 봐도 알 수 있다. 그러나 그 비난이 "순수한" 여성 혐오 같은 것은 아니었다. 그것은 일종의 사회적 저항으로, 그 동기는 그들이 비난했던 여성들의 활동 훨씬 너머에 있었다. 그럼에도 불구하고 부르봉왕조 이전까지만 해도 귀족 여성들이 정치 영역에서 완전히 배제된 것은 아니었다. 군주의 권력을 강화하려는 노력 속에서, 왕이 파견한 지방관들은 귀족 여성들을 변덕스럽고 경망스러우며 사치와 향락만을 쫓는 존재로 묘사했다. 이런 이유로 그들은 진지한 정치적 논의 과정에 귀족 여성들을 참여시킬 순 없다고 주장했다. 흥미롭게도 이런 특성화는 귀족 **남성**으로까지 확장되어, 이들은 절대왕정의 설계자들에 의해 궁정 생활의 하찮은 부속물이며 위험한 관계―그들의 정치적 무능을 나타내는 성적 음모들―를 통해 영향력을 행사하는 존재로 축소되었다. 한때 자신들의 존재를 규정해 주었던 특권들을 잃게 되자 궁정 귀족들은 여성화된 존재로 재현되기 시작하며 사실상 거세된 것이다. [이렇듯] 귀족층에 대한 여성화된 묘사는 18세기 혁명가들이 발명한 것―나도 한때 그렇다고 생각했다―이 아니라 절대

✦ 이 책에서 2인 이상을 지시하는 대명사는 성별과 무관하게 '그들'로 쓴다.

✦✦ '여성 논쟁'은 르네상스 시기에 시작돼 근 400년간 유럽 전역에서 펼쳐졌다. 그 양상은 주로 여성을 열등하고 사악한 존재로 묘사하는 여성 혐오적 저작이 출판되면 그에 맞서 여성의 능력, 가치, 품성 등을 긍정적으로 평가하는 여성 우호적 저작이 출판돼 공론 장에서 격돌하는 식이었다. 자세한 내용은 다음을 참조하라. Joan Kelly, "Early Feminist theory and the 'Querelle des Femmes', 1400~1789," *Signs*, 1982, Autumn, Vol. 8, No. 1.

왕정의 시작으로 거슬러 올라간다. 절대왕정 체제에서 권위는 오로지 왕 혼자만의 것이어야 했다. 나머지는 모두 왕의 통치권을 입증해 주는 존재였다. 누가 책임자인지, 누가 남근 — 권력의 기표 — 의 소유자인지에 관해 혼란은 없어야 했다.[12]

남근의 소유를 둘러싼 혼란은 18세기 민주혁명과 더불어 찾아왔다. 왕은 더 이상 정치권력을 체현한 존재가 아니었으며, 다른 인물이 그 자리를 대신한 것도 아니었다. 프로이트의 『토템과 터부』는 이 점을 정확하게 이해하고 있다. 원부를 타도한 후 존속살해자들은 같은 처지의 형제가 되었고, 그중 어느 하나가 원부의 자리를 차지할 수 없도록 하는 규칙을 설정한 것이다(형제권제fratriarchy가 가부장제를 대체한 것이다). 그 규칙에서 왕의 신체는 육체에서 분리된 추상적 개념들 — 국가, 민족, 시민, 의원, 개인 — 로 대체된다. 클로드 르포르는 이를 다음과 같이 설명한다. "권력의 중심지는 텅 비게 된다. …… 이는 어떤 개인이나 집단도 그것과 동체가 될 수 없다는, 그리고 그것은 대표될 수 없다는 뜻이다."[13] 형제들 간의 경쟁은 그럼에도 불구하고 지속된다. 프로이트가 쓴 대로 "그들 각자는, 자기 아버지가 그랬던 것처럼, 모든 여자들을 혼자 독점하고 싶었을 것이다."[14] 라캉은 이 판타지를 "남근의 예외"phallic exception✦ 라고 부르는데, 이는

✦ 라캉의 성차 공식에 의하면 남성 주체의 형성은 상징적 거세의 수용에서 출발한다. 그런데 '상징적 거세'가 주체 형성의 출발점이라는 명제가 논리적으로 성립하려면 거세되지 않은 예외적 존재를 가정할 필요가 있다. 이 예외적 존재를 라캉은 프로이트의 『토템과 터부』에 등장하는 원부라고 간주한다. 남성 주체는 '상징적 거세'를 수용하지만 동시에 원부의 위치를 끊임없이 욕망하는 존재다. 이에 관한 자세한 설명은 다음을 보라. 김석, 『에크리: 라캉으로 이끄는 마법의 문자들』, 살림, 2007, 204-20쪽.

원부에 대한 동일시(공통적으로 남근을 갖고 있다는 사실로 환원된)를 통해 형제들 중 하나가 아버지의 역할을 할 자격을 부여받는다는 의미다.[15]

남근의 예외 판타지에 대한 예시는 우리 시대 정쟁들에서도 얼마든지 찾아볼 수 있다. 가장 극적인 예로는 (화려한 여자들에게 둘러싸여 있는) 베를루스코니와 트럼프를 들 수 있겠지만, 프랑스 대통령 마크롱의 베르사유궁전과 절대왕정식 장치에 대한 애호+도 마찬가지다.

2016년 대선 후에 언론인 애덤 샤츠는 도널드 트럼프의 "동물적 매력", "힘"의 회복에 대한 꿈, 그리고 그 지지자들의 법과 질서의 신성함에 대한 갈망에 관한 글을 썼다. 그는 트럼프가 절대 권력에 대한 판타지를 체현하게 되었다고 지적했다.[16] 내가 보기엔 이런 판타지가 그의 성공을 설명해 준다. 트럼프의 과잉들(딸까지 포함한 그 모든 여자들, 그 모든 재물, 이민자·흑인·라틴계를 향한 모욕적 언동, 그 모든 자만)은 모두 그의 힘(남근적 힘)을 보여 준다 — 그는 원부였던 것이다. (그 작은 손에도 불구하고) 트럼프가 수행한 특대형 남성성은 그가 잃어버렸거나 위협받고 있는 질서를 회복시킬 능력을 가진 것처럼 보이게 만들었다. 트럼프가 저지른 각종 위반들(파산, 탈세, 불륜, 부당이득 등)은 역설적으로, 법을 부과하고 집행할 수

+ 강한 대통령을 추구한 마크롱은 권위를 가진 리더의 면모를 과시하는 여러 상징적 장치를 이용했다. 그중 대표적인 것이 2017년 7월, 취임한 지 한 달이 갓 지난 시점에 이례적으로 상·하원 의원 전체를 의사당이 있는 파리 시내에서 한참 떨어진 베르사유궁으로 소집해 양원 합동 연설을 하면서 정치 개혁과 개헌 구상을 천명한 일이다. 이 합동 연설 이후 프랑스 언론은 마크롱 대통령이 절대군주처럼 행동한다며 그에게 "소년 왕자" "태양왕" "주피터" 등의 별명을 붙였다. 마크롱 내각에서 직접 이런 절대군주적 이미지를 퍼뜨리기도 했는데, 브뤼노 르 메르 재무부 장관은 미국 뉴욕에서 열린 기업인들과의 회동에서 "에마뉘엘 마크롱은 주피터이고 나는 전령의 신인 헤르메스"라고 언급하기도 했다.

있는 그의 능력을 인증해 주었다. 그는 프로이트가 이론화한 전능한 아버지, 법을 만들지만 그 법을 지키지는 않아도 되는 자였다. 남녀 모두에게 통했던 트럼프의 매력은 인종적·젠더적 위계와 관련해 잃어버렸거나 위협받고 있는 질서를 회복시키겠다는 약속에 기반을 두고 있었다. 그 매력은 합리적이거나 계획적으로 만들어진 것이 아니라 리비도로 만들어졌다. 성적 매력과 그에 대한 응답이 승리한 것이다. 자기를 따른다면 우리가 필요로 하는 안전을 최대한 제공하겠다고 트럼프는 약속했다. 그의 특출한 남성성은 경제적 불황과 사회 분열, 그리고 테러리즘의 위협에 대한 해결책이었다. 원부의 복원에 대한 판타지와 많은 백인들이 상실해 가고 있다고 혹은 상실했다고 생각한 특권의 복원이 연관돼 있음은 대선 이후 점점 더 명확해졌다.

그와 대조적으로, 힐러리 클린턴은 논리와 이성으로 트럼프에 맞서려 했다. 클린턴의 패배는, 그녀가 대변했던 것들(월스트리트와의 깊은 관련이나 엘리트적 세계시민주의)이나 경제·인종 이슈 등에서의 말 바꾸기 때문만은 아니었다. 그녀가 가진 매력의 본질, 그 자체가 패배의 원인이었다. 그녀는 사실을 토대로 트럼프의 거짓말을 바로잡았고, 구체적인 쟁점을 이야기하며 실질적인 정책을 내놓았다. 그러나 그녀의 말이나 태도에는, 트럼프처럼 리비도적 에너지를 불러일으키는 그런 것이 없었다. 물론, 수백만 명이 그녀에게 투표했다 ─ 사실 일반투표[득표수]에서는 클린턴이 이겼다. 그러나 그녀의 말과 태도는 분노한 백인 노동계급과 중간계급에게 위안이 되지 못했다. 도시와 시골을 막론하고 이들은 트럼프를 택했다. 그리고 물론, 클린턴이 여자라는 사실도 그녀가 발산할 수 있는 매력의 범위를 제한했다. 그녀가 그렇게 공부벌레 같은 사람이 아니었다 해도, "동물적 매력"을 갖춘 여성 후보는 결코 절대 권력의 화신으로 보일 수 없었을 것이다. 트럼프의 과잉들은 그의 힘(그의 남근적 힘)을 보여 줬지만, 그런 과잉이 여성 후보에게 나타났다면 그것은 그녀가 공직에 적합하지 않음을 증명할 뿐이었을 것이다. 사실 그런 종류의 과잉 없이도 클린턴의 출마는 맹렬한 여성 혐오적 반응들을 끌어냈다.[17]

트럼프 현상은 역사가들과 현대 정치에 중요한 질문들을 제기한다. 그 질문들은 젠더에 대한 우리의 연구가 향해야 할 방향을 제시해 준다. 남근적 권력에 대한 요구에 직면해 어떤 종류의 정치적 대응이 가능할까? 역사적으로 절대왕정의 대안이었던 민주주의는 그것과 똑같이 강력하지만 다른 종류의 리비도적 호소력을 가지고 있는 것일까? 그 호소력의 본질은 무엇일까? 그것은 어떤 무의식적 과정들을 불러일으키는 것일까?

만약 젠더의 의미들이 불확정적이며 종종 변덕스럽다면, 만약 그것들이 정치적 규제와 저항의 가변적 방편이라면, 젠더 연구에서 우리는 그저 질문만 제기할 수 있을 뿐이다. 우리는 성차의 의미가 무엇이 될지, 어떻게 그리고 어떤 말로 그 의미가 옹호되고 도전받으며 위반될지 미리 알 수 없다. 젠더가 **어떻게** 정의되고 있는가가 우리가 제기하고 있는 질문이다. 즉, 젠더는 어떤 작용을 하고 있으며, 누구에 맞게 작동하고 있는가? 젠더 범주의 불확실성과 불확정성에 입각해 볼 때, 이에 대한 답변은 역사적·정치적·문화적·시간적 맥락에 따라 달라질 것이다. 이런 식으로 정신분석 이론을 통해 우리는 젠더 범주를 역사의 산물로 바라볼 수 있고, 그 범주들의 다양한 접합에 대해 연구할 수 있다.

이런 식의 연구를 위해 잊지 말아야 할 일반적인 질문이 몇 가지 있다. 이 질문들은 각각 다른 대상을 다루는 것처럼 시작하지만(첫 번째 경우에는 젠더, 두 번째 경우에는 정치 체계), 결국 그것들이 필연적으로 상호 연관돼 있다고 상정한다. 즉, 정치는 젠더를 구성하고 젠더는 정치를 구성한다는 것이다.

1. 젠더라는 말에 질겁하는 반응이 나온다면, 우리는 이렇게 질문해 봐야 한다. 어떤 정치적 사상과 제도들이 성차를 영속적인 "진리"로 확립함으로써 스스로를 정당화하려는 것 아닌가? 심하게 경계한다는 것은 그만큼 곤경에 처했다는 확실한 징조다. 그 예는 페미니즘 이론과 퀴어 이론에 반대하는 세력에게서 나오는 종말에 대한 비통한 예언들에서 찾을 수 있다. 이들의 주장은 여성과 남성에 관한 확립된 규범들을 역사화하는 것이 곧 문명화된 삶의 기반 자체에 대한 공격이라는 것이다. 두 가지 예만 들어 보자면 다음과 같다. 1999년, 국제형사재판소 설립으로 귀결된 논쟁 중 한 평론가는, 만약 생물학적으로 정의된 남성과 여성을 넘어선 어떤 것을 지칭하도록 "젠더"라는 용어가 받아들여진다면, 국제형사재판소는 "전 세계 사회들을 근본적으로 재구성하는" 위치에 서게 될 것이라고 지적했다. 2011년에 젠더 평등을 지향하는 프랑스 교과과정에 반대한 사람들과 2013년에 프랑스의 동성 결혼 합법화에 반대한 사람들 또한 성차의 기존 의미들에 도전하는 젠더의 급진적 가능성에 대해 이와 같은 우려를 드러낸 바 있다. 그들의 주장에 따르면 "젠더 이론"은 "성차를 부정함으로써 우리 사회의 구조를 전복할 것이며, 그 기반 자체에 대한 의문을 불러일으킬 것"이었다.[18] 젠더 규범에 대한 도전이 어떻게 해서 기존 정치 체

계를 위협한다는 걸까? 무슨 체계를 어떤 방식으로 위협한다는 걸까? 이 때 사용된 언어는 그들이 [중요하게 여겨] 정신적으로 투자하는 그 무언가를 어떻게 드러내 보여 주는가?

2. 정치 체계가 위기에 처했을 때, 그 위기를 촉진하거나 해소하기 위해 젠더는 어떤 식으로 원용되는가? 역사가 메리 루이스 로버츠는 제1차 세계대전 이후에 나타난 그런 연관성에 대해 다음과 같이 기술했다. "'남성'과 '여성' 사이의 경계가 흐려지는 것 — 남녀라는 성별이 없는 문명 — 은 문명 그 자체의 붕괴를 가늠하는 주요 준거의 역할을 했다."[19] 규범적 젠더 범주는 어떻게 기존의 위계 구조를 방어하는 무기의 역할을 해왔는가? 또 그런 구조들을 강화하려는 시도는 어떻게 규범적 젠더 범주를 "진리"로 확고히 했는가? 젠더에 대한 각종 호소들은 전쟁의 정당화에 대해서 혹은 정치 지도자들의 동기와 야심에 대해서 우리에게 무엇을 말해 주는가? 선거운동에 내포돼 있는 성적인 메시지들은 무엇인가? 그중 어떤 것이 성공하고 어떤 것이 실패하는가? 성공과 실패의 조건은 무엇인가?

제기될 수 있는 질문은 훨씬 더 많겠지만 한 가지는 확실하다. 젠더와 정치가 상호 구성적인 것으로 이해될 때 역사 연구는 더없이 풍요로워질 것이라는 점이다. 우리는 이전에는 고려해 본 적 없는 표현과 생각들 — 마음 깊은 곳의 무의식적 투자를 드러내 보여 주는 — 을 깊이 파고들어 세심히 읽어 내야 할 테지만, 바로 거기서 다양한 통찰들을 발견할 수 있을 것이다. 그런 통찰들은 분명 우리를 해결 불가능한 모순과 모호함, 정치나 젠더와 관련한 범주들에 내재하는 정신적 불안정과 불안으로 이끌 것이다. 그런 불안정함은 끈질기게 해결을 요구할 테지만, 해결이란 궁극적

으로 불가능하기에, 오히려 이 통찰들은 변화의 가능성과 그 시작을 보여
줄 것이다.

2017년 9월
메인주 디어 아일에서
조앤 W. 스콧

서론

나는 이 책을 펨브로크 센터 논문집이라고 생각한다. 이 책에 수록된 글들은 모두 내가 브라운 대학의 펨브로크 여성교육및연구센터에 소장으로 있을 때 나눴던 토론에서 영감을 받아 쓰게 된 것이기 때문이다. 그곳에는 직관적이면서 탐구적으로 사고하는 뛰어난 학자들이 있었는데, 이들의 작업은 연구와 저술에 대한 인식을 전환하고 새로운 방향을 제시해 주었다. 센터에서 진행된 세미나 덕분에 나는 포스트구조주의 이론을 진지하게 받아들이게 됐고, 그것이 사회사를 연구하는 역사가에게 어떤 함의가 있는지 고민할 수밖에 없었다. 그 과정은 보람차면서도 힘들었다. 이를 통해 여성사를 쓰고자 하는 페미니스트로서 마주한, 나를 짓눌렀던 철학적 질문들을 다루게 되었지만, 동시에 내가 몸담고 있던 분과 학문의 전제들에 대해 예상보다 훨씬 더 근본적으로 비판적이게 되었다. 또한 나는 주로 문학 연구자들에게서 포스트구조주의 이론을 배웠기 때문에 새로운 분야에 입문한 이들이 겪을 수밖에 없는 문제들도 마주하게 됐다. 언어와 번역의 문제, 지배적인 학문 패러다임을 적용할 수 있는지의 문제, 그리고 역사학의 방법론과 기획을 문학의 그것과 서로 대립하는 것으로 보았던 것이 ─ 만약 유의미하다면 ─ 얼마나 유의미한지 같은 문제들 말이다. 나는 이 문제들을 추상적인 쟁점으로서뿐만 아니라 내 직업적·정치적 정체성에 대한 질문으로 절실하게 경험했다.

이 책에 수록된 글들은 이런 문제들을 탐구하는 하나의 방식으로 제시된 것이기 때문에 각 글은 부분적이거나 완결적이지 못하거나 서로 이질적인 것처럼 보일 수 있다. 그럼에도 불구하고 이 글들은 ─ 각기 다루는 주제와 실질적인 소재는 다양하지만 ─ 젠더와 역사라는 주제, 그리고 이 둘의 연관성을 드러내고자 하는 시도라는 점에서 서로 연결되어 있다. 게다가 전체적으로 보았을 때, 논의를 점차 쌓아 올리는 방식으로 엮여 있다. 이런 이유로 이 책에 수록돼 있는 글들은 각각을 독립적인 것처럼 무작위로 읽어서는 안 되며, 장별로 순서대로 읽어야 한다. 각 장들은 대체로 기존에 논문으로 발표된 것들이지만, 젠더와 역사라는 이 책의 주제를 발전시키기 위해 대폭 새로 쓴 것이다.

이 글에서 젠더란, 성차에 관한 지식을 의미한다. 나는 미셸 푸코를 따라 인간관계, 여기서는 남성과 여성의 관계에 대해 문화 및 사회가 생산해 낸 이해라는 의미로 지식을 사용한다.[1] 이런 지식은 절대적인 진리가 아니며, 늘 상대적이다. 지식은 그 자체로 독자적인(적어도 그에 준하는) 역사를 가진 거대한 인식론적 틀에 의해 복잡한 방식으로 생산된다. 지식의 쓰임새와 의미는 정치적으로 경합하며, 이를 통해 권력관계 ─ 지배와 종속의 관계 ─ 가 구축된다. 지식은 관념을 일컫는 것일 뿐만 아니라 제도와 구조, 일상적 실천과 특수한 의례까지도 포함하는 것이며, 이 모든 것이 사회적 관계를 구성한다. 지식은 세계에 질서를 부여하는 한 방식으로, 사회적 조직의 구성 과정에 앞서는 것이 아니라 이런 사회적 조직화와 떨어뜨려 놓고 생각할 수 없는 것이다.

따라서 젠더는 성차의 사회적 구성이다. 그러나 그렇다고 해서 젠더가 여성과 남성의 고정적이고 자연적인 신체적 차이를 반영하거나 실행한 결과물이라는 뜻은 아니다. 오히려 젠더는 신체적 차이들에 의미를 부여하는 지식이라고 할 수 있다. 그 의미는 문화에 따라, 사회집단에 따라, 그리고 시기별로 다양하다. 여성의 재생산 기관을 비롯해 신체와 관련한 그 어떤 것도 사회적 구분이 어떻게 형성될 것인가를 단일하게 결정지을 수는 없기 때문이다. 성차는 몸에 대한 우리의 지식 작용을 통해서만 인식된다. 그리고 그 지식은 "순수"하지 않으며, 더 넓은 담론적 맥락과 떨어뜨려 놓고 생각할 수도 없다. 그러므로 성차는 사회적 조직화를 본질적으로 도출해 내는 근본 원인이 아니다. 오히려 성차는 가변적인 사회적 구성물로, 그 자체가 설명되어야만 하는 대상이다.

이 접근법에서 역사는, 성별의 사회적 구성에서 나타난 변화에 대한 기록일 뿐만 아니라 결정적으로 성차에 대한 지식 생산에 관여하는 요소라는 점에서 중요하다. 나는 과거에 대한 역사의 재현이 현재의 젠더 구성에 일조한다고 본다. 이 과정이 어떻게 일어나는지를 분석하기 위해서는 역사학의 가정과 관행, 수사, 그리고 역사학에서 너무 당연시하거나 기존의 관행과는 너무 동떨어져 있어 보통은 역사가의 관심을 끌지 못했던 것들에 주목할 필요가 있다. 역사가 실제 삶에 대한 충실한 기록이라는 관념, 아카이브가 사실의 보고라는 관념, 남성과 여성 같은 범주들이 투명한 것이라는 관념 같은 것들 말이다. 또 역사가들의 수사학적 관행, 역사적 텍스트의 구축, 그리고 역사학이라는 분과 학문 안에서 만들어지는 정치 — 즉, 권력관계 — 도 검토해 봐야 한다. 이 책에서 역사는 분석의 방법이기도 하지만 분석적 관심의 대상이기도 하다. 이 두 측면을 함께 바라본다면, 역사학은 젠더 지식이 생산되는 과정을 이해하는, 그리고 그 과정에 기여하는 매개가 되어 줄 것이다.

이 책에 실린 글들은 젠더와 역사라는 주제로 묶이기도 하지만, 이론에 몰두하고 있다는 점에서도 하나로 묶일 수 있다. 비록 역사가들이 (적어도 미국에서는) 성찰적으로 또는 엄밀하게 자신의 이론을 다루도록 훈련받는 것은 아니지만, 나는 페미니즘 역사학을 하기 위해서는 계속해서 이론적 질문을 제기할 필요가 있음을 알게 됐다. 내 생각에 이는 여성사가 역사학에 일반적으로 미치는 영향이 상대적으로 제한적이라는 좌절감과 그 이유를 이해하고자 한 내 욕구로부터 비롯된 것이다. 과거나 지금이나 내동기는 다른 페미니스트들과 마찬가지로 여성과 남성 간의 불평등을 짚어 내고 변화시키는 것으로, 명백히 정치적이다. 그리고 이와 같은 동기는 젠더뿐만 아니라 인종이나 민족, 계급 때문에 역사에서 배제된 다른 집단들에 대한 재현 방식을 변화시키고자 하는 이들도 마찬가지일 것이다. 이는 말은 쉬워도 실행은 어려운 일이다. 특히 젠더 위계들이 어떻게 구성되고 정당화되며 도전받고 유지되는지에 대한 분석이 없다면 말이다.

이런 어려움은 여성사가 기존 역사학의 테두리 안에서 연구를 진행하려 할 때 마주하게 되는 딜레마에서 명확히 드러난다. 역사학자들은 여성에 대한 새로운 정보를 밝혀내면 오랫동안 방치돼 왔던 불균형을 바로잡을 수 있을 것이라고 생각했다. 그러나 이는 실증주의를 순진하게 승인해 버리는 것과 마찬가지였고, 곧 비판에 직면했다. 새로운 사실들로 인해 과거 여성들의 존재가 기록으로 남게 되었을 수는 있지만, 여성의 활동에 부여된 중요성(혹은 중요성의 결여)이 그로 인해 반드시 변화한 것은 아니었다. 사실 여성을 분리해 다루는 것은 이미 지배적이고 보편적인 것으로 확립된 (남성) 주체와 대비되는 그들의 주변적이고 특수화된 위치를 확정하는 역할을 할 수 있었다.

처음에 여성사가 역사학의 실증주의를 받아들인 데는 다원주의에 대한 암묵적인 믿음, 여성을 포함하도록 기존 범주와 주제를 확장할 수 있다는 믿음이 관련돼 있었다. 그러나 노동자 또는 노동계급의 일원으로서 여성에 대해 쓰는 것은 그런 범주에 대한 기존의 정의를 사실상 바꾸지 못했으며, 노동사를 쓰는 사람들이 왜 여성의 흔적을 그토록 오랫동안 무시했는지도 조명하지 못했다. 남성 편향에 대한 암시 말고는 여성에 대한 그간의 무관심을 설명해 줄 수 있는 것은 아무것도 없었고, 만일 남성 편향이 원인이라면 (민주주의의 진보에 대한 믿음 말고는) 그것이 평등에 대한 다원주의의 약속을 계속 방해하지 않을 거라는 보장은 전혀 없었다. 이를 해결하기 위해서는 차별에 대한 분석을 계급, 노동자, 시민, 그리고 심지어 남성·여성과 같은 범주 그 자체에 대한 분석으로 확장할 필요가 있어 보였다.

이런 범주들을 새로운 방식으로 검토할 필요가 제기된 것은, 사회사의 틀 안에서 젠더 불평등을 분석하기가 어렵기 때문이기도 했다. 그것이 (마르크스주의, 행태주의, 근대화론 등으로) 명시적으로 이론화되었든 단순히 상황에 대한 정확한 기술로서 받아들여졌든 간에, 여기서 정체성 범주가 객관적 경험을 반영한다는 관념은 여성에 대한 지배적 관점에 도전하기보다는 그것을 확고히 하는 설명으로 이어지는 것 같았다. 여성에게 고유한 특성과 객관적 정체성이 있고, 이는 변함없이 또 당연히 남성과 다르며, 이로 인해 여성들만의 욕구와 이해관계가 생겨난다고 가정함으로써 역사가들은 성차가 사회적 현상이라기보다는 자연적이라고 시사한다. 차별을 분석하기 위한 탐색은 순환 논리에 빠지게 된다. 곧 "경험"이 젠더 차이를 설명하고, 젠더 차이가 남성과 여성 "경험"의 비대칭성을 설명하게 되는 것이다. 무엇이 남성과 여성의 경험을 구성하는지를 보려 할 때 기존의 규범적인 정의들에 기대거나 그 논의에 편입되곤 하는 것이 전형적으로 그렇다. 이런 관점에서 쓴 여성사, 그리고 그것에 기반을 둔 정치는 결국 차별을 정당화하는 데 사용되었던 변경 불가능한 성차에 대한 관념들을 승인하는 것이 되고 만다.

나는 더 급진적인 페미니즘 정치(그리고 더 급진적인 페미니즘 역사)을 위해서는 더 급진적인 인식론이 필요하다고 생각한다. 내가 보기엔 포스트구조주의가 (혹은 최소한 미셸 푸코나 자크 데리다와 관련된 몇몇 접근법이) 페미니즘에 강력한 분석적 관점을 제공해 줄 수 있다. 정확히 그것은 인식론의 문제를 다루고 있으며, 모든 지식의 지위를 상대화하고, 지식과 권력을 연결하며, 이를 차이의 작동이라는 측면에서 이론화하기 때문이다. 나는 어떤 특정 철학자의 가르침을 교조적으로 적용하자는 게 아니며, 이들에 대한 페미니스트들의 비판이 있다는 것도 알고 있다. 그럼에도 불구하고 나는 그들이 열어 준 새로운 지적 방향이 내게 어떤 지점에서, 그리고 어떤 식으로 그 가능성과 생산성을 입증했는지 보여 주고 싶은 것이다.

내 사유에서 가장 극적인 변화는 아마도 젠더 위계 같은 위계들이 **어떻게** 구축되고 정당화되는지에 대해 질문하는 과정에서 이루어졌을 것이다. "어떻게"를 강조한 것은 기원이 아니라 과정, 단일한 원인이 아닌 복수의 원인, 이데올로기나 의식보다는 수사나 담론에 대한 연구라는 뜻이다. 이는 구조나 제도에 대한 관심을 포기하는 것이 아니라, 이런 조직 체계들이 어떻게 작동하는지를 이해하기 위해서는 그 체계가 의미하는 바를 이해해야 함을 강조하는 것이다.

물론 의미에 관심을 가진 게 포스트구조주의자들이 처음은 아니지만, 그들은 의미의 가변성과 휘발성 그리고 의미의 구축이 가진 정치적 속성을 강조함으로써 의미 연구의 독특한 방법을 제시해 준다. 개념의 의미가 불안정한 것, 논쟁과 재정의에 열려 있는 것으로 여겨지려면 이런저런 정의를 승인하는 사람들의 반복, 재언명, 그리고 실천이 필요하다. 포스트구조주의자들은 문화적 개념에 투명한 의미, 모두가 공유하고 있는 의미를 부여하기보다는 문화의 어휘 목록에서 의미란 고정돼 있지 않으며 역동적이고 항상 유동적일 수 있다고 주장한다.[2] 따라서 그들의 연구는 의미를 확립하는 갈등적 과정, 젠더와 같은 개념들이 고정된 외연을 획득하게 된 방식, 규범적인 사회적 정의定義들에 대해 제기된 도전들, 그리고 이 도전들에 대한 대처 방식 — 다시 말해서, 어떤 사회에서 의미가 구축되고 실현될 때 관련된 힘의 작용, 즉 정치 — 을 주목하게 만든다.

정치를 말하는 순간 필연적으로 인과성에 대한 질문이 제기될 수밖에 없다. 누구의 이해관계에 따라 의미가 통제되거나 경합하는가? 그 이해관계의 본질은 무엇이며, 기원은 무엇인가? 이들 질문에 답할 수 있는 방법은 두 가지다. 하나는 객관적으로 결정되고 절대적이며 보편적인 이해관계의 측면에서 살펴보는 것이고, 다른 하나는 담론적으로 생산되고 상대적이며 맥락적인 이해관계의 측면에서 살펴보는 것이다. 두 번째 방법은 첫 번째의 역이 아니며, 오히려 객관적 결정과 그것의 주관적 효과 사이의 대립을 거부한다. 두 경우 모두 (계급이나 젠더 같은) 사회집단이 형성되는 데 "이해관계"가 미치는 영향을 인정한다. 그러나 첫 번째 경우에는 물질적 조건과 그것이 만들어 내는 인간의 생각과 행동이 분리된다고 상정한다. 두 번째 경우, "이해관계"는 행위자나 그들의 구조적 위치에 내재해 있는 것이 아니라 담론적으로 생산되는 것이기 때문에 그런 분리는 불가능하다. 따라서 연구 대상은 경제, 산업화, 생산관계, 공장, 가족, 계급, 젠더, 집단행동, 정치사상 등의 인식론적 현상들뿐만 아니라 행위자의 해석적 범주들까지 포함한다.

이 두 번째 방법은 첫 번째 방법의 경험·정체성·정치에 대한 단선적인 설명을 복잡하게 만든다. 경험은 정체성을 좌우하는 객관적인 상황으로 간주되지 않는다. 정체성은 욕구와 이해관계에 의해 정의되는 자신에 대한 감각이 아니며 객관적으로 결정되는 것도 아니다. 정치라는 것은 비슷한 상황에 놓인 개별 주체들이 집합적으로 어떤 의식에 도달하는 것이 아니다. 오히려 정치는 권력과 지식이 작동해 정체성과 경험을 구성하는 과정이다. 이런 관점에서 정체성과 경험은 특정한 맥락이나 배열 안에서 담론적으로 구성되는 가변적인 현상이다. 따라서 (영화 이론가 테레사 드 로레티스의 말대로) "의식은 결코 고정돼 있지 않으며, 한 번 획득하면 그것으로 끝나는 것이 아니다. 역사적 조건에 따라 담론적 경계가 변화하기 때문이다."[3] 따라서 여성들 사이의 정치적 차이 또한 허위의식으로 설명될 수 없다. 이런 관점은 페미니즘 정치를 보다 자의식적이고 자기비판적으로 만들며, 성차에 대한 지식 생산으로서의 젠더 분석들과 불가분의 관계로 연결한다. 사회제도나 문화적 상징과 마찬가지로 정치적 정체성은 지식 생산의 한 형태이기 때문이다. 페미니즘 정치와 학술적 젠더 연구는 분리된 것이라기보다는 동일한 정치적 기획, 즉 기존의 권력 분배를 직시하고 변화시키려는 집단적 시도의 일부분이다.

페미니스트 역사가에게 이는 특히 흥미로운 이론적 관점이다. 이를 통해 역사가는 과거와 현재에 대한 비판적 분석을 계속할 수 있고, 세계를 해석할 수 있으며, 동시에 세계를 변화시키고자 노력할 수 있기 때문이다. 이는 또한 젠더를 구체적으로 맥락 속에서 살펴봐야 한다는 점, 다양한 상황과 시간에 따라 생산·재생산·변형되는 역사적 현상으로 봐야 한다는 점을 강조한다. 이는 얼핏 보면 역사가들에게 익숙한 자세지만, 깊이 들여다보면 역사에 대한 완전히 새로운 사고방식이다. 역사화를 통해 그동안 자명한 것으로 받아들여졌던 것들의 확실성에 의문을 제기하기 때문이다. 여성과 남성에게 무슨 일이 일어났고 그들이 어떻게 반응했는지는 더 이상 이야깃거리가 되지 않는다. 그보다는 여성과 남성에 대한 주관적이고 집합적인 의미들이 정체성의 범주로서 어떻게 구성돼 왔는지가 중요하다. 정체성이 시간의 흐름에 따라 변화하고 맥락에 따라 상대적이라면, 젠더를 가족과 학교에서 이루어진 아동기 교육의 안정된 산물로 보는 단순한 사회화 모델을 사용할 수 없게 된다. 또한 대다수 사회사 연구에서 계급은 작업장이나 공동체의 문제와 관련짓고 전쟁과 법적 문제들은 정부와 국가의 "상위 정치"high politics 영역에 배타적으로 위치시키면서 성과 젠더는 가족제도의 문제로 제쳐 두는 구획화 경향을 삼가야 한다. 모든 제도에는 어느 정도 노동 분업이 도입돼 있고, 많은 제도들이 성별 노동 분업을 전제로 구조화되어 있으며(그 분업이 한 성 혹은 다른 성을 배제하고 있다 해도 말이다), 제도의 구체적 형태는 종종 신체에 대한 참조를 통해서 정당화되기 때문에, 실제로 젠더는 사회 구성 과정을 전반적으로 보여 주는 한 측면이다. 젠더는 많은 곳에서 찾아볼 수 있는데, 그것은 성차의 의미들이 다양한 권력투쟁의 한 부분으로 원용되며 다툼의 대상이 되고 있기 때문이다. 성차에 대한 사회적이고 문화적인 지식은 결국 역사학의 연구 대상인 각종 사건과 과정들을 거쳐 생산되는 것이다.

그러나 역사 속에서 젠더를 발견하기 위해서는, [사료를] 문자 그대로 읽거나 연구 주제에 따라 [선택적으로] 읽는 역사학의 전형적 방식으로는 충분하지 않으며, 다른 종류의 해석이 필요하다. 바로 여기서 포스트구조주의와 관련된 문학 비평가의 작업이 내게는 큰 도움이 되었다. 그들은 발화된 문자 그대로의 것뿐만 아니라 텍스트성의 중요성, 논의가 구조화되고 제시되는 방식을 이야기한다. 그리고 그들은 바버라 존슨이 "텍스트 내에서 일어나는 의미화의 경합"이라고 부르는 것을 주의 깊게 살펴봐야 한다고 말한다.[4] 이 접근법은 의미가 내적 차이화를 통한 암시적 혹은 명시적 대조를 거쳐 전달된다는 가정에 기초한다.

이 관점에서 보자면, 긍정적인 정의는 언제나 그에 반대되는 것으로 재현되는 것의 부정 혹은 억압에 기초한다. 그리고 범주 간의 대립은 각 범주의 내적 모호성을 억누른다. 모든 통일적 개념은 억압되거나 부정된 요소에 기반하며 — 즉, 그것을 포함하며 — 그러므로 불안정하고 통일적이지 않다. 존슨의 말대로, "차이는 정체성들 사이의 공간에서 만들어지는 것이 아니다. 그렇기 때문에 자기 정체성 또는 텍스트의 의미를 총체화하기는 불가능하다."[5] 고정된 대립항들은 각 범주 내부의 이질성을 은폐한다. 즉, 대립적인 것으로 제시되는 용어들이 어느 정도로 상호 의존적인지를 은폐한다는 것이다. 여기서 상호 의존적이라 함은, 의미가 그 용어들 사이에 설정된 대조contrast로부터 만들어지는 것이지, 이미 그 용어들 속에 순수하게 내재돼 있는 대립antithesis에서 나오는 건 아니라는 것이다. 게다가 이 상호 의존성은 대개 위계적이다. 지배적이고 앞서고 가시적인 것이 한쪽에 있고, 그 반대쪽에는 종속적이고 부차적이고 종종 부재하거나 비가시적인 것이 있다. 그러나 바로 이런 배치를 통해서 두 번째 용어는 존재할 수 있고 중요해지는데, 왜냐하면 첫 번째 용어를 정의하는 데 그것이 필요하기 때문이다. 몇몇 대립항들의 경우 특정 문화에서 뻔한 형태로 반복되는 것처럼 보일지라도, 그 구체적인 의미는 대조와 대비의 새로운 조합을 통해 전달된 것이다. 새로운 대립항들이 도입되고, 위계가 뒤집히며, 억눌려 있던 말들을 드러내고, 이분법적으로 보이는 쌍들의 자연적 지위에 도전하며, 그 상호 의존성과 내적 불안정성을 드러내려는 시도 속에서 의미를 둘러싼 경합이 이루어지는 것이다. 자크 데리다가 "탈구축"으로 이론화한 이런 종류의 분석은 의미를 생산하는 갈등적 과정에 대한 체계적인(그러나 결코 확정적이거나 전체적이지는 않은) 연구를 가능케 한다. 이로써 역사가들의 해석 작업에 중요하고 새로운 차원이 추가되는 것이다.[6]

이는 또한 역사가가 중립적 서술을 할 수 있다고 주장하거나 어떤 이야기를 완전하고 보편적이고 객관적으로 확정된 것처럼 제시할 수 있는 기반을 약화시킨다. 오히려 의미가 배제를 통해 구축된다는 것을 인정할 경우, 자신의 기획이 수반하는 배제들을 인정하고 책임져야 한다. 이런 성찰적이고 자기비판적인 접근법은 모든 역사적 지식의 특수한 지위와 지식 생산자로서 역사가의 능동적인 역할을 분명하게 한다. 또 전체화하는 설명들, 본질화된 분석 범주들(인간 본성, 인종, 계급, 성 또는 "피억압자") 혹은 과거의 내재적 통일성을 전제로 한 종합적 서술에 기반해 권위를 주장하는 것을 어렵게 한다.

역사 연구에 주로 텍스트와 관련된(따라서 문학과 관련된) 방법을 사용할 때의 문제점에 대해 많은 이야기가 있었지만, 나는 논쟁의 대부분이 핵심에서 벗어나 있다고 생각한다. 텍스트와 문맥, 허구와 사실, 예술과 삶 등을 대립시키는 것은 문학과 역사라는 분과 학문의 자기 재현들을 구조화한다. 문학과 역사학은 서로의 연구 대상과 해석 방법의 대비를 통해 각자의 전문 지식을 정의한다. 또한 서로를 반사판으로 활용함으로써 스스로의 모호함을 해결하기도 한다. 이 과정에서 자신들을 별개의 지식 분야로 정체화해 주는 규칙과 관례들이 명료해지며, 이때 필연적으로 특정한 연구 방법과 소재를 강조하게 된다. 일부 문학 연구자들에게는 다른 종류의 사회적·정치적 질문을 불가능하게 할 만큼 각각의 텍스트, 독해의 문제, 글쓰기 행위, 저자의 정체성이 근래 너무도 중요한 것이 되어 버렸다. 많은 사회사학자들에게 아카이브는 문서에서 과거와 관련한 "사실들"을 골라낼 수 있는 성스러운 장소다. 하지만 역사가의 경우 소설 작품은 자신의 연구가 초점을 맞추는 사회적 과정이나 정치적 사건과 관련해 추가 증거를 제시해 줄 수 있을 때나 주제에 맞춰 활용될 뿐이다.[7]

이런 차이들은 자신이 어떤 분과 학문에 완전히 소속돼 있다고 규정하는 사람들에게는 간학제적 작업을 가로막는 장애물이 될 수 있겠지만, 내가 주장해 온 이론적 관점에서 보면 그다지 문제가 되지 않는다. 이 관점의 목표는 문화적 지식 생산에 있으며, 관심사는 다양한 형태의 지식이 생산되는 방식을 분석하는 데 있다. 역사학이나 문학이나, 우리가 그것을 학문 분야로 인식하든 문화적 정보의 집합체로 받아들이든 간에, 그런 지식의 형태들 가운데 하나다. 그 자체만 놓고 봐도, 이 둘은 모두 같은 종류의 분석, 즉 개념, 의미, 언어적 규칙, 재현의 구조에 치우친 분석을 주로 한다. 이런 분석적 접근 방법은 분과 학문들과 이와 관련한 다양한 장르들을 중요하게 생각하지만, 탐구 대상으로서 그렇게 생각하는 것이지 그것을 학문 작업의 전제 조건이라고 보는 건 아니다. 이렇게 접근할 때, 다른 학문 분야의 특정 요소를 과도하게 차용하지 않도록 조절할 수 있다. 그 차용의 예로는, 문학 비평가들의 영향을 받은 일부 역사가들이 글로 된 텍스트만을 역사학의 대상으로 여기는 것을 들 수 있다. 또 다른 예로 일부 문학 연구자들은 자신들이 다루는 텍스트에서 무슨 일이 일어나고 있는지를 설명해 줄 객관적 정보의 출처로서 역사에 열광하는 것을 들 수 있다. 하지만 문화적 지식의 분석가이자 생산자로서 어떤 학문 분야를 바라본다면, 독해를 위한 문학적 기법이 중요한 것이 아니라, 의미가 만들어지고 우리가 의미를 만들어 내는 과정을 분석할 방법을 제공하는 인식론적 이론이 중요하다는 것을 알 수 있다.

나아가 이런 이론은 분석 대상인 언어적 과정 안에 위계와 권력이 내재해 있다고 가정하면서 갈등을 분석의 중심에 둔다는 점에서 대단히 정치적인 함의를 갖는다. 비평가들은 탈구축에 대해 "허무주의적"이고 "파괴적"이라는 딱지를 붙였지만, 내가 보기에 이 별칭들은 오히려 탈구축의 가능성들에 대한 진지한 평가 같다. 탈구축주의적 비평가들이 추구하는 바가 끊임없이 모순을 드러내는 것이기 때문에 정작 자신들의 정치적 프로그램을 용인하거나 편안하게 옹호할 수 없는 것일지도 모른다. 그러나 이런 접근법을 통해 추동되는 정치를 보여 주는 사례도 분명 존재한다. 기존의 사회적 위계에 비판적일 뿐만 아니라 그것이 무엇을 전제로 작동하는지 지적할 수 있는 정치, 자신들이 행하는 정당화와 배제에 대해 비판적이며 그렇기에 절대론적이거나 전체주의적인 입장을 거부하는 정치 말이다. 예를 들면, 복잡성과 모순을 인식하면서도 윤리적 견지에서 이야기하고 그에 따라 행동하는 법 이론가들이나 페미니스트 이론가들이 있다.[8] 이들의 장점은 제도적 문제들과 지적 문제들을 같은 방식으로 다루는 능력, 즉 모든 것을 지식과 권력 생산의 측면에서 (그 생산과정이 단선적인 것이 아니라 복잡하고 갈등적인 과정임을 인식하면서) 접근함으로써 유물론과 관념론, 곧 연구 주제와 그것에 대한 학제적 연구 사이의 대립 같은 것을 거부할 수 있다는 것이다.

이런 인식론적 관점을 통해 페미니스트 역사가들은 여성을 역사적 주체로 만들겠다는 목표를 달성하기 위해 필요한, 자신이 속한 분과 학문에 대한 비판적 평가를 할 수 있게 된다. 역사학 역시 차이화를 통해 의미를 창출하고 그럼으로써 세상에 대한 지식을 조직한다. 지식이 어떤 형태를 취해 왔는지를 ― "문명화" 서사에서 여성의 놀랄 만한 부재 혹은 종속, 보편적 인간Universal Man과의 관계 속에서 여성의 특수성, 가정이나 사적인 영역에 한정된 여성 연구를 ― 보면 무엇을 우선시할 것인지를 정하는 정치, 다른 주체들이 더 중요하다는 명목으로 특정 주체들을 억압하는 정치, 어떤 범주들은 자연화하고 어떤 범주들은 자격을 박탈하는 정치를 알 수 있다. 이것은 음모론적인 정치도 아니고, 편협하게 자기 이익만을 추구하는 정치도 아니다. 오히려 이는 기존에 확립된 공동의 전통을 보호한다. 그럼에도 불구하고 역사학은 그 관행을 통해 일반적으로 과거에 대한 지식을 (모으거나 반영하기보다는) 생산하고, 필연적으로 성차에 대한 지식 역시 생산한다. 이런 식으로 역사는 젠더의 구성을 승인하고 공표하는 특정한 종류의 문화적 제도로서 기능하는 것이다.

성차에 대한, 역사적으로 특수한 지식으로 상대화된 젠더 개념을 통해 페미니스트들은 여성과 성차에 대한 새로운 지식을 생성하는 **동시에**, 역사학을 비롯한 다른 분과 학문의 정치에 비판적으로 도전하는 방법을 제공해 줄 양날의 분석 도구를 벼릴 수 있다. 그래야만 페미니즘 역사학은 단지 과거의 불완전한 기록을 바로잡거나 보충하는 시도가 아니라 역사가 어떻게 젠더에 관한 지식을 생산하는 장소로 기능하는지를 비판적으로 이해하는 방법이 될 수 있다.

이 책에 담긴 논문들은 젠더와 정치, 그리고 역사에 대한 페미니즘적 접근법의 한 예로, 내가 묘사한 이런 방식의 분석을 수행하기 위한 시도이자 시험적인 노력이라 할 수 있다. 나는 역사를 분과 학문, 글로 된 텍스트, 과거 사건에 대한 기록으로서 비판적으로 다뤄 보려 했다. 이는 지식이 어떻게 생산되었고 또 생산되고 있는지 그 과정에 대한 비판적 성찰을 통해 우리가 어떻게 새로운 지식을 생산할 수 있을지 보여 주기 위한 것이었다. 페미니스트로서 내가 특히 관심을 가졌던 것은 성차에 대한 지식, 젠더다. 나는 역사가로서 성차에 부여된 다양하고 모순적인 의미들, 그 의미들이 발전하고 경합하는 정치적 과정, "여성"과 "남성" 범주의 불안정성과 유연성, 그리고 그 범주들이 서로 접합되는 방식(매번 일관되거나 똑같지는 않다)을 지적함으로써 젠더를 역사화하는 데 특히 흥미를 느끼고 있다.

젠더에 대한 질문이 성별 관계의 역사뿐만 아니라 그것이 다루는 구체적 주제가 뭐든지 간에 모든 혹은 대부분의 역사를 조명해 줄 것이라고 주장하고 싶은 순간이 있긴 하지만, 나는 이런 접근법이 생산할 결과물이 부분적일 수밖에 없다는 점을 잘 알고 있다. 나는 전체를 아우르는 관점을 주장하는 것도 아니고, 모든 불평등, 모든 억압, 모든 역사를 마침내 설명해 줄 절대 범주를 발견했다는 것도 결코 아니다. 내 주장은 이보다는 평범하다. 젠더가 역사에 대해, 그리고 차이의 위계들 — 포함과 배제들 — 이 구성되는 방식에 대해 사유하는 방법과 (페미니즘) 정치를 이론화하는 방법을 제공해 줄 수 있다는 것이다. 이렇게 부분성을 인정하는 게 보편적 설명을 찾는 데 대한 실패를 인정하는 것은 아니라고 나는 생각한다. 오히려 보편적 설명이 가능하지 않고 과거에도 가능한 적이 없었다는 것을 보여 주는 것이다. 부분성을 받아들이는 것은 진정 "총체성"의 정치(즉, 권력 동학)에 비판적 관심을 기울인다는 것을 의미한다. 이 "총체성"이 (단선적) 인과 분석으로 제시되었든 거대 서사로 제시되었든, 역사가들이 제기한 것이든 정치 활동가들이 제기한 것이든 상관없이 말이다.

역사학계와 정치학계에는 이런 종류의 비판적 입장이 우리가 알고 있는 역사학과 정치학을 불가능하게 만드는 것은 아닌지에 대한 우려가 있다. 정말 그럴 수도 있겠지만, 그런 우려는 오히려 이 두 분야의 기존 관행에 대해, 그것이 한 번도 가진 적 없던 어떤 영구적 존재 가치를 부여하는 것일 수도 있다. 정확하게, 성차에 대한 어떤 특정한 지식이 영구적이라거나 불멸의 진리라거나 하는 환상을 폭로해야만 페미니즘은 역사와 정치를 역사화하고 변화를 만드는 길을 열 수 있을 것이다. 젠더를 재사유하려면, 그리고 성차에 대한 새로운 지식(남녀 대립을 가장 주요하다고 여기는 것에도 의문을 제기할 수 있는 지식)을 생산하려면, 우리는 정치의 역사 그리고 역사의 정치에 대해 기꺼이 재사유해야 한다. 이 책은 그런 재사유를 위한 부분적일 수밖에 없는 시도다.

1부

페미니즘 역사학을 향해

1장

여성의 역사

이 글은 원래 다음과 같이 실렸다. "Women in History: The Modern Period," *Past and Present: A Journal of Historical Studies*(1983) 101:141-57. 최초의 원고에 대해 조언해 준 엘렌 펄로Ellen Furlough와 셰리 브로더Sherri Broder에게 고마움을 표한다. 이번에 애초의 원고를 대폭 수정했지만 미주에 제시한 참고문헌은 최근의 것까지 완전히 반영하지 못했다.

제 생각에 사람들이 원하는 것은 많은 정보입니다. 그런데 어째
서 뉴넘이나 거튼 칼리지의 똑똑한 학생들은 이를 제공하지 않는
걸까요? 여자들이 몇 살에 결혼했는지, 보통 아이는 얼마나 낳았
는지, 어떤 집에 살았는지, 자기 방이 있었는지, 요리를 직접 했
는지, 하인을 두었는지 하는 것들 말입니다. 이런 건 모두 교구의
교적부와 회계장부 어딘가에 기록되어 있을 겁니다. 엘리자베스
시대 보통 여성들의 삶은 분명 어딘가에 흩어져 남아 있을 것이
고, 누군가 그것을 수집해 책으로 엮을 수도 있을 겁니다. 그런
명문대 학생들에게 역사를 다시 써야 한다고 말하는 것은, 내 분
에 넘치는 일일 것이라고, 나는 있지도 않은 책을 찾아 서가를 둘
러보면서 생각했습니다. 비록 지금의 역사는 비현실적이고 한쪽
으로 치우쳐 있어서 좀 괴상해 보인다고 생각하긴 하지만요. 그
렇지만 역사에 부록을 덧붙인다고 해서 안 될 건 없지 않나요? 거
기에 여성이 등장하는 것이 부적절해 보이지 않도록 뭔가 눈에
잘 띄지 않는 제목을 붙여서 말이에요.

▎버지니아 울프, 『자기만의 방』

버지니아 울프의 여성사에 대한 요청은 — 50년도 넘은 일이긴 하지만 —
지난 10여 년간 응답을 받았다.[1] 여성운동이 제기한 정치적 의제로부터
직간접적으로 영감을 받은 역사가들은 역사적으로 다양한 시기에 걸친
평범한 여성들의 삶뿐만 아니라, 도시와 농촌 그리고 국민국가 차원에서
다양한 계급의 여성들의 경제적·교육적·정치적 지위가 변화해 온 과정을
기록했다. 이제 잊힌 여성들의 전기, 페미니즘 운동의 연대기, 여성 작가
들의 서간집들이 서가를 채우고 있다. 책 제목만 봐도 선거권에서 산아제
한까지 굉장히 다양한 주제들을 담고 있다. 오로지 여성학만을 다루는 학

술지들과 여성사처럼 더 특화된 분야만을 다루는 학술지들도 등장했다.[2] 미국의 경우, 여성사 논문만을 발표하는 메이저급 학술 대회도 있다.[3] 이 모두는 공히 "여성에 대한 새로운 지식"이라 할 만한 것들이다.

이런 지식 생산이 가지고 있는 특징은 그 주제, 방법, 해석이 놀랄 만큼 다양하다는 점이다. 너무 다양한 나머지 이 분야를 단일한 해석적·이론적 입장으로 환원하기는 불가능하다. 연구 주제의 폭이 매우 넓을 뿐만 아니라 사례연구도 많고 개괄적인 해석적 논의들도 많은데, 이 연구들은 서로를 참조하지도 않고 비슷한 문제를 다루지도 않는다. 게다가 여성사가 다양한 해석을 놓고 논쟁과 수정을 거듭할 수 있는, 장구하고 명확한 역사 서술의 전통을 가진 것도 아니다. 그보다 여성과 관련된 주제는 다른 학문 전통과 접목되거나 아예 분리된 채 연구가 이루어져 왔다. 예를 들어 여성 노동의 역사 같은 경우, 어떤 연구들은 임금 소득과 지위의 관계에 대한 현대 페미니즘의 질문들을 다루는 반면, 어떤 이들은 마르크스주의 내부의 논쟁이나 산업자본주의의 영향을 두고 근대화 이론가들과 마르크스주의자들이 벌이는 논쟁의 맥락 안에 자신들의 연구를 위치시킨다.[4] 재생산 이슈와 관련해서는 생식과 피임에 대한 연구가 다방면으로 이루어지며 방대한 영역을 포괄하고 있다 — 이는 역사인구학 분야에서 "인구 변화"의 양상들을 이야기하며 다뤄지기도 하고, 맬서스 학파 정치경제학자들과 사회주의자들 간의 논쟁의 맥락에서 검토되기도 하며, 이런 연구와 다른 맥락에서 19세기 "가정 이데올로기"✦가 가족 내 여성의 권력에 미친

✦ 이상적 여성상을 전파하는 이데올로기로서 출산·양육을 중심으로 가정을 화목하게 꾸려 나가는 여성의 역할을 강조한다. 일반적으로 페미니스트들은 공사 영역을 구별하고 성별 이분법을 작동시키는 가정성을 비판한다. 하지만

영향을 검토할 때 다뤄지기도 한다. 또 다른 접근 방법은 섹슈얼리티에 대한 페미니즘의 논쟁들과 여성들이 자신의 몸을 통제할 권리를 요구해 온 역사를 강조한다. 일부 마르크스주의 페미니스트들은 여성을 마르크스주의 이론에 포함하기 위한 노력의 일환으로 재생산을 생산의 기능적 등가물로 재정의하기도 했다.[5] 정치 영역에서는 단순히 여성이 "공적인 영역"에 존재했음을 보여 주거나, 페미니즘적 주장들과 노동조합·정당들의 구조 및 이데올로기 사이의 역사적 불화(이를테면 사회주의의 페미니즘 수용 "실패")를 기술하려는 연구들이 있었다. 이와는 달리 여성 특유의 문화가 있음을 입증하기 위해 여성 정치 운동의 내부 구조를 검토하는 접근법도 있다.[6]

역사 연구의 다른 영역들과 비교할 때 여성사는 특별히 극도의 긴장 속에 놓여 있다. 즉, 여성사 내에는 현실 정치와 이론적 학문 사이의 긴장, 기존의 학문 내적 기준들과 간학제적 영향 사이의 긴장, 역사학의 비이론적 입장과 페미니즘 이론에 대한 욕구 사이의 긴장이 존재한다. 페미니스트 역사가들은 이 같은 긴장을 다양한 방식으로 마주하는데, 아마 자기 연구가 어떤 독자들을 대상으로 하는지를 고민할 때 이를 가장 절실하게 느낄 것이다. 독자들의 이질성을 고려하느라 개개의 책과 논문들에서 일관되지 않고 혼란스러운 주장들을 하게 되고, 그래서 분야의 동향을 다루는

일부 페미니스트들은 가정 내에서 돌봄과 헌신을 할 수 있는 여성의 역할을 칭송하기도 했다. 특히 19세기 산업혁명 이후 나쁜 일자리로 내몰리는 여성들을 보호해야 하며 가정 내에서 여성의 고유한 역할인 육아와 가사에 전념할 수 있게 해야 한다는 페미니스트들이 있으며, 이런 움직임을 가정 페미니즘domestic feminism이라고 부른다. 캐서린 비처가 쓴 「가정경제에 대한 논문」A Treatise on Domestic Economy(1841)에서 그 내용을 찾아볼 수 있다.

흔한 종류의 종합적인 글을 쓰는 것이 여성사에서는 불가능해지는 것이 다.[7]

이보다는 이렇게 방대하게 축적된 글들에서 역사학자들이 여성에 대한 새로운 지식을 생산할 때 직면하는 문제들에 대한 어떤 통찰을 추출해 보는 것이 하나의 방법이 될 수 있다. 아무리 폭넓고 다양한 주제를 다루고 있다 할지라도, 이런 다양한 학파의 학자들의 기획에는 공통의 차원이 존재한다. 여성을 연구의 중심으로, 이야기의 주체로, 서사의 행위자로 만드는 것이다. 그 서사가 정치적 사건(프랑스혁명, 스윙 폭동, 제1·2차 세계대전)이나 정치적 운동(차티스트운동, 유토피아적 사회주의, 페미니즘, 여성 참정권 운동)의 연대기든지, 아니면 대규모 사회변동(산업화, 자본주의, 근대화, 도시화, 국민국가 수립) 과정의 작동 방식과 전개에 대한 좀 더 분석적인 설명이든지 할 것 없이 말이다. 1970년대 초 여성사 운동의 시작을 알린 책들의 제목은 저자들의 의도를 노골적으로 드러낸다. "역사에서 숨겨진"Hidden from History 사람들을 "가시화"Becoming Visible한다는 것이다.[8] 비록 최근 저작들의 제목은 새로운 주제들을 표방하고 있지만, 이 저자들의 임무도 여전히 여성을 역사의 주체로 구성하는 것이다. 이런 노력들은 동시대 여성 운동의 영웅적 선구자를 찾으려는 순진한 탐색을 넘어 역사적 중요성에 대한 기존의 기준을 재평가하는 것으로 나아가고 있다. 이는 결국 울프가 강력하게 제기했던 일련의 질문들로 귀결된다. "역사를 다시 쓰지 않은 채" 여성에 초점을 맞추는 것만으로 "역사를 보완하는 것"이 가능한가? 이를 넘어서 페미니즘 관점으로 역사를 다시 쓰기 위해서는 무엇이 필요한가?

지난 15년간 여성사가들 사이에서 벌어진 논쟁과 토론은 바로 이런 질문 틀 내에서 이루어졌다. 이들 사이에는 노선상 분명한 차이가 있긴 하지만, 근본적인 차이라기보다는 전략의 문제로 볼 수 있다. 저마다 고유의 강점과 한계를 가지고 다소간 다른 방식으로 역사 속에 여성을 기록해 넣는 것이 얼마나 어려운 일인지 이야기하고 있는 것이다. 이런 전략들이 누적되면서 긴장과 모순, 그리고 "역사 다시 쓰기"의 기획이 필요로 하는 것이 무엇인지에 대한 복잡한 이해를 특징으로 하는 새로운 지식 분야가 만들어졌다.

이런 이해는 여성사 내부의 논쟁으로부터 생겨난 것만은 아니다. 이 것은 또한 역사학이라는 학문 분야 그 자체와 결부돼 형성된 것이기도 했다. 페미니스트들은 과거 여성들의 삶을 기록하고, 특정 시대나 사건에 대한 기존의 해석에 도전하는 정보를 제공하고, 여성 종속의 구체적 조건들을 분석하면서, 분과화된 지식 체계이자 전문 제도인 역사학의 강력한 저항에 부딪혔다. 이런 저항을 겪으면서 분노할 일도 있었고 후퇴를 경험하기도 했지만 새로운 전략을 세우기도 했다. 그것은 또한 역사학 자체가 가진 젠더화된 속성에 대한 분석을 촉발하기도 했다. 이 모든 과정은 역사를 페미니즘의 관점에서 다시 쓰기 위한 전제 조건인 비평 용어, 개념적 전환, 그리고 이론에 대한 연구를 촉발했다.

대부분의 연구는 주체로서의 여성, 즉 역사의 능동적인 행위자로서의 여성 문제에 대한 것이었다. 여성들은 그들을 종속적 존재로 여기거나 무시했던 영역에서 어떻게 주체의 위치를 성취할 수 있을 것인가? 여성을 가시화하는 것만으로 여성을 도외시해 온 과거를 바로잡기에 충분할 것인가? 남성의 삶을 기반으로 보편적 인간의 이야기라 제시되었던 역사에 어떻게 여성을 추가할 수 있을 것인가? 이미 여성이 그 독특함과 특수성 때문에 인류의 대표가 되기에 부적합한 존재로 만들어진 상황에서 여성에 주목하는 일은 어떻게 그런 관념을 강화하지 않고 약화할 수 있을 것인가? 지난 15년간 여성사의 역사는 이런 질문들에 대해 간단한 해답을 찾기는 어렵다는 점을 분명히 보여 준다.

이 장에서 나는 여성에 대한 새로운 지식의 생산자들이 맞닥뜨린 철학적·정치적 문제들을 탐구하는 방식의 하나로 여성사의 역사를 살펴보고자 한다. 나는 19~20세기에 초점을 맞춘 북아메리카의 학문적 성과를 주로 활용할 것이다. 그 이유는 이 분야가 내게 가장 익숙할 뿐만 아니라 미국에서 여성사에 대한 이론적 논의가 가장 정교하게 이루어졌기 때문이다.[9]

여성을 역사적 주체로 구성하는 문제에서 가장 먼저 등장한 접근법 가운데 하나는 여성들에 대한 정보를 수집하고 (몇몇 페미니스트들이 별칭으로 쓰던) "허스토리"her-story를 사용하는 것이었다. "히스토리"[역사]history라는 단어에 대한 이 말장난이 시사하듯이, 허스토리의 초점은 간과되었던(따라서 가치 절하되었던) 경험에 가치를 부여하고 역사를 만들어 온 과정에서 여성의 행위성을 주장하는 데 있다. 남성들도 단지 하나의 행위 집단에 지나지 않으며, 여성과 남성의 경험이 유사했건 상이했건 여성들도 명백히 역사가들의 고려 대상이 되어야만 한다는 것이었다.

"허스토리"는 매우 다양하게 활용되었다. 어떤 역사가들은 여성이 역사의 주체로서 남성과 본질적으로 유사하다는 것을 보여 주기 위해 여성들에 대한 증거를 수집한다. 주요 정치적 사건에 여성이 참여했음을 밝히든, 아니면 자기 목소리를 내기 시작한 여성들의 정치 활동에 대해 서술하든, 이런 역사가들은 여성들의 행위를 정치사가와 사회사가들에게 공인된 말로 해석해 여성이라는 새로운 주체를 기존의 역사적 범주에 끼워 맞추려 한다. 이런 접근법의 한 가지 예로는 여성의 정치 운동을 그 지도자가 아닌 일반 구성원의 관점에서 바라보는 것을 들 수 있다. 질 리딩턴과 질 노리스는 (E. P. 톰슨의 저작에서 영감을 받은) 노동 사회사라는 최고의 전통 속에서, 영국 참정권 운동에 참여한 노동계급 여성들을 명쾌하면서도 섬세하게 서술했다. 대체로 맨체스터 사료 보관소와 자신들이 수집한 구술사 자료를 기반으로 (기존 역사에서 거의 전적으로 중간계급 운동이라 묘사되었던) 참정권 획득 투쟁에 노동계급 여성들이 참여했음을 입증하며, 그들의 참정권에 대한 요구를 일과 가족생활, 노조와 노동당 조직화 활동과 연결시킨다. 이들은 참정권 운동에서 팽크허스트파의 우세와 타당성에 의문을 제기했는데, 그 이유는 그들이 가진 엘리트주의와 (다수의 여성 참정권 운동가들은 거부했던) 여성 분리주의 때문이었다.[10] 또 다른 사례로는 프랑스 여성 참정권 운동사에 대한 스티븐 하우스의 저서를 들 수 있다. 그는 (영국과 미국에 비해) 프랑스의 여성 참정권 운동이 약하고 규모가 작았던 이유를 가톨릭 이데올로기와 제도, 로마법의 유산, 프랑스 사회의 보수주의, 그리고 프랑스 공화주의라는 독특한 정치사(특히 제3공화국 시기의 급진당) 때문으로 해석한다.[11]

　　"허스토리"와 관련된 또 다른 전략으로는, 여성을 진보와 퇴보에 대한 기존의 해석에 도전하는 증거로 사용하는 전략을 들 수 있다. 예를 들어 르네상스가 여성에게는 르네상스가 아니었고,[12] 기술 발전은 일터나 가정에 여성해방을 가져오지 않았으며,[13] "민주주의 혁명의 시대"는 정치참여에서 여성을 배제했고,[14] "정서적 핵가족" 개념은 여성의 감성적·개인적 성장을 제한했으며,[15] 의학의 부상은 여성들에게서 자율성과 [출산 과정을 공유했던] 여성 공동체의 감각을 박탈했다는 점을 광범위하게 보여 주는 것이다.[16]

또 다른 연구들 역시 "허스토리" 입장에 있긴 하지만 전통적인 역사 서술의 틀에서 벗어난 새로운 서사, 기존과는 다른 시대 구분과 인과관계 등을 제공한다. 이런 연구는 유명한 여성들의 삶은 물론이고 평범한 여성 들의 삶의 구조 또한 조명하며, 그들의 행동에 동기를 부여한 페미니즘적 또는 여성적 의식의 본질을 발견하려 한다. 일반적으로 19세기와 20세기 여성들이 자신들의 경험을 가부장제와 계급이라는 맥락 안에서 규정했다 고 추정하며, 여성 억압에 직접적으로 대처하기 위해 계급을 초월해서 이 루어진 여성 연대의 순간들을 강조한다. 여성의 행위성, 여성들이 역사에 서 수행한 주도적 역할, 그리고 남성의 경험과는 뚜렷하게 구별되는 여성 들의 경험이 가진 특성에 배타적으로 초점을 맞추는 것이 이 접근법의 핵 심이다. 이때 여성들의 표현, 생각, 행동이 그 증거가 된다. 설명과 해석은 여성적 영역으로 조건 지어진 틀 속에서 개인적 경험, 가족 구조, 사회적 으로 정의된 여성의 역할에 대한 집단적(여성의) 재해석, 그리고 물질적· 정서적 지지를 제공하는 여성들의 우애 네트워크에 대한 조사를 통해 이 루어진다.

여성 문화에 대한 탐구는 19세기 미국 "여성들의 사랑과 의례의 세 계"에 대한 캐롤 스미스-로젠버그의 뛰어난 통찰,[17] 같은 시기 가정 이데 올로기의 긍정적 측면에 대한 강조,[18] 중간계급 여성들의 정치적 행위와 그들을 가정 영역 안으로 가두는 여성다움에 대한 관념 사이의 관계에 대 한 변증법적 독해,[19] 그리고 19세기 중반 프랑스 북부의 부르주아 세계를 구성한 "재생산 이데올로기"에 대한 분석으로 이어졌다.[20] 이는 또한 미국 여성들이 스스로 자신들의 자율성과 지위를 강화하기 위해 여성들만의 분리된 영역이라는 이데올로기를 만들어 냈다는 칼 데글러의 주장으로도 이어졌다. 데글러의 해석에 따르면, 여성들은 타자에 의해 강요된 억압적 구조나 관념 속에서 혹은 그에 맞서기 위해서가 아니라, 자기 집단 내부에서 정의되고 구체화된 일련의 집단적 이해관계를 증진하기 위해 어떤 세계를 창조해 낸 것이었다.[21]

이 "허스토리" 접근법은 역사 연구에 중요한 영향을 끼쳤다. 과거 여성들과 관련한 사료들을 축적함으로써, 여성들에게는 역사가 없었다는, 과거의 이야기에서 여성들은 중요한 위치를 차지할 수 없다는 주장들을 논박한 것이다. 이런 접근법은 역사적 중요성에 대한 일부 기준들을 수정하고, "개인적·주관적 경험"이 "공적·정치적 활동"만큼 중요하며, 실제로 전자가 후자에 영향을 미친다고 주장함으로써 한층 더 나아갔다.[22] 또 여성들의 행동이 어떤 동기에서 비롯된 것인지 조금이라도 이해하기 위해서는 섹스와 젠더가 역사적 용어로 개념화되어야 한다는 것을 보여 주었다. 이는 여성에 대한 이야기를 하는 것이 갖는 정당성뿐만 아니라, 사회적 삶을 개념화하고 구조화하는 것에서 젠더 차이가 갖는 일반적 중요성을 규명해 준다. 그렇지만 동시에 이런 접근법에는 몇 가지 위험 요소가 있다. 첫째, 종종 두 가지 분리된 문제 — 여성의 경험을 가치화(연구할 가치가 있는 것으로 간주)하는 것과 여성들의 모든 말과 행동을 긍정적으로 평가하는 것 — 를 같은 것으로 만들어 버린다.[23] 둘째, 그것이 얼마나 다른 질문을 제기하고 있든, 얼마나 다른 분석 범주를 들이대든, 아니면 단순히 다른 사료를 검토하고 있든 간에 여성을 역사학에서 특수한 별도의 주제로 고립시키는 경향이 있다. 이런 관심을 가진 사람들이 볼 때, 이제 기존의 전통적인 역사를 보충하고 풍부하게 하는 여성사는 점점 발전하고 그 중요성도 커지고 있다. 하지만 이런 여성사는 오랫동안 여성이라는 성에만 배타적으로 연결되었던 "분리된 영역"에 너무 쉽게 놓일 수 있다.

"허스토리"는 사회사와 나란히 발전했으며, 사실상 사회사가들이 발전시킨 방법과 개념에서 실마리를 가져왔다. 사회사는 몇 가지 측면에서 여성사에 중요한 버팀목을 제공해 주었다. 첫째, 양적 방법, 일상생활의 세밀한 정보를 활용하는 방법, 그리고 사회학·인구학·민족지학에서 가져온 간학제적 방법을 제공했다. 둘째, 가족 관계, 재생산, 섹슈얼리티를 역사적 현상으로 개념화했다. 셋째, 사회사는 인간 경험의 다양한 차원에서 실현되는 대규모의 사회적 과정에 주목함으로써 ("백인 남성이 역사를 만든다"는) 정치사의 서사 구조에 도전했다. 이것은 네 번째 영향으로 이어지는데, 정치사에서 관습적으로 배제돼 온 집단들에 초점을 맞추는 것을 정당화한 것이 그것이다. 사회사는 궁극적으로는 과정이나 체계(역사가의 이론적 입장에 따라 쓴 자본주의나 근대화)에 대한 이야기인데, 이는 실제로 그런 것은 아니지만 표면적으로 그 서사의 주체로 내세워지는 특정 집단의 삶을 통해 전달된다. 사회를 구성하는 인간관계는 다양하기 때문에 변화 과정이 미친 영향을 가늠하기 위해서는 다양한 집단과 주제를 연구할 수 있으며, 따라서 그 연구 대상의 목록을 노동자, 소작농, 노예, 엘리트 등 다양한 직업·사회집단에서 여성을 포함하는 것으로까지 확장하는 것은 비교적 쉬운 일이다. 자본주의의 영향을 가늠하거나 그 작동 방식을 이해하기 위해, 노동자에 대한 연구만큼 여성 노동에 관한 연구가 많이 이루어진 것이 그 한 예라 할 수 있다.

이런 연구들로 버지니아 울프가 요청했던 "많은 정보"가 확산됐다. 여성들이 엄청나게 다양한 직업들에 종사했다는 사실이 기록됐으며, 연령, 혼인 여부, 가계 수입에 따른 여성의 경제활동 참여 패턴이 도출됐다 — 이는 여성과 노동문제를 단정적으로 일반화할 수 있다는 관념이 착각이었음을 보여 주었다. 또 남성들과 비교할 때 그 비율에서는 차이가 있을지라도 여성들 역시 노조를 결성하고 파업을 했음을 보여 주었으며, 임금 지급표를 조사하고 고용 기회의 변화를 기록함으로써 여성 노동시장을 구조화하는 데는 공급보다 수요가 훨씬 더 중요했다는 점을 시사했다.[24]

이를 어떻게 해석할 것이냐를 둘러싼 논쟁 또한 풍부하게 이루어지고 있다. 어떤 역사가들은 임금노동으로 여성의 지위가 향상됐다고 주장하는 한편, 어떤 이들은 여성이 저렴한 노동력으로 착취당했으며 결국은 남성들이 여성을 자신의 노동 가치를 위협하는 존재로 간주하게 되는 결과를 낳았다고 주장한다. 가족의 노동 분업이 아내의 가정 내 역할에 대해 경제적 가치를 부여했다고 지적하는 역사가가 있는가 하면, 주로 임금을 누가 관리하는지를 둘러싸고 가족 간 분쟁이 일어났다고 보는 역사가들도 있다. [가사 일을 전담하는] 성적 분리로 인해 여성은 자신의 일에 대한 통제력이 약화될 수밖에 없고, 이에 따라 조직력이 약하다고 주장한 이들은 여성들에게 충분한 자원이 갖춰진다면 남성과 똑같이 집단행동에 참여할 수 있다고 보는 이들의 비판을 받았다. 이 모든 것은 여성들에게 눈을 돌려야 할 필요성뿐만 아니라, 남성들과의 관계 속에서 여성의 상황을 분석해야 할 필요성, 다시 말해 노동사 일반에 가족 구조와 성별화된 노동

시장에 관한 질문을 도입해야 한다는 점을 시사한다.[25]

사회사는 여성 노동의 역사와 같은 주제들이 기록될 수 있도록 했지만, 그와 동시에 페미니스트 역사가들에게 몇 가지 문제를 제기하기도 했다. 한편으로, 사회사는 단일하고 보편적인 형상이 인류의 다양성을 보여줄 수 없다는 관점에서 역사적 서사의 주체들을 개별화하고 복수화함으로써 여성에 대한 연구의 여지를 마련해 주었다. 그러나 다른 한편으로는, 인간의 행위성을 경제적 힘의 작동으로 환원하고, 젠더를 그것의 많은 부산물 가운데 하나로 만들었다. 여성은 그저 자원을 동원하거나, 근대화의 대상 또는 착취의 대상이 되거나, 권력을 두고 다투거나, 정치체에서 배제되는 집단들 가운데 하나일 뿐이다. 여기서 여성의 독특성과 성별 간의 사회적 관계의 중심적 역할에 대해 페미니즘이 제기한 문제들은 경제적·행태주의적 모델로 대체되거나 그 안으로 흡수돼 버리는 경향이 있다.

"허스토리"와 사회사 모두 여성을 역사적 주체로 설정한다. 실제로, 여성사 연구자들의 작업 속에서 이 두 가지 접근법은 종종 중첩되거나 서로 교차한다. 그러나 이 둘은 궁극적 함의에서 차이가 있다. 분석의 관점이 상이하기 때문이다. 사회사는 기존의 (경제적) 설명틀 안에서 젠더 차이를 설명할 수 있다고 본다. 젠더는 그 자체로 연구가 필요한 대상은 아닌 것이다. 결과적으로 사회사에서 여성을 다루는 방식은 너무 통합론적인 경향이 있다. 이와 대조적으로 "허스토리"는 여성과 남성의 서로 다른 역사를 젠더로 설명할 수 있다고 본다. 하지만 젠더가 역사적으로 작동하는 방식을 이론화하지는 않는다. 이 때문에 허스토리의 이야기들은 여성들만의 이야기처럼 보이며 지나치게 분리주의적인 방식으로 읽힐 소지가 있다.

물론, 젠더를 개념화하기 위한 시도는 여성사 역사의 일부분이며, 시작부터 다양한 논의와 논쟁이 있었다. 고故 조앤 켈리는 여성사의 목적이 성별을 "계급이나 인종과 같은 다른 분류 기준처럼 사회질서를 분석하는 데 핵심적인 것"으로 만드는 데 있다고 보았다.[26] 나탈리 제몬 데이비스에게 그 목적은 "지난 역사에서 성별과 젠더 집단의 의미를 이해하는 것"이었다.[27] 이를 위해서는 젠더의 사회적 정의들을 — 그것이 남성과 여성에 의해 어떻게 표현되는지, 정치·경제적 제도 안에서 어떻게 구성되고 그 영향을 받는지, 성별뿐만 아니라 계급과 권력을 포함한 다양한 관계들을 어떤 식으로 드러내는지 — 검토할 필요가 있었다. 그래야 여성의 경험뿐만 아니라 사회적·정치적 실천들 또한 새롭게 조명할 수 있다는 것이다.

지금까지 역사가들에게 젠더 연구는 대체로 방법의 문제였다. 이는 법률이나 규범 문학,✦ 도상적 재현, 제도적 구조, 정치 참여에 초점을 맞추면서 여성의 상황을 남성의 상황과 암시적으로 혹은 명시적으로 비교하는 것으로 이루어진다. 예를 들어, 템마 캐플런의 『안달루시아의 아나키스트』는 아나키즘이라는 정치 운동을 남녀가 어떻게 다르게 받아들였는지, 그리고 남녀 소작농·노동자가 어떻게 서로 다르지만 상호 보완적인 방식으로 혁명 투쟁에 조직되었는지를 검토한다. 아나키즘 운동 안의 남성과 여성을 병렬적으로 다룬 그녀의 논의는, 이 정치 운동이 자본주의와 국가를 공격하는 데 안달루시아 사회의 젠더 관계를 어떻게 이용했는지 보여 준다.[28] 팀 메이슨은 나치 독일에서 여성의 지위와 여성 정책을 고찰한 결과를 통해 "가족의 융화 기능"에 대한 중요한 통찰을 발전시켰다. 그

✦ 이상적인 여성상을 설파한 문학 장르.

가 그 시대 정치에서 대체로 "비행위자"라고 이야기했던 여성들에 대해
수집한 사실적 자료들은 매우 유익하면서도 새로운 관점을 제공해 주었
는데, 그것은 "행위자의 행동은 재해석될 수 있으며 재해석되어야만 한
다"는 것이었다.[29] 섹슈얼리티는 억압된 게 아니라 근대 담론의 중심에 있
었다는 (『성의 역사』에서 제기된) 푸코의 주장을 가지고 주디스 월코위츠는
후기 빅토리아시대 영국의 성병방지법Contagious Diseases Acts에 대한
조세핀 버틀러의 반대 운동을 심도 있게 연구했다. 그녀는 성도덕의 이중
잣대와 싸우는 것을 목표로 한 이 성공적인 여성운동을 영국 사회의 경제
적·사회적·종교적·정치적 분열의 맥락 안에서 설명했다.[30] 월코위츠는 자
신의 저작 『매춘 그리고 빅토리아 사회』에서 성적 품행을 둘러싼 논쟁이
이를 주도했던 남녀 전문가들뿐만 아니라 국회의원들 사이에서도 주요
쟁점이었음을 보여 주었다. 이런 논쟁들은 "공공 영역"에서 이루어졌으
며 제도적·법적 변화를 가져왔다. 그러니까 성적 품행은 적어도 수십 년
간 명백한 정치적 쟁점이었다. 성차의 의미를 명확히 하는 것은, 프랑스
혁명 당시 시민권과 정치 참여에 대한 정의가 이루어지는 순간에도 매우
중요했다. 달린 레비와 해리엇 애플화이트는 여성성과 가정을 보호한다
는 명목으로 여성들의 정치적 모임들을 불법화한 1793년의 포고령들에
대해 연구했다. 그리고 린 헌트는 자코뱅당이 주권인민✦을 표현하기 위해

✦ 주권인민sovereign people은 인민주권popular sovereignity과 함께 자주
쓰이는 용어다. 인민주권은 "주권은 인민에게 있다"는 뜻으로 국가의 통치 및
작용 원리인 헌법의 제1 요건이다. 이것은 국가 구성의 정당성을 부여한다. 반면
주권인민은 "주권을 가진 인민"이라는 뜻으로 제헌적 상황에서 국가 운영의
주체를 명시한다. 봉건사회에서 시민사회로의 이행기인 프랑스혁명기에
신민이었던 인민은 주권을 가지고 있다고 상상되고 선언될 뿐, 그 형상이

남성성을 사용한 방식에 대해 주의를 환기했다.[31]

이 연구들은 공통적으로 정치, 좀 더 구체적으로는 권력관계가 공식적으로 협상되는 영역인 정부에 집중한다. 그런 점에서 이 연구들은 젠더 연구와 정치 연구를 연계하는 것이 중요함을 보여 준다. 정치적 구조와 관념들은 공적 담론과 삶의 다양한 측면들의 경계를 형성하고 설정하기 때문에, 정치 참여에서 배제된 사람들조차 이런 것들에 의해 규정된다. 메이슨식으로 말하자면, "비행위자"들도 정치적 영역 안에서 확립된 규칙에 따라 행동한다. 사적 영역은 공적 창조물이다. 공식적 기록에서 빠진 사람들이라 해도 역사 형성에 한몫을 담당했다. 침묵하고 있는 사람들도 권력의 의미에 대해 그리고 정치적 권위의 활용에 대해 웅변하고 있는 것이다.

이런 강조를 통해 남성 주체를 중심으로 서사를 구성하는 데 전념해 온 정치사가들은 여성사와 직접적으로 마주하게 된다. 또한 이로부터 법, 정책, 상징적 재현에서 일어난 변화에 주목하게 되면서 젠더에 대해 역사적으로 사유하는 방법이 발전하기 시작한다. 게다가 이는 여성과 남성의 서로 다른 행동 방식과 불평등한 조건에 대해 생물학적이거나 기질적으로 설명하기보다 사회적으로 설명해야 함을 함축한다. 그러나 동시에 그것은 여성의 행위성을 간과하고, 가족, 섹슈얼리티, 사교성 등 여성들이 가시적으로 참여했던 개인적이고 사회적인 영역의 역사적 중요성을 은연중에 축소함으로써 페미니즘 기획을 약화하는 것으로 보이기도 한다.

구체적으로 구성되지 않은 상태였다. 린 헌트는 프랑스혁명기에 사용되었던 그림, 상징 등을 분석해 주권인민을 구성하는 데 남성성이 사용되었음을 밝혔다. Lynn Hunt, *Politics, Culture & Class in the French Revolution*, University of California Press, 1986 참조.

여성사에 대한 이런 다양한 접근들은 모순과 마주하게 되었지만 그것이 새로운 지식의 생산을 가로막은 것은 아니었다. 이는 여성사 관련 일자리와 강의의 증가, 그리고 학술지나 출판인들에게 이득을 가져다준 여성사 관련 도서 시장의 번성에서 명확히 볼 수 있다. 그 모순들은 다른 의미에서도 생산적이었다. 이는 모순을 해결하고 이론을 정립하려는 노력들을 낳았으며, 역사 서술 과정 자체에 대한 성찰을 촉발했다. 서로 다른 접근법들은 이렇게 대화를 통해서 전체 논의를 진전시킬 수 있다. 하지만 그러기 위해서는, 분석에 사용되는 핵심적인 용어들을 검토하고 재정의해야 한다고 나는 생각한다. 이런 용어에는 세 가지가 있는데, 주체로서의 여성, 젠더, 정치가 바로 그것이다.

역사 속의 여성에 대해 논하고자 할 때 반드시 이야기해야 하는 "주체"의 문제와 관련된 (특히 정신분석학의 영향을 받은) 문헌들이 늘어나고 있지만, 나는 여기서 작은 문제 하나만 거론하고자 한다. 그것은 남성의 보편성과 대비되는 여성의 특수성이라는 문제인데, 이것은 "허스토리"의 경험으로 매우 분명해졌다. 17~18세기 자유주의 정치 논쟁의 초점이 되었던, 권리를 가진 추상적 개인은 어쨌든 남성의 형상으로 체현되었고, 역사학자들은 대체로 그 남성의 이야기his-story를 해왔다. 페미니스트들의 연구는 여성을 이 보편적인 재현 속에 포함하는 과정에서 여러 차례 난관에 봉착했다. 왜냐하면 페미니스트들의 연구가 잘 보여 주었듯이, 남성적 재현은 여성적 특수성과의 대조를 통해서 그 보편성을 획득하기 때문이다.

여성을 남성과 동등한 지위의 역사적 행위자로 간주하기 위해서는 분명 모든 인간 주체의 특수성과 구체성이라는 개념이 필요하다. 한 집단에 다른 집단보다 차등적인 중요성을 부여하지 않은 채, 역사가가 어떤 사회나 문화의 다양한 구성원들의 유일하고 보편적인 대표를 만들어 낼 수는 없다.[32] 그렇지만 특수성은 집합적 정체성이란 무엇이며 모든 집단이 동일한 경험을 공유할 수 있는지에 대해 의문을 제기한다. 개인들은 어떤 방식을 통해 사회집단의 구성원이 되는가? 집단 정체성은 어떻게 정의되고 형성되는가? 사람들을 집단의 구성원으로서 행동하도록 만드는 것은 무엇인가? 집단 정체성을 획득하는 과정은 공통적인가, 다양한가? 복합적인 차이들을 가진 사람들(흑인 여성 혹은 여성 노동자, 중간계급 레즈비언 혹은 흑인 레즈비언 노동자)은 이런 정체성들 가운데 어느 것을 부각시킬지를 어떻게 결정하는가? 이런 차이들이 모여 개인적·집합적 정체성의 의미들을 구성할 때 그에 대한 역사적 이해는 가능한가? [인종·계급과 같은 집단적] 여성들 간의 차이는 "[개별] 여성들의 차이"를 통해 더 잘 이해될 수 있다는 테레사 드 로레티스의 제안[33]은 역사 서술에서 어떻게 실현될 수 있을까?

"여성"이라는 집단 혹은 범주를 연구하려 한다면 젠더 — 성차로부터 만들어지는 다중적·모순적 의미들 — 는 중요한 분석 도구다.[34] "젠더"라는 용어는 성별 관계가 (흔히 이야기되듯 경제적이고 인구학적 압력의 결과이기보다는) 사회적 조직화의 기본 측면임을 시사한다. 그리고 남성 정체성과 여성 정체성들은 (개인이나 집단이 전적으로 만들어 낸 것이 아니라) 많은 부분 문화적으로 결정된다고 말한다. 또한 성별 간의 차이는 위계적인 사회구조를 만들어 내고, 또 그것에 의해 만들어진다는 것도 시사한다.

젠더에 대한 글쓰기에 관심을 가진 이들이 정치사로 관심을 돌리면서 성차의 조건들이 문화적으로 결정되는 과정을 설명하는 데 경합, 갈등, 권력 같은 개념들이 도입되었다. 그러나 권력을 공식적 정부 기관에 의해,

그리고 공식적 정부 기관과의 관계 속에서 행사되는 것으로만 연구함으로써, 역사가들은 부적절하게도 경험의 영역 전체를 고려 대상에서 제거했다. 만일 더 넓은 "정치" 개념이 도입되었다면 이런 일은 일어나지 않았을 것이다. 모든 불평등한 권력관계는 권력의 불평등한 분배를 수반하기 때문에 "정치적"이라고 보고 그것이 어떻게 구축되고 거부되는지 혹은 유지되는지에 대해 질문해야 하는 것이다. 여기서 푸코의 『성의 역사』 1권에 나오는 권력관계에 대한 논의를 상세히 인용할 가치가 있어 보인다.

따라서 우리가 제기해야 할 질문은, 특정 국가 구조에서 권력이 어떤 식으로 그리고 왜 성에 대한 지식을 정립하는지가 아니다. 18세기 이후에 볼 수 있듯이 진실한 성 담론을 만들어 내려는 노력이 총체적 지배에 얼마나 도움을 주었는지 같은 것도 아니다. 성적 품행에 대한 규범과 그 규범에 대해 사람들이 말하는 것이 일치하는지를 어떤 법이 통할했는지도 아니다. 그보다는 역사적으로 그리고 특정 장소들에서 (어린이의 몸을 둘러싼, 여성의 성에 관한, 산아제한의 관행과 관련된) 특정 유형의 성 담론에, 곧 진리를 강탈하는 특정한 형식에 작용하는 가장 직접적이고 가장 국지적인 권력관계는 무엇이었는지를 질문해야 한다. 권력관계는 어떻게 이런 종류의 담론을 가능하게 하고, 그리고 역으로 어떻게 이런 담론들이 권력관계를 지탱하는 데 이용되었는가? …… 개괄적으로 말하자면, 성과 관련된 모든 미세한 폭력들, 그것을 향한 게슴츠레한 시선들, 그리고 가리개를 인식하지 못하게 하는 것들을 유일한 형태의 거대 권력 Power과 결부하기보다는, 복합적이고 유동적인 권력관계의 장에서 점점 더 활기를 띠고 증식하는 성 담론을 깊이 파고들어야 한다.[35]

이런 접근법은 국가와 가족, 공과 사, 노동과 섹슈얼리티 같은, 겉으로 보기에 명백한 이항 대립을 종식시킬 것이다. 그리고 이 같은 접근 방식은 현재 별개의 것처럼 다뤄지고 있는, 삶과 사회조직의 다양한 영역들 사이의 상호 연관성에 대한 질문을 제기할 것이다. 이런 정치 개념을 통해, 우리는 역사가 과거를 불완전하게 기록한 것일 뿐만 아니라, 여성의 종속이나 배제를 정당화한 지식을 생산하는 데 참여하고 있음을 비판할 수 있을 것이다.

따라서 젠더와 "정치"는 서로 대립하는 개념도 아니고, 여성 주체의 회복과 대립하는 것도 아니다. 젠더와 정치를 넓은 의미로 정의할 경우, 공과 사의 구별은 해소될 것이고, 여성의 경험에는 그것만이 가진 개별적이고 독특한 특질이 있다는 식의 주장도 피할 수 있을 것이다. 또한 과거와 현재 남성과 여성으로 고착된 이분법이 과연 명확한 것인지 이의를 제기하며, 남녀 이분법에 따라 서술된 역사 그 자체의 정치적 성격을 폭로할 수 있다. 그러나 젠더가 정치적 문제임을 확고히 하는 것만으로는 충분치 않다. 여성사가 가진 급진적 잠재력을 실현하려면, 여성의 경험에 초점을 맞추는 것뿐만 아니라, 정치가 젠더를 구성하고 젠더가 정치를 구성하는 방식에 대해 분석하는 역사 서술이 필요하다. 그래야 페미니즘 역사학은 여성이 이룬 위대한 업적을 이야기하는 것이 아니라 대부분의 사회 구성 과정에 엄연히 존재하며 규정력을 발휘하는데도 불구하고 조용히 숨겨져 있는 젠더의 작동을 드러내게 된다. 이와 같은 접근법을 사용할 때 여성사는 기존 역사학의 정치에 비판적으로 대항하며 역사 다시 쓰기를 시작할 수 있을 것이다.

2장

젠　　　더
역사 분석의 유용한 범주

이 글은 처음에 1985년 12월, 미국역사학회에서 발표하기 위해 준비되었다. 그 후 현재와 같은 형태로 다음과 같이 게재되었다. "Gender: A Useful Category of Historical Analysis," *American Historical Review*, Vol. 91, No. 5(December 1986)[국내에는 다음과 같이 번역된 바 있다. 「젠더: 역사 분석의 유용한 범주」, 송희영 옮김, 『국어문학』 31, 1996, 291-326쪽]. 이 글에서 다루고 있는 다양한 주제들에 대한 내 생각들을 형성하는 데 데니즈 라일리, 재니스 도앤Janice Doane, 야스민 에르가스Yasmine Ergas, 앤 노턴Anne Norton, 해리엇 화이트헤드Harriet Whitehead와의 논의가 도움이 되었다. 이 글의 최종본이 나오기까지 아이라 카츠넬슨Ira Katznelson, 찰스 틸리Charles Tilly, 루이스 틸리Louise Tilly, 엘리사베타 갈레오티Elisabetta Galeotti, 레이나 랩Rayna Rapp, 크리스틴 스탠셀Christine Stansell, 조앤 빈센트Joan Vincent의 도움이 있었다. 또한 미국역사학회 앨린 로버츠Allyn Roberts와 데이비드 랜슬David Ransell의 대단히 세심한 편집에 감사한다.

젠더.　　명사. [단어의 남성형·여성형을 구별하는] 문법 용
어로만 사용됨. 사람이나 생물의 성별을 나타내기 위해 남성 젠
더 혹은 여성 젠더라고 이야기하는 것은 문맥에 따라 허용될 수
도 있고 아닐 수도 있는 익살스러운 표현이거나 실수임.

　　　　　　　　　　　　　　　▮ 파울러, 『현대영어용법사전』

단어의 의미를 법조문처럼 고정하려는 사람이 있다면 질 게 뻔한 싸움을
하는 것이다. 왜냐하면 단어에는, 그것이 나타내고자 하는 관념이나 사물
들처럼, 역사가 있기 때문이다. 옥스퍼드 대학 교수들이나 아카데미프랑
세즈도, 그 [역사의] 흐름을 끊고 인간의 창의력과 상상력의 작용에서 벗어
나 단어의 의미를 정확히 포착해 완전히 고정할 수는 없었다. 메리 워틀리
몬터규[18세기 영국 시인]는 의도적으로 ["젠더"라는] 문법 용어를 남용하며
'적절한 성별이라는 것에 대해' 재치 있고 신랄하게 비웃었다("내가 특정
젠더에 속한다는 것으로부터 얻을 수 있는 유일한 위안은 같은 젠더에 속한 누구
와도 절대 결혼할 리 없다는 것뿐이다").[1] 오랜 세월 동안, 사람들은 [젠더라는]
이 문법 용어를 어떤 인물이나 섹슈얼리티의 특징을 비유적으로 환기하
는 데 사용해 왔다. 그 한 예로 1876년 『프랑스어 사전』에 나오는 용례를
보자. "감정을 숨기고 자신을 완전히 드러내지 않는 사람을 가리켜, 그 사
람이 남성인지 여성인지 그 젠더를 모르겠다고 이야기한다."[2] 또 1878년
에 글래드스턴은 이렇게 [성과 젠더를] 구별했다. "아테네 여신에게 그 젠
더 말고는 성sex이라 할 것이 없다. 형태만 여성일 뿐 전혀 여성답지 않
다."[3] 최근에는 — 너무 최근이라 아직 사전이나 사회과학 백과사전에 등
재되지도 않았다 — 페미니스트들이 "젠더"라는 단어를 더 진지한 맥락에

서 문자 그대로의 의미로, 두 성별 사이의 관계에 대한 사회적 조직화를 가리키는 말로 사용하기 시작했다. [젠더라는 단어와] 문법의 관계는 명료한 동시에 아직 검토되지 않은 가능성들로 가득 차있다. 명료한 것은, 그 문법적 용법에 남성형인지 여성형인지 지시하는 형식적 규칙이 포함돼 있기 때문이다. 검토되지 않은 가능성들로 가득 차있는 것은, 많은 인도-유럽 어족의 언어들이 무성 혹은 중성이라는 제3의 범주를 가지고 있기 때문이다. 문법에서 볼 때 젠더는 현상을 분류하는 방식의 하나, 사회적으로 합의된 구별의 체계일 뿐 뭔가가 어떤 선천적 특성을 지니는지를 객관적으로 기술해 주는 것은 아니다. 덧붙여 분류는 구별이나 별도의 집단화를 만드는 범주들 사이의 관계를 제시한다.

가장 최근의 용법에서 "젠더"라는 단어는 성sex에 근거한 구별이 전적으로 사회적인 것이라고 주장하고 싶어 했던 미국의 페미니스트들 사이에서 처음 등장한 것으로 보인다. 이 단어는 "성"이나 "성차"와 같은 용어들에 암묵적으로 내포돼 있는 생물학적 결정론에 대한 거부를 의미했다. "젠더"는 또한 여성성에 대한 규범적 정의들이 가지고 있는 관계적 측면을 강조했다. 여성학 연구가 너무나도 좁게, 다른 것과 분리해서 여성에게만 초점을 맞추는 것을 우려한 사람들은 "젠더"라는 용어를 사용해 우리의 분석적 어휘 안에 관계성이라는 개념을 도입하려 했다. 이런 관점에 따르면, 여성과 남성은 상호 관계적으로 정의되며, 완전히 분리된 연구를 통해서는 그 어느 쪽에 대한 이해도 이루어질 수 없다. 그래서 1975년에 나탈리 데이비스는 다음과 같이 말했다. "우리는 여성과 남성, 양쪽 모두의 역사에 관심을 기울여야 한다고 생각한다. 계급을 연구하는 역사가들이 농민 계급에만 초점을 맞출 수 없는 것처럼 우리도 논의 대상인 성에만 초점을 맞춰서는 안 된다. 우리의 목표는 **성별**, 즉 젠더 집단이 가졌던 의미를 역사적 과거 속에서 이해하는 것이다. 우리의 목표는 다양한 사회와 시대에 나타나는 성 역할과 성적 상징의 다양성을 발견하고, 그것들이 어떤 의미를 가지고 있는지, 또 사회질서를 유지하거나 사회 변화를 촉진하는 데 어떤 역할을 했는지를 알아내는 것이다."[4]

가장 중요한 점이라고 생각되는 것을 덧붙이자면, 여성의 학문 활동이 학제의 패러다임에 근본적인 변화를 가져오게 될 것이라고 주장하던 사람들이 제안한 용어가 바로 "젠더"라는 것이다. 페미니스트 학자들은 일찍이 여성 연구가 단지 새로운 주제를 학문 세계에 추가하는 것일 뿐만 아니라, 기존 학술 연구의 전제와 기준들을 비판적으로 재검토하도록 할 것이라는 점을 지적했다. 「여성사의 문제」에서 세 명의 페미니스트 역사가들은 "우리는 역사 속에 여성을 기록하는 작업을 하기 위해서는, 역사적으로 중요한 것이 무엇인가에 대한 전통적 관념을 재정의하고 확장해, 공적이고 정치적인 활동뿐만 아니라 사적이고 주관적인 경험까지도 역사 서술에 포함하는 일이 반드시 함께 이루어져야 한다는 것을 배우고 있는 중이다. 비록 그 방법론을 실제로 도입하는 데 있어 머뭇거림이 있긴 하지만, 그것이 새로운 여성사뿐만 아니라 새로운 역사학을 시사한다는 것은 분명하다"라고 썼다.[5] 이 새로운 역사학이 어떤 식으로 여성들의 경험을 포함하고 설명하게 될 것인지는 젠더가 분석의 범주로서 어느 정도까지 발전될 수 있는지에 달려 있었다. 이는 계급이나 인종 같은 범주들과 확실히 비슷하다. 실제로 정치적으로 가장 폭넓은 관점을 가진 여성학자들은 이 세 가지 범주 모두가 새로운 역사를 쓰는 데 대단히 중요하다는 점을 자주 언급했다.[6] 계급·인종·젠더에 관심을 가진다는 것은 첫째, 피억압자들의 이야기와 그 억압의 의미와 본질에 대한 분석을 담은 역사학에 전념하겠다는 뜻이며, 둘째, 최소한 이 세 개의 축을 따라 구조화되어 있는 권력의 불평등을 학문적으로 이해해 보겠다는 뜻이다.

계급·인종·젠더에 대한 장황한 설명들은 각각이 동등한 위치에 있는 것처럼 말하지만 실은 전혀 그렇지 않다. "계급"은 주로 경제 결정론과 역사 변천에 관한 마르크스의 정교한(그리고 계속해서 더욱 정교하게 발전해 온) 이론에 기초하고 있는 반면, "인종"이나 "젠더"는 그렇지 않다. 물론 계급 개념을 사용하는 사람들이라 해서 모두 의견이 일치하는 것은 아니다. 막스 베버식 개념을 도입하는 학자들이 있는가 하면, 연구를 진전시키기 위한 수단으로 일시적으로 계급 개념을 이용하는 사람들도 있다. 그럼에도 불구하고 계급을 이야기할 때 우리는 여전히 어떤 정의들을 활용하거나 비판하는데, 마르크스주의의 경우에서 보듯, 그 정의들은 경제적 인과론과 변증법적 역사 발전론과 관련돼 있다. 인종이나 젠더의 경우에는 그와 같은 명확성이나 일관성이 없다. 젠더라는 용어는 단순히 성별 간의 관계를 언급하기 위해서 사용되기도 하지만 다양한 이론적 입장과 관련된다.

페미니스트 역사가들도 대부분의 역사가들과 마찬가지로 이론보다 기술description에 좀 더 익숙하도록 훈련을 받아 왔지만, 그럼에도 불구하고 점점 더 이론적 정식화를 모색하고 있다. 여기에는 최소 두 가지 이유가 있다. 첫째, 여성사 분야에서 사례연구가 급증하면서 [그것이 보여 주는] 연속성이나 불연속성에 대해서, 그리고 [남성과는] 근본적으로 다른 사회적 경험들과 지속적으로 나타나는 불평등의 원인을 설명해 줄 수 있는 어떤 종합적인 관점에 대한 요구가 있는 것 같다. 둘째, (교과서, 강의계획서, 연구 논문 등을 통해 알 수 있듯이) 최근의 여성사 연구들이 높은 수준에 이르렀음에도 불구하고 역사학계 안에서는 여전히 주변적인 지위에 머물고 있는 모순적 상황이 기술적 접근법의 한계를 명확히 드러내 주고 있기 때문이다. 기술적 접근법은 역사학 분야의 지배적인 개념들을 제대로 다루고 있지 못하다. 즉, 그 개념들의 권위를 뒤흔들어 개념 자체를 변화시키는 데까지 나아가지 못하고 있다. 여성사가들이 보기에, 여자들에게도 역사가 있다거나 여자들도 서구 문명사의 주요 정치적 변동들에 참여했음을 증명하는 것만으로는 충분치 않았다. 페미니스트가 아닌 역사가들 대부분이 여성사에 대해 보인 반응은 그 존재는 인정하되 그것을 분리하거나 일축하는 것이었다("여성들의 역사는 남성들의 역사와는 분리되어 있다. 그러니 페미니스트들이나 여성사를 하라고 해라. 우리가 거기 관심을 가질 필요는 없다" 혹은 "여성사는 성과 가족에 관한 것이므로 정치사나 경제사와는 별개로 연구해야 한다"). 여성의 참여에 대한 반응은 기껏해야 최소한의 관심을 보이는 것이었다("여성이 참여했다는 사실을 알게 되었다고 해서 프랑스혁명에 대한 나의 이해가 달라지는 것은 아니다"). 이런 반응들이 제기하는 문제는 따지고 보면 이론적인 것이다. 과거에 있었던 남성과 여성의 경험들 사이의 관계뿐만 아니라 과거의 역사와 현재의 역사학적 관행 사이의 연관성 또한 분석이 필요하다는 이야기다. 인간의 사회적 관계에서 젠더는 어떻게 작동하는가? 역사적 지식의 구성과 인식에 젠더는 어떤 식으로 의미를 부여하는가? 그 대답은 젠더라는 분석 범주에 달려 있다.

I

대체로 젠더를 이론화하려는 역사가들의 시도는 전통적인 사회과학적 틀 안에 머물러 있으며 보편적이고 인과적인 설명을 제공하는 오래된 정식화들을 사용한다. 그런데 이 이론들은 아무리 좋게 봐도 환원론적이거나 지나치게 단순한 일반화에 입각해 있다는 점에서 한계가 있다. 이 같은 일반화는 사회적 인과관계의 복잡성에 대한 역사학의 감각뿐만 아니라 변화를 이끌 수 있는 분석에 매진해 온 페미니스트들의 노력까지도 약화하는 것이다. 여기서는 이 같은 이론들에 대한 검토를 통해 그 한계를 드러내고, 이에 대한 대안적인 접근법을 제시해 보고자 한다.

역사가들 대부분이 사용하는 접근법들은 두 가지 범주로 나뉜다. 우선 본질적으로 기술적인 접근법이 있다. 즉, 해석이나 설명 또는 인과관계의 부여 없이 어떤 현상이나 현실의 존재를 나타내는 것이다. 두 번째는 인과적인 접근법이 있다. 이는 어떻게 그리고 왜 이런 일들이 그와 같은 형태로 일어났는지를 탐색해 어떤 현상이나 현실의 성격을 이론화한다.

최근에는 단순하게 "젠더"를 "여성"의 동의어로 많이 쓴다. 근 몇 년간 여성사를 주제로 한 많은 저서와 논문들의 제목을 보면 "여성" 대신에 "젠더"라는 용어를 사용하고 있다. 이런 용법이 어떤 경우에는 분석적 개념을 흐릿하게나마 전달해 주긴 한다. 하지만 "젠더"를 "여성" 대신 사용하는 것은 사실 그 학문 분야가 정치적으로 그 용어를 받아들일 수 있는지와 관련된다. 이런 경우 "젠더"라는 용어를 사용하는 것은 그 연구의 학문적 진지함을 보여 주기 위함이다. "젠더"라는 말이 "여성"이라는 말보다 중립적이고 객관적으로 들리기 때문이다. "젠더"는 사회과학에서 사용하는 과학적 전문용어처럼 보이므로 그 자체가 (지나치게 공격적인 것으로 여겨지는) 페미니즘 정치와 무관해 보인다. 이 같은 용법에서 "젠더"라는 용어는 불평등이나 권력에 대한 필수적인 주장을 담고 있지 않으며, 권리를 빼앗긴(그리고 지금까지 비가시적이었던) 당사자를 지칭하지도 않는다. "여성사"라는 용어가 (기존 관례에 반해) 여성이 역사학의 주제로 타당하다고 주장함으로써 자신의 정치성을 분명하게 표명하는 반면, "젠더"는 여성을 포함하지만 여성이라고 꼭 짚어 말하지 않음으로써 크게 위협적이지 않은 것처럼 보인다. "젠더"라는 용어를 이런 식으로 사용하는 것은 1980년대에 페미니즘 학계가 학술적 정당성을 추구하는 과정에서 나타난 한 양상이다.

그러나 이는 한 가지 양상일 뿐이다. "여성"의 대용어로서 "젠더"는 여성에 대한 지식이 필연적으로 남성에 대한 지식이기도 하다는 것을 시사하기 위해 사용되기도 한다. 그래서 여성에 대한 연구는 남성에 대한 연구일 수밖에 없다. 이 용법에서는 여성의 세계가 남성의 세계의 일부이며 남성의 세계 안에서, 남성의 세계를 통해서 만들어졌다고 강조한다. 이 용법은 분리된 영역이라는 관념이 갖는 해석적 유용성을 거부하며, 여성을 별개로 연구하는 것은 한 영역, 한 성별의 경험이 다른 쪽과 거의 혹은 전혀 관계가 없다는 허구를 영속화한다고 주장한다. 젠더는 또한 성별들 사이의 관계가 사회적인 것임을 나타내기 위해서도 사용된다. 이 용어를 사용함으로써 여성 종속의 형태는 다양하지만 여자는 아이를 낳을 수 있고 남자는 육체적으로 더 힘이 세다는 사실에서 그 공통된 원인을 찾을 수 있다는 식의 생물학적 설명을 노골적으로 거부하는 것이다. 그 대신 젠더는 성 역할 관념이 "문화적 구성물"임을, 즉 완전히 사회적으로 만들어진 것임을 보여 주는 방식의 하나가 된다. 이는 남성과 여성의 주체 정체성 subjective identities의 기원이 전적으로 사회적인 것임을 나타내는 것이다. 이런 정의에서 젠더는 성별화된 신체sexed body에 부과된 사회적 범주다.[7] 성과 섹슈얼리티에 관한 연구가 급증함에 따라 젠더는 특히나 유용한 용어가 된 것 같다. 왜냐하면 이 용어가 성적 실천을 여성과 남성에게 할당된 사회적 역할과 구별할 수 있는 길을 제공하기 때문이다. 이때 연구자들은 생물학적 성별과 (가족사회학자들이 말하는) "성 역할" 사이의 연관성을 인정하고 있기는 하지만, [그 둘 사이의] 단순하고 직접적인 연계를 상정하는 것은 아니다. [분석 범주로서] 젠더를 사용하는 것은 관계성의 총체적 구조를 강조하는 것이다. 이 관계성의 구조 안에 성별sex이 포함될 수는 있지만 성별이 그 구조를 전적으로 규정하는 것은 아니며, 섹슈얼리티가 그 구조를 통해 직접적으로 규정되는 것도 아니다.

역사가들은 젠더의 이 같은 기술적descriptive 용법을 주로 새로운 지형을 그려 내기 위해 사용하는 경우가 많다. 사회사 연구자들이 새로운 연구 대상에 눈을 돌리면서 젠더는 여성, 아동, 가족, 젠더 이데올로기 같은 주제와 관련된 것으로 여겨지게 되었다. 다시 말해서, 젠더의 이런 용법은 ─ 구조적으로든 이데올로기적으로든 ─ 두 성별 사이의 관계와 관련된 분야들에만 적용된다. 표면적으로 전쟁, 외교, 상위 정치 등은 그런 관계들에 직접적으로 관련된 것이 아니기 때문에 젠더가 적용되지 않는 것처럼 보인다. 그리고 그렇기 때문에 젠더는 정치나 권력 이슈와 관련된 역사가들의 사고와 계속해서 무관한 것으로 여겨져 왔다. 그것은 결국 근본적으로 생물학에 뿌리를 둔 어떤 기능주의적 관점을 승인하고, 역사 서술에서 분리된 영역 관념(성과 정치, 가족과 국가, 여성과 남성)을 영속화하는 결과를 낳았다. 이런 용법 속에서 젠더는 성별 간의 관계가 사회적인 것이라고 주장함에도 불구하고, 왜 이런 관계들이 현재와 같은 모습으로 구성되었고 어떻게 작동하며 변화하는가에 대해서는 아무것도 말해 주지 못한다. 그러니까 기술적으로 사용될 경우 젠더는 여성과 관련된 것들에 대한 연구와 연관된 개념이 되는 것이다. 이때 젠더는 역사 연구의 새로운 주제, 새로운 분야가 될 수는 있지만, 기존 역사학의 패러다임을 비판하는(그리고 바꾸는) 분석적 힘을 갖는 것은 아니다.

물론 일부 역사가들은 이 같은 문제에 대해 알고 있었고, 따라서 젠더 개념과 역사적 변화를 설명할 수 있는 이론들을 도입하고자 노력했다. 이론과 역사학의 융합은 실로 쉽지 않은 도전이었다. 이론은 일반적이고 보편적인 용어들로 틀지어진 것이고, 역사학은 맥락적 구체성과 변화 그 자체를 밝히는 데 주력하는 것이다. 그 둘을 합친 결과는 얄팍한 절충안에 지나지 않았다. 즉, 특정 이론을 부분적으로만 차용하는 바람에 분석적 힘이 약화되거나, 더 나쁜 경우에는 이론의 함의를 깨닫지 못한 채 그 법칙들만을 사용하기도 했다. 또한 변화에 대한 설명임에도 불구하고, 보편적인 이론들에 끼워 맞추느라 변화하지 않는 주제만을 다루거나, 놀랍도록 창의적인 연구이기는 한데 이론이 너무 과도하게 숨겨져 있어서 다른 연구들의 모델이 될 수 없는 경우도 있었다. 역사가들은 대개 자신들이 사용하는 이론의 함의를 상세히 밝히지는 않는데, 이는 시간을 들일 만한 가치가 있는 작업이다. 그런 작업이 이루어진 뒤에야 우리는 이 이론들의 유용성을 평가할 수 있으며 좀 더 설득력 있는 이론적 접근을 시작할 수 있을 것이다.

페미니스트 역사가들은 젠더 분석에 다양한 접근법을 사용했는데, 그 접근법들은 다음과 같은 세 가지 이론적 입장으로 요약될 수 있다.[8] 첫 번째는 전적으로 페미니즘적인 작업으로, 가부장제의 기원을 설명하려고 시도한 것이다. 두 번째는 마르크스주의의 전통 안에서 마르크스주의와 페미니즘 비평 사이의 조화를 모색한 것이다. 세 번째는, 근본적으로 다른 두 정신분석학파인 프랑스의 포스트구조주의자들과 영미의 대상관계 이론가들에 각각 의지해 주체의 젠더된 정체성이 생산·재생산되는 과정을 설명한 것이다.

가부장제 이론가들은 여성의 예속에 초점을 맞추고 여성을 지배해야 할 남성의 "필요"로부터 그에 대한 설명을 발견했다. 메리 오브라이언은 헤겔의 논의를 독창적으로 도입해서, 남성 지배를 종의 재생산 수단으로부터의 소외를 넘어서고자 한 남성들이 가진 욕망의 결과물이라고 정의했다. 세대 간 연속성이라는 원리는 부성의 우월성을 복원하고, 아이를 낳는 일을 하는 여성의 실제 노고와 사회적 현실을 보이지 않게 한다. 여성해방의 원천은 "재생산 과정에 대한 충분한 이해", 즉 여성의 재생산 노동의 본질과 그에 대한 (남성에 의한) 이데올로기적 신비화 사이의 모순을 이해하는 것에 있다.[9] 슐라미스 파이어스톤에게도 재생산은 여성의 "혹독한 덫"이었다. 그러나 그녀의 유물론적 분석에 의하면 그리 머지않은 미래에 재생산 기술의 변화로 여성의 신체가 종족 재생산을 담당할 필요가 없어지면서 해방이 찾아오게 된다는 것이다.[10]

어떤 이들에게는 재생산이 가부장제를 푸는 열쇠였다면, 다른 이들에게는 섹슈얼리티 그 자체가 답이었다. 캐서린 맥키넌의 대담한 정식화는 독자적인 것이지만 특정한 접근법의 특징을 보여 주는 것이기도 하다. "페미니즘에서 섹슈얼리티는 마르크스주의의 노동과 같다. 즉, 다른 무엇보다 어떤 한 사람의 것이지만 다른 무엇보다 빼앗기는 것이기도 하다." "성적 대상화는 여성의 종속이 이루어지는 일차적 과정이다. 그것은 행위와 말, 구조와 표현, 인식과 실행, 신화와 현실을 결합한다. 남자가 여자를 따먹는다Man fucks woman; 주어, 목적어, 동사."[11] 마르크스주의적인 비유를 계속 활용하며 맥키넌은 변증법적 유물론 대신 의식 고양을 페미니즘의 방법론으로 활용해 보자고 제안했다. 대상화라는 공유된 경험을 표출함으로써, 여성들은 공통의 정체성을 깨닫게 되고 이는 정치적 행동으로 이어질 것이라고 그녀는 주장했다. 맥키넌의 분석에서 성적 관계가 사회적인 것으로 정의됨에도 불구하고 왜 권력 체계가 지금과 같은 방식으로 작동하는지를 설명해 주는 것은 성적 관계 자체에 내재된 불평등밖에 없다. 불평등한 성별 관계의 원천이 결국 불평등한 성별 관계인 것이다. 그녀는 섹슈얼리티를 원인으로 한 불평등이 "사회관계의 전 체계"에 체화돼 있다고 하면서도 이 체계가 작동하는 방식은 설명하지 않는다.[12]

가부장제 이론가들이 남성과 여성 사이의 불평등을 다룬 방식은 중요한 것이었지만, 역사가들이 보기에 이 이론에는 몇 가지 문제가 있었다. 첫째, 이들은 젠더 체계의 내부를 분석하면서도 모든 사회조직에서 젠더 체계가 가장 영향력이 크다고 주장하지만 젠더 불평등이 다른 불평등들과 어떻게 관련돼 있는지를 보여 주지 않는다. 둘째, 남성 지배가 남성이 여성의 재생산 노동을 전유하는 형태로 나타나든 여성을 성적으로 대상화하는 형태로 나타나든, 그런 분석은 신체적 차이에 의지하고 있다. 가부장제 이론가들은 젠더 불평등의 형식과 체계가 변화해 왔다는 사실을 고려하면서도 모든 신체적 차이가 보편적이며 고정적이라고 전제하고 있다.[13] 신체적 차이라는 단일 변수에 의지하는 이론은 역사가들에게 문제가 된다. 그런 이론은 인간의 몸 — 사회적이거나 문화적인 구성 외부에 존재하는 — 에 일관되거나 내재적인 의미가 있다고 생각하기 때문에 젠더 자체가 비역사적인 것이 되어 버린다. 어떤 의미에서 역사는 고착된 젠더 불평등이라는 변치 않는 주제를 끝없이 변주하는 우발적인 현상이 되는 것이다.

마르크스주의 페미니스트들은 역사 이론에서 출발한 만큼, 비교적 역사적인 접근 방법을 취하는 편이다. 그러나 어떤 식의 변주와 각색이 이루어지든 간에, 젠더에 대한 "유물론적" 설명이 있어야만 한다는 스스로가 부과한 요건으로 말미암아 분석이 새로운 방향으로 발전하는 것이 제한되거나 지체되었다. 소위 이중 체계 해법을 내놓든(자본주의와 가부장제가 서로 분리되어 있지만 상호작용한다고 상정한다), 정통 마르크스주의의 생산양식론에 보다 확고히 기반한 분석을 발전시키든, 젠더 체계의 기원과 변화에 대한 설명을 성별 노동 분업 외부에서 찾았던 것이다. 이들에 따르면, 가족·가구·섹슈얼리티 모두가 결국은 변화하는 생산양식의 산물이다. 엥겔스가 『가족의 기원』에서 이와 같은 결론을 내리게 된 것도,[14] 또 경제학자 하이디 하트만의 분석이 궁극적으로 기초하고 있는 것도 바로 이런 것이다. 하트만은 가부장제와 자본주의가 서로 분리되어 있지만 상호작용하는 체계임을 고려하는 게 중요하다고 역설한다. 그러나 그녀의 논의 전개에서는 경제적 인과론이 우위를 차지하고 가부장제는 항상 생산관계의 작용을 통해 발전하고 변화한다.[15]

마르크스주의 페미니스트들의 초기 논의들은 다음과 같은 동일한 문제들 주변을 맴돌았다. 즉, "생물학적 재생산에 대한 긴급한 요구"가 자본주의하의 성별 노동 분업을 결정한다고 주장하는 사람들이 가지고 있던 본질주의에 대한 거부. 생산양식에 대한 논의 속에 "재생산양식"을 끼워 넣는 작업의 무익함(재생산양식은 생산양식에 대립하는 범주로 취급될 뿐 그것과 대등한 지위를 갖는다고 상정되지 않는다). 경제 체계가 젠더 관계를 직접 결정하지 않으며 실제로 여성의 예속은 자본주의 이전부터 있었고 사회주의에서도 지속되고 있음에 대한 인정. 그럼에도 불구하고 자연적인 신체적 차이를 배제한 유물론적 설명을 찾기 위한 노력.[16] 이런 문제들의 악순환에서 벗어나려는 시도 가운데 중요했던 것이 조앤 켈리의 논문 「페미니즘 이론의 이중적 시각」이다. 이 논문에서 그녀는 경제 체계와 젠더 체계가 상호작용해 사회적·역사적 경험을 생산한다고 주장했다. 즉, 두 체계 모두 우발적이지 않으며 "동시에 작용해 특정 사회질서의 ……사회경제적이며 남성 지배적인 구조를 재생산한다." 젠더 체계가 독립적인 존재라는 켈리의 생각은 중대한 개념상의 돌파구를 제공했다. 그러나 그녀는 계속해서 마르크스주의 틀 안에 머무르고자 했기 때문에 젠더 체계를 규정하는 요인에서도 경제적 요인들의 인과적 역할을 강조하게 되었다. "성별 간의 관계는 섹스/젠더 구조뿐만 아니라 사회경제적인 구조에 따라, 그리고 그것을 통해서 작동한다."[17] 켈리는 "성적인 것에 기반을 둔 사회적 현실"이라는 아이디어를 도입했다. 그러나 그녀는 그런 현실의 성적인 성격보다는 사회적 성격을 더 강조하는 경향이 있었으며, 그녀의 용법에서 "사회적"이라는 용어는 대부분의 경우 경제적 생산관계의 측면에서 인식되었다.

미국에서 마르크스주의 페미니스트의 섹슈얼리티 연구 가운데 가장 지대한 영향을 미친 것은 1983년에 출판된 논문집 『욕망의 권력』이다.[18] 활동가들과 학자들의 섹슈얼리티에 대한 관심의 증가, 섹슈얼리티는 역사적 맥락 속에서 생산된다는 미셸 푸코의 주장, 그리고 현재의 "성 혁명"에 대해 진지한 분석이 필요하다는 확신 등에서 영향을 받은 저자들은 "성 정치"sexual politics를 연구의 초점으로 삼았다. 그러면서 그들은 인과관계의 문제를 파헤치고, 그에 대한 다양한 해결책들을 제시한다. 사실이 책이 진정으로 흥미로운 지점은 각 저자들의 분석이 서로 다르며, 이에 따라 분석적 긴장이 형성된다는 것이다. 사회적(대체로 "경제적"이라는 뜻이다) 맥락의 인과성을 강조하는 저자도 있었지만, 그럴 때도 "젠더 정체성의 정신적 구조"를 연구하는 것의 중요성에 대한 제안을 잊지 않았다. "젠더 이데올로기"가 경제적·사회적 구조를 "반영"한다는 주장에서도 "사회와 지속되는 심리 구조 사이의 복잡한 연관성"을 이해해야 할 필요성이 함께 제기되었다.[19] 편집자들은, 한편으로는 정치가 반드시 "인간 삶의 에로틱하고 판타지적인 요소"에 대한 관심을 가져야 한다는 제시카 벤저민의 주장을 지지했다. 하지만 다른 한편으로는, 벤저민을 제외하고는 그 어떤 논문도 그녀가 제기한 이론적 문제들을 충분히 혹은 진지하게 다루고 있지 않다.[20] 그 대신, 이 책을 관통하고 있는 암묵적인 가정은 마르크스주의가 이데올로기·문화·심리학의 논의들을 포괄할 수 있을 만큼 확장될 수 있으며, 이는 이 책에 수록된 논문들 대부분에서 이루어지고 있는 것처럼, 구체적인 증거 검토를 통해 가능하다는 것이다. 이런 접근법의 장점은 날카로운 입장 대립을 피할 수 있다는 것이었지만, 단점은 이미 체계화된 이론을 그대로 방치함으로써 성별 관계로부터 생산관계로 되돌아간다는 것이었다.

미국과 영국의 마르크스주의 페미니스트들의 작업을 비교해 보면, 새로운 방향에 열려 있고 상대적으로 광범위한 영역을 다루는 미국 쪽보다는 마르크스주의 전통이 강하고 여전히 독자적 영향력을 발휘하고 있으며 마르크스주의 정치학에 좀 더 밀착해 있는 영국 쪽이 엄격한 결정론적 설명의 제약에 도전하는 걸 더 어려워하고 있음을 알 수 있다. 이런 어려움은 『뉴레프트 리뷰』에 실린 미셸 바렛과 그녀의 비판자들 사이의 논쟁에서 가장 극적으로 드러나는데, 이 논쟁에서 바렛의 비판자들은 그녀가 자본주의 체제에서 이루어지는 성별 노동 분업에 대한 유물론적 분석을 포기했다고 비난했다.[21] 이런 어려움은 정신분석학과 마르크스주의의 조화를 꾀했던 페미니스트들의 초창기 시도에서도 잘 드러난다. 그 둘의 융합이 가능하다고 주장했던 학자들마저 결국 둘 중 하나를 선택하는 방향으로 다시 돌아간 것이다.[22] 마르크스주의 안에서 작업한 영국과 미국의 페미니스트들의 어려움은 내가 여기 언급한 저작들에서 분명히 드러난다. 그들이 직면한 문제는 가부장제 이론이 제기한 문제와 정반대의 것이었다. 왜냐하면 오랫동안 마르크스주의에서 젠더라는 개념은 변화하는 경제구조의 부산물로 간주돼 왔으며, 그 자체로 독립적인 분석적 지위를 갖지 못했기 때문이다.

정신분석 이론을 검토하기 위해서는 학파를 특정할 필요가 있다. 왜냐하면 그 창시자와 정신분석가들의 출신 국가에 따라 접근법이 다르기 때문이다. 우선 대상관계 이론을 따르는 영미 학파가 있다. 미국에서 낸시 초도로우는 대상관계 이론과 관련해 가장 먼저 떠올리는 이름이다. 그밖에도 캐럴 길리건의 작업 역시 역사학을 비롯한 미국 학계에 지대한 영향을 미쳤다. 길리건의 연구는 주체의 구축보다는 도덕성 발달과 도덕 행동에 더 관심을 기울이고 있긴 하지만, 초도로우에 의지하고 있다. 영미 학파와는 대조적으로 프랑스 학파는 언어 이론과 관련해 프로이트에 대한 구조주의적·포스트구조주의적 독해를 바탕으로 한다(이들에게 핵심적인 인물은 자크 라캉이다).

두 학파 모두 주체의 정체성이 형성되는 과정에 관심을 두고 있으며 아동 발달 초기 단계에서 젠더 정체성 형성의 실마리를 찾는다. 대상관계

이론가들은 실제 경험(아이가 보고 듣고 자신을 돌봐 주는 사람들과 관계를 맺으며 하는 경험, 특히 부모와 관련된 경험)의 영향을 강조하는 데 반해, 포스트구조주의자들은 젠더를 전달하고 해석하고 재현하는 데서 언어의 중심성을 강조한다("언어"라고 할 때 포스트구조주의자들이 의미하는 것은 말이 아니라 말하기·읽기·쓰기의 실제 습득에 선행하는 의미 체계 — 상징적 질서 — 다). 이 두 학파 사이의 또 다른 차이는 무의식에 관한 것으로, 초도로우는 무의식을 궁극적으로 의식적 이해understanding의 지배를 받는 것으로 본 데 반해 라캉은 그렇지 않다. 라캉주의자들에게 무의식이란 주체의 구축에 결정적인 요소다. 나아가 무의식은 성적 분리가 일어나는 장소이며, 그러므로 젠더화된 주체에게는 끊임없이 불안정한 장소이기도 하다.

최근 페미니스트 역사가들은 이런 이론들에 흥미를 가지게 되었다. 왜냐하면 이 이론들은 개별적이고 구체적인 발견들을 일반화된 해석으로 뒷받침해 주거나 젠더에 관한 중요한 이론적 정식화를 제공해 주는 것처럼 보이기 때문이다. "여성의 문화"라는 개념을 가지고 연구 중인 역사가들은 자신들의 해석을 뒷받침하는 증거이자 설명틀로 초도로우나 길리건의 작업을 점점 더 많이 인용하고 있다. 이런 페미니즘 이론에 맞서는 역사가들은 점점 더 라캉에 기대를 걸고 있다. 내가 보기에는 결과적으로 이 이론들 가운데 어느 쪽도 역사가에게 완벽하게 유용하지는 않다. 각 이론에 대해 좀 더 면밀하게 검토해 보면 그 이유를 알 수 있을 것이다.

내가 대상관계 이론에 의구심을 갖는 건 그것의 직해주의literalism 때문이다. 이 이론은 젠더 정체성의 형성과 변화를 비교적 소규모의 상호작용 구조에 의존해 설명한다. 초도로우의 이론에서는 가족 내 노동 분업과 부모에게 실제로 할당된 업무가 중요한 역할을 한다. 이런 지배적인 서구 체계의 결과는 남성과 여성 사이의 명확한 구분이다. 즉, "여성의 기본적인 자아 인식은 세상과 연결되어 있고, 남성의 기본적인 자아 인식은 분리되어 있다."[23] 초도로우에 의하면, 만일 아버지가 육아와 집안일에 더 자주 참여하게 된다면 오이디푸스 드라마의 결과는 달라질 것이다.[24]

이 같은 해석은 젠더 개념을 가족과 가정 내의 경험으로만 한정하며, 역사가가 그 개념을(또는 개인을) 경제·정치·권력 등의 다른 사회 체계와 연결 지을 수 없게 만든다. 물론 여기에는 아버지에게 노동을, 어머니에게 육아 업무의 대부분을 할당하는 사회적 배치가 가족 구조를 조직한다는 점이 암묵적으로 내포돼 있다. 그러나 그런 배치가 어디서 유래한 것이며, 왜 성별 노동 분업으로 나타나는지는 명확하지 않다. 또 비대칭의 문제와는 달리 불평등의 문제는 다루지도 않는다. 이 같은 이론 내에서 우리는 남성성이 끊임없이 권력과 연관되고 여성성보다 더 높은 가치를 부여받는 것, 그리고 핵가족이 아닌 환경이나 부부가 동등하게 육아를 분담하는 가정에서 자란 아이들조차 이런 연관과 평가를 답습하게 되는 것을 어떻게 설명할 수 있을까? 사회관계의 규칙을 설명하거나 경험의 의미를 구축하기 위해 젠더를 사용하려면 반드시 의미화 체계, 즉 사회가 젠더를 재현하는 방식에 주의를 기울여야 한다. 의미 없는 경험도 없으며, 의미화 과정 없이는 의미도 없다.

라캉 이론의 핵심은 언어다. 언어는 아동을 상징 질서로 유도하는 열쇠다. 언어를 통해서 젠더화된 정체성이 형성된다. 라캉에 의하면 팔루스 phallus는 성차의 가장 중요한 기표다. 그러나 팔루스의 의미는 은유적인 것으로 해석되어야만 한다. 어린아이에게 오이디푸스 드라마는 문화적 상호작용의 조건을 제시한다. 거세의 위협은 권력, 즉 (아버지의) 법의 규칙을 체현하고 있기 때문이다. 그 법과 아동이 맺는 관계는 성차, 즉 남성성 혹은 여성성에 대한 아동의 상상적(혹은 판타지적인) 동일시에 따라 달라진다. 다시 말해서 사회적 상호작용의 규칙이 부과되는 방식은 본래 분명히 젠더화되어 있다. 왜냐하면 팔루스에 대해 여성은 필연적으로 남성과 다른 관계를 맺을 수밖에 없기 때문이다. 그러나 젠더 동일시는 그것이 항상 일관적이고 고정된 것처럼 보인다 해도 사실은 매우 불안정하다. 의미 체계와 마찬가지로, 주체 정체성은 차이화와 구별 짓기의 과정이며, 이는 일관성과 공통의 인식을 보장하기 위해(환상을 만들어 내기 위해) 모호성과 대립 요소들을 억압하도록 요구한다. 남성성의 원리는 여성적 측면 — 주체에 잠재된 양성적 가능성 — 에 대한 필연적인 억압에 의존하며, 남성적인 것과 여성적인 것의 대립에 갈등을 도입한다. 억압된 욕망은 무의식 속에 존재하며 젠더 정체화의 통일성을 부정하고 안전함에 대한 욕구를 전복함으로써 그 안정성에 끊임없는 위협으로 작용한다. 게다가 남성적인 것 또는 여성적인 것에 대한 의식상의 관념 역시 맥락적 용법에 따라 바뀌기 때문에 고정돼 있지 않다. 따라서 완전해 보이고자 하는 주체의 욕구와 용어의 부정확성, 의미의 상대성, 그리고 억압에 대한 의존성 사이에는 항상 갈등이 존재한다.[25] 이런 해석은 남성성과 여성성이 타고난 특성이 아니라 주관적인(또는 허구의) 구성물이라고 시사함으로써 "남성"과 "여성"이라는 범주 자체에 질문을 제기하도록 만든다. 이 해석은 또한 주체가 끊임없이 구축되는 과정 속에 있음을 암시하고, 언어를 적절한 분석의 장으로 지목하면서 의식적·무의식적 욕망을 해석하는 체계적인 방법을 제공한다. 이와 같은 이유로 나는 이 해석이 유익하다고 생각한다.

하지만 나는 다음 두 가지 점에서 문제가 있다고 본다. 곧 전적으로 개별 주체의 문제에만 집착하는 점, 그리고 주체 차원에서 발생하는 남성과 여성 사이의 적대를 젠더와 관련된 중심적 사실로 물화하는 경향이 있다는 점에서 그렇다. 또한 이 이론은 "주체"가 구축되는 방식에 대한 관념에 대해서는 열려 있지만, 남녀 관계 그리고 남녀 범주를 보편화하는 경향이 있다. 역사가들에게 이는 과거 사료에 대한 환원론적 독해로 나타난다. 이 이론은 거세를 금지와 법에 결부시킴으로써 사회적 관계를 설명하고 있긴 하지만, 역사적 특수성과 가변성 개념이 도입될 여지는 허락하지 않는다. 팔루스만이 유일한 기표이며, 젠더화된 주체가 구축되는 과정은 항상 같기 때문에 결국에는 새로운 것이 없다. 테레사 드 로레티스가 지적하듯이, 우리는 주체성의 구축을 사회적·역사적 맥락 안에서 사유할 필요가 있는데, 라캉이 제공한 조건 속에서는 그런 맥락들을 구체화할 수 없다. 사실 드 로레티스의 작업에서도 ("실제로는 사회적이며 더 큰 관점에서는 역사적인 물질적·경제적·사람 사이의 [관계인]") 사회적 실재는 주체의 외부에, 주체와 별개로 존재하는 것처럼 보인다.[26] 젠더와 관련해서 "사회적 실재"를 파악하는 방법이 결여돼 있는 것이다.

라캉의 이론에서 성적 적대가 가진 문제점에는 두 가지 측면이 있다. 첫째, 성적 적대에 시간을 초월한 속성을 부여한다. 이는 그것이 역사화될 때조차 마찬가지다. 샐리 알렉산더 역시 여기서 벗어날 수 없었다. 알렉산더의 라캉에 대한 독해는 다음과 같은 결론에 이른다. "성별 간의 적대는 성 정체성의 획득에서 불가피한 측면이다. …… 적대가 항상 잠재해 있다면, 역사는 결코 최종적인 해결을 제공해 주지 못하며 차이의 상징화와 성별 노동 분업을 끊임없이 재구성하고 재조직화할 수 있을 뿐이다."[27] 이런 정식화 앞에서 내가 주저하게 되는 것은 나의 가망 없는 유토피아주의 때문일 수도 있다. 아니면 푸코가 고전 시대의 것으로 취급했던 인식론을 내가 아직 버리지 못했기 때문일지도 모르겠다. 어떻게 설명하든 간에 알렉산더의 정식화는 남성과 여성의 이항 대립을 유일하게 가능한 관계이자 인간 조건의 영구적인 측면으로 고정하는 데 기여한다. 그 이론은 데니즈 라일리가 말한 "양극화된 성별의 불변성이라는 지긋지긋한 공기"에 이의를 제기하기보다는 그것을 영속화한다. 라일리에 의하면 "역사적으로 구축된 [남녀의] 대립적 특성이 생성하는 효과 중 하나는 변하지 않고 천편일률적인 남/여 이분법이라는 바로 그 공기를 만들어 낸다는 것이다."[28]

(영미 학파로 돌아가서) 캐럴 길리건의 연구가 조장했던 것이 바로 그 지루하고 단조로운 대립이다. 길리건은 "경험"(생생한 현실)의 차이에 따라 남자애들과 여자애들이 서로 다른 도덕적 발달 경로를 따르게 된다고 설명한다. 여성사 연구자들이 자신들의 연구를 통해 들을 수 있게 된 "다른 목소리들"을 설명하기 위해 길리건의 아이디어를 가져온 것이 놀랍지는 않다. 다만 이런 차용에는 여러 가지 문제가 있는데, 이 문제들은 논리적으로 서로 연관돼 있다.[29] 첫 번째 문제점은 인과성을 부여하면서 종종 일어나는 미끄러짐이다. 즉, 논증 과정에서 "여성의 경험이 그들을 맥락과 관계에 입각한 도덕적 선택으로 이끈다"라는 진술이 "여성은 여성이기 때문에 이런 식으로 생각하고 선택한다"라는 진술로 달라져 버리는 것이다. 이런 식의 추론은 여성에 대한 본질주의까지는 아니더라도 비역사적인 개념을 상정하고 있다. 길리건을 비롯한 이들은 20세기 후반 미국 초등학생들이라는 작은 표본에 근거해 모든 여성에 대해 추론해 왔다. 이 같은 추론은 몇몇 역사가들의 "여성 문화" 논의에서 특히 두드러지는데, 옛 성인들에서부터 현대의 전투적인 노동운동가들까지 온갖 사료를 수집해 여

성은 보편적으로 관계성을 선호한다는 길리건의 가설에 대한 증거로 환원해 버리고 있기 때문이다.[30] 이는 『페미니즘 연구』의 1980년 심포지움에서 드러난 "여성 문화"에 대한 보다 복잡하고 역사화된 이해와 뚜렷이 대조된다.[31] 심포지엄에서 발표된 일련의 논문들과 비교해 보면, 길리건의 정식화는 여성과 남성을 항상 같은 방식으로 고정돼 있는, 보편적이고 자기 복제적인 이항 대립으로 정의하는 비역사적인 것임이 드러난다. 고정불변의 차이들을 강조함으로써(길리건의 경우 성차를 강조하기 위해, 생물학적 성별이나 도덕적 추론과 관련해 좀 더 복잡한 결과들을 보여 주는 자료들을 단순화함으로써) 페미니스트들이 오히려 자신들이 반대하고자 하는 종류의 사고에 이바지하고 있는 것이다. 그들은 "여성"female 범주의 재평가를 주장하면서도(길리건은 여성의 도덕적 선택이 남성의 그것보다 더 인간적이라고 말한다) 이항 대립 그 자체는 검토하지 않는다.

우리는 이항 대립이 가진 고정적이고 영속적인 성질을 거부할 필요가 있다. 이는 성차의 조건들을 제대로 역사화하고 탈구축하는 작업이다. 우리는 자신이 사용하는 분석적 어휘와 분석의 대상을 좀 더 의식적으로 구별해야 한다. 우리는 끊임없이 우리의 범주들을 비판의 대상으로 삼고 우리의 분석에 대해 자기비판의 방법들을 (그것이 아무리 불완전한 방법이라 하더라도) 찾아내야 한다. 탈구축에 대한 데리다의 정의를 가져와 이야기하자면, 이런 비판이란 어떤 이항 대립이든 그것이 작동하는 방식을 맥락 속에서 분석하고, 그것을 실재적이거나 자명한 것, 사물의 본성과 같은 것으로 받아들이는 것이 아니라 그 위계적 구성을 역전시키고 전치하는 것을 의미한다.[32] 물론 어떤 면에서 페미니스트들은 오랫동안 이런 작업을 해오고 있었다. 페미니즘 사상사는 구체적인 맥락들 속에서 남녀 관계의 위계적 구성에 대한 거부의 역사이자, 그 작동을 역전시키거나 전치하려는 시도의 역사였다. 이제 페미니스트 역사가들은 그와 같은 자신들의 실천을 이론화하고 젠더를 분석적 범주로서 발전시켜야 할 상황에 놓여 있다.

II

분석적 범주로서 젠더에 대한 관심이 일어난 것은 겨우 20세기 후반부터였다. 18세기부터 20세기 초까지 나온 주요 사회 이론들에 젠더는 포함돼 있지 않았다. 물론 몇몇 이론은 남성과 여성의 대립에 빗대 자신들의 논리를 구축했고 "여성 문제"를 인식한 이론도 있었으며 주관적인 성 정체성 형성을 다룬 경우도 있었지만, 사회적·성적 관계의 체계에 대해 논하는 방법으로 젠더를 활용한 경우는 없었다. 현대의 페미니스트들이 젠더라는 용어를 기존 이론에 편입시키려 할 때 또는 이런저런 학파의 지지자들에게 젠더가 그들의 용어이기도 하다고 설득할 때 어려움을 겪었던 것은 부분적으로 이 같은 무관심 때문이었다. "젠더"라는 용어는 현대 페미니스트들이 기존 이론들은 뿌리 깊은 성별 간 불평등을 설명하는 데 적절하지 않다고 주장하기 위해 그 기반이 되는 개념을 마련하고자 한 시도의 일환이다. "젠더"라는 말이 인식론적으로 엄청난 동요의 순간에 사용되기 시작했다는 점은 내게 의미심장해 보인다. 이와 같은 인식론적 동요는 어떤 경우에는 사회과학자들 사이에서 과학적 패러다임으로부터 문학적 패러다임으로의 전환(인류학자 클리퍼드 기어츠의 표현을 빌면 연구의 장르를 모호하게 만드는, 원인의 중시에서 의미의 중시로의 전환)[33]이라는 형태를 띠기도 했고, 어떤 경우에는 사실의 투명성을 주장하는 사람들과 모든 현실은 해석되거나 구축된 것이라고 주장하는 사람들 사이의 논쟁이라는 형태를 띠기도 했으며, "인간"이 자기 운명의 이성적 주인이라는 생각을 옹호하는 사람들과 그런 생각에 의문을 제기하는 사람들 사이의 이론적 논쟁이라는 형태를 띠기도 했다. 이런 논쟁에 의해 열린 공간 안에서, 그리고 인문학에 의한 과학 비판과 포스트구조주의자들의 경험주의·휴머니즘 비판에 가담하면서, 페미니스트들은 자신의 이론적 목소리뿐 아니라 학문적·정치적 협력자들을 찾기 시작했다. 우리는 바로 이 공간 안에서 젠더를 분석적 범주로서 명확하게 제시해야만 한다.

그렇다면 최근 일부 이론가들이 역사학을 인본주의 사상의 낡은 유물로 치부하는 상황에서 역사가들은 무엇을 해야 할까? 나는 우리가 기록보관소를 떠나거나 과거에 대한 연구를 그만둬야 한다고 생각하진 않는다. 그러나 그동안의 작업 방식이나 그동안 제기해 왔던 질문들 가운데 어떤 것들은 확실히 바꿀 필요가 있다. 우리는 우리의 분석 방법을 면밀히 검토해 보고, 작업가설을 명확히 하며, 변화가 어떻게 일어나는지에 대한 우리의 생각을 설명해야 한다. 단 하나의 기원을 찾는 대신, 구분할 수 없을 만큼 상호 연결된 과정들을 생각해야 한다. 물론 우리가 어떤 문제들을 연구할지 명확히 해야 하는데, 이것은 복잡한 과정으로 들어가는 출발점이다. 그러나 우리가 계속 잊지 말아야 할 것은 그 과정이다. 어떤 일들이 왜 일어났는지를 알기 위해서는 그 일들이 어떻게 일어났는지에 대해 더 많이 묻지 않으면 안 된다. 인류학자 미셸 로잘도의 다음과 같은 지적대로, 우리는 보편적이고 일반적인 인과관계가 아니라 의미 있는 설명을 추구해야 한다. "지금 내게는 인간의 사회적 삶에서 여성의 위치란 어떤 의미에서든 그녀가 한 일들의 직접적 산물이 아니라 구체적인 사회적 상호

작용을 통해 그녀의 활동들이 획득한 의미의 산물이라고 여겨진다."[34] 의미를 추구하기 위해, 우리는 사회조직뿐만 아니라 개별 주체도 다뤄야 하고 그들이 맺는 상호 관계의 성격을 분명히 설명해야 한다. 그 두 가지는 젠더가 어떻게 작동하고 변화가 어떻게 일어나는지를 이해하는 데 대단히 중요하기 때문이다. 마지막으로 우리는 사회적 권력이 통일돼 있고 일관되며 중앙집권적이라는 통념을, 미셸 푸코의 권력 개념처럼, 서로 대등하지 않은 관계들이 성좌처럼 흩어져 있고 사회적 "힘의 장"fields of force 속에서 담론적으로 구성된 것이라는 개념으로 대체해야 한다.[35] 이런 과정과 구조들 안에서라야 인간의 행위성human agency이라는 개념이 존재할 여지가 생긴다. 여기서 인간의 행위성이란 어떤 정체성, 삶, 일련의 관계, 그리고 사회를 어떤 한계들 속에서 언어 — 여기에서 언어는 개념적인 것으로 이는 경계를 설정하는 동시에 부정, 저항, 재해석, 그리고 은유의 작용과 상상을 가능케 한다 — 를 통해 구축하려는 (적어도 부분적으로는 이성적인) 시도를 말한다.

젠더에 대한 나의 정의는 두 가지 부분과 각각의 부분집합들로 이루어진다. 그것들은 서로 연관돼 있지만 분석적으로 구별돼야 한다. 핵심은 다음 두 명제가 뗄 수 없이 연관돼 있다는 점이다. [첫 번째 명제] 젠더란 우리가 인식하고 있는 성차에 기반한 사회관계들의 구성 요소다. [두 번째 명제] 젠더란 권력관계를 의미화하는 주된 방식이다. 사회관계의 조직화 과정에서 일어난 변화는 늘 권력의 재현에서 나타난 변화에 조응한다. 그러나 그 변화의 방향이 반드시 일방적인 것은 아니다. 성별 간 차이로 인식되는 것들에 입각해 사회관계들을 구성하는 젠더는 네 개의 상호 연관된 요소들을 포함한다. 첫 번째는 복합적인(흔히 모순적인) 재현들을 떠올리게 하는 문화적으로 유효한 상징들이다. 예를 들어, 서구 기독교 전통에서 여성을 상징하는 것은 이브와 마리아다. 또 빛과 어둠, 정화와 오염, 순수와 타락의 신화들 역시 그 예가 될 수 있다. 역사가들에게 흥미로운 질문은 어떤 상징적 재현들이 어떤 맥락에서 어떻게 환기되는가이다. 두 번째는, 규범적 개념들이다. 이는 상징들이 가진 의미에 대한 해석을 제시하는, 다시 말해 그 은유적 가능성들에 한계를 설정하거나 억제하는 역할을 한다. 이런 개념들은 종교적·교육적·과학적·법적·정치적 교리로 표현되며 일반적으로는 고정된 이항 대립의 형태를 띠면서 남성과 여성, 남성성과 여성성의 의미를 확고히 한다. 사실상 이런 규범적 진술들은 다른 대안적 가능성들에 대한 거부나 억압에 의존하고 있으며, 가끔은 이에 대해 공공연한 논쟁이 일어난다(역사가들의 관심은 어떤 순간에, 어떤 상황에서 그런 논쟁이 일어나는지에 있다). 그러나 우세한 입장만이 유일하게 가능한 입장이라고 공표된다. 이후의 역사에서는 마치 이런 규범적 입장들이 사회적 갈등보다는 합의의 산물인 것처럼 이야기된다. 이런 종류의 역사적 사례로는 빅토리아시대의 가정 이데올로기에 대한 논의를 들 수 있다. 빅토리아 시대의 가정 이데올로기는 마치 단번에 완성된 것처럼, 그리고 그 이후에만 그에 대한 반발이 있었던 것처럼 기술됐지만 실제로는 계속해서 의견이 크게 갈렸던 주제였다. 또 다른 종류의 예는 현대의 근본주의 종교 집단들에서 찾을 수 있다. 이들은 자신들의 실천이 (자신들이 생각하는) 여성의 진정한 "전통적" 역할을 복원하는 것이라고 억지를 쓰고 있지만, 사실 역사적으로 그런 역할이 그 어떤 문제 제기도 없이 받아들여진 적은 거의 없다. 새로운 역사 연구의 핵심은 불변성이라는 개념을 파괴하고, 이분법적인 젠더 재현이 시간을 초월해 영속적인 것처럼 보이게 하는 논쟁과 억압의 본질을 밝혀내는 데 있다. 이런 종류의 분석은 반드시 정치 개념과 사회제도 및 조직에 대한 고려를 포함해야만 한다. 그것이 젠더 관계의 세 번째 측면이다.

일부 학자들, 특히 인류학자들은 (사회 조직화의 기반으로서 가구와 가족에 주목하면서) 젠더를 친족 체계에 국한해 사용해 왔다. 우리에게는 (특히 복잡한 현대사회에서는) 친족만이 아니라 노동시장(성 분리적 노동시장은 젠더 구축 과정의 일부다), 교육(남학교, 여학교, 남녀공학도 그런 과정의 일부다), 그리고 정치체제polity(남성들만의 보통선거권도 젠더 구축 과정의 일부다)까지 아우를 수 있는 보다 넓은 관점이 필요하다. 이런 제도들을 친족 체계 안에서 그것이 갖는 기능적 효용성의 차원에서만 보려고 한다든가, 현대의 성별 관계가 여성 교환에 기반을 둔 옛날 친족 체계의 산물이라고 주장하는 것은 말이 되지 않는다.[36] 젠더는 친족 관계를 통해 구축되지만, 오로지 그것의 영향만 받는 것은 아니다. 젠더는 이제 (적어도 우리 사회에서는) 친족 관계와 대체로 독립적으로 작동하는 경제와 정치체제 속에서 구축되기도 한다.

젠더의 네 번째 측면은 주관적 정체성이다. 나는 정신분석학이 젠더 재생산에 대한 중요한 이론을 제공해 준다는, 즉 "개인이 문화화될 때 그의 생물학적 섹슈얼리티에 일어나는 변화"를 보여 준다는 인류학자 게일 루빈의 정식화에 동의한다.[37] 하지만 정신분석학을 보편적으로 적용하는 것은 머뭇거려진다. 라캉의 이론이 젠더화된 정체성의 구축에 대해 사유하는 데 도움이 된다 할지라도, 역사가들은 좀 더 역사학적인 방식으로 작업할 필요가 있다. 만일 젠더 정체성이 유일하게 그리고 보편적으로 거세의 공포에 기반을 두고 있다면 역사 연구는 그 의미를 잃는다. 게다가 실제 남녀가 그들이 속한 사회의 규정이나 우리의 분석 범주들에 항상 또는 문자 그대로 들어맞는 것은 아니다. 역사가들은 대신 젠더화된 정체성이 실제로 구축되는 방식을 연구하고 그 연구 결과들을 다양한 활동, 사회조직, 역사적으로 시기마다 다른 문화적 재현들과 결부해야 한다. 지금까지 이 분야에서 거둔 최고의 성과가 전기傳記에서 나왔다는 건 놀라운 일이 아니다. 비디 마틴의 루 안드레아스 살로메*에 대한 해석, 캐스린 스클라의 캐서린 비처에 대한 서술, 재클린 홀이 쓴 제시 대니얼 에임스의 인생,** 그리고 샬롯 퍼킨스 길먼에 대한 메리 힐의 논의 등이 그것이다.[38] 하지만 집단에 대한 논의 또한 가능하다. 그 예로 므리날리나 신하와 루 라테가 젠더 정체성 형성의 조건에 대한 각자의 연구에서 제국주의에 반대하는 민족주의 지도자로 부상한 영국 유학파 인도인들과 인도의 영국인 관료들을 다룬 것을 들 수 있다.[39]

젠더에 대한 내 정의의 첫 번째 부분은 이런 네 가지 요소들로 구성돼 있고, 어느 것도 다른 요소들 없이는 혼자 작동하지 않는다. 그렇다고 한 요소가 다른 요소를 단순히 반영하는 식으로 동시에 작동하는 것은 아니다. 역사 연구가 제기해야 하는 질문은 사실 이 네 가지 측면들 사이의

* 독일 작가이자 정신분석학자로 니체, 릴케, 프로이트 등 당대 유럽 최고의 지식인들과 교류하며 영감을 주었다.

** 제시 대니얼 에임스는 1930년 린치방지남부여성협회Association of Southern Women for the Prevention of Lynching를 설립·운영한 백인 중산층 여성운동가다. 에임스는 열두 명의 회원으로 시작해 1942년 해산 당시에는 4만 명이 넘는 회원을 보유했던 이 협회의 사무국장으로 13년간 린치 반대 운동을 이끌었다. 자세한 내용은 다음을 참조하라. 사라 에번스, 『자유를 위한 탄생: 미국 여성의 역사』, 조지형 옮김, 이화여자대학교 출판부, 1998, 326-28쪽.

관계가 어떤 것이냐 하는 점이다. 젠더 관계의 형성 과정에 대해 내가 제시한 개요는 계급·인종·민족뿐만 아니라 어떤 사회적 과정을 논할 때도 사용될 수 있다. 여기서 내 의도는 사회적·제도적 관계에서 젠더가 미치는 영향을 어떻게 사유해야 하는지 분명히 그리고 구체적으로 보여 주는 데 있다. 왜냐하면 보통은 이런 식의 사유가 정확하고 체계적으로 이루어지지 못하고 있기 때문이다. 그렇지만 나의 두 번째 명제 — 젠더는 권력 관계를 의미화하는 주요한 방식이다 — 에서는 젠더의 이론화가 전개된다. 젠더란 그 안에서 혹은 그것에 의해 권력이 명료하게 표현되는 주요한 장이라고 말하는 것이 더 나을지도 모르겠다. 젠더가 유일한 장인 것은 아니다. 그러나 유대계 그리스도교나 이슬람 전통을 막론하고 서구에서는, 권력의 의미화를 가능하게 하는 방법으로 젠더를 끊임없이 반복적으로 이용해 왔다. 이렇게 말하면 이 두 번째 정의가 규범적인 부문에 해당하는 것처럼 보일 수 있겠지만 그렇지는 않다. 왜냐하면 권력 개념은 젠더에 기초하고는 있지만 언제나 문자 그대로 젠더 그 자체에 관한 것만은 아니기 때문이다. 프랑스 사회학자 피에르 부르디외는 "생물학적 차이, 특히 출산과 재생산 노동의 분업과 관련된 차이들"을 참조한 "세계의 분할"이 "집단적 환상들illusions 가운데 가장 기반이 탄탄한 것"으로서 어떻게 작동하는지에 관해서 서술했다. 일련의 객관적 전거로서 확립된 젠더 개념은 우리의 인식을 구성하는 동시에 모든 사회적 삶에 대해 사실적인, 그리고 상징적인 조직화를 구성한다.[40] 이런 전거들이 권력(물질적이고 상징적인 자원에 대한 차별적인 통제권이나 접근권)의 배분을 확립한 결과, 젠더는 권력 자체의 구상과 구성에 연루된다. 프랑스의 인류학자 모리스 고들리에는 이를 다음과 같이 표현했다. "섹슈얼리티가 사회에 계속 등장하는 것이 아니라 사회가 몸의 섹슈얼리티에 계속 등장하는 것이다. 신체들 간의 성과 관련된 차이들은 섹슈얼리티와는 전혀 관계없는 사회적 관계나 현상에 대한 증거로서 되풀이해서 소환된다. 단순히 증거로서가 아니라 유리한 증거로서 — 달리 말하자면 정당화로서 말이다."[41]

젠더의 정당화 기능은 여러 가지 방식으로 작동한다. 예를 들어, 부르디외는 특정 문화들에서 시간과 계절 개념이 남성적인 것과 여성적인 것 사이의 대립에 대한 특유의 정의들에 입각해 있었고, 이 같은 개념에 따라 어떤 식으로 농업적 착취가 구조화되어 있었는지를 잘 보여 주었다. 가야트리 스피박은 영미 여성 작가들의 특정 작품들에서 젠더와 식민주의가 어떻게 사용되는지에 대해 날카롭게 분석한 바 있다.[42] 나탈리 데이비스는 남성적인 것과 여성적인 것의 개념이 근대 초기 프랑스에서 사회 질서의 규칙들에 대한 이해 및 비판과 어떻게 관련돼 있었는지 보여 준다.[43] 역사가인 캐롤라인 바이넘은 남성적인 것과 여성적인 것에 대한 개념과 종교 행위 사이의 관계에 주목함으로써 중세 시대의 영성에 대한 연구에 새로운 실마리를 제시했다. 그녀의 연구는 이런 개념들이 개개의 신자들뿐만 아니라 수도원 정치를 특징짓는 방식에 대해서도 중요한 통찰력을 제공한다.[44] 미술사가들은 눈에 보이는 그대로 여성과 남성들을 그려 낸 [인상주의] 그림들에서 사회적 함의를 읽어 냄으로써 새로운 영역을 개척했다.[45] 이런 해석들은 개념적 언어들이 의미를 확립하기 위해 차이화를 이용한다는 것, 그리고 성차는 이 같은 차이화를 나타내는 주된 방식이라는 생각에 기초하고 있다.[46] 여기서 젠더는 의미를 해독하고 다양한 형태의 인간적 상호작용에서 나타나는 복잡한 연관성을 이해할 수 있는 방법을 제공한다. 젠더 개념이 사회관계를 정당화하고 구축하는 방식을 찾아내려고 할 때, 역사가들은 젠더와 사회의 상호적 성격에 대한 통찰과 정치가 젠더를 구성하고 젠더가 정치를 구성하는 독특하면서도 맥락적으로 구체적인 방식에 대한 통찰을 발전시키게 된다.

　정치는 젠더가 역사 분석에 사용될 수 있는 분야들 가운데 하나일 뿐이다. 내가 정치나 권력을 이야기하면서 아주 전통적인 방식을 따라 정부나 국민국가와 관련된 다음과 같은 사례들을 선택한 데는 두 가지 이유가 있다. 첫째, 젠더는 현실 정치와는 상반되는 것으로 여겨져 온 탓에 그 영역이 사실상 미개척지이기 때문이다. 둘째, 정치사는 여전히 역사 연구의 지배적 양식으로, 여성이나 젠더에 관한 자료는 물론이고 질문조차 받아들이지 않겠다고 버티는 저항의 본거지이기 때문이다.

　젠더는 정치 이론에서 군주의 통치를 정당화하거나 비판하기 위해, 그리고 지배자와 피지배자 사이의 관계를 표현하기 위해 문자 그대로의 의미로 혹은 비유적으로 이용돼 왔다. 혹자는 영국의 엘리자베스 1세나 프랑스의 카트린 드 메디시스의 통치를 두고 벌어진 당대의 논쟁에서 여성이 정치적 지배에 적합한가의 문제에 집착했을 것이라 예상하겠지만, 친족 관계와 왕위가 불가분의 관계에 있었던 시대에는 남성 왕들에 대한 논의 역시 마찬가지로 남성성과 여성성에 몰두하고 있었다.[47] 장 보댕, 로버트 필머, 존 로크의 논의에서 그 뼈대를 구성하고 있는 것은 혼인 관계에 대한 비유다. 프랑스혁명에 대한 에드먼드 버크의 공격은 추악하고 잔인한 상퀼로트 마녀들("여자 중에서도 가장 역겨운 것의 모습을 한 지옥의 귀녀들")과 군중을 피해 "왕이자 남편의 발밑으로 피신한", 그 미모가 한때는 국가적 자부심을 고취했던 마리 앙투아네트의 부드러운 여성성 사이의 대조를 중심으로 이루어진다(버크가 "우리가 나라를 사랑하게 하기 위해서는 나라가 사랑스러워야 한다"라고 쓴 것은 정치 질서 안에서 여성성의 적절한 역할과 관련돼 있다).[48] 그러나 그 비유가 언제나 혼인 관계나 이성애에만 국한돼 있던 것은 아니다. 중세 이슬람의 정치 이론에서 정치권력의 상징으로 가장 자주 암시되는 것은 성인 남자와 소년 사이의 성관계다. 이것은 푸코의 마지막 저작에도 나오는 고전 시대의 그리스에서와 비슷한 형태의 섹슈얼리티가 용인되었음을 시사할 뿐만 아니라, 정치나 공적인 삶에 대한 그 어떤 관념도 여성과 무관했음을 보여 준다.[49]

그렇다고 해서 정치 이론이 단순히 사회조직을 반영한다는 주장이 되지 않기 위해서는 젠더 관계의 변화가 국가의 필요에 의해서 시작될 수도 있다는 점을 지적하고 넘어가는 게 중요할 것 같다. 그 인상적인 예로 프랑스혁명 당시에 제정된 이혼법✦이 왜 폐지돼야 하는지에 대한 1816년 루이 드 보날드의 주장을 들 수 있다.

> 정치적 민주주의가 "정치사회의 취약한 구성원인 인민이 기성 권력에 항거해 일어서는 것을" 인정하는 것과 마찬가지로, 이혼은 "진정한 가정의 민주주의"로서 부인, 즉 "취약한 구성원이 부권에 대항하는 것을 인정하는 것이다. …… 국가를 인민의 손으로부터 지키기 위해서는 가정을 부인과 아이들의 손으로부터 지키는 것이 필요하다."[50]

보날드는 비유로 시작한 다음 이혼과 민주주의 사이에 직접적 대응 관계

✦ 1792년에 제정된 이 법은 세계 최초로 남편과 아내를 동등한 존재로 취급해 남녀 모두 대등한 조건으로 이혼할 수 있도록 규정했다.

를 설정한다. 잘 짜인 가정이 잘 짜인 국가의 초석이라는 오래전의 주장들을 상기시키며 이런 관점을 실행에 옮긴 [이혼법 폐지] 입법은 혼인 관계의 허용치를 재정의했다. 마찬가지로, 지금도 정치적 보수주의자들은 가족 구성이나 품행에 관련된 일련의 법률들을 통과시켜 현재의 관행들을 변화시키고 싶어 한다. 권위주의 체제와 여성에 대한 통제의 관련성은 잘 알려져 있긴 하지만 연구가 충분히 이루어진 것은 아니었다. 프랑스혁명 시기 자코뱅이 패권을 장악한 결정적인 순간에도, 스탈린이 통제권을 잡으려던 순간에도, 독일에서 나치 정책이 시행되거나 이란에서 아야톨라 호메이니가 승리를 거두던 순간에도, 새로운 지배자들은 지배·힘·중앙 권력·통치권을 남성적인 것으로 (적·외부인·불온 분자·약함은 여성적인 것으로) 정당화하고 그 규칙을 그대로 법률화했다. 그 법들은 (여성의 정치 참여를 금지하고, 낙태를 불법화하고, 엄마들의 임금노동을 금지하고, 여성의 복장 규정을 강요해) 여자들을 자기 분수에 맞는 적절한 자리에 두기 위한 것이었다.[51] 이런 조치들과 그 타이밍은 그 자체로는 쉽게 이해되지 않는다. 대부분 여성에 대한 통제로부터 국가가 뭔가 직접적이거나 물질적인 이득을 얻는 것이 아니기 때문이다. 그 조치들의 의미는 권력의 형성과 강화에 대한 분석을 통해서만 이해될 수 있다. 통제권과 힘의 행사는 여성에 대한 정책을 통해 그 형태를 갖추었다. 이런 예들에서 성차는 여성에 대한 지배나 통제와 관련된 것으로 인식된다. 이런 예들은 근대사에서 구성된 권력관계들에 대한 통찰을 제공하지만 이런 [근대적인] 특수한 유형의 정치적 관계가 보편적인 것은 아니다. 예를 들어, 20세기의 민주주의 체제들은 다른 방식으로 젠더화된 개념을 가지고 정치 이데올로기를 구축하고 그 이데올로기들을 정책으로 옮겨 왔다. 또 다른 예로 복지국가는 여성과 아이들을 겨냥한 법률들에서 가부장적 온정주의를 보여 준다.[52] 역사적으로 몇몇 사회주의자와 아나키스트 운동들은 지배의 은유를 일체 거부하고, 특정 정체나 사회조직에 대한 자신들의 비판을 젠더 정체성들의 변화라는 형태로 상상적으로 제시했다. 1830, 40년대 프랑스와 영국의 유토피아적 사회주의자들은 조화로운 미래에 대한 그들의 꿈을, 남성과 여성의 결합으로 예시되는 개인들의 상호 보완적인 특성, 즉 "사회적 개인"을 통해 이해했다.[53] 유럽의 아나키스트들은 부르주아적 결혼 관습을 거부한 것뿐만 아니라 성차가 위계를 함의하지 않는 세계에 대한 전망을 제시한 것으로 오래전부터 유명했다.

이는 젠더와 권력의 연관성을 명확히 보여 주는 사례들이다. 그러나 이 사례들은 젠더가 권력관계를 나타내는 주된 방식이라는 내 정의의 일부일 뿐이다. 젠더에 대한 관심은, 대체로 뚜렷하게 드러나지는 않지만, 평등이나 불평등의 조직화에서 결정적인 부분을 차지한다. 위계적인 구조는 남녀 사이의 소위 자연적인 관계에 대한 일반화된 이해에 의존하고 있다. 19세기의 계급 개념은 그 개념을 명확히 표현하기 위해 젠더에 의존했다. 예를 들어, 프랑스의 중간계급 개혁가들은 노동자들을 여성적인 것으로 코드화된 용어들(종속된, 약한, 창녀처럼 성적으로 착취당하는 등)을 사용해 묘사했던 반면, 노동운동이나 사회주의 지도자들은 노동자계급의 남성적 지위를 강조하는 것(생산자, 강한, 자신의 여자와 아이들의 보호자 등)으로 응수했다. 이 같은 담론에 사용된 용어들은 노골적으로 젠더와 연관된 것은 아니었지만 젠더를 참조하면서 강화되었다. 특정 용어들의 젠더적인 "코드화"는 그 용어들의 의미를 확립하고 "자연화"했다. 그 과정에서 역사적으로 특수하고 규범적인 젠더에 대한 정의가 (기정사실인 것처럼

받아들여지고) 재생산되어 프랑스 노동자계급의 문화 속에 깊이 뿌리내리게 된 것이다.[54]

전통적인 정치사가들이 자신들의 연구에서 젠더 개념이 과연 유용한 것인지 의문을 던질 때 자주 언급하는 것이 전쟁, 외교, 상위 정치와 같은 주제들이다. 하지만 여기서도 우리는 행위자와 그들의 말에서 드러나는 표면적 의미 이면의 것을 봐야 한다. 국가 간의 권력관계나 식민지 [지배자들과] 피지배자들의 지위는 남성과 여성 사이의 관계에 빗대어 논의됨으로써 이해할 수 있는 것(따라서 정당한 것)이 되었다. 전쟁 — 국가를 지키기 위해 젊은 생명을 소비하는 일 — 의 정당화는 남자다움(그들이 아니었으면 공격에 취약했을 여자와 아이들을 지켜 줘야 할 필요성)에 대한 노골적 호소, 지도자나 (아버지인) 왕을 섬겨야 할 아들의 의무라는 믿음에 대한 암묵적 의존, 남성성과 국력의 연계 등 다양한 형태를 취해 왔다.[55] 상위 정치는 그 자체가 젠더화된 개념이다. 왜냐하면 상위 정치의 결정적 중요성과 공적 권력, 곧 그것이 최고의 권위를 가진다는 사실과 그 근거가 바로 그 작동에서 여성을 배제함으로써 확립된 것이기 때문이다. 젠더는 정치권력을 이해하고 정당화하고 비판할 때 반복적으로 언급되는 것들 중 하나다. 그것은 남/여의 대립이 갖는 의미들을 참조할 뿐만 아니라 그 의미를 확립한다. 정치권력의 정당성을 입증하려면, 그 논거가 확실하고 변하지 않는 것처럼 보여야 한다. 즉, 인간이 만든 것이 아니라 자연 혹은 신의 질서의 일부처럼 보여야 한다. 그런 방식으로, 젠더 관계의 이항 대립과 [젠더 관계가 만들어지는] 사회적 과정은 둘 다 권력 자체가 갖는 의미의 일부가 된다. 따라서 그것의 어떤 측면에 대해서든 의문을 제기하거나 바꾸는 것은 전체 체계를 위협하게 된다.

만약 젠더와 권력이 서로의 의미를 구축한다면, 변화는 어떻게 일어나는 것일까? 일반적인 의미에서 이에 대해 답하자면, 변화는 다양한 곳에서 시작될 수 있다. 기존의 질서를 혼란에 빠뜨리고 새로운 질서를 출현시키는 커다란 정치 변동은, 그 새로운 형태의 정당성을 찾는 과정에서 젠더의 조건을(그리고 그 조직의 방식도) 변경할 수 있다. 하지만 그렇지 않을 수도 있다. 기존의 젠더 개념이 새로운 정권을 정당화하는 데 그대로 쓰인 적도 많다.[56] 식량 부족·전염병·전쟁 등으로 인한 인구학적 위기는 이성애 결혼을 규범으로 삼는 관점에 의문을 제기하게 할 수도 있었겠지만(이런 일이 1920년대 일부 집단, 일부 국가들에서 일어난 바 있다), 여성의 모성적·재생산적 기능의 배타적 중요성을 강조하는 출산 장려 정책들이 나타나게 하기도 했다.[57] 고용 관행의 변화는 결혼 전략을 바꾸고 또 다른 주체성 구성의 가능성을 열어 줄 수도 있지만, 본분에 충실한 딸과 아내의 새로운 활동 무대로 경험될 수도 있다.[58] 새로운 종류의 문화적 상징의 출현이 오이디푸스 이야기를 재해석하고, 심지어는 그 이야기를 다시 쓰는 일을 가능하게 만들지도 모른다. 그러나 또한 그 끔찍한 드라마를 한층 더 강력한 용어로 재기입하는 데 일조할 수도 있다. 어떤 결과가 우세할 것인가는 정치적 과정에서 결정될 것이다. 여기서 정치적이라는 말은 상이한 행위자와 상이한 의미들이 지배권을 놓고 서로 경쟁한다는 뜻이다. 행위자들과 그들이 취한 행동의 성격은 시간과 공간의 맥락 속에서만 구체적으로 결정될 수 있는 것이다. 우리는 "남성"과 "여성"이 텅 빈 동시에 의미가 넘쳐흐르는 범주라는 것을 인식할 때 비로소 그 과정의 역사를 서술할 수 있다. 텅 빈 것은 그 범주가 어떤 궁극적이거나 초월적인 의미를 갖지 않기 때문이다. 의미가 넘쳐흐르는 것은 그 범주들이 고정돼 있는 것처럼 보일 때조차 그 안에는 여전히 대안적이거나 거부당했거나 억압된 정의들이 포함돼 있기 때문이다.

어떤 의미에서 정치사는 젠더라는 장을 무대로 삼아 왔다. 그 장은 고정된 것처럼 보이지만 그 의미는 경합하고 있으며 항상 유동적이다. 만약 우리가 성별 간의 대립을 주지의 사실로서가 아니라 문제적인 것으로, 즉 맥락에 따라 정의되고 계속해서 구성되는 것으로 다룬다면, 젠더를 가져와 자신들의 입장을 설명하거나 정당화하는 선언이나 논쟁에서 무엇이 쟁점이 되는지뿐만 아니라 젠더에 대한 암묵적인 이해가 어떻게 환기되고 재각인되는지에 대해서도 끊임없이 질문해야만 한다. 여성과 관련한 법률과 국가권력 사이에는 어떤 관계가 있는가? 우리는 여성 또한 인간 역사의 크고 작은 사건들에 참여해 왔다는 것을 알고 있는데, 왜(그리고 언제부터) 역사의 주체로서는 비가시적 존재가 되어 버렸는가? 젠더는 전문직의 출현을 정당화해 주었을까?[59] (프랑스 페미니스트 뤼스 이리가레가 쓴 최근의 논문 제목을 인용하자면) 과학의 주제는 성별화되어 있는가?[60] 국가 정치와 동성애의 범죄화 사이에는 어떤 관계가 있는가?[61] 사회제도는 어떤 식으로 젠더를 그 전제나 조직에 통합해 왔는가? 진정으로 평등한 젠더 개념에 바탕을 둔 정치 체계가 건설되거나 최소한 계획되었던 적이 한 번이라도 있었던가?

이런 문제들에 대한 연구는 새로운 역사학을 창출할 것이다. 그 역사학은 (정치적 지배는 어떻게 이루어지는지 혹은 전쟁이 사회에 끼치는 영향은 무엇인지 등과 같은) 오래된 질문들에 대해 새로운 관점을 제공할 것이며, (경제나 전쟁 연구에 가족과 섹슈얼리티에 대한 검토를 도입하는 식으로) 오래된 질문들을 새로운 용어로 재정의할 것이고, 여성을 능동적인 참여자로서

가시화할 것이며, 과거의 고정돼 보이는 언어와 우리 자신의 용어 사이에 분석적 거리를 만들어 낼 것이다. 게다가 이 새로운 역사학은 현재 페미니즘의 정치 전략과 (유토피아적인) 미래에 대해 생각해 볼 수 있는 가능성을 열어 줄 것이다. 왜냐하면 이 새로운 역사학은, 젠더가 섹스뿐만 아니라 계급과 인종까지 아우르는 정치적·사회적 평등의 비전과 함께 재정의되고 재구성되어야만 한다는 점을 시사하기 때문이다.

2부

젠더와 계급

3장

언어와 젠더, 그리고 노동계급의 역사에 대하여

이 글은 원래 다음과 같이 게재되었던 것이다. "On Language, Gender, and Working-Class History," *International Labor and Working Class History*(1987) 31:1-13. 이후 같은 호에 실렸던 브라이언 팔머Brian Palmer, 앤슨 라빈바흐Anson Rabinbach, 크리스틴 스탠셀의 비판에 답하기 위해 글을 수정하고 확장했다. 여기에는 이런 비판들에 대한 내 답변(같은 학술지의 32:39-45에 실렸다)도 일부 포함돼 있다. 이 책에 수록하는 것에 대해 저작권자인 일리노이 대학 출판부의 동의를 받았다. 첫 원고가 지닌 문제점을 명확히 지적해 수정할 수 있게 해준 팔머, 라빈바흐, 스탠셀에게 감사를 표한다. 또 논의를 진전시키는 데 큰 도움을 준 데니즈 라일리와 엘리엇 쇼어에게도 감사하다.

이 장에서는 내가 보기에 점점 더 분명하게 드러나고 있지만, 쉽게 해결되기는 어려울 것 같은 문제를 다뤄 보고자 한다. 그것은 바로 페미니스트 역사가들이 노동사 안에 여성을 주체로, 젠더를 분석 범주로 들여올 때 마주하게 되는 문제다. 주체로서의 여성이 갖는 가시성은 커졌지만, 여성사가 제기한 물음들은 노동사학계의 주요 관심사들과 제대로 연결되지 않고 있다. 그리고 젠더가 노동사를 재개념화하는 데 무엇을 제공할 수 있을지에 대해서도 진지하게 검토되지 못하고 있다. 그래서 (나를 비롯한) 일부 페미니스트 역사가들은 동료 역사가들이 언어 이론에 점점 더 관심을 기울이는 현상에 대해 조심스러우면서도 낙관적 입장을 가지고 바라보고 있다. 인식론으로 불리는 것이 더 적절할 수 있는 (포스트구조주의자들과 문화인류학자들의 저작에 담긴) 이론은, 사람들이 의미를 구성하는 방식, 의미 구성에서 차이(그리고 그 결과 성적 차이)가 작동하는 방식, 맥락적 용법의 복잡성이 의미변화에 길을 열어 주는 방식에 대해 생각해 볼 수 있는 방법을 제공하고 있다.

이런 이론은 젠더와 역사적 실천을 재개념화하는 데 크게 유용할 수 있다. 그러나 대부분의 언어 이론은 그런 방식으로 사용되지 않았다. 오히려 언어 이론은 피상적으로 적용되고 있으며, 이는 페미니스트 역사가들이 노동사에 기대할 수 있는 변화들에 대해 비관까지는 아니더라도 좌절감을 느끼는 이유가 된다. 최근 노동사 연구자들이 쏟아 내고 있는 "언어"

에 대한 논문들은, 이 중요한 개념을 "단어"에 대한 연구로 축소하고 있다는 점에서 이 같은 내 주장을 입증해 준다.[1] 단어들을 문자적 표현으로서 액면 그대로 받아들인다면 그것은 수집해야 할 또 하나의 자료가 될 뿐이며, 의미가 어떻게 구축되는지에 대한 관념 ─ 세계를 해석하고 이해하는 복잡한 방법으로서 ─ 은 사라져 버린다. 그리고 이렇게 의미에 대한 이해가 사라지면 젠더의 측면에서 노동사를 사유하는 것이 갖는 중요성과 유용성 역시 사라진다. 우리에게 남는 것은 여성 연구와 단어 연구라는 서로 별개의 연구들로, 그것이 새로운 자료를 추가해 줄 수 있을지는 모르지만 그것만으로는 우리가 서술하는 역사에 대한 기존의 사유 방식을 변화시킬 수 없을 것이다.

　"언어"에 대한 관심은 노동사 연구자들에게 하나의 유행이 되었다. 학술지와 저서에 "담론"과 "수사학" 같은 용어들이 점점 더 자주 오르내리고, 이데올로기 분석이 다시금 그 중요성을 얻고 있다. 심지어 역사가들은 역사 연구에 대한 포스트구조주의자들의 혹독한 비판에 반발할 때 조차(그리고 아마 그 반발의 일환으로) 그들이 사용하는 용어들을 전용한다. 그리하여 "언어" "담론" "상징계" "탈구축" 같은 말들이 이제는 소쉬르·푸코·라캉·알튀세르·바르트·데리다의 저작들 속에서 그것이 갖고 있던 무시무시한 상대주의적 결과들은 제거된 채, 일반적인 역사학 논의 속에 불쑥 등장하고 있다. 단어들을 다른 담론장에 재배치하는 것만으로도 의미가 이처럼 쉽게 변형된다는 사실은, 분명하고 고정된 정의를 확립하기가 얼마나 어려운지, 따라서 언어 체계의 작동을 분석하기가 얼마나 어려운지 보여 주는 교훈이 되어야겠지만, 실제로는 그렇지 못하다. 대신 "언어"는 살펴봐야 할 또 다른 항목이 되었고, 단어는 수집해야 할 일종의 자료 같은 것이 되어 버렸다. "언어"에 대한 연구는 익숙한 문제들을 새롭게 바라볼 수 있게 해준다. 예를 들어, 이를 통해 일부 역사학자들은 계급이나 경험 같은 범주가 투명하고, 실제적이며, 매개되지 않은 현상으로서 가진 지위에 대해 의문을 제기해 왔다. 그러나 그런 연구들 속에서도 의미가 어떻게 작동하는지는 여전히 놀라울 정도로 문제시되지 않고 있으며, 그 결과 "언어"는 그 이론적 흥미로움과 분석력을 상실하고 있다.

나는 이 이야기로 다시 돌아올 것이다. 그러나 그전에 먼저 이와 관련된 두 번째 주제를 소개하고자 한다.

노동사 연구자들 사이에서 "젠더"에 대한 관심은 어느 정도 정당성을 얻어 가고 있지만, "언어"에 대한 관심과 같은 수준에서 유행하고 있는 것은 아니다. 인민전선적 사고방식을 가진 일부 노동사 연구자들은 오늘날 젠더를 (인종과 함께) 그들이 중요한 것으로 인정하는 변수들의 목록에 올려놓고 있지만, 그것을 연구할 시간은 없다. 결국 그들에게 정말로 중요한 문제는 여전히 계급이다. 젠더가 유용한 범주라는 것을 거부하는 다른 노동사 연구자들은 공감이나 연대의 제스처로 여성을(혹은 여성의 부재나 배제를) 언급하기는 하지만, 관심이나 흥미는 거의 없다. 그러나 대부분의 노동사 연구자들은 젠더 문제를 완전히 무시한다. 그들은 사료가 없다거나 (불행하게도) 여성은 중요한 노동계급 정치에서 미미한 역할만 해왔다고 주장한다. 다만 여성과 아이들은 노동자계급의 가정생활을 논할 때 언급될 수 있는데, 왜냐하면 가정에서 이들은 식별 가능한 별개의 사회적 역할들을 담당하는 가시적 행위자들이기 때문이다. 이런 식으로 젠더는 일련의 자명한 사회적 범주들(여성 또는 남성에 의해 수행되는 역할들)과 동일시되고 환원되어 노동사가 이해되는 방식에 중요한 영향을 끼치지 못하고 있다. 따라서 "언어" 개념이 역사가들에게 중요한 인식론적 전환의 계기가 되었던 반면, "젠더"는 역사가들이 사용하는 정치나 계급 개념에 그와 같은 영향을 미치지 못했다.

대체로 노동사 연구자들은 여성들이 여성사를 쓰는 것을 기꺼이 허용할 용의가 있는 것처럼 보이며, 보통 자신들이 가르치는 여학생들과 여성 동료들을 지지하고 격려한다. 일부 역사학계에서 목격되는 격렬한 안티페미니즘적 반응(그들은 페미니스트 역사가들을 "광신도" "이데올로그" 소위 영원한 정전들과 기존의 진실들을 전복하는 자들이라고 맹렬히 비난한다)이 노동사 연구자들 사이에서는 뚜렷이 드러나지 않는다.[2] 그렇지만 젠더에 대한 관심이 미온적인 수준에 그치고 있는 것은 실망스러운 일이다. 이런 급진적인 잠재력을 가진 개념을 단순히 사회적 역할을 묘사하는 것으로 축소한다면, 그것은 페미니즘 역사학이 가질 수 있는 이론적 중요성과 분석적 힘을 감소하게 만드는 일이 될 것이기 때문이다.

이 글에서 내가 주장하고자 하는 바는, "언어"에 대한 연구와 젠더에 대한 연구는, 양쪽 모두 주의 깊게 정의되기만 한다면, 서로 연관돼 있다는 것이다. 그런 인식론적 이론들은 역사가들에게 젠더가 사회적·정치적 의미 구성과 어떻게 연관되는지를 분석하는 방법을 제공함으로써, 역사 속에서 젠더가 차지하는 위치와 노동계급의 "형성"에서 성차가 작동하는 방식에 대한 우리의 이해를 새롭게 할 수 있는 방법을 제공해 준다. 여기서 내가 말하는 "언어"란, 단순히 문자적인 용법의 단어가 아니라 차이화를 통한 의미 만들기를 뜻한다. 또 "젠더"는 단순히 여성과 남성의 사회적 역할을 의미하는 것이 아니라, 성차에 대한 사회적 해석들이 구체적 맥락 속에서 표현된 것을 말한다. 의미가 (어떤 것을 그것이 아닌 것과 명시적 혹은 암묵적으로 구분함으로써) 차이를 통해 구성된다면, (문화적·역사적으로 변동이 심하지만 자연적·물리적 몸을 참조하기 때문에 언제나 고정돼 있고 반론의 여지가 없는 것으로 여겨져 온) 성차는 의미를 구체화하고 확립하는 중요한 방법이다. 그러므로 "언어"가 의미를 구성하는 방식에 주목할 때 젠더를 발견하는 위치에도 설 수 있다는 것이 내 주장이다. 특히 (내게 가장 익숙하고 또 많은 노동사 연구자들이 연구 중인) 19~20세기 유럽과 북아메리카에서 "언어"와 젠더의 연관성은 피할 수 없는 것이다. 이는 당시 젠더가 문제적인 쟁점으로 선언되었다는 점에서도 그렇다.

그렇다면 역사학자들은 어떻게 그렇게 오랫동안 이와 같은 연관성을 회피해 왔을까? 가레스 스테드먼 존스의 『계급의 언어』, 그중에서도 「서문」과 「차티스트운동 재고」라는 긴 논문을 살펴보면 그에 대한 해답 비슷한 것을 얻을 수 있다.[3] 내가 스테드먼 존스를 선택한 이유는 그의 작업이 별로라서가 아니라 꽤 괜찮기 때문이다. 내가 보기에 그의 연구는 지금까지 "언어"의 사용에 대해 노동사가들이 진행한 연구들 가운데 가장 훌륭하고 명쾌한 논의 가운데 하나로 그 분야에 대한 새로운 사유를 촉발했다. 그럼에도 불구하고 자신이 기대고 있는 이론들에 대한 불완전한 이해는 그의 연구를 방법론적·개념적으로 제한하고 있다. 노동사에 대한 "새로운" 접근법이 이 선에서 멈추게 된다면 참으로 안타까운 일이 될 것이다. 왜냐하면 그것은 포스트구조주의 이론이 우리에게 보여 준 급진적 가능성에 한참 미치지 못하며, 노동사 분야에서 페미니즘 연구의 주변적 지위를 영속화할 것이기 때문이다.

(나도 동의하는) 「차티스트운동 재고」의 이론적 주장은 운동 참가자의 배경, 이해관계, 구조적 위치를 통해서는 운동의 출현이나 쇠퇴를 설명할 수 없다는 것이다. 스테드먼 존스는 우리가 사회적 인과관계를 가정하는 연구 노선을 추구한다면 아무런 성과도 얻지 못할 것이라고 말한다. 왜냐하면 언어에 앞서거나 언어 외부에 존재하는 사회적 현실이란 존재하지 않기 때문이다. 따라서 계급은 계급의식의 전제가 되는 것도 아니고 계급의식에 반영되는 것도 아니다. 그보다 계급은 "은유적 연상, 인과적 추론, 상상적 구성으로 이루어진 복잡한 수사 안에서 형성되고 각인되는"(102) 것이다. 계급과 계급의식은 동일한 것으로 둘 다 일상의 사건과 행동에 일관성 있는 패턴을 부과하고, 그것에 대한 분석을 가능하게 해주는 정치적 표현이다. 계급의 수사학은 노동자들의 객관적 "경험"에 호소하지만, 사실 그런 경험은 그것의 개념적 조직화를 통해서만 존재할 뿐이다. 경험으로 간주되는 것이 무엇인지는 실증적인 자료 수집을 통해서가 아니라, 정치적 담론 안에서 제시되는 (국가, 고용주, 개별 정치 운동 등과 같은) 개념어들을 분석함으로써 밝혀낼 수 있다. 결국 범주 안에 실증적인 자료가 놓이게 되는 것이고, 그러므로 범주는 객관적 실체가 아니라 현상이나 사건들을 인식하거나 이해하는 방식, 그것들에 중요성이나 의미를 부여하는 방식이다. 계급의 기원은 객관적인 물질적 조건이나 그 조건들을 반영한다고 일컬어지는 의식이 아니라, 정치적 투쟁의 언어 속에서 찾아야만 한다. "의식(또는 이데올로기)이 정치를 생산하는 것이 아니라 정치가 의식을 생산한다"(19).

이런 철학적 가정을 통해 스테드먼 존스는 차티스트운동의 본질을 재정의하고 — 이는 무엇보다도 정치 운동이었다 — 이를 "언어"로 연구하는 새로운 방법을 제안한다. 이 "언어"는 경험에 대한 해석적 정의를 제공하는 것이며, 행동은 이런 해석적 정의 안에서 조직될 수 있는 것이다. 실제로 이 방법은 사람들이 쓰고 말한 것에 주목하되, 계급이라는 외적 실재가 그들의 말을 설명해 준다고 가정하지 않는다는 것을 의미했다. 스테드먼 존스의 글은 자신의 이 같은 방법론을 예증하려는 시도다. 그것은 "용어와 명제들"(21)을 주의 깊게 읽어 냄으로써 (급진주의 내에서) 차티스트 사상의 계보를 밝히고, 차티스트운동에서 제휴와 대립의 노선을 명확히 하려는 실제 투쟁을 드러낸다. 이런 작업이 "정치가 가진 본래의 중요성을 복원"(21)했다는 점은 분명하다. 하지만 복원은 단지 문자적으로만 이루어졌다.

　스테드먼 존스의 글은 정치에 대한 서로 다른 두 가지 정의를 혼용하고 있다. 하나는 권력을 두고 벌어지는 경합으로서의 정치로, 계급과 같은 정체성들이 그 안에서 형성된다. 다른 하나는 정부나 국가에 대한 공식적 참여를 목적으로 하는, 집단적 운동의 목표로서의 정치(혹은 정치적인 것)다. 첫 번째 정의가 훨씬 더 급진적인데, 스테드먼 존스가 자신의 서문에 썼듯이 [언어에 대한] 비지시적 사고가 담겨 있기 때문이다. 이에 따르면 담론의 작동 속에는 언제나 정치 — 즉, 권력관계 — 가 있다. 두 번째 정의는 본디 기술적인descriptive 것으로 종래 지성사의 통상적인 접근 방식 — 사상의 연속성을 확립하고, 기저를 이루는 기본적 전제들을 지적하며, 여러 제안자들의 다양한 아이디어들을 일관성 있는 관점으로 조직하는 방식 — 을 이용한다. 스테드먼 존스는 첫 번째 정의를 사용할 작정이었지만, 차티스트운동에 대한 그의 글을 보면 두 번째 정의를 사용하고 있다.

3장 언어와 젠더, 그리고 노동계급의 역사에 대하여

그가 스스로 서문에서 지지한 이론을 실행에 옮길 수 없었던 것은, 다음과 같은 방법으로 역사를 분석했기 때문이다. 첫째, 그는 텍스트가 어떻게 구성되는지에 대한 이해 없이 "언어"를 문자 그대로만 독해한다. 둘째, 그는 "언어"를 "실재"를 구성하는 것으로 보지 못하고 "언어"가 그 외부의 "실재"를 반영한다는 관점으로 회귀해 버리고 만다.

스테드먼 존스는 의미를 "언어"로 취급하고 문자 그대로 독해함으로써 차티스트운동을 정치 운동으로 발견해 내는데, 그 이유는 그것이 사회 문제를 해결하기 위해 공식적인 정치적 대표성에 관심을 두었기 때문이다. 그에 따르면, 차티스트운동의 핵심은 급진적 "어휘"를 사용한 것, 즉 과거의 단어와 생각들을 19세기 초의 맥락에 맞게 가져온 데 있었다. 그는 차티스트운동의 메시지와 오언주의, 노동조합주의, 그리고 리카도파 사회주의가 제기한 메시지의 유사성 — 모두 국가를 억압의 궁극적 근원으로 보았다 — 을 보여 주는 데 글의 상당 부분을 할애한다. 차티스트운동은 참정권을 갖지 못한 모든 이들을 그 계급 개념 안에 포괄한 비균질적 운동이었다. 달리 말하자면, 그 메시지의 내용들은 통상적인 문자 그대로의 의미에서 정치적이었다. 이런 과정은 계급이 어떻게 정치적 개념이 되는지를 보여 주는데, 그것은 특정한 (담론적) 갈등 속에서 형성된다기보다는 기존의 정치적 발상들(영국 급진주의의 흔적들)을 포함하거나 참조하면서 형성된다. 게다가 이런 발상들은 "휘그당 정부의 입법 조치"의 "효과"나 그에 대한 "대응"으로 나타난 것이었다(175). 따라서 정치적 관념들은 정치적 실천의 변화와 그것을 지지하는 사람들의 입장 변화를 **반영**했다. 스테드먼 존스는 차티스트운동의 발흥과 쇠퇴가 "경제 동향, 운동의 분열 또는 미성숙한 계급의식"보다는 "국가의 성격 및 정책 변화와 연관돼 있다"라고 결론짓는다. "왜냐하면 급진주의자들의 주적은 국가로, 국가가 어떤 조치를 취하느냐에 따라 항상 자신들에 대한 신뢰도가 좌우되곤 했기 때문이다."

"연관돼 있다"related라는 단어는 분명 모호한 것이지만 결론은 그다지 모호하지 않다. 존스의 주장에 따르면, 이제까지 차티스트운동을 다룬 역사가들은 인과관계를 잘못 짚고 있었다. 왜냐하면 차티스트운동의 구성과 목표를 **결정한** 것은 생산관계가 아닌 국가정책이었기 때문이다. 이는 환원주의적 경제결정론을 바로잡는 데 중요한 기여를 했지만, 역사에 대한 우리의 사고방식을 크게 바꿔 줄 만한 전환은 아니다. 스테드먼 존스는 훨씬 더 급진적인 잠재력을 가지고 있는 언어 이론을 본질적으로 보수적인 방식으로 사용해 역사가들이 지금까지 내린 특정한 결론들을 수정했을 뿐, 우리가 문제 전체를 다시 생각해 볼 수 있도록 하지는 못했다. 그의 분석에 더 큰 영향을 미친 것은 "언어 그 자체의 물질성"(20)이라는 관념이 아니라, 사람들이 사용했던 말들에(이 말들이 의미를 획득하고 구성하는 방식이 아니라) 주목함으로써 특정한 역사적 맥락에서 어떤 현실이 가장 중요했는지를 밝힐 수 있다는 생각이었다. 차티스트운동에 대한 그의 재해석은 운동에서 사용된 "어휘"와 운동에 대한 우리의 기술description이 좀 더 합치돼야 한다는 것으로, 인과적 사고의 방향을 뒤집기보다는 인과관계를 경제에서 정치의 영역으로 옮겨 놓았을 뿐이다. 그는 경제적 불만이 권력과 정치에 대한 것일 가능성, 차티스트들이 정치적 수단을 통해 경제적 변화를 추구했을 가능성, 그들의 권력에 대한 전망에 경제와 정치가 뒤얽혀 있었을 가능성을 고려하지 않는다. 그는 차티스트 정치가 생산관계에 내재한 것이 아니었으며, 차티스트운동이 수많은 다양한 사회경제적

인구 집단에 의지하고 있었다는 점을 주장하고 싶어 한다. 즉, 정치적 호소의 과정에서 차티스트운동에 참여하는 개인들의 정체성이 만들어졌다는 것이다. 그러나 스테드먼 존스는 자신의 직해주의로 인해 "계급" 역시 만들어진 정치적 정체성의 일부였을 가능성을 부정한다. 그는 경제적 인과성은 물론 계급 역시 거부한다. 하지만 "계급"을 인정하되 그 기원을 정치적 수사 속에 위치시키는 것이 자신의 주장을 뒷받침하는 데 훨씬 유용했을 것이다. 스테드먼 존스는 차티스트운동의 역사를 재개념화하는 첫 단추를 끼우는 데까지는 나아가지 못하는데, 이는 그가 "언어"를 의미 체계나 의미 작용 과정이라기보다는 단순히 생각을 전달하는 수단으로 다루고 있기 때문이다.

스테드먼 존스가 자신이 지지하는 이론의 급진적 가능성을 달성하기 위해서는 다음과 같은 측면들에 주의를 기울였어야 한다. 첫째로, "언어"는 의미나 지식의 전체 체계 — 특정 사안에 대한 사람들의 생각뿐 아니라 삶과 세계에 대한 그들의 재현과 조직화 — 를 드러낸다는 견해다. 스테드먼 존스처럼 차티스트운동이 정부에 참여하는 것을 추구했기 때문에 계급 운동이 아니라고 말하는 것은 더 큰 정치가 작동하고 있는 것을 볼 기회, 즉 계급 정체성이 어떻게 사회적 실천을 구성(그리고 제한)하는지, 그리고 그것을 통해 사람들은 어떻게 타자와의 관계 속에서 자신의 위치를 확립하고 이해하며 그에 기반해 행동하는지 볼 수 있는 기회를 놓치는 것이다. 타자와의 이런 종속과 지배, 평등과 위계의 관계들이 사회조직을 구성했다. 이 같은 문제는 부분적으로, "언어"라는 단어를 사용할 때 그 의미 자체를 지식을 구성하는 양식과 관계성 또는 "문화 체계"로 보기보다는 도구적 발화 — 사람들이 서로에게 말하는 단어들 — 로 축소해서 생각하기 때문에 발생한다. 또한 스테드먼 존스의 혼동은 "계급"을 역사적으로 맥락에 따라 만들어지는 정체성이 아니라 사회 분석의 객관적 범주로 사용하기 때문이기도 하다.

이와 관련해 스테드먼 존스가 간과한 이 이론의 두 번째 측면은 차이화를 통해 의미가 구성되는 방식이다. 그는 "언어"에 일종의 일차원적 속성이 있다고 본다. 단어는 어느 맥락에서나 안정적으로 공유되는 정의를 가지며(하나의 "어휘") 그것을 통해 의사소통이 일어난다고 보는 것이다. 그러나 그가 영감을 얻었던 이론가들은(그는 소쉬르를 인용했다) 단어들이 구체적인 맥락(혹은 담론) 속에서 설정되는 암묵적이거나 노골적인 대조를 통해 의미를 획득한다고 주장한다. 의미가 다차원적이고, 관계적으로 확립되며, 한 명 이상의 청자를 향해 있고, 기존의 (담론)장 속에서 표현되는 동시에 새로운 장을 형성한다는 점을 이해하지 못한다면, 누구든 푸코(암시적이긴 하지만 스테드먼 존스의 연구 속 또 다른 존재)를 읽을 수 없다. 긍정적 정의는 부정적 정의에 의존하는데, 사실상 긍정적인 것은 부정적인 것을 배제하기 위해서 그것이 존재한다고 암시한다. 이런 종류의 상호 의존성은 어떤 용법 안에서든 다른 개념, 다른 관계와 관련되기 때문에 문자적인 정의를 훨씬 넘어선 파급력을 갖는다(예를 들어, 17세기 정치 이론가들은 결혼 계약과 사회계약 사이의 유비를 창안했고 이는 사람들이 두 계약을 이해하는 방식에 영향을 미쳤다. 또 19세기 사회주의자들은 노동자에 대한 자본가의 착취를 매춘으로 묘사함으로써 경제 영역과 성적 영역을 밀접하게 관련지었다). 의미는 관계를 통해, 그리고 차이화를 통해 만들어지고, 관계들을 구성한다. 이를 스테드먼 존스의 주제에 적용해 보면, 노동계급이라는 범주는 단지 안티테제(자본가, 귀족)뿐만 아니라 포함(참정권을 인정받지 못한 임금노동자)과 배제(자신의 노동에 대한 권리를 갖지 못한 여성과 아동)에 기초했을 것으로 예상해 볼 수 있다. 노동자라는 보편적 범주와 마찬가지로 계급이라는 보편적 범주는 일련의 대립들을 통해 그 보편성을 확보했다. 차티스트운동을 이런 관점에서 독해하는 목적은, 그것을 조직된 집단에 의해 제시된 공식적 정치투쟁이나 특정 전략으로 말끔하게 환원하지 않고, 이 운동의 정치가 계급 정체성을 구성한 과정을 검토하기 위한 것이다.

젠더는 의미가 만들어지는 과정을 분석하는 데 특히 중요하다. 계급과 같은 개념들은 차이화를 통해 만들어진다. 역사적으로 젠더는 차이를 표현하고 자연화하는 방법을 제공해 왔다. 19세기 "계급 언어"를 면밀히 살펴보면, 그것이 성차를 참조해 만들어졌음을 발견할 수 있다. 이런 참조를 통해 성차는 "자연스러운" 현상인 양 이야기되고, 그 자체로 의심하거나 비판할 여지가 없어 보이는 특권적 지위를 누린다. 성차의 자연화를 비판하는 이들(과거에도 이런 사람들은 있었다)은 사회적 구성물이 아닌 자연에 반박하는 것처럼 보였기 때문에 그 권위에 도전하는 데 어려움을 겪었다. 젠더는 계급 개념 속에 너무 깊숙이 뿌리박고 있기 때문에 이 둘을 떨어뜨려 놓고 분석할 방법은 없다. 정치를 젠더, 섹슈얼리티, 가족으로부터 분리해 분석할 수는 없는 것이다. 이것들은 생활 속의 구획이 아니라 담론적으로 연관된 체계들이다. 그 상호 관계에 대한 연구를 가능하게 하는 것이 바로 "언어"다. 차티스트들은 자신들의 강령을 제시하면서 정치적 집단 정체성의 조건들을 제공했다. 이런 정체성은 성차에 기댄 일련의 차이화 ─ 포함과 배제, 비교와 대조 ─ 를 기반으로 의미를 획득했다. 만약 스테드먼 존스가 의미가 구성되는 방식에 주의를 기울였다면, 차티스트들을 통해 발전한 특정 계급 범주가 어떤 식으로 젠더에 기대고 있는지를 볼 수 있었을 것이다. 그는 차이화를 기반으로 의미가 구성되는 방식에 주의를 기울이지 못한 결과 차티스트운동에서 계급과 젠더가 구체적으로 어떻게 나타났는지를 놓치고 만다.

II

스테드먼 존스가 차티스트운동을 어떻게 "독해"했다면 노동자계급이 개념화되는 과정을 더 잘 포착할 수 있었을까? 그가 인용한 자료의 원문이 모두 내게 있는 것도 아니고(현재 차티스트운동이 내 연구 대상도 아닌지라) 내가 그 분야를 상세히 알고 있다고도 할 수 없기 때문에 내 대답은 불완전할 수밖에 없다. 그럼에도 그가 "계급 언어"에 대해 개념적으로 다소 다른 접근법을 취했다면 무엇을 얻을 수 있었을지에 대해 이야기할 필요는 있어 보인다.

먼저, 차티스트 담론 안에서 계급이 개념으로서 등장하는지를 질문해 볼 필요가 있다. 스테드먼 존스는 운동의 발흥과 쇠퇴를 강조함으로써 자신이 하고자 했던 것과 달리 진부한 설명을 하는 데 그쳤을 뿐만 아니라 계급이 어떻게 의미화되는지와 관련한 자신의 통찰이 갖는 중요성 또한 퇴색시켰다. 게다가 민중운동의 정치적 취지를 강조하고, 그것이 1830년대 후반에 "더 계급의식적인 사고방식"에 의해 대체되지 못했다고 주장함으로써(153) 차티스트들이 정교화한, 계급 정의의 중요성과 복잡성을 경시했다. 하지만 "계급" 개념을 확장한 건 바로 차티스트들이었다. 그가 인용한 자료들에서 "노동하는 남성"은 장인, 중간계급, 소상공인에 적대적이기도 하고 협력적이기도 했지만 "노동하는 남성"의 특정 지위, 정체성에 대한 개념화는 분명하게 드러난다. 인상적인 것은 다양한 연설가들이 생산자와 빈둥대는 자, 임금노동자와 폭리를 취하는 자, 노동자/중간계급/귀족, 임금 노예와 폭군, 정직한 민주주의자와 고리대 독점자본가를 구별 짓는 경계들과 씨름했던 방식이었다. 불평등과 부정의의 책임이 정부 제도에 있다고 대체로 여겨지긴 했지만, 경제적·정치적·사회적으로 공유하고 있는 "경험"에 호소함으로써 "계급"이 집단 정체성을 조직화하는 방식으로 정교하게 의미화되고 있었음은 의심의 여지가 없다. 내가 보기에 흥미로운 것은, 이 모든 대조들이 어떻게 사회적·정치적 담론 안에 노동계급 정체성을 위한 장소를 만들어 냈으며, 그것이 품고 있던 비전은 무엇이었는가 하는 점이다.

여기서 분석해 봐야 할 것이 바로 담론장(들)의 문제다. 차티스트운동이 급진주의와 선형적 연속성 속에 있다고 주장하기보다는 그것을 다차원적인 장 안에 위치시키는 것이 더 유용할 것이다. 왜냐하면 정치 운동들은 즉흥적으로 호소하기도 하고, 다양한 견해를 자신들의 특정 대의에 맞춰 통합·조정하면서 전략적이되 논리적이지만은 않은 방식으로 발전하기 때문이다. 그런 운동들을 (일관되게 통일된 사유 체계라기보다는) 다양한 기획의 혼합물로 봐야만, 운동의 작동 방식과 운동이 발전했던 배경이 된 관계망에 좀 더 가까이 다가설 수 있다. 차티스트운동은 1832년 선거법 개정안✦으로 이어진 논쟁 속에서 표명되었던 정치적 권리와 대표성의 문

✦ 1832년 6월 1차 선거법 개정안으로 참정권의 자격 요건인 재산 기준이 완화돼 전체 유권자가 약 30만 명 증가했으나 그 혜택은 사무원, 도매상 등 중간계급과 제조업자들로 제한되었다. 이에 노동자계급과 경제적으로 소외된 계층의 불만은 더욱 높아졌으며, 이런 불만은 1830~40년대에 노동자 연맹들이 결성되는 주요한 추진력이 되었다. 이화용, 「영국 민주화의 여명(1832~80): 정치, 교회, 민주주의」, 『국제정치논총』 46(1), 2006, 7-8쪽 참조.

제에 대해 목소리를 냈다. 또한 차티스트운동은 러다이트운동, 오언주의, 협동조합과 (E. P. 톰슨이 『영국 노동계급의 형성』에서 기술했던) 19세기 초의 다양한 노동조합운동들이 관여한 산업화에 대한 수많은 (때로는 갈등하는) 논의의 맥락 속에 자신을 위치시켰다. 이 논의들은 차례로 정치경제학과 사회 개혁론의 교리와 비판을 활용했다. 차티스트들은 선거권이 박탈된 이들과 무산자인 노동자 남성들을 위해 노동 자산이라는 개념을 발전시킴으로써 이런 영역들을 전방위로 오가며 발언했다.

차티스트들은 스스로를 자연권 담론 안에 분명하게 위치시켰다(선거법 개정 운동과 차티스트운동의 시기 사이에 깊은 관련이 있다는 스테드먼 존스의 생각은 분명 옳다). 그들은 이렇게 하기 위해 이미 참정권을 획득한 사람들과 차티스트운동의 구성원들 사이에 존재하는 (사유재산을 가진 시민이라는) 유사성에 주목했다. 스테드먼 존스는 차티스트들이 충분히 "계급의식적"이지 않았다는 점을 입증하기 위해 그들이 사용한 수사를 인용한다. 차티스트들은 미래의 민주적인 세계가 여전히 고용주와 피고용인으로 구성될 것으로 예상했다는 것이다. 이런 종류의 추론은 핵심을 놓치고 있는데, 왜냐하면 의미가 구성되는 방식이 아니라 단어들의 문자적 내용에 초점을 맞추고 있기 때문이다. 스테드먼 존스는 차티스트들이 "계급의식적"이지 않았음을 보여 줌으로써 차티스트운동이 실제 경제 조건을 반영한 것은 아니었음을 증명하려 했다. 계급이 사람들 사이에서 실제로 어떻게 이해되었는지는 보려 하지 않은 것이다. 영국 마르크스주의자들과의 논쟁에서 스테드먼 존스가 차티스트들이 현대 사회주의자들의 선구자가 아니라는 점을 보여 주려고 했을 때, 그가 논쟁에서 사용한 용어들은 자신의 이론적 전제들과 어긋나는 것이었다. 그는 차티스트운동의 "계급" 정체성이 최근의 사회주의자들이 "계급"이라고 부르는 것과 근본적으로 달랐다고 주장하는 대신, 사회주의자들의 "계급" 개념만을 유일하게 가능한 것으로 받아들이고 차티스트운동은 계급과 무관하다고 주장함으로써 오히려 상대의 너무 많은 것을 인정하고 있다. 모든 정체성 범주들이 정치적으로 구성된다고 주장하고자 한다면, 그 범주들을 상대화하고 역사화해야 타당하다. 계급이라는 범주를 물화하고 그 얼어붙은 정의만을 유일한 것인 양 사용해서는 그 어떤 이론적 기반도 다질 수 없다.

차티스트운동의 언어는 정치적 연합의 조건을 제시했을 뿐만 아니라, 다양한 사회집단들 간의 유사성 혹은 공통점을 확고히 하는 역할도 했다. 중요한 것은 정치 영역으로의 진입을 요구하기 위해 노동자 남성들을 조직하는 것이었다. 이는 차이들에도 불구하고 공통분모를 강조하는 것을 통해서 이루어졌다. 그 공통분모는 그 유형은 다를지라도, 자산을 소유한다는 것이었다. 차티스트들은 개인의 노동 혹은 노동력의 산물이 그 자체로 자산이라고 주장함으로써 자산을 개인의 정치적 권리 향유와 관련지은 로크 이론의 한 측면을 발전시켰다.[4] 그러면서 차티스트들은 이미 선거권을 획득한 이들과 자신들 사이의 또 다른 유사성 ― 그들 모두가 남성이라는 사실 ― 을 인정했다. 차티스트들은 성인 남성의 보통선거권을 요구할 때 (기존의 선거 자격 요건을 그대로 가져와) 오직 남성만이 사회계약을 체결하고 이런 계약에 진입할 수 있다는 점을 인정했다. 실제로 차티스트들이 선거권을 이미 획득한 이들과의 유사성으로 주장했던 것은 그들 모두가 남성 자산 소유자라는 점이었다.[5]

동시에 차티스트운동은 젠더를 이용해 자신들의 운동을 민중운동의 논쟁 안에 자리 잡게 하고, 그 속의 일부 흐름들, 특히 감정 표출적이거나 결사체적이거나 종교적인 흐름들과 자신을 구별했다. 그들은 그런 유토피아적 운동들을 "여성적인" 것으로, 차티스트운동을 "남성적인" 것으로 묘사함으로써 젠더를 활용했다(이런 갈등에서 유토피아 운동가들이 젠더를 [차티스트들과는] 상당히 다른 방식으로 이용했다는 점은 분명 중요하다. 그들은 여성적인 원리와 남성적인 원리를 모두 긍정적으로 평가하면서 성별의 상호 보완성이나 양성성의 측면에서 미래의 조화로운 세계를 기획했다).[6] 이 성별화된 차별화는 차티스트운동의 목표를 명확히 할 뿐만 아니라, 남성 노동자들의 투표 자격에 대한 차티스트운동의 주장을 강조하는 데에도 일조했다.

노동계급(그리고 때때로 이런 수사 속에서 "민중")이 남성적인 형식에 체현되었다는 견해에 이의를 제기하는 이들은 대개 여성들도 운동에 참여하고 이를 지지했다는 점을 지적한다. 이는 의심할 여지 없는 사실이지만 앞의 주장과 모순되는 것은 아니다. 도리어 이런 주장은 남성적인 것/여성적인 것과 생물학적인 남성/여성을 혼동하고 있다. 전자는 일련의 상징적 준거들이고 후자는 물리적인 신체이며, 둘 사이에 연관성이 있기는 하지만 그 둘이 같은 것은 아니다. 남성적인 것/여성적인 것은 자연스러운 것으로 여겨지는 대립을 통해 추상적인 특성을 정의하는 효과를 낳는다. 강한/약한, 공적인/사적인, 이성적인/감정적인, 물질적인/영적인 같은 대립은 계몽주의 시대 이후 서구 문화가 젠더를 코드화한 예들이다. 이런 젠더화된 용법을 사용할 때 성별에 관계없이 개인들이 그런 정의들을 받아들이는 것을, 또한 그들의 상황을 설명하기 위해 그 정의들을 재해석하는 것을 막을 수는 없다. 여성들이 "남성적인" 운동을 지지했다는 것은 모순이 아니며, 오히려 이는 차티스트운동이 가진 특정한 해석을 긍정하는 것이다.[7]

차티스트운동이 제시한 계급에 대한 젠더화된 재현은 그 운동에 여성이 참여하는 방식, 그리고 일반 강령과 정책들이 여성을 다루는 방식에 영향을 미친 한 요인이었다. 그리고 그것은 아마 차티스트운동이 쇠퇴한 이후에도 오랫동안 지속된 계급 개념을 확고히 하는 데 이바지했을 것이다. 이후의 투쟁들이 경제의 재조직화와 부의 재분배를 얼마나 강조했든 간에, 보편적 인권에 대한 호소는 자산의 남성적 구성과 합리주의 정치 안에서 작동되었다. 그것이 낳은 두 가지 결과 중 하나는 유토피아적 사회주의자들이 제공했던 것과 같은 대안적인 계급 개념들이 주변부로 밀려난 것이었으며, 또 다른 결과는 성차 그 자체가 비가시화된 것이었다. 계급은 남성적 구조에 의존하고 있음에도 불구하고 결국 보편적 범주로 제시되었다. 결과적으로 남성이 노동계급을 대표하게 되는 것은 거의 불가피했다. 따라서 여성은 두 가지 방식으로 재현될 수 있었다. 먼저 여성들은 일반적 계급 경험의 구체적인 사례로 재현되었다. 그러므로 여성들을 따로 떼어 내 별개로 다루는 것은 불필요했다. 왜냐하면 그들은 노동계급 전체에 대한 논의에 포함돼 있을 것이기 때문이다. 아니면, 여성들은 성가신 예외로 여겨졌다. 그들은 계급 정치에 해가 되는 특수한 요구와 이해관계를 주장하고, 조합비를 내는 데 가계 자금을 사용하려는 남편들에 반대하며, 파업에서 다른 종류의 전략을 요구하고, 세속적 사회주의 시대에 종교적 소속을 고집한다는 것이다. 이 두 가지 재현은 모두 노동운동의 역사와 그 서술에서 분명하게 드러난다. 이 같은 재현들을 통해 우리는 노동계급 형성에서 여성이 왜 비가시적이었는지 그 이유를 알 수 있다.

계급의 남성적 재현은 노동운동에서 노동자 문제를 정의하는 데에도 영향을 미쳤다. 여성은 노동에 대한 소유권을 갖지 않는 것으로 여겨지므로, 여성의 초저임금 고용이 특정 직종 남성들의 경쟁력 위기를 가져왔을 때, 여성들을 해고하는 것 말고는 다른 해결책을 찾기 어려웠다. 여성 노동자의 지위를 본격적으로 옹호하지 못하게 막은 것은 상상력의 결여나 남성 우월주의가 아니라, 생산성과 남성성을 동일시한 계급 개념의 구성이었다. 여성들을 노동조합에 가입시키려는 시도가 이루어질 때조차도, 이는 어색하고 어려웠다. 왜냐하면 여성들은 계급을 대표하는 적합한 정치 행위자로 여겨지지 않았기 때문이다. 대신 여성들은 집안의 남성들에 의해 대표되는 것으로 여겨졌다. 샐리 알렉산더가 보편적이고 지속적인 성적 적대의 탓으로 돌렸던, 1830년대 남성 노동자와 여성 노동자 사이의 긴장과 분노는 바로 이런 계급 개념의 구성 조건과 관련된 다툼으로 이해하는 편이 더 나을 것이다.[8] 노동계급의 젠더화된 구성을 이해해야 우리는 낡은 문제들 — 여성들과의 경쟁, 성별에 따른 임금격차, 여성 노동자 조직 문제 — 에 대한 새로운 관점을 얻을 수 있다. 이런 문제들은 여성뿐만 아니라 노동계급 운동 전체에서도 매우 중요한 문제다.

차티스트들이 말한 계급의 "언어"는 여성(과 아이들)을 부차적이고 의존적인 지위에 위치시켰다. 여성들은 연단에 서고 소비자 불매운동을 조직하고 자신들만의 단체를 설립했지만, 그것은 차티스트의 후원 아래 남성 참정권을 요구하고 그럼으로써 남편과 아버지의 노동을 통해 자신들에게 올 재산권을 주장하기 위한 것이었다. 아일린 여는 차티스트 여성의 입장을 다음과 같은 말로 특징짓고 있다.

차티스트운동에 참여한 여성들은 대중 언설에서 스스로를 주로 가족 내에서 다양한 역할을 하는 존재로 소개했다. 가족의 주된 돌봄자, 가족 임

금에 기여하는 사람, 가족 전체를 돕기 위해 남성 친족들의 투표권을 요구하는 보조자 등으로 말이다.[9]

이것은 여성의 복지가 남성의 복지 안에 포함돼 있으며, 여성의 주된 과업은 소비 행위와 출산이고, 이런 활동들이 아무리 공적이고 정치적일지라도 남성들의 임금노동과 그 위상이 다르다는 것을 의미했다. 계급의 남성적인 구성은 (젠더화된) 가족 내 노동 분업을 전제로 한 것이었으며, 어떤 이들이 자연적인 배치라고 생각했던 것을 재생산했다는 점에서 중요하다.

물론 성별 노동 분업은 자연적인 것도 고정된 것도 아니며, 남성만이 가족 중에 재산을 소유할 권리를 가질 수 있다고 규정한 견해를 이 시기 모든 집단이 지지한 것은 아니다. 예를 들어, 일부 사회주의자와 종교적 유토피아주의자들의 저작에는 상당히 다른 체계들이 보인다. 1830년대는 유동성과 실험의 시기였다. 사회적 소속의 경계가 다시 그려지고 있었으며 — 보다 맹렬한 일부 유토피아주의적 기획들이 시사하듯이 — 상상할 수 없는 것은 없었다. 그러나 차티스트들이 선택했던 노선은 자신들이 기획했던 운동의 가능성을 제한했다. 또한 차티스트운동의 동원 규모가 컸던 만큼 그들이 선택한 노선은 계급에 대한 보다 급진적인 다른 구상이 가졌던 매력을 무색하게 만들었던 것 같다. 차티스트들이 지지한 계급에 대한 설명은 노동계급의 특정 가족 구조를 긍정하는 것이었는데, 그것은 중간계급의 이상과 닮은 것이면서 중간계급의 압력에 영향을 받기 쉬운 것이었다. 이 가족 조직은 이후의 급진적 경제 이론들에서도 완전히 대체되지 못했다. 이런 관점에서 볼 때 노동계급 가족은 차티스트 강령에 뚜렷하게 드러나는 (비록 차티스트들에 의해서 발명된 것은 아니지만) 특정하게 젠더화된 계급 개념을 통해 노동계급의 정치적 담론 내에서 만들어진 것이다. 따라서 이런 가족들 안에서 여성들의 경험은 별개의 문제로서가 아니라 상호 연결된 젠더와 계급 개념을 통해 분석되어야만 한다.

III

물론 차티스트운동이 19세기 영국에서 노동계급을 "형성한" 것은 아니다. 그러나 차티스트 담론에 대한 충실한 연구를 통해 우리는 그 운동의 독특한 정치뿐만 아니라, 사회관계들이 표현되고 구성되는 과정에 대한 통찰을 얻을 수 있다. 스테드먼 존스가 그랬듯이, 사회관계를 노동자와 고용주 또는 선거권을 박탈당한 자와 국가 등 아무 의심 없이 받아들여지거나 문제시되지 않는 범주들 사이에서 일어나는 일차적 갈등으로 국한해 이해한다면 우리의 시야는 협소한 범위에 갇혀 인간 상호작용의 유동성과 복잡성을 놓치게 된다. 일부 페미니스트들이 그랬듯이, "진짜" 스토리는 여성과 남성 사이의 투쟁에 대한 것이라고 주장하는 것도 마찬가지다. 지시 대상의 다수성, 문자적 발화를 넘어선 공명, 다양한 주제와 영역을 넘나드는 움직임을 전제하는 의미론을 통해 우리는 연결성과 상호작용이 작동하는 방식을 파악할 수 있다. 이런 이론이 모든 정의에 복합적이고 경합하는 측면이 있다는 점을 상정할 때 그것은 변화의 이론이 될 수 있다. 의미는 재해석, 재진술, 그리고 부인의 가능성에 열려 있기 때문이다. 물론 이와 같은 재정식화가 어떻게, 누구에 의해, 그리고 어떤 맥락에서 일어나는지를 질문해야 한다. 나아가 우리는 대조와 대립을 통해 의미를 확보하는 방식을 이해해야만 노동계급을 구성하는 데 성차가 이용된 다양한 방식을 확인할 수 있다.

19세기의 "계급 언어"는 복잡하고 이질적이며 가변적이었다. 그럼에도 불구하고 "계급 언어"는 노골적으로 자연에 호소하거나 (의식적으로 의도한 것은 아니더라도) 성차에 대한 암묵적인 환기에 기대어 명백하게 젠더화되어 있었다. 우리는 젠더 개념을 검토하지 않고는 계급 개념이 정당성을 획득하고 정치 운동을 확립했던 방식을 이해할 수 없다. 계급 개념에 대해 묻지 않고는 노동계급의 성별 노동 분업을 이해할 수 없다. 계급에 초점을 맞출지 혹은 젠더에 초점을 맞출지 사이에 선택은 존재하지 않는다. 하나가 없으면 나머지 하나도 필연적으로 불완전해진다. 우리가 여성사와 계급의 역사가 무관하다고 보는 게 아니라면, 젠더에 대한 분석과 여성에 대한 분석 사이에 차이는 없다. 젠더와 계급 사이의 관련성은 개념적인 것이다. 하지만 동시에 그것은 생산력과 생산관계 사이의 관련성과 마찬가지로 전적으로 물질적이기도 하다. 그런 역사를 연구하기 위해서는 "언어"에 주의를 기울이고 노동계급이라는 개념 자체를 역사적으로 정밀하게 검토하려는 의지가 필요하다.

"언어"에 주목하려면 의미 체계를 분석하는 데 있어서 그 단어가 갖는 한계도 면밀하게 고려해야 한다. "언어"라는 것은 신중하게 정의된다 하더라도 "단어"나 "어휘" 그리고 문자적 용법과 뒤섞이는 것처럼 보인다. 내가 보기에 스테드먼 존스의 문제는, 인식론에 대한 연구를 단어에 대한 연구로 환원해 버린 것이다. 내가 제안한 이런 분석의 대상이 가진 특징은 푸코가 정의한 담론에 의해 더 잘 설명될 수 있을 것이다.

담론에 대한 보다 정교한 이론이 현대 노동사가들에게 자신의 정치학을 재고할 길을 열어 주리라는 희망은 너무 이상주의적인 것일지도 모른다. 과거 노동운동의 민주적·사회주의적인 목표를 지지하는 입장에서 글을 쓰는 많은 역사가들은 남성적 계급 개념을 무비판적으로 수용하면서 여성과 젠더에 관심을 기울이라는 페미니스트들의 요구를 너무 부르주아적이라서 대의에 집중하는 것을 방해한다는 이유로 배제한다. 그러면서 무의식적으로 이전 시대의 정치를 지속하고 있다. 물론 그들 역시 자신들이 사용한 사료의 희생자이기도 하다. 왜냐하면 이런 사료들은 내가 분석의 필요성을 주장했던 젠더화된 관념들을 기반으로 하고 있기 때문이다. 게다가 그런 분석은 불온하면서도 어려운 일이다. 이를 분석하기 위해서는 옹호하고자 하는 운동에 대해서뿐만 아니라, 세상에 변화를 가져올 "형제" 집단의 일원이라는 자아 개념에 대해서도 종종 비판적 입장에 서야 하기 때문이다. 또 철학적으로 복잡하고 난해한 이론들에 통달해야 하고, 지금까지 역사를 사유해 온 방식을 바꾸겠다는 의지가 있어야 하기 때문이다. 그러나 그런 어려움에도 불구하고, 나는 이런 문제들을 다루겠다는 의지를 가진 노동사 연구자들에게는 풍부하고 도전적인 경험들이 기다리고 있다고 생각한다. 어쨌든 실제로 다른 대안은 없다. 젠더를 진지하게 고려하지 않는 노동사 연구자들은 자신들이 원칙적으로는 종식시키고자 했던 불평등을 재생산할 뿐이다. 우리가 불평등을 종식시킬 방법을 찾을 수 있으리라는 바람이 그저 공상처럼 보일 수 있겠지만, 나는 문제를 지적하고 이에 대한 해결책을 제안함으로써 우리의 목표에 좀 더 가까이 다가갈 수 있다고 생각할 만큼 충분히 이상주의자인 **동시에** 합리주의자다.

4장

『영국 노동계급의 형성』의

여 성 들

이 글은 애초 1983년 12월, 미국역사학회 회의에 제출하기 위해 쓴 글이다. 그 후 대폭 수정하고 확장해 1986년 12월, 위슬리언 인문학 연구원Wesleyan Humanities Institute의 세미나에서 발표했다. 이 글의 최종본을 작성하는 데 헨리 아벨로브Henry Abelove, 크리스티나 크로스비Christina Crosby, 마이클 데닝Michael Denning, 데니즈 라일리가 해준 조언과 비판에 고마움을 전한다.

『영국 노동계급의 형성』은 출간 후 20년이 넘은 지금까지도 여전히 노동사 연구자들에게 고전으로 남아 있다. 이 책은 계급을 (구조나 범주가 아닌) 관계로, 계급의식을 경제적 산물인 동시에 문화적 산물로, 인간의 행위성을 역사를 만들어 가는 핵심 요소로, 정치를 그런 역사에서 핵심적 의미를 지니는 것으로 바라보는 마르크스주의 사회사가 무엇인지 규정함과 동시에 그 모범 사례를 제시한다. E. P. 톰슨이 구성한 서사는 이 책에 등장했던 수십 명의 영웅들을 ("후손들의 지나친 멸시[1]에서" 구제해) 존경의 대상으로 만들었을 뿐만 아니라, 독자들을 프레드릭 제임슨이 말한 "하나의 단일하고도 거대한 집합적 이야기의 통일성 …… 필연의 영역으로부터 자유의 영역을 쟁취해 내기 위한 집합적 투쟁"[2]에 빠져들게 한다. 가혹한 아동노동에 대한 톰슨의 비판에 마음이 흔들린 사람이라면, 런던교신협회London Corresponding Society✦의 장인들과 중부 내륙 및 북부 산업화 지역에서 벌어진 러다이트운동의 "불의를 바로잡는 군단"army of redressers✦✦의 정

✦　1792년 영국에서 설립된 노동자 조합이다. 정치 개혁을 주장했으며 그 주요 창립자가 이 장에서 언급되는 토머스 하디다. 1799년, 영국 정부가 단결금지법Combination Act을 제정한 후에 해체되었다.

✦✦　러다이트운동 중 노동자들은 네드 러드Ned Ludd라는 인물을 노동자들의 권리를 옹호하는 "불의를 바로잡는 자"로 인식했고 "러드 장군"이라 불렀다. 또한 그의 이름을 따서 자신들을 러다이트Luddite라 불렀고 전단지 등에서는 "불의를 바로잡는 군단"이라 자칭했다. 『영국 노동계급의 형성, 하권』,

치에 대한 그의 지지에도 공감할 수밖에 없을 것이다. 이들 장인은 영국 노동계급의 전통 속에 존재하던, 곧 오래전부터 서민층에 깊이 뿌리박혀 있던 진정한 휴머니즘 정치의 가능성을 잘 보여 준다.[3]

톰슨은 이따금 중립을 운운하기는 했지만(그는 자신이 "역사와 이데올로기"를 혼동한 해먼드 부부나 "역사와 자기변명"을 혼동한 "일부 경제사가들"보다 더 객관적이라고 말한다), 이 책에서는 중립적으로 보이려는 시늉도 거의 하지 않았다. 사실 이 책이 흥미로운 이유는 상당 부분 그 공공연한 정치적 목적 때문이다.[4] 1963년에 이 책은 나 같은 역사가들에게 사회 이슈와 관련된 역사 서술의 모델을 제공해 주었다. 우리에게 『영국 노동계급의 형성』은 신좌파의 목적에 부합하는 학술적 관점을 구체화해 주었다. 즉, 이 책은 자본주의 정치경제의 작동 방식을 폭로하고, (톰슨이 다른 곳에서 언급했다시피) "목적의식이 분명한 역사적 참여"의 미덕과 "정치적 활동을 통한 인류 구원"의 가능성을 입증했다.[5] 출간 시기와 톰슨이 책에서 분명히 밝힌 사회주의 휴머니즘의 입장이 맞물리면서 이 책은 마르크스주의 내에서 스탈린주의 역사학의 고착화된 범주들에 대한 지적 대안을 제공해 주었다. 계급 형성 과정의 역동성과 문화적·역사적으로 특수한 경험에 대한 톰슨의 강조는 과거 노동자들의 집단행동에 대한 좀 더 맥락화된 독해뿐만 아니라 좀 더 유연하고 창의적인 현대 정치학의 길을 열어 주었다. 또한 평범한 사람들의 행위성에 대한 그의 강조는 풀뿌리 조직의 옹호자들에게 영감과 확신을 주었다. 미국에서 "아래로부터의 역사학"은 민주 사회를 위한 학생연합Students for a Democratic Society, SDS✦이 주장한 참

148-49, 163쪽 참조.

여 민주주의에 대한 학계의 응답이었다. 대학과 지역사회를 연결하고자 했던 활동가들은 톰슨의 텍스트를 강좌와 스터디 그룹의 필독서로 삼았다. 이처럼『영국 노동계급의 형성』은 "새로운 노동사"를 위한 모델로서 출간 직후부터 정전의 반열에 올랐다.

톰슨의 이 책은 역사 서술의 모범이 되기는 했지만, 그렇다고 그가 교조적 저작을 쓰려고 의도한 것은 아니었다. 자신은 (마르크스와 마찬가지로) 마르크스주의자가 아니라는 ― 불변하는 확정된 범주들을 역사적 사건들에 언제나 똑같은 방식으로 적용해야 한다고 고집하지 않는다는 ― 톰슨의 주장 때문에 일부 상상력 없는 비판자들은 그를 충실한 마르크스주의자로 받아들이지 않았다. 그렇지만 이 책의 이론적 전제는 다음과 같이 상당히 정통적인 마르크스주의 전통에 잘 들어맞는다.

…… 계급은 어떤 사람들이 (물려받거나 공유하게 된) 공통된 경험의 결과로, 자신들의 이해관계가 서로 일치하며 그것이 다른 사람들의 이해관계와 다르다고(대개 상반된다고) 느끼게 되고 이를 분명히 표현할 때 생겨난다. 계급적 경험은 대체로 그들이 태어날 때부터 처하게 된 ― 즉, 본의 아니게 진입하게 된 ― 생산관계에 의해 결정된다.[6]

어쨌든 계급을 구성하는 공유된 이해관계는 생산관계에 내재해 있지만 그 경험을 표현하는 방식은 문화와 시대, 장소에 따라 다르다.[7] 지금

✦ 신좌파 노선을 따랐던 미국의 학생운동 조직으로 1960년대 중반에 급성장했다가 1969년에 분열했다.

은 톰슨의 이론적 도식이 정통적인 입장에 있는 것처럼 보이지만, 이 책은 1950년대 후반에서 1960년대 초반에 걸쳐 벌어졌던 마르크스주의자들 사이의 논쟁에 역사성이라는 중요한 시각을 도입했다. 이 책에서 톰슨이 관심을 가지고 강조한 것은 계급, 계급의식, 계급 정치의 정의와 관련한 것이었다. 『영국 노동계급의 형성』을 쓴 목적은 "마르크스주의의 경제 중심적 서술 방식"을 반박하고, 계급의식의 발달에 대해 기존과는 다른 사고방식을 제공하는 것이었다. 기존에는 공장 노동자들이 정치적 올바름이라는 어떤 선행 규범으로 평가될 수 있는 프롤레타리아계급 정체성을 갖도록 개조된다고 상정한 것과 달리, 톰슨에게 인간 주체는 역사 변혁의 능동적 행위자였다. 그는 자신의 목적을 다음과 같이 설명했다.

내가 보여 주고자 한 것은, 기존의 평민 의식이 사회적 존재로서의 새로운 경험, 민중에 의해 문화적 방식으로 이해된 경험들에 의해 굴절되고 그 결과 의식의 변화가 일어나게 된다는 것이었다. 이런 의미에서 볼 때, 제기되는 문제들과 이를 해결하기 위해 동원된 몇몇 이론적 장치는 분명히 이데올로기적 계기로부터 생겨난 것이다.[8]

또한 그는 이 책으로 사회주의 휴머니즘의 역사적 전통을 창조하고, 좌파 정치의 기억 속에 진실하고 고유한 19세기 노동자 급진주의와의 연관성을 심어 주려 했다.

나는 수년간 야학에서 노동자, 노동조합 활동가, 사무직, 교사 등의 성인들을 가르친 적이 있었다. 청중들 가운데는 좌파적 성향을 가진 사람도 있었고, 노동운동을 하는 사람도 있었으며, 신좌파에 해당하는 사람도 있었다. 내가 이 책을 쓸 때 염두에 둔 대상은 바로 그런 종류의 독자들이었다.[9]

이런 청중들을 향한 톰슨의 호소는 레닌적 전위주의에 맞서기 위한 것이었고, 또한 "지식인들이 소외된 자들의 토양에 불순응의 씨앗을 뿌리지 않았다면"[10] 민중 봉기도 일어나지 않았을 것이라는 생각에 반대하기 위한 것이었다. 대신 그는 노동자들에게는 혁명적 사상을 만들어 내고 그에 따라 행동할 능력이 있으며, 참여 민주주의 정치를 신뢰할 수 있는 토대가 지난 역사 속에 존재했다는 것을 증명하려 했다.

톰슨이 동시대인들과 펼친 논쟁은 기원의 문제와 관련돼 있었다. 계급이라는 관념은 어디에서 생겨났는가? 계급의식은 어떻게 그 형태를 갖추게 되었는가? 이 논쟁에서 집단 정체성과 정치 운동을 나타내는 개념어인 계급 그 자체는 비판적 검토 대상이 아니었다. 왜냐하면 톰슨은 역사적으로 위치 지어진 담론 외부에 있는 분석가가 아니라 그 내부의 옹호자로서 말하고 있었기 때문이다. 톰슨은 스스로를 역사적 기억의 전달자로 자리매김하면서 19세기 운동에 의해 정식화되고 20세기에 사용된 계급 개념을 이용해 노동계급 담론 속의 표현들을 훌륭하게 포착해 냈다. 『영국 노동계급의 형성』은 특정한 계급 개념을 지지하고 재생산했다. 이런 의미에서 이 책은 이중적인 역사적 사료로 읽을 수 있다. 즉, 이 책은 과거에 계급이 어떻게 이해되었는지를 보여 주는 풍부한 증거를 모았을 뿐만 아니라, 그 의미를 이 책이 구축해 낸 노동계급의 역사에 통합했다. 그러므로 『영국 노동계급의 형성』의 내용과 텍스트적 전략을 분석함으로써 우리는 노동계급에 대한 특정 관념이 역사적으로 어떻게 작동되었는지에 대한 통찰을 얻을 수 있다.

이와 관련해서, 이 책에(그리고 이 책이 말을 걸고 있는 청중들의 관심사에) 이후 일부 노동사가들을 성가시게 만든 질문들이 빠져 있다는 점에 주목한다면 흥미로운 사실이 드러난다. 즉, (톰슨의 책이 출간된 지 한참 후인) 1960년대 후반과 1970년대 초반에 페미니즘 운동이 제기한 여성의 역사적 역할에 관한 질문 말이다. 지금 『영국 노동계급의 형성』을 다시 읽으면, 그 책에 여성들이 없다는 점 때문이 아니라 여성들이 이상하게 묘사되고 있다는 점 때문에 놀라게 된다. 이 책은 현대의 사회주의 페미니스트들이 계급 형성의 서사나 그 서사가 내포하고 있는 정치 이론에도 여성을 위한 자리가 있어야만 한다고 자기 자신은 물론이고 동료들을 설득하려 할 때 왜 어려움과 좌절을 경험했는지를 잘 보여 준다. 그런 점에서 톰슨의 텍스트는, 비록 페미니즘 정치가 만들어 낸 새로운 맥락에서 쓰인 것은 아니지만, 사회주의 페미니즘 담론의 전제 조건으로 독해해 볼 필요가 있다. 이 책은 사회주의 페미니즘 담론의 핵심적인 요소를 보여 준다. 왜냐하면 사회주의 페미니스트들이 놓여 있었던 전통, 그리고 그들이 비판적 관점을 형성하고 자신들의 역사를 쓰기 위해 맞서야 했던 전통이 전제하고 있는 가정들을 분명히 표현하고 있기 때문이다.

I

"계급은 자신들의 역사를 살아가는 바로 그 사람들에 의해 정의된다. 그리고 결국 이것이 그 유일한 정의이다."[11] 톰슨은 이와 같이 역사적으로 특수한 관념을 물화한 사회학자들과 정치가들을 반박했다. 그 관념의 기원을 설명할 때 관건은 "사람들이 태어날 때부터 처하게 된 — 즉, 본의 아니게 진입한 — 생산관계"[12]에 대한 분석에 있었다. 그러나 계급의 의미는 오로지 "상당히 긴 역사적 기간에 걸친"[13] 문화적·사회적 과정을 연구할 때만 파악할 수 있는 것이었다. 그래서 톰슨은 (고정된 "어떤 것"의 반복적 출현을 식별하는 것과 대조되는) 생애사 개념을 제안하면서 자신의 서사를 "영국 노동계급의 청소년기에서 초기 성년기까지의 전기"[14]에 비유했다. 이 책이 대부분의 개인 생애사만큼 일관되지는 않지만 그럼에도 불구하고 이런 비유는 의미심장하다. 이는 톰슨이 개별 주체를 상상할 때와 마찬가지로 통합적 관점에서 집단적 운동을 상상했음을 의미한다. 이런 종류의 단일한 개념화로는 다양성이나 차이를 흡수하기 어렵다. 그래서 설령 "인간"man이 중립적이거나 보편적 인간 주체를 의미한다 할지라도 "여성" 문제는 여성들이 갖는 차이로 인해 분열을 의미하고 일관성을 해치는 것이 되기 때문에, 명확히 표현되거나 재현되기 어려운 것이다.

『영국 노동계급의 형성』에서 일반 개념을 남성으로 지칭한 것은 놀랍도록 자세한(그리고 상상하기 쉬운) 이미지로 묘사된 정치 행위자들의 모습이 문자 그대로 해석된 결과다. 이 책은 남성들이 부지런히 일하고, 회의하고, 글을 쓰고, 대화하고, 행진하고, 기계를 부수고, 감옥에 가고, 경찰·치안판사수상에 용감하게 맞서는 장면들로 가득하다. 이것은 현저히 남성에 대한 이야기이며, 모든 행위자가 남성인 것은 아니라 해도 계급의 기원과 표현은 모두 남성적 정체성으로 구성돼 있다. 물론 『영국 노동계급의 형성』에는 여성들도 등장한다. 그들은 이름도 밝혀져 있고 어느 정도 행위성도 인정받았으며, 한 가지 유형으로 묘사되지도 않는다. 범위도 여성의 권리를 주장한 메리 울스턴크래프트와 애너 휠러부터, 리처드 칼라일의 급진적 여성 지지자들, 그리고 조애너 사우스콧 같은 종교적 예언자에 이르기까지 다양하다. 하지만 서사를 구성하고 있는 이야기의 조직 방식과 주요 코드들은 계급을 남성적으로 재현하는 데 도전하기보다는 그것을 강화하는 방식으로 젠더화되어 있다. 여성들은 책에 나오긴 하지만 주변화되어 있다. 즉, 그들은 계급과 남성 노동자 정치의 막강한 연관성을 강조하고 부각시키는 역할을 할 뿐이다. 톰슨이 묘사한 여성들을 자세히 들여다보면 『영국 노동계급의 형성』에서 계급 개념과 그 정치적 의미들이 어떻게 확립되는지에 대한 중요한 통찰을 얻을 수 있다.

이 책은 극적인 시나리오로 시작된다. 1794년, 급진파 제화공 토머스 하디의 집을 국왕의 관리들이 들이닥쳐 뒤집어 놓는다. 하디네 식구들은 집이 갖가지 문서와 옷가지들로 어지럽혀지는 것을 지켜만 보고 있었고 하디 부인은 "임신 중이어서 계속 침대에 누워 있었다." 이어서 하디는 대역죄로 체포돼 결국 뉴게이트 감옥에 수감된다. 하디가 감옥에 갇혀 있는 동안 "하디 부인은 '교회와 국왕파'Church and King✦ 폭도들이 집안에 난입했을 때 받은 충격으로 출산 중 죽고 말았다."[15] 이와 같은 생생하고 직접적인 묘사는 뒤에 이어질 이야기의 진반직 흐름을 짐작하게 한다. 막강한 폭력이 개인의 영역, 즉 독립적 장인의 삶을 침범하는 이야기 말이다. 장인 하디는 독립적인 영국 자유민freeborn의 권리를 주장하며 저항한다. 그의 부인과 태어나지도 못한 아이는 국가 탄압의 무고한 피해자다. 이후에는 자본주의가 유사한 피해를 입히는 내용이 이어진다. 그것의 비인간

✦   17~18세기에 스튜어트 왕조 지지자들이 내걸었던 "교회와 국왕"이라는 구호는 18세기 말에 기성 교회 및 군주 체제를 함께 옹호하는 보수 세력의 표어가 되었다. 『영국 노동계급의 형성, 상권』, 26쪽 참조.

적인 작동으로 가족이 파괴되고 기존의 성별 분업이 파괴되는 것이다. 그 속에서 역사적 전통들에 뿌리를 두고 있던 남성들은 자신의 권리를 방어하고 주장하지만, 여성은 전통적인 가정 안의 역할이 뒤틀리는 경험을 통해 자본주의의 잔혹성을 최대한 드러내는 역할을 한다.

여성과 가정성의 연관성은 여성 노동자를 주제로 할 때도, 즉 여성의 경험이 생산관계와 연관될 때조차도 마찬가지다. 예를 들어, 톰슨이 여성 방직 노동자들을 어떻게 다루고 있는지 살펴보자. 그는 이들의 상황을 동정적으로 논하며 이들을 새로운 산업 체계의 산물로 제시한다. "임금노동자이자 어머니였던 여성들은 늘 자신이 가정과 산업 두 영역 모두에서 가장 열악한 처지에 놓여 있다고 느꼈다."[16] 임금노동자로서의 새로운 신분은 여성들을 정치적 활동 — 노동조합과 여성개혁협회 — 으로 이끌었다. 하지만 톰슨은 그 노동조합들이 즉각적인 불만 사항을 토로하는 데 치중했기 때문에 도덕적·정치적 시스템 전반에 도전한 장인 조직보다는 덜 정치적이었다고 말한다(비록 이런 상황은 1820, 30년대 모든 산별노조가 마찬가지였지만 톰슨은 여성 집단을 언급할 때 이 점을 강조했다). 나아가 그는 여성개혁협회가 정치적으로 독립적이지 못했다고 말한다. 톰슨에 따르면, "역설적이게도" 여성 임금노동자들의 급진주의는 산업화 이전의 가정경제에 대한 향수의 표현이었다. 여성들은 "가정 중심의 생활 방식"에서 누렸던 "지위와 개인적 독립성의 상실"을 슬퍼했다.[17] 톰슨은 이를 (장인들이 독립적 신분을 회복하려는 열망과 마찬가지로) 정당한 정치적 입장으로 간주하는 대신, "역설적이게도"라고 묘사하며 부상하는 급진주의 운동에서 여성들이 처한 종속적 지위와 관련짓는다. "그들의 역할은 남자들을 정신적으로 지원하고, 시위 현장에서 의식용으로 쓰일 자유의 깃발과 모자를 만들며, 결의문과 연설문을 나눠 주고, 집회 참가자 수를 충당하는 데 국한되었다."[18] 이 여성들은 나중에 등장하게 될 "신념보다는 충성심에서 재판과 투옥을 견뎌 낸" "칼라일 집안의 여인들"[19]을 예고한다. 여성의 독립성이 노동이 아니라 [산업화] 이전의 가정성에서 비롯된다고 여겨졌기 때문에, 그들의 주장과 정치 활동들은 계급 "형성"에서 덜 중요했다. 어떤 의미에서 가정 영역은 이중의 장애물로 작동한다. 생산관계가 사회적으로 구성되는 일터에 비해 가정은, 자연적인 성별 노동 분업이 지배적인 장소이자 이해관계에 기반한 집합적 정체성, 곧 계급의식의 형성을 가능하게 하는 착취의 경험을 제공하지 않기 때문에 정치가 생겨날 수 없는 장소다. 일하는 여성이라 할지라도 여성은 가정에 소속된 존재이기 때문에 첨예한 정치의식을 갖지 못하는 것처럼 보이는데, 이는 남성에게는 일어나지 않(거나 문제가 되지 않)는 일이다. 여성들은 가정 안의 역할과 재생산 역할로 인해 처음부터 부분적이고 불완전한 정치 행위자밖에는 되지 못하는 것이다.

이는 『영국 노동계급의 형성』에서 직접적으로 다루지 않은 한 가지 문제, 즉 산업자본주의가 실제로 일을 했던 여성들에게 미친 영향을 충분히 또는 별도로 주목하지 않은 이유를 함축적으로 설명해 준다. 톰슨은 방직 노동자 부분을 제외하고는 노동하는 여성들에게 거의 관심이 없다. 그나마 언급된다 해도 별다른 설명도 없이 논밭과 공방, 방앗간에서 남성들을 대체하는 저렴한 노동력으로 등장할 뿐이다. 이 책에서 톰슨은 자본주의가 남성 노동자들에게 어떤 영향을 미쳤는지에 대해서만 주목할 뿐, 여성들이 노동시장에서 왜 저평가되고 낮은 지위에 처했는지는 주목하지 않는다. 여성 장인들도 마찬가지로 무시된다. 남성 장인들과 마찬가지로 그들에게도 오랫동안 지속해 왔던, 새로운 자본주의에 의해 파괴된 독립적 경제활동의 전통이 있었음에도 불구하고 말이다. 아이비 핀치벡의『여성 노동자와 산업혁명』(그리고 마찬가지로 18세기 후반과 19세기 초반의 증거에 주목한 보다 최근의 연구들) 등 톰슨이 기대고 있는 자료들이 여성용 모자 제작자, 여성 봉제사, 여성 레이스 장인, 남성복을 만드는 여성 재봉사 등 중요한 숙련노동력을 구성한 여성들을 보여 주고 있음에도 불구하고[20] 여성은 톰슨이 자주 언급하는 장인의 직업 목록(제화공, 가구장이, 남성복 재봉사 등)에 등장하지 않는다.『영국 노동계급의 형성』에서 톰슨은 긴 인용문을 통해 한 여성공제조합의 조합원들이 1805년에 진행했던 행진에 대해 이야기한다. 톰슨은 그런 조합들이 대부분 장인들에 의해 만들어졌다고 하면서도 그 여성들이 어떤 직종에 속해 있었는지는 결코 이야기하지 않는다. 그는 이런 조합들이 남성 장인들의 정치적 전통에 미친 영향은 강조하지만, 여성 장인들에게 미친 영향은 간과한다. "18세기 말의 여성공제조합들과 여성감리교 분반 회합들이 여성들에게 경험과 자신감을 부여했을 수도 있다. …… 그러나 여성의 경제적 지위가 변화하면서 노동하는 여성들이 정치·사회적 시위에 광범위하게 참여하기 시작한 곳은 방직업 분야였다."[21] 여성 장인들이 저항운동에 참여하지 않았기 때문에 톰슨이 노동에 대해 논의하면서 여성 장인들을 등한시한 것일 수도 있다. 하지만 만약 그런 것이라면 이는 계급이 과연 생산관계 안에 내재하는 것인지에 대해 심각한 의문을 제기한다. 왜냐하면 여성 장인들이 정치에 참여하지 않았다는 것은 — 만약 그들이 정말로 참여하지 않았다면 — 이 책의 이론적 전제를 뒤흔드는 것이기 때문이다. 남성들이 경험한 생산관계에는 계급이 내재하는데 왜 여성들이 경험한 생산관계에는 내재하지 않는지 그 이유를 설명하려면 최소한 남성 장인과 여성 장인이 서로 다른 생산관계를 경험했다는 분석이 필요하다. 내가 보기에 톰슨이 이런 분석을 시도하지 않은 것은, 여성들이 가정에 매여 있다고 본 탓에, 계급의식이라는 형태로 노동자의 이해관계를 분명히 표현하도록 하는 경제 관계에 완전히 편입될 수 없었다고 여겼기 때문인 것 같다.

물론 여성 장인들이 가시화되지 못한 것에 대한 또 다른 해석도 가능하다. 여성 장인들이 정치에 참여했지만, 톰슨은 이 사실을 알릴 필요가 없다고 생각했을 수 있다. 이는 계급 개념은 보편적이고 포괄적인 관념이라는 가정과 남녀평등 정책에 대한 그의 원칙적 신념에서 비롯되었을 것이다. 뉴레프트북스 시리즈 가운데 하나로 1960년에 발간된 『무관심에서 벗어나』에 실린 「고래 밖에서」라는 에세이에서 그는 1950년대의 정적주의quietism와 체념을 초래한 세력에 대해 다음과 같이 맹비난했다. "관습, 법, 군주제, 교회, 국가, 가족 ─ 이 모든 것들이 다시 홍수처럼 밀려왔다. 이 모든 게 최고의 선 ─ 안정성 ─ 의 지표들이었다."[22] 여기서 특히 중요한 것은, 인간의 행위를 기능과 역할에 따라 고정한다는 점, 즉 (자연적인 것이기 때문에) 불가피한 성차에 귀속시킨다는 점이다. "사회학자, 심리학자, 남편들은 여성이 '다르다는 것'을 발견했다. 그리고 '차이 속의 평등'을 핑계로 여성과 남성이 인간으로서 완전히 평등하다는 주장을 부정했다."[23] 기능주의에 대한 톰슨의 (적절한) 거부에는 차이의 **그 어떤** 중요한 작동도 부정하는 입장이 내포돼 있다. 생각해 보면, 우리는 [젠더와 같은] 범주에 대해 그것이 자연적이거나 이에 부과된 의미들이 고정적이고 필연적이라고 믿지 않고서도, 젠더화된 주체의 구축과 관련된 사회적 과정을 인식할 수 있다. 하지만 그는, 젠더를 언급하는 것이 자연적 차이를 전제하며 그 자체가 차별적이라는 입장에 서있는 것처럼 보인다. 여성 장인들을 별도로 검토할 경우, 그들의 정치 행위에 대해 다른(곧 불평등한) 기준을 적용하는 꼴이 된다고 본 것이다. 평등에 대한 자신의 이데올로기적 신념 때문에 톰슨은 특별한 관심을 기울여 성차를 논의 주제로 다루지는 않았다. 하지만 그러면서도 의미 전달을 위해 성차에 대한 비유에 의존하는 글쓰기 전략을 구사했으며, 이로 인해 그의 평등주의는 손상되었다.

『영국 노동계급의 형성』에서 톰슨은 여성들의 다양한 정치 행태를 보여 주었다. 이는 젠더화된 체계, 곧 노동계급 정치 속의 긍정적인 것과 부정적인 것 양극단을 구분해 주는 남성적이거나 여성적인 상징들을 이용한 체계에 따라 조직되고 평가되었다. 톰슨의 책에서 여성은 잠깐 등장하는 행위자일 뿐이지만, 여성적인 것은 노동계급 정치를 재현하는 데 핵심적인 표상이다. 노동계급의 정치적 선택들에 대한 서사에서 계급이라는 (보편적) 개념이 남성형으로 구성돼 있음이 분명해짐에 따라, 그 이야기에서 여성의 위치를 둘러싼 혼란들 또한 더욱 명백해진다.

톰슨에 따르면 계급의식의 표현 형식으로서 정치는 문화적·역사적 산물이며, 따라서 계급의 의미를 어떤 식으로든 정적으로 정의하는 것을 불가능하게 만드는 것도 정치다. 객관적 생산관계와 유효한 정치적 표현 양식들이 교차하면서 계급의식은 저마다 독특하게 발현된다. "계급의식은 시대와 장소가 달라도 동일한 방식으로 발달할 수 있지만, 결코 **완전히** 동일한 방식으로 발달하는 건 아니다."²⁴ 톰슨의 설명에서 19세기 노동계급 정치는 18세기 영국 합리주의와 급진주의 운동으로까지 거슬러 올라간다. 이것들은 서로 직접적으로 연결되어 있다. 자유인으로 태어난 영국인의 권리가 19세기 노동자의 요구로 이어지는 것이다. 어쨌든 이 [정치라는] 세속적 전통은 부상하는 자본주의 생산관계에 편입된 노동자들의 "이해관계"에 가장 잘 들어맞는 것으로 간주된다. 톰슨은 역사에 호소하고 있지만, 이런 설명에는 내재성immanence이 함축돼 있다. 그는 합리주의, 곧 세속 정치를 계급의식을 표현할 수 있는 유일한 형식으로 묘사함으로써 계급의식의 출현을 논쟁과 투쟁의 산물이 아니라 자연적이고 필연적인 일로 만든다. 그는 이런 효과를 단순히 특정 운동들에 대한 지지를 통해서뿐만 아니라 부정적인 대조점을 제시함으로써 달성한다. 즉, 성적 이미지의 종교적 사용을 정치의 안티테제이자 노동계급 담론 안의 정신 나간 별종으로 묘사한 것이다.

정통 감리교는 이런 별종의 억압된 측면을 보여 준다. 정통 감리교에서는 죄와 섹슈얼리티가 결합해 "도착적 에로티시즘"을 구성하는데 여기서 사탄은 팔루스와, 그리스도는 여성적 사랑과 동일시된다. 가난한 여성 노동자 조애너 사우스콧이 이끈 비정통적 변종은 광적이고 히스테리적인 것으로 묘사된다. 감리교와 달리 사우스콧파는 거의 전적으로 "가난한 자들의 종교"였다. 묵시론적 열정을 특징으로 하는 사우스콧의 설교에는, 톰슨에 따르면, 때로 "모든 분별력이 사라져 버릴"[25] 정도로 강렬한 성적 이미지들이 난무했다. 사우스콧이 죽은 지 한참이 지난 뒤에도 추종자가 있었다는 점은 반박의 여지가 없는 사실이다. 실제로 로버트 오언의 유토피아적 메시아주의에서 가장 매력적이지 않은 측면들은 오언이 그녀를 직접적으로 모방한 부분이었다. "박애주의자 오언 씨는 사우스콧의 망토를 어깨에 걸쳤다."[26] 오언의 천년왕국은 부부간의 애정, 성적 자유, 경제적 상호성, 대립하는 힘들 — 지적인 힘과 육체적인 힘, 도시와 농촌, 농업과 기계, 남성과 여성 — 사이의 균형이 존재하는 사회를 환기했다. (개종

외에는 사회 변화를 일으킬 전략을 갖지 못한) 천년왕국은 실행 불가능한 것이었다. 이 때문에 톰슨은 마르크스와 엥겔스의 말을 빌려 천년왕국의 정치적 효력에 의문을 표시했다.

톰슨은 오언의 유토피아적 주장과 협동조합·노동조합·노동교환소labor exchanges✦에서 나타난 오언주의를 추종하는 장인들의 **정치적** 급진주의를 구분한다. 또 유사한 방식으로, 러다이트운동에 울려 퍼지던 선서의례와 사우스콧주의의 종교적 내용을 구분한다. 톰슨에 따르면, 노동계급 정치에 전해진 것은 감리교 내부 구성원들 사이의 공동체적 유대, 독립적 분파들에서 이루어진 평신도의 설교, 오언주의의 협동과 같은 **실천들**이었지 종교적 가르침의 내용이 아니었다. "사우스콧주의는 혁명적인 천년왕국과는 그 형태가 사뭇 달랐다. 그것은 사람들에게 효과적인 사회적 행동을 고취하지 않았다." 오히려 그것은 반혁명의 심리적 귀결로, "절망의 천년왕국"이었다.[27]

하지만 에릭 홉스봄은 정반대의 주장을 했다. 묵시론적 운동은 고조된 혁명 활동들과 부침을 같이했고, 실제로도 종교적 운동과 혁명적 운동은 대체로 서로 영향을 주고받았다는 것이다. 바버라 테일러는 이런 예언적 종파들의 성적 언어가 매우 급진적인 비판을 표현하는 데 이용되었으며, 남성들뿐만 아니라 여성도 사회적 행동에 참여하도록 했음을 최근의

✦ 전국공정노동교환소National Equitable Labour Exchange를 가리킨다. 1832년 9월에 오언이 설립한 전국공정노동교환소에서는 기존의 금속화폐나 은행권을 사용하지 않고 인간의 노동(사회적 필요노동시간)을 반영한 노동권을 발행해 생산품 교환의 기준으로 삼았다. 자세한 내용은 다음을 참조하라. 정혜경, 「오웬의 공동체론과 '전국형평노동교환소'」, 『역사와 경계』 제13집, 1987, 165-201쪽.

훌륭한 연구에서 보여 주었다. 사탄의 남성적 이미지는 (그 당시 중간계급의 수사에서 공격적이고 에너지 넘치며 남자다운 것으로 묘사된) 자본주의를 공격하는 것으로 해석될 가능성이 있었다. 그 대안으로 여성적인 것은 그 누구도 소외시키지 않고 사랑이 넘치며 협동하는 사회질서를 투영했다. 또 다른 연구에서 데버러 발렌즈는 "오두막 예배"cottage religion의 전통 (남성뿐만 아니라 여성들도 설교를 했고, 그 설교 내용에서도 여성적 특징들을 마찬가지로 긍정적으로 바라보았다)을 새로운 산업 질서에 대한 가구 경제의 저항과 관련지었다. 가정과 공동체 안의 정서적·영적 관계를 강조하는 성애화된 이미지는 새로운 정치경제의 물질주의와 개인주의적 가치관이나 관행에 직접적으로 도전하는 것이었다. 나아가 테일러는 여성적인 것에 대한 긍정적인 평가가 오언주의 운동에 여성들이 참여할 수 있는 길을 열어 놓았다고 주장한다. 여성적인 것의 이상화와 여성의 권리에 대한 요구, 새로운 사회주의적 질서를 위한 계획 사이에는 이론적으로나 실천적으로 명백한 연관성이 있었다는 것이다.[28]

정치적 비판과 종교적 비판 사이의 경계, 정치의 언어와 섹슈얼리티의 언어 사이의 경계는 톰슨이 생각했던 것만큼 그렇게 명확하지 않았던 것으로 보인다. 톰슨은 이런 경계를 그려 내겠다는 고집으로, 19세기 초반의 특정한 정치 조류를 노동계급 정치의 유일한 사례로 선택했다. 이는 합리주의 정치에 대한 톰슨의 선호뿐만 아니라 그의 이론이 만들어 낸, 생산자와 효과적 정치 활동 사이의 맹목적 조합에서 비롯된 것이었다. 우리가 이미 보았듯이 톰슨은 생산자가 모두 남성이라고 인식하지는 않았다. 하지만 그의 도식에서는 생산자 대부분이, 그리고 더욱 중요하게는 생산 그 자체가 남성적인(남성들만의 활동은 아니라 할지라도) 활동으로 재현되었다. 이런 연관 속에서 서사 속의 특정 캐릭터들에게는 일종의 상징성이 부여된다. 토머스 페인은 정치적 표현의 화신이자 민주주의 혁명의 전형적 시민이다. 이에 걸맞게, 페인은 노동계급 정치 운동의 근본이 되는 텍스트『인권』을 써냈다. 조애너 사우스콧은 정반대되는 인물이다. 망상에 빠져 있었지만 카리스마가 넘쳤던 그녀는 자신의 발언들 속에서 성적·종교적 매력을 발산했다. 그녀는 환상에 가득 찬 예언으로 감정을 표출했지만, 우리는 그녀의 혁명적 호소가 불임이라는 것을 그녀의 상상임신에서 보게 된다. 이런 식의 서사 속에서, 페인과 사우스콧은 각각 노동계급 정치의 긍정적 가능성과 부정적 가능성을 대표한다. 페인이 남성이고 사우스콧이 여성이라는 점은 그들 각각이 호소하는 바가 남성적인 것과 여성적인 것이라는 대조를 더 두드러지게 만들고, 합리주의 정치에 대한 톰슨의 강력한 지지를 분명히 해준다.

명확히 해야 할 점은,『영국 노동계급의 형성』에 등장하는 여성들이 모두 광신적인 여성 예언자나 가정주부는 아니라는 것이다. 이외에도 급진적 개인주의의 정치적 전통과 연결될 수 있는 글들을 써낸 메리 울스턴크래프트나, 그녀만큼 유명하지는 않지만 그녀와 마찬가지로 급진주의 남성들과 잘 맞는 파트너였던 여성들도 있었다. 노팅엄의 레이스 수선공 수재너 라이트는, 리처드 칼라일을 따르는 대부분의 여성 자원자들과는 "사뭇 다른 경우"로 묘사되었다. 칼라일의 연설문 가운데 하나를 판매한 혐의로 기소된 그녀는 법정에서 스스로를 변호하던 중, 아이에게 젖을 물리러 가야 한다고 요청해 구경꾼들로부터 우레와 같은 박수를 받기도 했으며, 수감 생활도 견뎌 냈다. 언론이 그녀를 파렴치한 급진주의의 천박함의 상징이라고 공격했지만, 칼라일의 묘사에 따르면, 그녀는 "매우 허약하고 육적이지 않으며 진정으로 영적인"[29] 여자였다. (보수 언론을 통해 정치적 위협이 어떻게 성적 위협으로 재현되었는지, 그리고 급진주의자들이 이런 부분에서 자신들의 평판을 지키려고 어떻게 방어를 해야만 했는지 등의 문제는 노동계급 운동의 여성에 대한 묘사 방식과 그런 운동의 젠더 관계에 대해 중요한 시각을 제공해 준다. 톰슨은 분명 언론 논평의 문제가 언급할 만한 가치가 있다는 걸 발견하고, 실제로 몇 차례 그것을 언급하고 있지만, 이런 식의 분석을 계속 밀고 나가지는 않았다.[30])

또 다른 여성 영웅은, 카토 가街 음모의 불행한 공모자인 아서 티슬우드의 부인 수전이다. 톰슨에 따르면, 그녀는 "하찮은 존재"가 아니라 "투철한 자코뱅으로서, 냉철하고 지적인 태도로 [자신의 남편을] 변호하는 데 적극적인 역할을 할 만반의 준비가 되어 있었다."[31] 수재너 라이트에 대한 묘사와 마찬가지로, 톰슨은 수전 티슬우드도 대부분의 다른 여성들과 구분했다. 그녀가 "하찮은 존재가 아니"라는 것은 다른 여성들은 대부분 "하찮은 존재"임을 암시한다. 다른 여자들은 하찮다고 생각한 것이 톰슨인지, 아니면 독자들이 그렇게 생각할 거라고 톰슨이 가정을 한 것이든 간에, 이런 사례를 든 목적은 같다. 곧 비범한 여성들의 경우 보통은 남성들이 수행하는 정치 행위에 참여할 능력이 있었음을 보여 준 것이다. 여성들도 1820, 30년대 영국 노동계급의 바람직한 정치의식을 이해하고 그것에 따라 행동하는 것이 가능하다는 사실을 강조함으로써, 톰슨의 여성 영웅들은 페인과 사우스콧의 대조를 더 극명하게 한다. 감정 표현을 자제하고 합리적인 방식으로 행동할 때 이 범상치 않은 여성들은 계급의식을 획득할 수 있는 것이었다.

톰슨은 『영국 노동계급의 형성』을 자신이 쓰고자 한 노동운동사의 맥락
에 위치시켰다. 이 책의 언어와 상징적 전략들은 그 운동의 구성원들에게
친숙한 용어들을 통해 의미를 구축했다. 생산적 활동이라는 의미의 노동
이 계급의식을 결정했고, 그 계급의식의 정치는 합리주의적인 것이었다.
가정성은 생산 밖의 영역이었으며, 그것은 늘 "감정 표현적" 방식의 (종교)
운동들과의 결합을 통해 계급의식을 희석하거나 와해했다. 그런 대립들
은 분명 여성적인 것과 남성적인 것으로 코드화되었다. 다시 말해서, 계
급은 젠더화된 구성물이었던 것이다.

　　감정 표현적/합리주의적이라는 대립 구도는 톰슨의 정치 어휘에서
반복적으로 나타난다. 예를 들면 1976년의 한 인터뷰에서 그는 "제2기 신
좌파"의 "감정 표현적 활동"을 그 이전의 "보다 합리적이고 열려 있는 정
치 활동"과 비교해 다음과 같이 말했다.

> 역사가가 보기에 이 신좌파들에게는 반항적 부르주아가 특유의 자기 반
> 항적인 행동을 하고 있는 것으로 보일 만한 요소가 있다—즉, 그들의 감
> 정 표현적이고 비합리주의적이며 자화자찬하는 방식은 진지하고 깊은
> 뿌리를 갖고 있는 합리적 혁명운동과 어울리지 않는다.[32]

　　여기서 대비되는 것은 계급과 정치지만, 이는 『영국 노동계급의 형
성』에서 확립된 젠더화된 의미와 공명하고 있으며, 이와 동시에 노동자
와 부르주아를 분리하는 의미도 담고 있다. 1890년대 노동운동과 사회주
의 운동의 지배적 목소리가 페미니즘을 부르주아 운동이라고 지칭했던

점을 떠올려 본다면, 이와 같은 대비는 더욱 중요한 의미를 갖는다. 여성들의 이해관계가 명확한 정치적·사회적 의제를 구성한다는 주장은 항상 평등주의와 노동계급 전체의 진정한 요구를 훼손하는, 개인주의적이고 자기만족적이며 중간계급적인 것이라는 이유로 묵살되었다. 1960년대에 페미니즘이 부상한 것이 "제2기 신좌파"의 맥락에서였다는 점에서, 그것은 결과적으로(직접적으로는 아니더라도) 톰슨이 동일시한 (남성적) 정치 전통과는 반대편에 위치하는 것이었다고 볼 수 있다.

만약 톰슨이 단순히 합리주의적 입장을 고수한 것이라면 이 모든 것에 대해 반박하기가 상당히 쉬웠을 것이다. 하지만 사실 그의 저작은 많은 부분에서 분명 비합리적이고 낭만적인 주제들 역시 애정 어린 시선으로 끌어안고 있다. 그가 영웅으로 여겼던 것은 결국 낭만적 사회주의자 윌리엄 모리스와 윌리엄 블레이크였다. 톰슨은 1955년에 모리스의 주요 전기를 썼고, 블레이크와 관련해서는 그의 "머글톤주의"muggletonianism♦에 공감을 표하며 『영국 노동계급의 형성』의 시작과 끝에서 그의 말을 인용했다. 이 책에서 블레이크는 (1790~1830년 동안) "탐욕스런 인간의 탄생"에 다 같이 저항했던 "낭만주의자들과 급진적 장인들" 사이에 중요한 연결고리를 제공한다. "윌리엄 블레이크 이후로 양쪽 문화에 다 같이 정통한 지식인은 없었으며, 두 전통 사이에서 가교 역할을 할 만한 천재성을 갖춘이도 없었다."33

블레이크는 시와 정치, 낭만적인 갈망과 합리적인 저항이 **동시에** 가

♦ 17세기 영국에서 생긴 작은 프로테스탄트 종파다. 재봉사 로도윅 머글톤Lodowicke Muggleton과 존 리브John Reeve는 자신들이 「요한계시록」에 언급된 최후의 선지자라고 주장했다.

능함을 하나의 운동으로 명확히 보여 줬다. 마찬가지로 모리스도 (낭만적) 유토피아적 사고의 한계를 탐구하고, 합리적 정치와 공존할 수 있는 유토피아와 단지 감정 표현적인 유토피아를 구별하는 방법을 제시했다. 톰슨에 따르면 깊은 도덕적 헌신으로 현재에 대한 비판적 평가를 가능하게 하고 특정 형태의 미래에 대해 상상력 넘치는 갈망을 촉발하는 유토피아는, 실천적 정치와 양립할 수 있을 뿐만 아니라 실천적 정치를 위해 필요한 것이다. 따라서 톰슨이 처음으로 모리스에게 관심을 가진 것은 자신이 1955년에 "과학적 유토피아"라고 이름 붙인 것을 명확히 설명한 모리스의 능력과 관련돼 있었다. 이 유토피아는 변화의 동력에 대한 분석과 "역사적 과정에 대한 통달, 공산주의의 경제적·사회적 토대에 대한 이해"를 포함한다.[34] 톰슨이 모리스에게 처음 매료된 것은 그가 "도덕의식을 사회 변화의 핵심 동인"으로 강조했기 때문이다.[35]

톰슨은 1976년판 모리스 전기의 후기에서 그를 정통 마르크스주의 전통에 포함하려던 초기의 시도를 일부 수정했다. 하지만 여기서 우리가 관심을 갖고 있는 대조는 그대로 견지했다. 톰슨은 과학에 대해 자신이 중시했던 초기의 주장에서 물러서며 그 대신 창조적이고 상상력 넘치는 투사의 중요성을 강조했지만, 유토피아에 대한 애초의 자기 기준은 그대로 견지했다. "유토피아주의를 옹호하는 것은 …… 물론 **어떠한** 유토피아 작품이라도 다 마찬가지로 좋다는 의미가 아니다. …… '꿈을 꾸는' 것에는 규율된 방식과 그렇지 않은 방식이 있지만, 그 규율은 과학에 대한 것이 아니라 상상력에 대한 것이다." 중요한 지점은 모리스가 여전히 역사적 변화의 방향에 대한 분석을 제공했고, 그 분석은 도덕적 확신으로 가득 차 있었으며, 유토피아에 도착하기 위해서는 어떤 길을 선택하는 것이 최선인지를 지시하고 있었다는 점이다. 게다가 그의 지시는 "단호하게 감정을 억누르는 역사적·정치적 주장 안에 놓여 있었다."[36]

헨리 아벨로브는 좀 더 개방적이고 민주적인 사회주의를 추구했던, 1956년 이후의 스탈린주의 비판의 맥락 속에서 톰슨의 텍스트를 읽는 통찰력 있는 방법을 제공했다. 그는 톰슨이 창조성과 유연성에 대해 강조한 것은 융통성 없는 영국 공산당의 "과학적" 유물론에 대한 도전이라고 지적한다. 톰슨이 초기 (영국) 사회주의 운동에서 그런 창의적 활동을 발견한 것은 현재 그가 그 가치들을 지지하는 역사적 근거가 되어 주었다. 시는 예술이 가장 잘 표현할 수 있는 감정에 입각한, 깊은 영감에서 우러나온 행동을 대표했다. 시인은 혁명 정치에서 아주 중요했는데, 사람들의 열망을 정교하게 표현함으로써 실용적인 계획과 마찬가지로, 사람들의 행동을 고무할 수 있기 때문이었다.[37] 중요하게 지적되어야 할 점은, 여기서 만들어지고 있는 대비가 상상적인 것과 과학적인 것, 그리고 시적인 것과 지나치게 실용적이기만 한 것을 대립적인 위치에 둔다는 것이다. 하지만 시가 유물론과 대립하는 "영적인" 것이라는 시사는 어디에도 없다. 오히려 시는 정치와 물질적 삶의 한 구성 요소로 포함된 것이다.

이와 동시에 톰슨은 민주집중제를 비판하기 위해 노동자들에게 내재된 합리성을 증명할 필요가 있었다. 『영국 노동계급의 형성』은 그들이 자신의 이해관계를 추구하는 데 적합한 정치를 찾아낼 수 있음을 보여 주었다. 러다이트운동가들은 보복의 대상으로 삼을 만한 적절한 목표물, 즉 개인주의와 공리주의를 전파하는 대상들을 신중히 겨냥하면서도 특유의 창의적인 유머를 잃지 않았다. 러다이트운동에 대한 장에서 톰슨의 천재성은 전략적 사고, 집산주의적이고 상호부조적인 동기부여, 그리고 리더

십 공유(참여 민주주의)를 발견해 냈다는 점에 있다. 그가 그렇게 분석한 행동들은 당대의 관리들에 의해 무정부적인 것까지는 아니더라도 야만적이라고 (잘못) 묘사된 것이었다. 여기서 [톰슨에게] "감정 표현"을 배제할 필요가 있었다는 점이 중요하다. 이는 (대부분은 법 집행 문서에 들어 있는) 증거를 바로잡기 위한 것이고, 또 세속적이고 합리적인 정치가 반드시 위로부터 도입되어야 하는 건 아니라고 주장하기 위한 것이었다. 오히려 노동자들은 그들 자신의 재능에 맡기면, 엄청난 창의성을 발휘할 수 있었다. 톰슨이 보기에 "아래로부터" 발달한 합리적 정치 운동에는 분명 아주 멋진 시적인 무언가가 있었다.

톰슨에 따르면, 시의 역할은 상상력으로 정치에 생기를 불어넣는 것이지, 규율되지 않은 영성으로 정치를 약화시키는 것이 아니다. 아벨로브는 이 같은 신중한 정의 속에서 톰슨 자신의 목적의식이 위태로워진다고 우리에게 상기시킨다. 톰슨은 분명 시인이 되고 싶었다. 『영국 노동계급의 형성』이라는 제목은 시인을 가리키는 옛말인 형성시키는 자maker에서 온 것이다. "형성은 구축과 성취를 의미할 뿐만 아니라 시 쓰기를 의미한다." 아벨로브에 따르면 "『영국 노동계급의 형성』이라는 제목은 톰슨 자신의 작업을 명명하는 동시에 영국 노동자들이 투쟁 속에서 스스로 성취해 낸 것을 명명하는 것이기도 하다."[38]

톰슨은 부단히 시인의 정치적 역할을 검토한다. 「고래 밖에서」에서 그는 정치적 투쟁에 대한 W. H. 오든의 변절을 비난하며 그것이 모든 사람, 특히 예술가가 반드시 가야 할 길은 아니었다고 주장한다.[39] 톰슨은 아벨로브가 완벽주의적 환상으로 인한 환멸이라 불렀던 것과 철저한 배신 사이에 중간 지대가 있었을 것이라 보았다. 이 중간 지대는 괴롭고 힘들지만, 지속적인 열망이 생겨나는 창조적 장소이며, 정치적·시적 표현이 가능한 가장 희망적인 장소다.[40] 다른 대안들은 무익하다. 시가 없다면 정치는 기계적이고 생기가 없다. 정치가 없다면 시적 열망은 그 생명력을 잃고 자기 방종적인 감정 표현에 지나지 않게 된다. 어쨌든 모리스에게서 중요한 것은 그의 유토피아주의가 "확고하게 지배적인 역사적·정치적 주장 안에 놓여 있었다"는 점이다. 바꿔 말하면 톰슨이 모리스에게 매력을 느꼈던 것은, 그에게서 사회주의적 합리주의를 위한 낭만적 유토피아주의를 발견했기 때문이다.

[정치와 시의] 이런 관계에 대한 톰슨의 재현에서 [노동자들의] 창조적 충동은 잘 통제되었고 합리적 목적을 지향하고 있었다. 감정 표현 그 자체는 배제되었지만 사회주의적 상상의 규제된 작용인 "욕망의 어휘"는 합리적 정치를 부드럽고 풍부하게 할 수 있는 것으로 여겨졌다. 사실 이런 열망이 없으면 합리주의 정치는 메마르게 되고 혁명적 사회 변화를 위한 행동을 자극할 수 없다. 비록 톰슨은 (정치에는 시가 필요하고 시에도 정치가 필요하다는) 유기적 상호 보완성을 주장하고 있는 것처럼 보이지만 양자의 결합을 상정한 것은 아니다. 오히려 시는 정치에 편입됨으로써 더욱 완벽한 (남성적) 활동을 창조해 낸다. 이런 융합은 시적 정치를 (여성적) 감정 표현이 가진 전복적 가능성과는 반대되는 것으로 정의함으로써 개념적으로 완성된다. 이처럼 젠더화된 대조를 통해 여성성은 배제된 부정적인 위치에 놓이게 되고 이로써 시의 남성성이 확보된다. 이런 식으로 톰슨이 윌리엄 모리스, 윌리엄 블레이크와 자신의 위대한 정치적 업적을 통해 재현하고자 한 것은 시를 정치에 통합하는 것이었다.

톰슨의 정치적 비전은 그가 반대했던 "경제 중심적" 개념보다는 훨씬 포괄적이다. 이에 따르면 상상력, 예술, 도덕적 열정, 지성은 정치투쟁에 내재해 있는 것이고, 그것이 잘 유지되고 성공하기 위해서는 반드시 필요한 것이다. 이런 요소들을 포함하기 위해 톰슨은 정치 개념을 재정의·확장하고, (지적 생산성을 남성적 일로 만듦으로써) 노동 개념에 예술적 창조를 포함하며, 정치와 계급에 대한 젠더화된 재현을 좀 더 세련되게 만든다. 여기서도 남성적 코드화는 그대로 유지된다. 실제로 톰슨은 예술을 일련의 받아들일 수 없고 배제된 용어들, 즉 여성적으로 코드화된 모든 것 ― 가정적인 것, 영적인 것, 감정적인 것, 종교적인 것, 규율되지 않은 것, 비이성적인 것 ― 과 대립하는 남성적인 것 안에 포함함으로써 수용 가능한 것으로 만든다. 다른 방법으로도 ― 예를 들어, 여성적인 것으로 여전히 코드화되어 있는 예술 개념은 그대로 둔 채 (남성적) 정치와 상호 보완적이라고 주장하는 등의 방법도 ― 똑같은 효과를 거둘 수 있었겠지만, 톰슨은 자신이 쓰고 있는 전통 속에서 계급과 정치에 부착돼 있었던 이 같은 강력한 의미를 인정하는 쪽을 택했고 그것들을 문제 삼지 않았다.

여기서 나는 여성적인 표현을 더 우위에 두어야 한다는 명목으로 톰슨의 정치적 비전을 비난하려는 것이 아니다. 그보다 나는 그것이 의미를 전달하기 위해 젠더화된 재현에 의지하고 있다는 점을 드러내려는 것이다. 이 같은 재현들에 주의를 기울임으로써 우리는 노동계급 정치라는 개념에서 젠더가 미묘하면서도 핵심적인 위치를 차지하고 있음을 발견할 수 있기 때문이다. 이런 분석을 한다고 해서 우리가 톰슨을 반드시 비난해야만 하는 것은 아니다. 톰슨의 정치 개념 속에는 지극히 중요하고 적절한 내용이 많기 때문이다. 오히려 내가 시도한 이 같은 분석을 통해 우리는 페미니스트 사회주의자들이 얼마나 심각한 문제에 직면했는지 알 수 있다. 페미니스트 사회주의자들은 톰슨의 책처럼 정전의 반열에 오른 텍스트가 상정해 놓은 테두리 안에서 작업하면서, 계급의 의미가 젠더화된 용어들로 구성돼 있음에도 불구하고, 보편적 정의라고 고집하는 전통에 직면해 있었다. 이 전통은 말로만 평등주의를 표방하면서 다루기 까다로운 성차의 복잡성을 조금이라도 인정하면 반동이라고 기각하는 것이었고, 평등을 약속했지만 스스로 차이를 활용하고 있음을 인정하지 않는 것이었다.

III

이런 전통이 가진 힘에 도전하기 어려웠던 것은 그것이 "노동계급"의 사회적 "현실"이라고 상정된 것에 기대고 있었기 때문이다. 톰슨과 같은 역사가들은 자신이 그런 현실을 구성하는 사람이라기보다는 기록하는 사람이라고 보았다. 그런 방식으로 그들은 계급과 같은 개념이 만들어지는 과정에서 기록으로 남겨진 역사와 정치의 역할에 대해 질문하는 것을 불가능하게 했다. 하지만 사회주의 페미니스트 역사가들의 노력이 보여 주었듯이, 우리는 결국 기본적인 범주들이 가진 의미와 역사학 그 자체의 정치 두 가지 모두를 따져 묻는 질문들을 제기해야만 한다. 이런 질문을 통해 우리는 계속되는 계급투쟁을 지지해야 할 뿐만 아니라, 더 근본적으로는 기록된 역사가 개인적·집단적 정체성 — 계급 정체성뿐만 아니라 젠더 정체성 — 의 형성 과정에서 담당했던 역할을 이해해야 할 필요가 있음을 깨닫게 된다.

톰슨의 전통 속에서 작업했던 페미니스트들의 초기 시도들은 역사학의 용어 그 자체를 급진적으로 재개념화하는 데까지는 이르지 못했다.

그 결과 그들은 영국 노동계급 형성의 역사 속에서 여성의 주변적 위치를 설명하고 그것을 바로잡아 줄 이론적 작업을 생산해 내지 못했다. 처음에 이들은 여성들도 경제적·정치적 활동에 참여했다는 증거를 수집함으로써 여성을 노동계급에 포함하고자 했다. 이런 연구들에서는 계급을 아무런 문제가 없는 사회학적 범주로 받아들이고 과거 노동사 연구자들이 여성을 단순히 무시하거나 간과한 것이라 여기며, 이와 같은 무시가 어떻게 발생했는지에 대해서는 질문하지 못했다.[41] 또한 이들은 자신들의 서사가 육아와 가사 책임과 같은 여성 특유의 문제에 대한 논의를 포함하는 식으로 변주될지라도 기존의 노동계급 이야기와 유사하므로 그 속에 쉽게 통합될 것이라고 보았다. 하지만 실은 그렇지 않았다. 여성들은 여전히 노동계급 역사에서 배제되었을 뿐만 아니라, 포함되었다 하더라도 일반적인 (남성) 경험의 특별한 사례로 언급되거나 완전히 별도로 취급되었다. 여성은 여전히 특화된 주제로, 여성의 역사는 톰슨의 책과 같은 정전의 반열에 오르지 못했을 뿐만 아니라 전체 노동계급을 형성하는 새로운 방식으로 여겨지지 못했다. 그런 통합이나 수정은 여성사에 의해 제기된 성가신 문제 ─ 만약 여성들이 노동과 정치에 참여했다면, 그들이 가시화되지 않은 것이나 계급 형성 이론과 역사 기록에서 그들에 대한 관심이 부족했던 점은 어떻게 해석해야 하는가? ─ 와 마주하지 않는 한 이루어지지 않을 것이다.

이 문제에 대한 해답은 계급의 의미 자체가 어떻게 구성되었는가, 그리고 계급의 역사가 어떻게 쓰였는가에서 일부 찾을 수 있다. 톰슨은 노동계급 형성에 대한 이야기가 단 하나만 존재한다고 본다. 그가 『영국 노동계급의 형성』을 개인 전기에 비유했던 것도 바로 이런 점 때문이다. 그의 설명 속에서는 승리를 거둔 쪽의 정치적 비전만이 계급의식의 단일하면서도 필연적인 표현, 곧 유일하게 자세히 기록될 가치가 있는 것이 된다. 이런 종류의 역사는 어떤 불가피성을, 그리고 현재와 과거 사이에 단 하나의 연속적 연결 고리만을 상정하기 때문에 결국은 목적론적이다. 바버라 테일러는 노동운동이나 사회주의 운동들 내에 존재했던 서로 대립하는 전통들에 대한 논의를 통해 노동계급 정치에 대한 단일한 관점에 도전했다. 그녀의 연구는 새로운 사회에 대한 비전들이 서로 경합하면서 헤게모니를 잡기 위해 투쟁하는 좀 더 복잡한 이야기를 보여 준다. 테일러는 페미니즘이 유토피아적 사회주의, 특히 가장 창의적이고 급진적인 구상의 중심이었다고 주장하면서 페미니즘의 관심과 여성의 목소리가 사라진 것은 유토피아주의가 합리주의적 "과학적 사회주의"에 의해 대체된 것과 관련돼 있다고 본다. 이처럼 노동계급 정치를 다르게 정의하려 했던 과거의 시도들에 대한 테일러의 기록 작업은 페미니스트들의 역사적 선례들을 확고히 함으로써 현대 페미니즘 비평을 정당화하려는 것이었다.

오언주의자들에 대한 사회주의 페미니스트들의 재검토는 먼 옛날에 일어났던 변화에 대한 향수 때문이 아니라 민주주의적 공산주의 기획의 시작을 추적하기 위한 것이다. 그 기획은 여전히 우리 자신의 것이기도 하며, 우리는 이를 통해 근대 마르크스주의 운동의 목적을 재정의하기 위해 지금도 분투하고 있다. 왜냐하면 결국 유토피아적 해답이란 무엇인가에 대한 답은, 누가 그 문제를 제기했는지에 달려 있기 때문이다.[42]

이런 접근은 더욱 광범위한 비평의 전조가 되었다. 정치적 기획의 의미에 대한 평가가 "누가 그 문제를 제기했는지"에 달려 있다면, 톰슨이 서술한 이야기뿐만 아니라 그의 이론적 전제에 대해서도 수정이 필요하기 때문이다. 만약 계급의식이 특정 생산관계 속에 내재해 있다면, 그것이 완전히 다른 모습으로 다양하게 나타나는 것은 어떻게 설명할 수 있는가? 또 이런 다양성과 불일치는 톰슨이 구축한 단일한 서사에 어떻게 도입될 수 있는가?

이런 질문들에 대해 사회주의 페미니스트들은 몇 가지 해답을 제시했는데, 그중 하나는 정신분석 이론에, 다른 하나는 마르크스주의의 변형에, 그리고 세 번째는 포스트구조주의 담론 이론에 기반을 두고 있었다. 첫 번째와 두 번째 입장은 노동계급의 역사를 계급 사이의 갈등뿐만 아니라 성별 간의 갈등으로 다시 쓴다. 이들은 계급을 기정사실로 간주하며 노동계급 형성에 대한 이야기에 다른 복잡한 갈래, 즉 젠더를 추가한다. 나로서는 세 번째 입장이 좀 더 생산적으로 보이는데, 이 입장은 계급이라는 범주를 분석의 대상으로 바라보면서 계급의 역사를 목적론적 관점이 아닌 (푸코가 니체를 따라 이름 붙인) 계보학의 관점에서 다시 쓴다.[43]

페미니스트 역사가들은 정신분석 이론을 이용해 젠더와 관련된 노동계급 내의 다양성 문제를 다루면서 여성과 남성 사이의 갈등을, 인간의 경험과 근대의 사회조직에서 생산관계와 계급투쟁만큼이나 근본적인 사실로 상정했다. 나아가 정신분석적 접근은 인간 행위의 요인으로 무의식의 중요성을 강조하기 때문에 합리주의와 자유주의적 평등주의의 전제를 신랄하게 비판한다. 예를 들면, 역사가 샐리 알렉산더는 사회적 행동에 대한 분석에 라캉적 개념을 도입함으로써 중요한 이론적 돌파구를 열었다.[44] 하지만 지속적인 성적 적대라는 전제가 문자 그대로 받아들여진 나머지 실제 여성과 남성 간의 갈등은 불가피하다는 의미로 여겨지는 경우가 너무 많다. 젠더 정체성의 구성 과정과 개별 주체의 양성성에 대한 프로이트와 라캉의 복잡한 논의는 남성과 여성 간의 경험, 관심, 태도, 행동, 정치적 선택에서 나타나는 객관적 차이에 대한 사회학적 논의로 축소되었다. "남성"과 "여성"은 역사적으로 가변적인(그러나 본질적으로 갈등적인) 욕구를 갖는 고정된 정체성의 범주로 가정되었다. 그러나 사실 톰슨의 책이나 테일러의 책이 보여 주듯이 그 또렷한 차이라는 게 한결같이 나타나지는 않는다. 19세기 초에 여성들은 합리주의 정치에 용맹스럽게 참여했고, 그 사이 남성들은 광기 어린 사우스콧의 허황된 이야기를 열렬히 전파했다. 남성성/여성성이 오랫동안 문화적으로 대립해 왔다 할지라도, 남성과 여성이 항상 반대편에 있었던 것은 아니다. 그렇다면 두 성 사이의 관계와 관련한 다양한 기획들을 내세운 정치 운동들, 상이한 방식으로 계급의 의미를 표현한 정치 운동들, 자신들만의 언어로 성차를 다양하게 재현한 정치 운동들의 출현은 어떻게 설명할 것인가?

이런 질문에 대한 간접적인 답변은, 젠더와 계급 사이의 연관성을 "이중 체계" 분석의 관점에서 설명하는 것이다. 이 접근에서 가부장제는 자본주의와 나란히 존재하며 상호 교차하는 사회 체계다. 각각의 체계에는 특유의 조직과 관계, 동학, 역사, 이데올로기가 있다. 흔히 가부장제의 "기원"은 가구 내 생산·재생산관계를 비롯한 가족과 친족 체계에 위치한다. 자본주의적 관계는 생산수단의 발전과 더불어 생겨나며 (적어도 이론적으로는) "몰성적"sex-blind이거나 젠더의 영향을 받지 않는 경제적 실천을 수반한다.[45] 이런 분석에 따르면, 자본주의의 도래와 더불어 가부장적 "젠더 이데올로기"가 경제적 실천에 적용되기 시작했다. 이른바 한 영역

(물질적 관계로 설명될 수 있었던)에서 다른 영역으로 관념의 유입이 발생한 것이다. 이중 체계 분석은 정신분석학이 빠질 수 있는 몇 가지 분명한 함정들을 피할 수 있다. 왜냐하면 때때로 남녀가 서로 비슷하게 행동하는 것에 대해 알 수 없는 "젠더 이데올로기"가 작용한 것이라고 설명할 수 있기 때문이다. 하지만 이에 대해서는 다음과 같은 질문이 제기될 수밖에 없다. 왜 젠더 이데올로기는 그토록 강력하게 지속되는가? 그것은 계급적 이해관계의 명확한 표현과 어떻게 연관되는가? 사회학적으로 유사한 집단임에도 (계급 관계와 젠더 관계와 관련해) 서로 다른 정치적 전략을 취하는 이유는 무엇인가? 이중 체계 분석은 결국 유물론적 분석 논리 안에 머문 채로 제시된 기계적인 해법으로, 사회학적 명령 — 젠더 이데올로기를 궁극적으로 사회적·물질적 조직의 직접적 산물로 설명해야 할 필요 — 을 따르면서 젠더 이데올로기를 자본주의 분석의 독립변수로 도입하는 방법이다.

이중 체계론과 정신분석 이론은 매우 다른 이론임에도 불구하고 페미니스트 노동사 연구자들은 이를 똑같이 사회학적인 방식으로 이용해 왔으며, 이로 말미암아 정치에 대해 바버라 테일러가 제기한 다음과 같은 질문들을 다루지 못했다. 노동자들이 서로 다른 정치적 기획을 표명했던 원인은 무엇인가? 계급적 이해관계가 서로 다른 방식으로 표현되고 정의되는 것은 어떻게 해석해야 하는가? 비슷한 유형의 노동자들이 전통도 "의식"도 서로 다른 것은 이론적으로 어떻게 설명해야 하는가? 사회적 존재와 정치사상 사이에 단순한 사회학적 상관관계를 가정해서도 안 되고, 의식이 사회적 경험에 내재한다는 생각을 고집해서도 안 되며, 계급을 단일하고 공통된 이해관계에 대한 인식에 기반한 하나의 통합된 운동으로 가정해서도 안 된다. 바꿔 말하면 톰슨의 역사 분석틀을 벗어나 그것이 너무 당연시했던 연관들을 문제시해야 하는 것이다. 그렇다면 어떻게 이 작업을 진행할 수 있을까?

이런 방향을 조금이라도 보여 준 것은 담론과 이데올로기에 대한 페미니스트 역사가들의 최근 논의들이었다. 예를 들어, 제인 루이스는 "젠더 이데올로기"가 (그 기원이 무엇이든 간에) 노동자들의 정책에 미치는 영향을 세심하게 기록하며, 페미니스트 역사가들이 "젠더와 계급이 함께 구축되는 방식"에 주목해야 한다고 말한다. 여기서 함께 구축된다는 것은 개념적으로 상호작용한다는 의미로, 이중 체계 분석에 대한 도전을 암시한다.[46] 알렉산더는 라캉의 논의를 능숙하게 요약하면서, 아동이 의식 세계에 진입하는 데 언어가 중대한 역할을 한다는 점을 지적하고 최근 노동사에서 사용되고 있는 의식 개념을 재사유해야 한다고 주장한다. 이 재사유 작업은 의식을 담론과 수사학이라는 개념으로 대체하고, 이를 통해 존재의 객관적 현실과 그 현실에 대한 주체의 인식 사이의 연결 고리에 재현의 문제, 의미의 우연성과 가변성을 끼워 넣는다.

영국의 페미니스트 중에서는 아마 데니즈 라일리가 이런 접근법을 가장 충분하게 역사화한 사람일 것이다. 페미니즘과 "여성" 범주에 대한 자신의 책에서 그녀가 제공한 논의는 "노동계급"의 "여성"에 대한 연구, 혹은 자연이나 객관적 사회관계에 그 기원이 있다고 여겨진 모든 범주에 대한 문제에 유의미하게 적용될 수 있을 것이다.

도식적으로 말하자면, "여성"은 역사적·담론적 구성물로서 변화하는 다른 범주와의 관계 속에서 구성된다. 즉, "여성"은 불안정한 집합으로 여성 개개인은 아주 다양한 위치에 놓일 수 있으며, 따라서 "여성" 주체의 명백한 연속성이라는 것은 믿을 만한 게 못 된다. 하나의 집합으로서의 "여성"은 공시적으로나 통시적으로나 모두 불안정하며, 동시에 한 개인에게도 "여성이 된다"는 건 너무 변화무쌍해서 존재론적 기반이 될 수 없다.[47]

만약 노동자나 노동계급의 한 구성원이 되는 것에 대해서도 이와 똑같이 말할 수 있다면, 우리는 의식이 아니라 재현의 조직화와 어떤 특정 재현 체계의 맥락과 정치의 문제로 방향을 전환해서 질문해야 한다. 정체성은 본질적인 현실의 반영이 아니라 정치적 충성의 문제가 되는 것이다. 이와 같은 페미니즘 역사학의 접근 방식은 톰슨의 이야기를 변화시킨다. 톰슨의 목적론을 거부하면서 그 이야기를 성차의 재현을 통해 정치적 정체성이 만들어지는 이야기로 다시 쓰는 것이다. 계급과 젠더는 이런 다시 쓰기에서 — 재현으로서, 정체성으로서, 사회적·정치적 실천으로서 — 불가분의 관계에 놓일 수밖에 없다.

IV

『영국 노동계급의 형성』의 머리말에서 톰슨은 계급에 대한 단일한 정의를 만들어 냈다. 계급이란 역사적 관계이지 어떤 범주나 사물이 아니며 계급의 의미는 서로 대립하는 관계와 사람들이 그 관계에 부여하는 정의에 내재한다는 것이다. 톰슨에게 중요한 것은 시기와 맥락 — 언제, 어떤 조건에서 노동계급이라는 공통의 정체성을 발견할 수 있는가 — 이다. 톰슨은 이와 같은 정체성을 형성하는 이해관계와 공통의 경험이 계급의식과는 별도로 존재하는 것이라고 보았다. 그것들은 계급의식에 선행하고 사람들이 갖는 인식의 본질을 구성하는 것이다. 계급의식은 사람들의 생산관계에 대한 경험이 문화적으로 표현된 것으로, 장소에 따라 차이는 있으나 하나의 인식 가능한 현상이다. 하지만 이 설명에서 의식이 아니라 담론에 주목한다면 새로운 해석의 가능성이 열리게 된다. 첫째, 우리는 특정한 역사적 순간에 재현을 통해 계급 범주가 어떻게 만들어졌는지 묻는 동시에 언어적 가능성의 한계를 구성한 유사성과 다른 종류의 표현, 다른 정의, 정의를 둘러싼 경합 — 긍정, 부정, 억압 — 을 살펴볼 것이다. 명확히 표명된 정치적 관계뿐만 아니라 암묵적으로 구조화된 정치적 관계를 찾으면서 하나의 정의가 지배적인 것으로 나타나게 되는 과정에 주목하는 것이다. 그 결과는 단일한 계급 개념이나 목적론적인 역사가 아니라, 항상 서로 경합하는, 다수의 의미를 포함한 장으로서의 계급 개념이다. 둘째, 우리는 이 과정 속에서 성차에 대한 호소가 어떻게 이루어졌는지 질문할 수 있다. 예를 들면, 여성적인 것으로 구성된 것들에 대한 배제와 주변화는 계급에 대한 특정 관념을 남성적인 것으로 코드화하는 것을 용인하는 일에 어떻게 작동했는가? 젠더는 계급의 특정 의미를 어떻게 "자연화"했는가? 역으로 계급을 경제적 조건으로부터 자연적으로 생겨나는 관계로 보는 관점은 어떻게 젠더에 특정 관념을 부여했는가? 셋째로 계급 개념이 어떻게, 어떤 방식으로 사회적 경험(에 대한 인식)을 조직화했는지 질문해 볼 수 있을 것이다. 이런 접근은 물질적 생활과 정치사상, 그리고 경험과 의식을 정확히 들어맞는 것으로 가정하기보다는, 그런 적합성을 혼란스러운 것으로 만들고 그 둘의 관계를 서로 반대하는 것으로 보기를 거부한다. 명확한 표현과 정의 — 의미의 구성 — 는 그 자체가 일련의 사건으로 분석되어야 한다고 주장하는 것이다. 영국 급진주의 전통에 대한 톰슨의 작업은 노동계급의 정치적 표현에서 특정 주제의 영향과 연속성을 분석했지만 그런 주제들이 의미를 획득하게 된 문화적·주관적·텍스트적 과정에 대해서는 언급하지 않았다.

톰슨은 계급관념을 표현하기 위해 사용된 말들이 시간과 장소에 따라 상대적임을 강조하긴 했지만 그 개념의 의미 자체가 **어떻게** 구축되었는지는 묻지 않았다. 노동계급의 역사에서 여성의 비가시성, 주변성 또는 종속성에 대한 수수께끼를 풀기 위해 일부 페미니스트들이 착수한 것이 바로 "탈구축" 작업이었다. 만약 계급이 어떻게 재현되었는지에 대한 검토로부터 시작한다면, 우리는 우리의 전통에 그토록 뿌리 깊게 자리 잡고 있으며 정치와 이데올로기적 경계를 넘나들 때도 그토록 자명한 것처럼 인식되는 자연화된 가정들을 상대화할 수 있다. 그런 관점에서 바라보면 정전은 특히 중요한 목표물이 된다. 왜냐하면 그 텍스트들의 호소력은, 적어도 부분적으로는, 그런 "자연적" 가정들을 때로는 새로운 방식으로, 때로는 편안하고 친숙한 방식으로 얼마나 구현하고 표현할 수 있느냐에 달려 있기 때문이다. 이런 텍스트에 대한 분석을 통해 우리는 계급과 같은 관념이 자신의 개념적 장을 구축하기 위해 작동하는 방식, 그리고 톰슨의 책과 같은 텍스트들이 구체적인 경험적(따라서 논쟁의 여지가 없어 보이는) 기반 위에 개념적 장을 확립해 가는 방식을 더 잘 이해할 수 있게 된다. 새로운 경험적 증거를 활용(예를 들면 여성에 대한 새로운 정보를 추가)함으로써 세부적으로 비판을 하는 것도 중요하지만, 장 그 자체를 구축하는 개념에 대해서도 질문하지 않으면 안 된다.

"전통적" 역사학에 대한 이와 같은 문제 제기에 대해 페미니스트 역사가들 내부에서도 많은 비판이 있었다. 왜냐하면 이런 방식이 남성이 쓴 것에 주목하며 여성을 역사의 주체로 확립하는 것의 중요성을 도외시하는 것처럼 보였기 때문이다. 계급에 대해 쓸 때 여성에 주목해야 한다는 주장에는 확실히 장점이 있으나 그런 주목이 동시에 너무 많은 것을 자명한 것으로 간주하고 따라서 필연적으로 불완전하다는 지적에도 일리가 있다. 계급 개념의 구축에 여성적인 것이 어떻게 이용되었는지를 검토하지 않은 채 노동계급 여성에 대해 쓴다는 게 가능할까? 여성들의 문화가 여성들을 어떻게 재현하고, 여성들이 자신을 어떻게 정의하는지를 묻지 않은 채, 여성에 대한 글쓰기가 가능한가? 이런 문화적 재현과 자기 정의 사이에 아무런 연관성이 없다고 가정할 수 있는 것일까? 어떻게 하면 그 연관성을 읽어 낼 수 있을까? 모든 여성 또는 동일 계급의 모든 여성에게 공통의 자기 이해self-understanding가 이미 존재한다고 가정할 수 있는 것일까? 19세기 영국에 과연 객관적으로 기술할 만한 노동계급 여성들의 "이해관계"가 존재하기는 했을까? 특정 정치 운동의 정치학과 주장은 이런 이해관계를 정의하는 데 어떤 역할을 했을까?

계급의 의미 — 그 용어나 정치적 기획의 내용뿐만 아니라 그 상징적 조직화나 언어적 재현의 역사 — 를 질문하지 않고서 계급에 대해 쓰는 것은 불가능하다. 내 주장은 곧 페미니스트 노동사 연구자들이 『영국 노동계급의 형성』과 같은 이야기 속에 여성을 추가하기 위해서는 가장 먼저 그런 방식으로 쓰인 책들이 어떤 역할을 하는지를 파악해야 한다는 것이다. 이런 분석적 작업을 거쳐야만 젠더와 계급에 대한 우리의 지식을 개조할 수 있는, 다른 종류의 노동계급 정치사를 이론화할 수 있을 것이다.

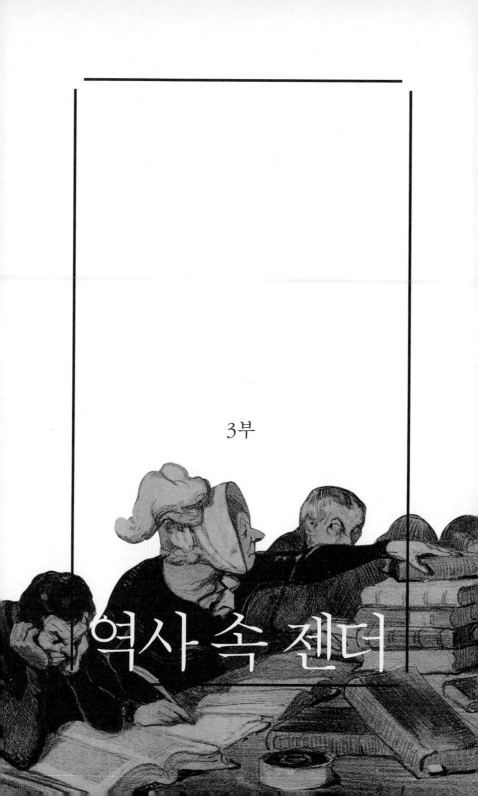

3부

역사 속 젠더

5장

남성과 여성의 노동 정체성

1848년 파리 의류 산업에서 노동과 가족을 둘러싼 정치

이 글은 처음에 다음과 같이 출판된 바 있다. "Men and Women in Parisian Garment Trades: Discussion of Family and Work in the 1830's and 40's," Roderick Floud, Geoffrey Crossick and Patricia Thane(eds.), *The Power of the Past: Essays in Honor of Eric Hosbawm*(Cambridge: Cambridge University press, 1984). 하지만 이 책에 싣는 과정에서 새롭게 구상하고 다시 썼기 때문에 사실상 완전히 새로운 글이 되었다. 출판사의 동의하에 초판의 일부 내용이 이 수정본에 사용되었다.

19세기 프랑스 노동계급 운동에 대한 연구들은 안정적인 경제적 변화와 정치적 조직화를 도모하는 과정에서 장인 정신을 지키고자 했던 숙련노동자들이 운동의 중심에서 어떤 역할을 수행했는지를 강조했다. 또한 경제적 관계들을 규제하는 동업조합적인 생산조직, 결사association를 제안했는데, 이는 그들이 볼 때 새로 출현한 산업자본주의의 특징인 무자비한 경쟁의 대안이었다. 결사체주의associationalism의 좌우명인 우애fraternité에는 새로운 생산관계의 기반이 되는 장인들의 형제애가 투영돼 있었다.[1]

　　장인 정치의 경제적 기반에 주목한 역사가들은 그 장인들의 담론에 담긴 젠더나 가족과 관련된 다른 차원들은 등한시했다. 이는 정보가 희소하거나 얻을 수 없기 때문이 아니었다. 오히려 1830, 40년대의 저항운동과 관련된 문헌들 속에는 가족 및 남녀의 역할과 특성에 대한 언급이 가득하다. 임금 인상을 요구하는 글이든, 부르주아들의 탐욕을 공격하는 글이든, 노동자의 극심한 빈곤을 환기하는 연설이든, 장차 다가올 새로운 사회를 위한 건배사든, 어떤 글을 읽어도 성차에 대한 이야기가 등장한다. 샤를 푸리에와 생시몽주의자들처럼 가족 형태의 변화를 실험했든 혹은 에티엔 카베처럼 전통적 부부와 그 자녀들의 행복에 있어 질적 개선을 약속했든 간에 그 시대 이상적 사회주의자들의 강령에서 가족은 핵심적인 주제였다. 노동의 조직화와 결사는 당시 노동계급이 벌인 저항운동의 두 가지 주요 주제였으며, 가족은 이 두 주제와 밀접하게 연관되는 동시에,

그만큼 중요한 세 번째 주제였다.

1830, 40년대 가족에 대한 노동자들의 재현은 어떤 점에서 중요한 가? 이 같은 재현들은 노동의 공정한 조직화에 대한 정치적 요구들과 어떻게 연관됐는가? 남성과 여성은 자신들의 노동 정체성을 어떻게 재현했는가? 여성과 남성에 대한 은유, 그리고 남성성과 여성성은 어떻게 자본주의 비판과 관련됐는가? 젠더는 19세기 노동자들의 정치를 어떻게 규정했는가? 정치 담론에 투영된 유토피아적 비전들은 어떤 식으로 젠더를 구성했는가?

적어도 북아메리카 학자들에게 노동사, 여성사, 가족사는 뚜렷하게 구분돼 왔기 때문에, 이 같은 질문들에 답하려면 대개 따로따로 수행해 왔던 분석들을 통합하는 것이 전제가 되어야 한다.[2] 이런 질문들을 통해 노동사 연구자들이 흔히 사용해 왔던 환원론적 인과론에 대한 대안을 제시할 수도 있다는 것은 더욱 중요하다. 우리는 담론에 초점을 맞춰 살펴봄으로써 물질적 현실과 해석이 대립한다고 주장하는 것보다 더 효과적으로 인간 행동을 설명할 수 있다. 예를 들어, 경제적 관계에 일차적 인과성이 존재한다고 보는 것은 사회조직을 파악하거나 이론화하는 방식의 하나일 뿐, 노동자에게도 역사가에게도 자명한 사실이 아니다. 그런 이론화의 성공 여부를 판가름하려면 두껍고 추상적인 책이나 논설이 아니라, 이론과는 거리가 먼 속담이나 상식, 문화적 이해 전반에 그것이 얼마나 잘 녹아들어 있는지를 보면 된다. 단일한 원인을 제시하는 해석이 일반적으로 받아들여진다고 해도 그 해석들은 여전히 부분적이거나 선택적이다. 오히려 그런 해석들은 주체들을 문화적으로 생산해 내는 장치의 일부로 이해되어야 한다. "경험"을 끌어오는 것 역시 이런 문화적 생산의 한 측면으로 이해돼야 하며, 이미 주어진 토대나 출발점의 반영은 아니다.

19세기 노동자 저항운동은 사회조직이 사람들의 삶에 미치는 객관적인 영향을 주장했지만, 바로 그 주장을 통해 "경험"이 사회조직에 의해 해석된 것임을 보여 준다. 이 과정에서 운동은 정체화identification라는 공통 조건을 기반으로 개인들에게 사회의식의 형식과 집단행동을 위한 수단을 제공했다.

매우 일반적이고 이론적인 수준에서 정치 담론을 분석하는 것도 유용할 수 있지만, 나는 구체적인 그리고 대중적 관점에서 정치에 접근하는 좀 더 맥락적인 독해에 관심이 있다. 여기서 정치는 공식적인 정치 참여를 놓고 벌이는 경쟁이 아니라(이런 경쟁이 분명 1848년에는 중요한 부분이었지만), 투표·노동·가족·젠더 등과 같은 문제들을 다양하게 그리고 종종 동시에 다루는 권력과 지식을 둘러싼 경합을 의미한다. 가족과 성차에 대한 재현은 경제에 대한 논의, 개별 직종의 노동조직화에 대한 논의에 어떻게 등장했는가? 이런 재현은 투표권에 관한 주장과 어떻게 연관됐는가? 또한 특정 직종의 개혁 전략에서 노동의 성별 분업은 어떻게 이야기되었는가? 이런 견해는 성별에 따라 차이가 있었는가? 이런 질문들은 생산관계 안에 직업 정체성이 내재하는 것은 아니라고 가정한다. 예를 들어, 숙련skill은 특정 종류의 노동에 대한 절대적 표현이라기보다는 상대적 표현이다. 나는 19세기 노동자들의 자기규정을 액면 그대로 믿기보다는 이것이 어떻게 정식화되었고 어떤 용어들로 표현되었는지를 질문하려 한다. 남성복 재봉사는 여성복 재봉사보다 객관적으로 더 숙련된 기술자였나? 남녀 사이의 기술적 능력 차이는 이들 집단 내부의 차이만큼이나 컸는가? 혹은 직종별로 서로 다르게 재현된 데에는 다른 이유가 있었는가?

이 글은 1830, 40년대 파리 의류업에서 여성과 남성에 대해, 그리고 여성과 남성에 의해 만들어진 주장들을 보여 주는 하나의 사례연구다. 내가 의류업을 선택한 것은 맞춤 정장과 치수별로 만들어진 기성복 사이에 구분이 있긴 했지만, 기본적으로 갖춰이야 했던 재봉 기술들 가운데 많은 것들을 남성과 여성이 공유하고 있었기 때문이다. 의류업은 이 시기 파리에서 가장 많은 노동자가 고용돼 있던 부문이었다(의류업 종사자의 수는 약 9만 명으로, 그 다음으로 많았던, 주로 남성들로 구성된 건설업 종사자는 1847년 기준 4만1000명이었다).[3] 당시 의류업은 과도기적 상황에 놓여 있었는데, 이는 주문 제작 방식으로 이루어졌던 남성복과 여성복 제작이 기성복 산업이 성장함에 따라 경쟁에 직면하게 되었기 때문이다. 의류업 노동자들은 새로운 상업 관행과 제조 관행을 비판하면서 노동계급 저항운동의 선두에 섰다. 남성복 재봉사들은 1830, 40년대에 파업을 조직했다. 그중 많은 이들이 생산자 협동조합의 발전을 개척한 에티엔 카베의 이카리안 운동[+]을 지지했으며, 1848년 혁명에서 그 지지자 수는 더욱 늘어났다.[4] 여성복 재봉사와 여성 봉제사는 생시몽주의적 복음에 호응한 중요한 집단 가운데 하나로, 생시몽주의 운동을 지지한 다른 범주의 노동자계급 신봉자들보다 그 수가 많았다. 그들은 1832~34년에 여성 생시몽주의자들이 편집했던 신문 『여성논단』에 중요한 기여를 했다. 남성복 재봉사들과 마찬가지로 정치적으로 적극적이었던 여성 봉제사들은 여성의 "노동할 권리"를 요구하며 생산자 협동조합을 조직했으며, 1848년의 혁명정부로부터 계약을

[+] 프랑스의 사회 개혁가 에티엔 카베가 1835년 저술한 『이카리아 여행』에서 유래한 실험적 공동체 운동.

따냈다.[5] 이들의 지도자들은 사회질서의 불평등에 대해 협동조합적이고 사회주의적인 대안을 제시하는 데 한목소리를 냈지만, 거기에 자신들만의 페미니즘적 내용을 추가함으로써 주요 주제들을 복잡하게 만들었으며 때로는 그런 주제에서 벗어나기도 했다.

의류업은 이런 운동들이 남녀 노동자들에게 했던 호소들을 비교할 수 있도록 해주는데, 특히 그 속에서 젠더가 구성되는 방식에 대한 비교를 가능케 한다. 남녀 노동자 집단 모두가 강조한 것은 경제였다. 즉, 노동 분업의 세분화와 가정에서 낮은 단가로 일하는 미숙련 봉제 노동자들의 대규모 고용이 의류업에 어떤 변화를 가져올 것인가의 문제에 집중하고 있었다. 그러나 어떻게 경쟁을 제한하거나 없앨 것인지를 둘러싼 논쟁은 여성들의 임노동 활동과 가족에 대한 책임, 적절한 성별 노동 분업, 그리고 정치적 권리에 대한 보다 보편적인 질문들을 제기했다. 의류업 노동자들의 정체성은 경제적인 동시에 성별적이며, 정치적인 것으로 인식되었다. 물론 의류업 노동자들만 그런 것은 아니었다. 남성복 재봉사와 여성 봉제사들은 자신들의 입장을 밝히고 체계화하는 과정에서 다른 이들 — 다양한 산업의 노동자들, 사회 이론가들, 공화파 정치인들, 부르주아 도덕가들 — 의 견해를 가져와 변형하거나 통합하거나 추가했고 그에 반응하기도 했다. 그들은 더 넓은 문화, 더 보편적인 정치 운동의 참여자였다. 그렇지만 그들의 특수한 설명 체계들은 검토해 볼 가치가 있다. 왜냐하면 그것은 특정한 장인 정체성에 대한 표현 속에 젠더가 어떤 방식으로 그리고 어떤 용어로 얽혀 들어가 있는지를 상세히 보여 주기 때문이다.

혁명의 봄이었던 1848년 초 몇 달간 노동자들과 고용주들은 루이 블랑의 주도 아래 새로운 노동 조직을 둘러싼 의견차를 좁히고자 뤽상부르궁전에 모였다. 노동 장소의 문제를 두고 의견 충돌이 격렬하게 일어나 재봉사 위원회는 고용주와 노동자 측으로 즉각 분열되었다. 남성복 재봉사들은 모든 노동이 공방에서 수행되어야 한다고 주장했지만, 고용주들은 어느 정도의 가내 생산은 의류업의 번영을 위해 필수적이라고 맞섰다. 남성복 재봉사들에 따르면 공방은 작업을 "규칙적이고 평등한 방식으로" 나누고 숙련노동자들을 양성할 수 있는 유일한 장소였다.[6] 고용주들은 이 같은 주장에 동의하지 않았으며, 가내노동자들의 노동 현장인 가정이 "사업의 첫 단계"라고 주장했다. 가내노동자를 없애는 것은 견습생 훈련에 지장을 줄 뿐만 아니라 심각한 도덕적 결과를 초래할 수 있는데, 아버지를 아내와 자녀로부터 떼어 놓음으로써 "가족 간의 유대"를 깨트리고 "인간의 신성한 권리"를 침해한다는 것이 그 이유였다.[7] 남성복 재봉사들은 가내노동에 대한 이런 설명을 거부하고, 가내노동이 도덕성을 강화하기는커녕 오히려 약화한다고 반발했다. 남성복 재봉사들은 "가족 구성원들이 일하는 시간 동안 서로 떨어져서" 각자 "한 명의 노동자로서" 일터에 간다면 모두에게 훨씬 더 좋을 것이라고 말했다.[8]

뤽상부르위원회는 남성복 재봉사들 간의 분쟁이 해결되기 전에 해산돼 버렸지만, 작업 공정이 재배치되는 상황에 맞서기 위해 노동자들이 어떤 식의 선택을 했는지 보여 준다. 노동 장소를 둘러싼 논쟁에서 흥미로운 점은 그것이 기술 훈련에 대해 언급하고 있을 뿐만 아니라 노동의 조직화와 가족을 관련지었다는 것이다. 이 논쟁에서 남성복 재봉사들은 공방 노동을 고용조건에 대한 더 큰 통제력, 더 높은 임금, 그리고 무엇보다 장인의 영광스러운 오랜 전통과 동일시했다. 남성복 재봉업의 역사를 보면, 18세기와 19세기 초 대다수 직종에서 그랬듯이, 1인 작업자에서 대규모 공방에 이르기까지 그 형태는 다양했다. 그럼에도 불구하고 1830, 40년대에 전개된 저항에서는 한 가지 측면[대규모 공방 노동]만이 강조됐다. 남성복 재봉업의 변화는 오랫동안 강화나 수정의 과정을 거쳐 이루어진 게 아니라, 자기 규제적이고 일관된 조합 체계가 갑자기 혼란스럽고 경쟁적인 체계로 일탈한 것으로 그려졌다. 이들은 공방 노동과 가내노동의 대비를 통해 [의류업에서] 일어난 변화들을 강하게 비판함으로써 그 변화의 성격을 분명히 했다. 이로써 숙련을, 실무 능력뿐만 아니라 노동 장소와 관련짓는 직업 정체성의 조건이 확립되었고, 젠더와 역사에서 찾은 근거를 통해 이는 정당화되었다.

공방 노동과 가내노동의 대비는 두 종류의 노동자, 곧 영광스러운 장인과 비참한 하도급 직인appièceur 사이의 대립을 통해 재현되었다. 장인은, "모든 노동은 공방에서 이루어져야 하며 공방 밖에서는 그 어떤 노동도 이루어지지 않아야 한다. 그래야 모두가 자신의 기술을 발휘해 노동으로 먹고살 수 있다"라고 규정했던 18세기 파리 남성복 재봉사 조합의 후예로 재현되었다.[9] 이런 공방은 2~20인에 이르는 직인journeyman을 고용했으며, 공방 소유자인 마스터도 대개 훈련받은 기능공이었다. 공방은 독립된 건물이거나 마스터 가족의 숙소에 붙어 있는 방이었다. 공방이 집에 붙어 있는 경우, 마스터의 아내는 성수기에 일손을 돕거나 일 년 내내 단추와 옷단을 바느질했지만, 생산의 기본단위는 어디까지나 임금으로 생계를 부양했던 남성 직인들이었다.[10]

1830, 40년대 남성복 재봉사들은 과거에 대한 이상화된 이미지를 품은 채 장인과 직인 사이의 차이를 간과했다. 우선 직인은 18세기 당시 동업조합에 가입돼 있지 않았으며, 이들의 고용은 정태적인 [노동] 조직 체계에 대한 서술들이 보여 준 것과 달리 훨씬 불안정했다.[11] 그러나 장인과 직인이 공방에서 함께 노동했다는 사실은 19세기 남성복 재봉사들이 자신을 장인 조합의 역사 속에 포함시킬 수 있는 충분한 기반을 제공했으며, 하도급 직인으로 알려진, 점점 늘어나는 의류업 노동자와 (숙련된 장인인) 자신들을 분명히 구분할 수 있게 하는 근거를 마련해 주었다.[12]

하도급 직인들은 일한 양에 따라 인건비를 지불받는 가내노동자로, 맞춤형 남성복 재봉사들과 기성복 공장주들은 이들을 여성과 마찬가지로 비정기적으로 고용했다. 남성복 재봉사들은 봄과 가을에 매우 바쁘고, 겨울과 여름에는 여러 달 동안 한가했기 때문에 마스터들은 바쁜 시기에만 솔기를 꿰매거나 의복을 마무리하기 위해 보조 노동력을 이용했다. 이를 위해 마스터에게는 집에서 혼자 일하는 여성들, 그리고 호출을 받으면 공방에 와서 일을 해주거나 무급의 가족 구성원 혹은 유급 조수들과 함께 집에서 노동하는 남성 하도급 직인이 필요했다. 하도급 직인이라는 범주는 18세기의 샹브를렁chambrelans에서 유래한 것으로, 길드에서 배제당해 굴욕적인 품삯을 받고 남몰래 집에서 일하도록 강요당했던 파산한 마스터, 솜씨 없는 직인, 외국인 등을 가리키는 말이었다. 이들의 노동으로 남성복 재봉업의 노동력이 어느 정도 유연하게 제공될 수 있었다.[13]

하도급 직인의 수는 19세기 전반기에 증가하는 것으로 보이는데, 이는 주로 기성복 산업의 성장에 따른 결과였다. 1830~48년 사이에 기성복 산업은 지속적으로 맞춤복 시장을 잠식했다. 1847년에 기성복은 남성복 전체 판매의 3분의 1 이상을 차지했다(1860년에 이르면 시장의 절반을 점유하게 된다).[14] 개별 고객의 수요에 대응하는 맞춤형 남성복 재봉업과는 달리, 기성복 산업은 표준화된 치수의 상품을 대량생산했다. 재단사들이 공방에서 옷의 조각들을 준비하면, 가내노동자들이 그 조각들을 조합해 옷을 만들었다. 완성된 옷들은 상인들을 거쳐 큰 가게나 시장으로 판매됐다. 초기 기성복은 상당 부분 노동자들을 위한 옷이었는데, 왜냐하면 이런 옷은 품질을 높이기보다는 가격을 낮추는 게 더 중요하다고 여겨졌기 때문이다.

기성복 제조업은 맞춤형 남성복 재봉업에 비해 큰 이점이 있었다. 옷감을 대량으로 구매할 수 있었고, 낭비되는 부분이 훨씬 적었으며, 개별 주문에 의존하지 않기 때문에 옷을 연중 계속 생산할 수 있었다. 물론 기성복 제조업자들이 사업을 중간계급 시장으로 확대했을 때, 그들은 다음 시즌에 유행하는 스타일이 나올 때까지 생산을 미뤄야 했지만 한가한 시기에는 작업복과 같은 실용적 아이템(그런 스타일들은 해마다 변하는 게 아니었다)을 생산할 수 있었다. 기성복 제조업자들은 소규모 맞춤형 남성복 재봉사들에 비해 신용 자산과 가용 자본이 더 많았고, 간접비와 인건비가 더 낮았다. 그들은 풍부한 잠재적 노동 인력을 사용할 수 있었으며, 노동자들의 고립된 환경과 경제적 필요는 더 높은 성과급에 대한 집합적·개별적 요구를 누그러뜨렸다. 어차피 성과급은 불경기에 하락하는 경향이 있었는데, 기성복 제조업자를 위해 정기적으로 일하고 있던 남성과 여성들뿐만 아니라, 공방의 남성복 재봉사들 역시 공방에 주문이 다시 들어올 때까지 도급일을 했기 때문이다.

기성복 제조업자들과의 경쟁은 맞춤형 남성복 재봉사들의 공방 노동

배치에 직접적인 영향을 미쳤다. 일부 고용주들은 파산했다. 뛰어난 품질로 명성이 높았던 소수의 고용주들은 공방을 계속 운영할 수 있을 정도의 고객이 있었지만, 그렇지 않은 고용주들은 공방 노동자 수를 줄이고 가내노동자에 의존하는 방법을 통해 인건비를 줄이기 시작했다. 일부 마스터들은 하도급 업자가 되었으며 자신들의 공방을 노동 착취 공장으로 만들었다. [해고된 공방] 노동자들은 하도급 직인의 대열에 합류해 기성복 제조업자와 맞춤형 남성복 재봉사로부터 일거리를 구했다.[15]

사실상 이 직업 범주들을 명확히 구분하기는 어렵다. 다음의 주장은 가내노동 지지자와 반대자 간의 열띤 논쟁 속에서 제시된 것이긴 하지만, 다양한 남성복 재봉 업무들이 서로 연결되어 있음을 포착했다는 점에서 어느 정도 타당해 보인다.

기혼의 하도급 직인은 엄청난 봉사를 한다. 그들은 보통 가장 힘들고 보람 없는 일을 한다. 견습생들은 일반적으로 그들로부터 훈련을 받는다. 하도급 직인의 가정이 사업의 첫 단계라는 점을 잊어서는 안 된다.[16]

게다가 자신을 남성복 재봉사ouvriers tailleurs라고 부르는 이들은 여러 직업 명칭을 넘나든 것처럼 보인다. 그런 명칭들은 계속 통계조사표에 제시되지만, 개인들이 수행한 노동과 명확하게 혹은 일관되게 연결되지는 않았다.

남성복 재봉사 활동가들은 정치적 운동을 통해, 당시 빠르게 무너지고 있던 맞춤복 노동과 기성복 노동 사이의 구분을 유지하려 노력했다. 그들의 삶 속에서 그런 구분이 항상 가능했던 것은 아니지만, 그것은 현재를 비판하고 대안을 구상하는 데 도움을 주었다. 이 시기에 파업과 저항운동은 공방에 기반을 둔 생산을 목표로 삼았다. 남성복 재봉사의 지도자들은 고용주들이 외부 노동자를 고용하지 말아야 하며, 공방에서 모든 의복이 생산돼야 하고, 재봉사들 개개인이 재택근무에 기대지 않을 수 있도록 급여가 유지되거나 올라야 한다고 주장했다. 남성복 재봉사들은 공방에서 급료를 낮추려는 마스터들의 시도에 특히 분노했는데, 왜냐하면 이런 소규모 사업자들이 재봉사들과 동질감을 가져야 마땅하다고 생각했기 때문이다. 그리고 그들은 만연한 경쟁적 관점을 동업조합과 결사의 가치로 대체해야 한다고 주장했다. 1833년 10월 파업 기간에 설립된 대안 작업장은 동업조합의 좋은 사례로, 실업 상태의 파업 참가자들에게 일자리를 제공하고, 고용주와 노동자의 평등을 실현하고자 했다. 평등의 근거로 제시된 것은 숙련의 공유 그리고 단일한 장소에서 실천되는 상호 존중이었다. 남성복 재봉사들의 주장에 따르자면 이런 상호 존중은 자본주의 이전 단계의 조합에 한때 존재했던 것이었다.[17] 1848년 혁명 시기에 남성복 재봉사 집단은 주문 생산 일거리를 되찾고 "숙련" 노동자의 고용을 보장하기 위해 소규모 마스터들과 연합했다. 남성복 재봉사들의 우애와평등협동조합Le Travail: l'Association Fraternelle et Egalitaire des Tailleurs은 국민방위군 제복을 생산하는 정부 계약을 따냈다. 국민작업장을 운영했던 이들은 옥외 노동자를 포함한 모든 지위의 노동자들을 위한 공통 표준 급여표를 확립했다. 그들은 옥외 노동자를 고용했지만 이들이 주변적인 노동자이며, 공방이야말로 직종 재조직의 중심이라고 주장했다.[18] 맞춤복 업계의 고용주들과 노동자들이 구독했던 『남성복 재봉사 신문』도 노동자들을 찬양했다.

잘 조직된 작업장에서는 서로 간의 의무가 양심적으로 지켜졌다. ……
작업장은 직종의 번영과 노동자들의 복지에도 이점을 갖고 있었다. 사
계절 내내 수요와 환경에 따라 공정하고 평등한 방식으로 일을 분배하는
권력이 있는 것이다. …… 작업장은 자연스럽게 경쟁을 장려하고, 그런
경쟁은 숙련 기술이 완벽해지도록 하며 프랑스 산업계의 유대를 형성하
는 우월한 기품을 생산한다.[19]

이런 재현에서 숙련노동과 공방은 동의어가 되었다. 가정에서 일하
는 이들은 비숙련으로 정의되었다. 물론 저항의 조직화라는 관점에서 볼
때, [남성복 재봉사들이] 하도급 직인과 제휴하는 것은 더욱 어려운 일이었
다. 왜냐하면 그들은 도시 곳곳에 흩어져 있었으며, 그들이 일감을 얻을
수 있느냐는 공방의 수당보다 낮은 기성복 제조업자의 성과급을 받아들
일지 여부에 달려 있었기 때문이다. 하도급 직인의 지위는 그의 기술적인
역량이 어떻든 [동업조합을 통한] 집단적 규제와는 대비되는 것이었다. 하
지만 남성복 재봉사들의 설명은 공방·집단적 규제·숙련과 가정·무질서한
경쟁·숙련의 부족을 대립시켰다. 이와 같은 대조는 두 가지 종류의 노동
이 있다는 것과 이 직종에서 '전통적'이었던 관행이 변화 — 악화 — 하고
있음을 설명하기 위한 것이었다. 가정을 근거지로 한 생산은 노동자 집단
과 개인들이 경험한 경쟁의 원인이자 결과였으며, 그것은 남성 재봉사들
의 정치적 수사 속에서 "우리나라에서 우리를 이방인으로 만드는 경쟁"으
로 비통하게 묘사되었다.[20]

하도급 직인과 가정에 기반을 둔 생산을 공격하기 위해서는 여성과
가족에 대한 언급은 피할 수 없는 일이었다. 남성복 재봉사 정치조직의 목

표는 직종의 자율 규제였으며, 비공식적으로든 공식적으로든 가정은 이 같은 규제의 대상이 아니었다. 혁명정부의 법은 1848년 2월 여성과 아동의 노동에 대한 법안에서 가족 작업장을 제외함으로써 이 점을 분명히 했다. 제외의 이유는 입법자들이 사적 영역인 가정에 대한 사찰을 반대했기 때문이다. 사생활 침해에 대한 우려 외에도, 가정이라는 노동 단위가 공통의 이해관계를 갖고 있어, 설사 가장이라 하더라도, 법 집행의 책임을 맡기는 것은 불가능하다는 문제 역시 있었다. 정부가 가족 작업장에 대한 규제를 거부한다면, 그 직종의 구성원들도 당연히 규제할 수 없었다.[21]

또한 [남성복 재봉사들은] 가내노동으로 인한 자기 착취가 가족생활의 질서와 정서 구조를 파괴한다고 여겼다. 1862년 런던 엑스포에 파견된 남성복 재봉사 대표들은 가정을 근거지로 한 생산이 "노동자 가족들이 가정을 사랑하는 습성"을 강화한다는 대형 의류 제조업체들의 주장에 격렬히 반대하면서, 다음과 같은 상황을 상세하게 설명했다.[22] 즉, 그들에 따르면 이런 주장은 "현실과 정반대"였다.

> 아니다. 가정에서 노동하는 노동자의 관행은 그의 운명을 나아지게 하지 않는다. 부모들은 자녀들을 더 잘 돌보거나 더 잘 보호하게 되지 않는다. 노동을 공유한다고 해서 성미가 더 부드러워지는 것도 아니다. 오히려 그것은 그들을 더욱더 틀어지게 만든다. …… 생존을 위해 노동자는 하루 16~18시간을 힘들게 일한다. 일이 끊이지 않는 가정도 있다. …… 아내가 쉬는 동안, 남편은 자신의 몫을 하고 아내가 해야 할 일도 준비한다. 그가 일을 마치거나 탈진하면 아내가 일어나고 남편은 아내가 있던 자리로 간다. …… 부모들은 자녀들 앞에서 불화하고 다투는 모습을 보

이게 되는데, 그것은 주로 그들이 겪는 고통과 강요된 노동 때문이다. 이런 개탄스러운 환경 속에 있는 여성이 어떻게 자녀들을 관대하게 교육하고 양육할 수 있겠는가?[23]

남성복 재봉사의 아내들은 가사 노동을 할 시간이 없으며, 기쁨이 없는 생활을 그저 참고 견딜 뿐이었다. "무보수로" 일하는 아내들은 "남편들보다 더 비참한" 생활을 했다. "얘기를 들어 보면, 자신의 운명을 저주하지 않는 재봉사의 아내는 거의 찾아볼 수 없었다."[24] 집에 일을 가져옴으로써 재봉사들은 밤/낮, 노동/휴식, 부모/자녀, 남성/여성 사이의 "자연스러운" 구분을 붕괴시켰다. 가정 내에서 당연한 것으로 여겨졌던 남편과 아내의 화합은 불화와 다툼으로 바뀌었다. 그것은 현재의 관계뿐만 아니라 아이들에게 학습되어 미래의 도덕성도 위태롭게 만든다.

남성복 재봉사들의 해결책은 가정과 노동을 명확히 분리하는 것이었다. 그리고 이런 분리는 다른 모든 문제를 명료하게 만드는 것과 함께 이루어졌다. 공방에서 이루어지는 노동은 그 자체로 숙련된 것이었다. 가정에서 수행되는 노동은 가내노동자가 여성이든 남성이든 상관없이 비숙련이었다. 경제 상황의 악화와 탈숙련화는 남성 공간에서 여성 공간으로의 이동과 동일시되었다. 영역의 혼란은 불가피하게 가정과 노동 모두의 오염을 가져왔다. 가정에서 노동하는 남성은 암묵적으로 여성성과 연관되면서 비하의 대상이 되었다. 이처럼 전통적인 수공업 작업장atelier에 대한 방어는 숙련의 남성성, 그리고 숙련노동자로서 남성복 재봉사의 정치적 정체성을 보장했다. [남성복 재봉사들이 가졌던] 동업조합의 유토피아적 비전은 공통된 숙련 기술을 강조했는데, 이는 소유자/노동자와 피고용인들이 그들 사이의 차이를 넘어서 근로 생활에 대한 집단적 규제 속에 함께 묶이게 되는 토대였다.

남녀 공간의 분리가 이루어지긴 했지만 그것이 여성들을 임금노동 활동에서 배제하는 남편과 아내 사이의 역할 구분을 의미한 것은 아니다. 가정주부femme de ménage라는 표현은 인쇄업자와 같은 다른 장인들 사이에서는 이미 언급되고 있었지만,[25] 남성복 재봉사들의 수사에는 등장하지 않았다. 아내가 자녀와 가정을 돌봐야 한다는 기대가 있었던 것은 사실이지만, 그들의 활동 영역이 가정으로만 제한된 것은 아니다. 또한 가정에서 수행하는 노동이 반드시 여성에게 나쁘다고 생각된 것도 아니었다. 위에서 인용한 사료에 따르면, 사실 남성복 재봉사의 아내가 처한 딱한 상황은 그녀가 자신의 노동의 대가를 제대로 받지 못한다는 데서 비롯된 것이었다. 관습적인 배치들이 무지막지하게 뒤바뀌면서 남편은 아내의 착취자가 되었다. 남편은 아내를 부양하는 데 실패했을 뿐만 아니라, 아내가 가족 임금에서 자기 몫을 받는 것도 불가능하게 만들었다. 가정 기반 생산에 대한 명확한 반대의 근거는, 그것이 남성과 여성 활동의 분리된 양식들을 침범하고 가족 구성원들에게서 각자가 지고 있는 고유한 책임에 대한 통제력을 빼앗는다는 것이었다. 경제적·사회적 개혁에 대한 논의가 전개되던 시기에, 남성복 재봉사들은 여성과 남성에게 각기 다른 숙련·직무·공간을 배정하는 젠더 개념을 활용하기는 했지만, 여성은 가정생활, 남성은 임금노동 그 자체로만 보는 사회질서를 지지한 것은 아니었다.

Ⅱ

1848년 남성복 재봉사 대변인들이 노동 장소로서 작업장을 수호하고 있을 때, 여성 봉제사 지도자들은 공화국 정부에 자신들의 계획을 지지해 달라고 청원했다. (여성 봉제사들이 수적으로 훨씬 더 적었지만) 이 계획은 형식과 이데올로기의 측면에서 당시 장인들 사이에 확산하던 결사와 실질적으로 다르지 않았다. 그들은 동업조합과 자율 규제를 강조했으며, 자본주의적 경쟁에 의한 무질서를 끝내고자 하는 욕망을 공유했다. 여성 봉제사들은 여성 국민작업장 설립을 위해 청원하고 실제로 수많은 생산자 협동조합을 설립했지만, 이들에게 노동 장소는 남성복 재봉사들에게만큼 중요한 주제는 아니었다. 가정 안에서 이루어지는 노동은 하도급을 만들어내거나 표준임금표 이하의 임금을 받게 되는 것이 아니라면 받아들일 수 있는 것이었다. 여성 봉제사의 임금이 얼마인지가 훨씬 더 중요한 문제였다. 왜냐하면 임금은 그녀의 숙련됨을 보여 주는 척도이자, 그녀가 미혼이든 기혼이든 상관없이 청렴하면서도 독립적인 삶을 유지할 수 있는 열쇠였기 때문이다. 여성 봉제사들이 집합적 정체성과 관련한 용어들을 써가며 의류업계 여성 노동자들에게 호소할 때 강조한 것은 임노동과 가족에 대한 책무가 결합돼 있다는 것이었다.

남성복 재봉사들과 달리 여성 봉제사 지도자들은 자신들의 잠재적 지지층을, 생계를 위해 바느질을 하는 모든 여성으로 광범위하게 정의했다. 거기에는 여성복 재봉사와 여성 봉제사도 포함되었는데, 그 직업 명칭의 차이는 숙련도뿐만 아니라 각자의 전문 분야가 다르다는 뜻이기도 했다(재봉사는 여성복을 만들지만, 봉제사는 모든 종류의 의류뿐만 아니라 다른 직물도 바느질했다). 이 지도자들은 소규모 공방을 숙련된 여주인들이 견습생을 훈련시키고 젊은 미혼 노동자들을 감독하는 장소라고 보았다. 그들은 또한 공방을 세웠거나 집에서 동네 '장사'를 했던 더 나이 많은 기혼의 여성복 재봉사들에게도 지지를 받고자 했다. 그들은 정기적이든 부정기적이든 도급일을 하는 사람들도 끌어들이려 했다. 이 마지막 그룹에는 기초적인 기술을 갖춘 이들과 장기간의 훈련을 거친 이들, 하나의 공방이나 제조업체와 안정적인 유대 관계에 있는 이들과 아무 데서나 닥치는 대로 일을 받아서 하는 이들이 포함돼 있었다.

여성 봉제사들은 기술 숙련도를 기준으로 구별 짓기보다는 [당시의] 혼란이 긴 변화의 역사를 통해 이루어진 것이며 기성복 산업의 등장으로 비롯된 것임을 인정했다.[26] 노동 착취 작업장에는 숙련공과 비숙련공이 뒤섞여 있었다. 기성복 시장은 독립한 여성 봉제사들과 여성복 재봉사들의 중하층 고객들을 빠르게 끌어들였으며, 여성 노동자들은 도급일로 손실을 메꾸려 했다. 그렇지만 낮은 성과급 때문에 종종 그들은 자신의 일에 가족 구성원들을 참여시켜야 했다. 딸들, 자매들, 나이든 조부모들이 어머니가 하던 바느질일에 동원되었다. 좀 더 숙련된 노동을 갈망하는 소녀들은 어머니를 보조하는 것에서부터 시작해 더 나은 상황에 도달하기도 했지만 처음 상태에서 벗어나지 못하기도 했다.

여성 의류 제작자 동업조합의 전통 안에서 여성 장인들끼리 연대한 선례가 분명히 있었음에도 불구하고, 1848년에 여성 봉제사 조직가들은 역사를 들먹이지 않았다. 대신 그들은 공정함과 경제적 정의, 그리고 노동하는 여성들이 갖는 특별한 욕구와 이해관계에 대해 이야기했다. 그들의 분석은 여성 봉제사들이 겪는 문제의 원인을 자본주의적 관행(고용주의 탐욕, 수녀원 및 감옥과의 불공정한 경쟁, 시장의 변동)뿐만 아니라 남녀의 불평등한 권력관계에서 찾았다. 다시 말해서 그들의 사회주의는 어느 정도 페미니즘과 혼합돼 있었다.[27]

여성 봉제사 지도자들은 자신들이 몸담고 있는 업계의 위기를 설명하며 기성복 산업이 두 가지 결과를 초래했다고 지적했다. 이들에 따르면, 소생산자들은 남성복 재봉업에서와 마찬가지로 기반이 취약해져 설 자리를 잃었다. 하지만 이 과정에서 사업체를 소유하고 생산을 통제하는 일에서 남성이 여성을 대체하는 일이 일어났다. 게다가 여자 가족 구성원들은 이미 남편과 자녀들을 위한 필수적인 가사 서비스를 계속 제공하고 있었는데도 가내노동이라는 짐까지 거의 전적으로 떠맡아야 했다. 여성 봉제사 지도자들의 수사에서, 생계를 위해 바느질하는 여성이라는 공통의 처지는 모든 여성 봉제사들에게 집단적 동일시를 위한 기반을 제공했다.[28]

여성 봉제사들은 개혁 방안에서 노동 장소에 상관없이 규정에 맞게 임금이 지불되어야 할 필요성을 그 무엇보다 강조했다. 그 방법만이 여성들이 여러 가지 일을 할 때 생기는 갈등을 해결할 수 있기 때문이었다. 1848년 여성 의류 노동자들이 표명한 정체성에는 여성들이 자신의 임금 노동과 가사 노동에 대한 결정권을 가진 관리자가 되어야만 한다는 가정이 내포돼 있었다. 실제로 여성들이 임금노동자로서 제기한 요구는 그들이 가정을 책임지고 있다는 사실을 언급함으로써 그 타당성을 확보할 수 있었다. 임금이 너무 낮아서 과중한 노동에 시달리던 한 투사는 이렇게 불평했다. "수프를 만들 사람이 없고, 남편이 먹을 저녁밥도 없고, 우리를 위한 것은 아무것도 없다. 이게 행복인가?"[29] 이런 수사는 여성이 가정 및 가족과 갖는 특별한 연관성을 인정함으로써 여성의 독자적 노동 정체성을 확립했다. 또한 여성성과 가정성 사이의 문화적 연관성도 이용했는데, 이는 임금을 버는 것이 진정한 여성성을 훼손하는 것이 아님을 주장하고, 임금노동을 여성적인 활동으로 정당화하며, 자신들의 성별에 고유한 "이해관계"를 확립하기 위한 것이었다.

여성 봉제사들이 벌인 집합적 정치 행동의 당면 목표는 노동과 가족의 관계에 대한 더 큰 통제력을 확보하는 데 있었다. 이를 위해 활동가들은 여러 가지 방법을 시도했다. 그들은 공화국 정부에 여성들을 위한 국민작업장을 세우도록 압박하고 임금을 올려 달라고 요구했는데, 셔츠 한 장당 지급되는 임금 12수sous가 불만족스러웠기 때문이었다. 일부 활동가들은 국민방위군 군복으로 일반 셔츠가 아닌 누비 셔츠를 주문한 남성들의 허영심을 개탄하기도 했지만, 그들의 분노를 끌어낸 것은 대부분 임금이었다. [1848년] 4월 15일, 두 줄로 선 여성들은 루이 블랑에게 일급 혹은 셔츠 한 장당 1프랑의 보수를 요구하며 여성 국민작업장에서 뤽상부르궁전으로 행진했다. 그들은 기존의 급여를 굴욕적이라는 이유로 거부했는데, 그 금액이 시혜적 차원에서 지급되는 정도에 불과했기 때문이다. 그들은 루이 블랑에게 "여성들이 원하는 것은 자선이 아니라 적절한 보상이 이루어지는 노동이다"라고 말했다.[30]

사실 이 시기 뤽상부르위원회에 참여한 대표단과 여성 결사에서는 노동을 어떻게 재조직할 것인가를 두고 다양한 제안이 있었다. 한 여성 봉제사는 기혼 여성들이 국민작업장에서 온종일 일하지 않고 가정으로 일거리를 가져갈 수 있도록 허용해 달라고 루이 블랑에게 제안했다. 만약 "적정 급여"를 받을 수 있고 작업 할당량에 대한 통제권이 있다면, 직종에 대한 규제가 [적절히] 이루어질 것이며 "가정은 고통받지 않을 수 있"다는 것이었다.[31] 국가가 탁아소와 국영 식당을 연다면 여성들이 "노동할 권리"[32]를 행사하는 동안 가족들이 건강하게 지낼 수 있을 것이라는 제안도 있었다. 좀 더 세부적인 기획안으로, 파리의 각 구에 여성 봉제사를 위한 훈련 센터를 설립하자는 요구도 있었다. 아이가 있는 여성들은 공방 근처의 탁아소에 무상으로 아이를 맡기거나, 감독이 필요하지 않을 정도의 숙련도를 갖추었을 경우 일을 집으로 가져갈 수 있게 하자는 주장도 있었다.[33] 1848년 6월과 10월에 맞춤형 여성복 재봉사들과 여성 봉제사들이 설립한 동업조합적 사업체에서는 모두가 표준화된 일급을 받았다. 성수기에 필수적인 야간 노동에는 초과근무 수당을 지불받았다. 공방에서 노동하는 시간은 아침 8시에서 저녁 6시까지였으며, 따라서 "여성들은 자신의 가정을 돌보고 가족과 함께 식사를 할 수 있었다."[34]

여성 봉제사들은 자신들이 속해 있는 직종에 대한 요구를 분명히 표현하고 실행했으며, 여성 스스로 노동문제를 전적으로 맡아서 처리해야 한다고 주장했다. 그들은 남성인 듀클레르가 여성들이 선출한 대표들이 참여하는 여성 국민작업장 위원회를 이끈다는 사실에 몹시 분노했다. 또 정부가 지나치게 낮은 성과급을 책정한 것은 남성들이 여성들의 이해관계와 요구를 이해하지 못한 탓이라고 여겼다. 여성 국민작업장 설치를 주장했으며 나중에 파리 2구 여성위원회의 대표가 된 데지레 게는 위원회 전체가 "사기······ 새로운 이름으로 행해진 폭정······ 남성들이 여성들과 그들의 불평으로부터 벗어나기 위해 저지른 속임수"라고 맹렬히 비난했다.[35] 정부 지원을 받는 작업장과는 대조적으로 여성 봉제사들의 생산자 협동조합은 온전히 여성들에 의해 경영되었으며, 남성들의 간섭에서 벗어나 모든 정책을 스스로 세우고자 했다. 예를 들어, 봉제여공우애조합은 자신들이 따낸 정부 보조금을 반납했다. 정부 지원 조건 때문에 노동자들이 적절한 생활수준에 필요한 일급을 받지 못한다는 이유에서였다.[36]

여성 봉제사들은 생산자 협동조합을 조직하고 "노동할 권리"라는

1848년 노동자 운동의 정치적 구호 아래 더 높은 임금을 요구했다. 공화국 정부는 그해 2월에 "노동할 권리"를 원칙적으로 지지했고, 사회·경제정책 뿐만 아니라 정치 참여의 새로운 조건들 역시 그런 권리에 기대고 있었다. 여성 봉제사 지도자들은 보통선거권에서 여성을 배제한 것은 아주 정의롭지 못한 일이라고 지적하고 여성 역시 생산자이며 자신의 노동력에 대한 소유권을 가지고 있음을 입증함으로써 그런 부정의를 폭로하고자 했다. 1848년의 맥락에서 여성의 정치적 권리를 주장하는 방법은 노동자로서의 정체성을 주장하는 것이었다.

> 여성은 일해야만 한다. 지참금보다는 일을 갖는 게 더 낫다. …… 남녀 모두 생계 수단을 갖게 된다면 서로를 도우면서 단결할 수 있다.[37]

> 노동하는 여성들은 가족 소득에 이바지하게 될 것이며, 모든 인간의 노동할 권리를 요구해 온 우리는 양성 관계에 대한 성스럽고 우애적인 표현인 평등을 감히 믿게 될 것이다.[38]

이들은 남성들과의 평등을 주장하기 위한 최소 공통분모로 임금 소득을 강조했다. 남성의 노동 세계에서는 숙련의 수사가 동맹을 강화했지만, 여성에게 그것은 같은 방식으로 기능하지 않았다. 여성들에게 여성 내부의 관계는 그렇게 중요한 것이 아니었다. 그보다 중요한 것은 여성이 남성과 마찬가지로 생산자라는 점을 강조해 그간 부인당해 왔던 그들의 정치적 권리를 획득하는 것이었다. 이들은 생산자로서 여성과 남성의 유사성을 주장하긴 했지만, 그와 동시에 명백하게 여성형으로 수정된 "노동자" 개념을 제시했다. 그들은 (여성의 가정 내 역할과 관련된) 여성 노동자들의 분명하게 다른 이해관계와 욕구야말로 여성의 정치 참여를 위한 토대라고 주장했다. 그들은 민주주의 정부에서 모든 이해관계는, 그런 이해관계를 알고 있으며 이해하고 있는 이들에 의해 대표되어야 한다고 판단했다. "우리는 시민이 아니라 여성 시민les citoyennes이 되기를 요구한다. 우리가 우리의 권리를 요구하는 것은 신성한 가족의 의무, 어머니의 다정한 봉사라는 이름으로, 여성으로서 요구하는 것이다"[39]라고 주장했다. 분명 어머니는 (남성) 시민이나 (남성) 노동자라는 범주로 포괄될 수 없었다. 이런 이유로 데지레 게는 여성들이 자신들의 이해관계를 명확히 하기 위한 그들만의 특별 회의를 개최하고 난 후 남성들의 회의에 합류해야 한다고 주장했다. 그제야 집단적 비전이 생겨날 수 있다는 것이다.

> 여성과 남성은 서로를 일깨울 수 있고 공통의 이해관계가 있다는 데 의견 일치를 볼 수 있으므로, 여성 협동조합이 신이 결합해 준 남녀를 분열시켰다고 말할 수는 없다. 그러므로 우리의 미래에는 한쪽에 남자, 다른 쪽에는 여자라는 (존재하지 않게 될) 두 개의 개별적인 진영이 있게 되기를 희망한다.[40]

데지레 게의 동료들은 사회적 공화국에 대한 자신들의 견해를 사회주의 페미니즘 경향의 신문 『여성의 목소리』에 공유했다. 그들은 여성이 이혼할 수 있고 자신의 임금을 통제하며, "이기적인 남편"의 지배를 거부할 수 있고, "노동할 권리"를 누리면서 아이들과 가정을 돌볼 수 있는 새로운 사회를 요구했다. 자율적 개인이 된 여성은 사회적 존재로서 완전하게 이바지할 수 있다. "가족과 국가에서 해방되어 우리 스스로가 자신의 주인이 될 때, 책임을 다하기 위해 더 애쓰게 될 것이다."[41]

    평등에 대한 페미니스트의 호소는 임금 소득자라는 남녀의 유사성 그리고 서로 다르지만 상호 보완적인 남녀의 이해관계와 책임이라는 이중의 비전에 기초하고 있었다. 그들의 수사는 공화주의와 생시몽주의를 떠올리게 했다. 그것은 현재의 정치적 권리에 대한 요구와 미래의 비전을 담고 있었다. 일면, 여성 봉제사들의 호소는 남성복 재봉사들의 호소와 상당히 유사했다. 양쪽 모두 생산자의 권리와 성별 노동 분업을 강조했다. 그런 분업은 여성을 가정 및 가족과 관련짓기는 했지만, 그렇다고 가정성을 생산조합의 대립물로 설정한 것은 아니었다. 그러나 의미와 강조점에는 중대한 차이가 있었다. 페미니스트 여성 봉제사들은 여성이 생산자로서 (따라서 시민으로서) 자격이 있다는 사실의 증거로 임금 소득을 제시했지만, 정치적인 남성복 재봉사들은 (역사적으로 이어져 내려온) 숙련 기술의 소유에 기반을 둔 집단적 정체성을 전제했다. 이들은 비숙련 단순 임금 노동자인 다른 노동자들로부터 자신을 분리했다. 남성복 재봉사들의 주장은 여성 봉제사가 소중히 여겼던 바로 그것을 비하했다. 이들의 주장은 다른 숙련 직종의 노동자들이 집합적 노동운동의 일원이 될 수 있는 기반을 제공했지만, 또한 단순 임금노동자, 곧 여성을 배제하는 기반이 되기도 했던 것이다. 남성 재봉사들이 임노동을 여성 활동으로 인정했다고 해서 그것이 필연적으로 숙련노동의 남성적 이미지에 도전하거나 남성복 재봉사들이 제시했던, 공방과 가정, 노동과 가족에 대한 위계적인 해석에 도전한 것은 아니었다. 이 장소들의 상호 보완성에 대한 남성복 재봉사들의 믿음은, 여성 봉제사들과는 달리, 남성성과 여성성 사이의 평등, 남성과 여성 사이의 평등을 의미하지 않았다.

1848년에 노동자들은 혁명이 일어나기 전 20년간 그랬던 것처럼 경제적 불만에 대한 보상을 정치 체계의 개혁과 관련지었다. 그들이 정교하게 만들어 낸 노동 정체성들은 공식적이고 법적인 의미로 정부에 참여한다는 정치적 차원을 포함했다. 1848년 이전에 남녀 노동계급 모두 이와 같은 참여에서 배제돼 있긴 했지만, 그 참여와 관련한 조건은 남녀에 따라 달랐다. 남성들은 부와 재산에 근거한 차별에 맞닥뜨렸지만, 여성은 하나의 범주로서 명백하게 그리고 반복적으로 시민권을 거부당했다. 권리의 요구는 당시에 보편적으로 받아들여지고 있던 젠더 차이를 고려하며 이루어졌다. 공화주의자와 사회주의자 남성 노동자들은 재산의 의미를 재해석해 숙련노동이 그들에게 투표 자격을 준다고 주장했다. 그에 반해 페미니스트 노동자들은 두 가지 주장을 펼쳤다. 첫 번째 주장은 여성은 하나의 범주로서, 생산자로서 남성과 유사하다는 것이다. 그들은 노동 정체성을 구성하는 과정에서 장인들의 정교하고 특출한 기술을 중요하게 다루지 않았고, 숙련도에 따라 구별히기보다는 임금노동자라는 동질성을 강조했다. 두 번째는 남성 노동자들과의 차이와 관련된 주장으로, **여성**이 하나의 범주로서 투표권을 획득할 만한 고유의 이해관계를 가지고 있다는 것이었다. 정치적으로 비대칭적인 남성과 여성의 관계, 그 시기 정치 담론에 담겨 있던 그들에 대한 상이한 전제들은 여성 봉제사와 남성복 재봉사, 즉 여성 노동자와 남성 노동자들의 상이한 노동 정체성 속에 반영되었다. 이 정체성은 여성과 남성 노동자들에 의해, 또 그들을 위해 발전된 것이었고, 이후 1848년에 일어난 집단행동의 기반이 되었다.

남성복 재봉사와 여성 봉제사들은 자신들이 속한 직종의 전략을 만들어
내며 자본주의 정치경제를 비판하고 부르주아 도덕가들의 주장을 논박하
는 좀 더 넓은 담론 속에 자신들을 위치시켰다. 비판적 사회(주의) 이론들
의 강조점과 강령은 저마다 달랐지만, 공통적으로 그 이론들은 가족 이미
지를 활용하고 젠더를 참조했다. 가족은 자본주의사회의 소외와 대립되
는 추상적 실체이자 완전한 인간 실현의 장소이며, 갈등과 경쟁은 이성애
부부 관계 안에서 대립적인 남성성과 여성성의 조화를 통해 해결될 수 있
다고 간주되었다. 그런 비전 속에서 가족 안의 남성성과 여성성이 평등한
지 아니면 위계적인지는 모호했다. 이 때문에 남성복 재봉사와 여성 봉제
사들은 남성성과 여성성을 서로 다르게 해석하고 모순되게 사용할 수 있
었다. 예를 들어, 가족에 대한 이상화는 가부장적 법 구조에 대한 여성들
의 공격과 정치적 평등에 대한 요구와 공존했으며, 남성들의 가내노동에
대한 비난, 형제애와 숙련에 대한 찬양과도 공존할 수 있었다.

　　직종 전략의 입안이 단일한 이론적 강령을 따라 이루어진 것으로 보
이지는 않는다. 적어도 노동자들의 압력이 증가하고 정치 운동이 활발했
던 파리에서는 활용 가능한 이미지들이 다양하게 환기됐다. 이런 이미지
들은 에티엔 카베의 글과 『르 포퓰레르』Le Populaire 신문에 관여했던 그
동료들의 글, 생시몽주의자들의 세미나와 거리 강연, 공화주의자의 만찬
회 연설, 페미니스트 신문 『여성의 목소리』에 실린 글에 담겨 있었다. 이
런 이미지들은 거리의 노래와 연속극 멜로드라마 속에도 들어 있었다. 이
런 이미지를 활용하는 전략은 당대 문화에서 보편적이었는데, 그것이 노
동자들의 수사에 사용되었다는 것은 우리가 오늘날 전형적인 부르주아적

주제라고 생각하는 것들을 뒤집는다.

가족을 자본주의의 대안으로 재현했던 노동자들은 여성성을 사랑 그리고 감정적인 유대와 관련지었다. 여성은 인간의 감정을 상징하고 표현했다. 여성이 무엇을 하느냐보다 무엇을 상징하느냐가 더 중요했다. 카베는 장엄하고 낭만적인 비전 속에서 여성의 다정다감한 속성을 묘사하면서, 그 독특한 공헌을 강조했다. 동시에 여성성이 생산 활동 참여와 모순되지 않는다고 주장했다. 그는 이카리아의 여성들 모두가 "작업장에서" 일하고 "자신이 선택한 직종에 종사하지만, 과도한 노동을 하지 않게 될 것이고 근무시간은 짧아질 것"이라고 썼다.[42] 1848년 여성 봉제사 조직가 가운데 한 명이었던 생시몽주의 페미니스트 잔 드루앵은 남녀 관계에 대해 카베보다 더 평등주의적인 비전을 가지고 있었지만, 여성성에 대한 관점은 같았다. 드루앵에게 예수의 어머니는 애정 어리고 모성적이며 순수하고 헌신하는 여성의 특성을 상징했다. "여성은 ······ 희생하고 헌신을 다해야만 한다. 그녀는 사랑하기 때문에 행동한다. 인류에 대한 사랑이야말로 영원한 사랑이다."[43]

자본주의의 파괴적인 영향 때문에 사랑은 오염되었고, 그것은 어린 소녀의 파멸로 묘사되었다. 대개 여성 봉제사로 일했던 딸들은 수입이 충분하지 않았기 때문에 굶어 죽을 것인지 아니면 매춘부가 될 것인지와 같은 난감한 선택지와 마주해야 했다. "가난 아니면 수치"는 동전의 양면이었다. 카베에 따르면 "프롤레타리아트의 딸"은 "가족의 생존을 위해 일하면서 열악한 조건에서 아름다움과 건강을 잃고 성적 방탕이라는 전염병으로부터 끊임없이 위협받는다."[44] 여성 봉제사들의 이야기는 끊임없이 되풀이되면서 줄거리나 결말이 뻔한 민담 혹은 도덕극이 되었다. 강간이나 죽음에 의한 순진무구함의 파괴라는 주제는 자본주의가 미친 영향에 대한 적나라한 육체적 유비의 역할을 했다. "사회체제"는 젊은 여성의 삶을 더럽히거나 파괴함으로써 기존 세대뿐만 아니라 다음 세대도 위협했다. 게다가 젊은 여성 봉제사의 비극은 자연적인 것과 인간적인 것 전부의 타락을 의미하는 것이었다. 순수성과 천진함은 여성의 처녀성과 동의어였다. 매춘은 처녀성뿐만 아니라 처녀성의 자연스러운 손상과 대립되는 것으로 그려졌는데, 그 이유는 여성들이 사랑을 위해 바쳐야 마땅한 처녀성을 돈을 위해 팔기 때문이었다.

이런 이야기 중 가장 충격적인 것은 장인인 아버지가 직업을 잃게 되어 가족의 유일한 생계 부양자가 된 어린 소녀가 절망 속에서 매춘부가 된 이야기다. 어느 날 밤 그녀가 한 남자에게 접근했는데 알고 보니 자신의 아버지였다. 이 사건 이후 그녀가 품위를 유지하기 위해 선택할 수 있는 유일한 방법은 자살이었다.[45] 이 이야기가 그토록 끔찍한 이유는 어린 소녀들이 자신의 의지와 달리 환경 때문에 원래와 반대되는 모습으로 전락하게 된다는 데 있다. 순결은 음란이 되고, 가족에 대한 헌신은 근친상간으로 이어지며, 자연적인 것은 비자연적인 것이 되고, 자살로 막을 내린다. 파괴된 여성 봉제사라는 상징은 젊은 여성에 대한 중간계급의 이상화를 의식적으로 떠올리게 함으로써 부르주아의 위선과 계급 억압의 증거를 보여 주었다. 노동계급의 "현실"은 부르주아의 이상과는 거리가 멀어 보였다. 그리고 사실 이런 현실은 노동하는 소녀들의 궁핍한 환경을 이용해 이익을 취하는, 젊은 남성young fop으로 상징되곤 하던 자본가들의 이기주의가 초래한 것이었다. 게다가 부르주아의 이상은 자신들의 관행과 모순되는 것으로 보였는데, 사랑이 아니라 지참금과 유산이라는 금전에 의한 결합이 부르주아 가족 관계를 지배하고 있었기 때문이다. 그에 반해서 가난한 노동자들의 공동체는 오로지 애정에 기반을 두고 있었다. 1848년의 한 만찬회에서, 남성복 재봉사이자 시민인 레그레는 가족을 위해 건배를 제안했다. 그에 앞서 다른 두 노동자는 재산이나 질서와 같은 부르주아적 주제로 건배사를 했다. 그들은 재산과 질서에 경의를 표하면서도 그 관습적인 의미를 뒤집었다. 노동은 재산과 동일시되었으며, 따라서 재산을 위한 건배는 장인들의 양도할 수 없는 노동권을 지지하는 것이 되었다. 질서의 의미는 동업조합cooperation과 결사association, 즉 자본주의적 경쟁으로 싹튼 무질서를 대체할 새로운 화합을 통해 재정의되었다. 레그레는 "연대가 개인주의를 대체하는 …… 돈이 아니라 사랑에 기초한 인간 가족"을 위해 건배했다. 그의 건배사는 이런 내용으로 이어졌다. 소위 가족의 옹호자들은 사기꾼들이었다. 그들은 타락했고 사치의 대가로 사신의 딸과 아내를 팔았다. 가족의 진정한 친구는 투기꾼들이 아니라 "낡은 사회에 농락당했지만, 가족의 품 안에서 상처를 아물게 해준 사랑이라는 치료제를 구하던 이들이었다."[46] 이런 비전 속에서 가족은 조직 구조가 아니라 충만한 인간적 경험이자 유토피아적 사회주의의 집단 행복을 의미했다. 그것은 결혼을 통해 볼 수 있듯이, 서로 다른 것들이 조화를 이루고 대립하는 것들이 함께 어우러지는 그런 것이었다. 생시몽은 최초로 개인과 집단의 화해를 제시했으며, 제자들은 자주 그를 인용했다. "사회적 개인은 남성과 여성이다. 그들의 결합 없이 완전한 것, 도덕적인 것, 영구적인 것, 가능한 것은 아무것도 없다."[47]

선명한 성별 노동 분업을 제시하고 공격성과 사랑, 경쟁과 협동의 시공간적 공존을 상정하는 부르주아 관념이 작동하는 가운데, 유토피아적 비전은 새로운 사회질서 안에서 일어날 인간관계의 총체적 변화를 압축적으로 보여 주었다. 이런 비전 속에 투영된 가족은 자본주의와 공존할 수 없었으며, 자본주의의 주요한 대립항으로 의미화되었다. 1848년 정치적인 남성복 재봉사들과 여성복 재봉사들에게 고통받는 여성 봉제사라는 상징과 가족으로 체현된 정서적 충만함이라는 상징은 생활의 비참함과 그것과 대비되는 희망을 나타내는 것이었다. 부르주아의 관점은 이상적인 가족이 자본주의의 소외 효과와 상관없이 어쨌든 존재할 수 있으며, 실제로 가족이 그런 소외 효과를 해결할 수 있으리라고 보는 것이었다. 가족을 특정한 방식으로 구성해야 한다고 제시하거나 가정성과 관련될 때만 여성의 역할을 인정하는 것은 이런 부르주아의 관점을 수용하는 것일 수도 있다. 유토피아적 사회주의자들의 비전은 이런 가능성을 전혀 받아들이지 않았다. 그들은 오히려 자본주의에서 가족은 충분히 행복해질 수 없으며, 프랑스 사회가 변화할 때까지 어떤 제도도 이상화된 가족의 비전 속에 묘사된 충만함을 실현할 수 없다고 주장했다.

유토피아적 이론가들의 가족에 대한 이상화는 분명 여성적인 것과 연관된 특성들을 긍정적으로 평가하고 강하게 지지하는 데 기반해 있었다. 그럼에도 불구하고 여성적인 것의 용법과 그것이 여성에 대해 갖는 함의는 단일하지도 않고 명확하지도 않았다. 자본주의의 소외에 대한 추상적인 대립물인, 사랑이 넘치는 통합된 가족이라는 모델은 노동자들이 어떻게 살아야 하는지, 노동의 성별 분업이 어떻게 실행되어야 하는지를 제시할 필요가 없었다. 그것은 단지 꿈, 갈망하는 것, 현 사회의 문제점을 폭로하기 위한(그리고 그에 맞서 단결하기 위한) 것이었다. 한편으로 이상화된 가족은 착취당하는 가족을 판가름하고, 남성복 재봉사들의 수사에서처럼 노동 착취로부터 가정(그리고 그것이 포함하고 있는 도덕적이고 정서적인 관계들)의 즉각적인 보호를 요구하는 기준으로 기능할 수 있었다. 이상화된 가족에 대한 또 다른 해석은 여성들의 재생력을 강조하고 그들이 사회정치적 삶에서 완전히 인정받아야 할 필요성을 강조했다. 이런 (페미니즘의) 논리에 따르면, 당시 사랑과 감정의 근원인 가족을 보호하기 위해서는 모성에 대한 찬양뿐만 아니라 여성의 권리도 보장돼야 했다.[48]

가족에 대한 유토피아적 비전은 매우 모호해서 다양한 층위로 해석될 여지가 있었으며, 1848년 노동운동의 논쟁에는 여러 가지 해석들이 공존하고 갈등했다. 그러나 이런 해석들은 모두 사회질서에 대한 부르주아적 주장에 반대했다는 점에서 공통의 기반을 공유하기도 했다.[49] 의류업 노동자들의 담론에서 젠더는 남성성과 여성성, 남성과 여성을 다양하게 대립시키는 방식으로 활용됐지만, 역사가들이 부르주아 담론을 가져와 관례적으로 일반화했던 그런 방식은 아니었다. 남녀가 숙련, 성격, 정서 등에서 다르다고 생각했지만, 그런 이분법이 노동과 가족, 생산자와 자녀 양육자, 경제와 가정, 공과 사, 남편과 아내를 정확하고 일관되게 대립시킨 것은 아니었다. 하지만 이런 대립이 작동한 방식들은 젠더가 노동 정체성을 형성하거나 정치적인 호소를 할 때 얼마나 중요한 부분이었는지를 보여 준다. 노동자들은 이런 젠더 개념들을 통해 자신들의 "경험"을 해석하고 이에 기초해 행동했으며, 1848년의 논쟁을 통해 그 개념들을 실행에 옮겼다. 그리고 마침내 그들의 역사가 쓰였다.

6장

통계로 재현된 노동

『파리 산업통계 1847~48』

이 글은 1984년 10월, 마운트 홀리요크 칼리지에서 열린 존 랙스 기념 강좌에서 처음 발표되었고 나중에 수정을 거쳐 다음과 같이 출판된 바 있다. "Statistical Representations of Work: The Politics of the Chamber of Commerce's *Statistique de l'Industrie à Paris, 1847~48,*" Steven Laurence Kaplan, Cynthia J. Koepp(eds.), *Work in France: Representation, Meaning, Organization, and Practice*(Ithaca, N.Y.: Cornell University Press, 1986), pp. 335-63. 코넬 대학 출판부의 허가를 받고 이 책에 실었다.

개인을 감시의 영역 안에 배치하는 동시에 기술記述의 망 속에
위치하게 하는 평가는 개인을 포착하고 고정하는 방대한 두께의
문서 속에 그들을 말려들게 한다.

▌미셸 푸코, 『감시와 처벌』

통계 보고서들은 7월왕정하의 프랑스 국내 정치를 뒤흔들었던 "사회문제"에 관한 논쟁에서 강력한 무기였다. 1830~48년 사이에 민간이나 공공기관의 조사enquêtes✛는 점점 더 자주 진행되었는데, 이는 보수파와 사회개혁파 모두 자신의 입장을 뒷받침할 증거를 수집하려 했기 때문이다. (무엇보다 도시와 새로운 산업 중심지들에서 노동자가 처한 상황과 관련된) 사회문제에 대한 분석과 개혁 프로그램들은 수치화된 표를 통해 가시화되고 범주화된 과학적 진리에 대한 주장에 기초해 있었다. 이 같은 접근법은 객관적인 과학의 힘에 대한 계몽주의적 신념에 기대고 있었고, 18세기 후반에 발전한 자료 수집 및 분석 방법을 사용했다.[1] 심지어 자료를 어떻게 수집하고 활용할 것인가를 두고 벌어진 논쟁에서 통계적 진실의 문제적이고 불확정적인 성격이 드러났음에도, 논쟁 당사자들은 통계적 진실의 객관성과 권위를 들먹였다. 19세기 초 프랑스에서 개진된 사회 개혁에 관한 담론은 논쟁의 여지가 없다고 여겨지는 통계적 사실을 제시함으로써 그 정

✛ 본문에 나오는 "조사"는 공화주의자나 사회주의자들이 자신들의 주장을 뒷받침하기 위해 실시했던 것으로 민간에서 진행했다. "산업조사"라고 표기하는 자료는 프랑스 정부 기관인 상공부Minister of Commerce에서 주도한 조사로 1839~47년 사이에 부정기적으로 실시되었다. 스콧이 주로 분석하고 있는 『산업통계』는 경제인들이 조직한 민간단체인 상공회의소Chamber of Commerce에서 1851년에 출간한 단행본 형태의 자료다.

당성을 확립했다.

통계학은 전례 없는 신뢰를 받았고, 부르주아 관료의 주장과 귀족 및 노동계급에 대한 그들의 비판을 정당화하는 데 사용되었다. 객관적 과학으로서 통계학의 지위가 의문시되는 일은 거의 없었다. 파리 경시청장인 루이 프레지에는 1840년에 파리의 위험한 계급에 관한 글을 쓰면서, 통계가 과장과 오류를 바로잡고 "계몽된 지성을 진리로 인도할"[2] 것이라 주장했다. 1836년 성매매 연구를 출간한 알렉상드르 파랑-뒤샤틀레는 자신의 연구 결과를 수치화해서 표현했음을 다음과 같이 강조했다. "나는 자료들을 수집하고 편집하면서 내가 다룬 모든 문제에 대해 수치적 결과를 제시하고자 엄청난 노력을 기울였다. 왜냐하면 오늘날 분별 있는 사고를 갖춘 자라면, 많이·자주·가끔·빈번히 등과 같은 표현에 만족할 수 없기 때문이다. …… 특히 신중하게 결정해야 하거나 중대한 결과를 초래할 …… 문제와 관련된 경우라면 더욱 그렇다."[3] 개혁을 추진할 수 있는 가장 좋은 방법에 대한 조언을 요청받았을 때, 소설가 외젠 쉬는 『인민 광장』이라는 노동자 신문 창간인들에게 "반박할 수 없는 수치와 사실들을 통해 노동계급의 현실을 폭로하라"[4]고 촉구했다. 또 다른 노동자 신문인 『아틀리에』의 편집자들은 다양한 업종의 임금, 근무시간, 생계비 정보를 취합해 한 국회의원이 제기한 "잘못된 주장"에 반박하려 했다. 사실과 수치는 자명한 진리로 기능했다. 그들은 오류를 범하고 있는 국회의원에게 "우리가 제시한 수치들은 분명히 검토해 볼 가치가 있을 것"[5]이라고 경고했다.

이 모든 조사는 경제생활과 사회생활의 다양한 측면에 대한 수많은 통계 정보를 남겼다. 역사가들은 이것을 당시 노동 세계와 노동자의 삶을 재구성하는 데 소중한 자료로 활용했다. 통계는 과거의 해석을 수정하고 새로운 해석을 만들어 내는 데 기반이 되는 확실한 양적 증거였다. 어떤 의미에서 우리는 19세기 논쟁에서 사용되었던 전제들을 액면 그대로 받아들이고 영속적인 것으로 만들었는데, 이에 따르면 수치는 그 어떤 근거 자료보다 더 순수하고 덜 주관적이다. 비록 양적 자료와 질적 자료, 수치 데이터와 문헌 증거, 과학적 분석과 막연한 인상주의적 분석, 해석의 여지가 없는 경성 기록과 다양하게 해석될 수 있는 연성 기록 사이를 위계적으로 대립시키는 일부 사회사가들의 언어는 수년 전과 비교할 때 설득력을 잃기는 했지만, 수치와 문자를 현저히 다르게 취급하는 경향은 여전히 남아 있다. 새로운 산업 중심지에 사는 노동자들의 비참함에 대한 프랑스 의사들의 상세한 설명에는 추정, 의견, 정치적 입장 등이 담겨 있기 때문에 반드시 해석이 필요한 것으로 간주된다. 반면, 그들이 인용한 숫자 ― 임금, 가족 규모, 사업장별 피고용인의 수 ― 는 기본적으로 (조사의 철저함, 자료 수집 및 산출 방법 등에 대해 순수하게 기술적인 관점에서 문제 삼는 것을 제외하고는) 아무 문제가 없는 것으로 받아들여진다. 통계 보고서에서 이 점은 더욱 잘 드러난다. 보고서의 목적과 특정한 맥락이 적절한 절차에 따라 기록되고 나면, 그것이 작성자 측의 이해관계와 관련돼 있다는 점은 거의 고려되지 않는다. 우리는 숫자들을 배열하는 범주는 의문시하지 않은 채 숫자만 뽑아내고, 표와 함께 제시된 설명 또한 똑같이 객관적이라고 받아들이며, 통계 보고서의 저자를 특정한 담론적 맥락에 위치 지을 필요를 거의 느끼지 못한다.[6] 이런 방식은 적어도 세 가지 결과를 낳는다. 첫째, 현실 자체와 그 재현과 같은 불가분의 통합된 문제를 분리할 수 있다고 가정한다. 둘째, 재현에 정치적 측면이 내재한다는 것을 부정한다. 셋째, 자료를 충분히 활용하지 못하게 만든다.

나의 목적은 인구 증가, 가구 규모, 노동인구의 성별과 같은 세부 정보를 담고 있는 통계 보고서의 유용성을 부정하려는 것이 아니다. 그보다는 통계 보고서들을 단순히 실증주의적으로 사용하는 것에 반대하고, 그것들이 재현하는 "현실"을 좀 더 상세하고 복잡하게 개념화해야 한다는 것이다. 즉, 통계 보고서에 나오는 범주와 결론을 문제화하고 맥락화하는 방식으로 그것을 독해해야 하며, 이는 다시 말해서 통계 보고서를 다른 역사적 텍스트와 구분하지 말아야 한다는 것이다.

통계 보고서는 완전히 중립적인 사실의 수집도 아니고 그렇다고 단순한 이데올로기적 강요도 아니다. 그보다는 사회질서에 대한 특정 시각의 권위를 확립하는 방식, 즉 "경험"에 대한 인식을 조직하는 방식이라 할 수 있다.[7] 적어도 18세기 이래로 숫자는 해석적 범주들이나 조직된 범주들의 진실성을 확립하기 위해 사용되었다. 그러므로 (마을이나 노동 장소가 아닌) 가구를 기준으로 한 인구통계를 보면, 그것은 그 자료를 제시하는 과정에서 "자연화된" 가족이라는 독특한 관념에 기반을 두고 사회조직에 대한 특정한 시각을 드러내는 동시에 그것을 구축한다. 다른 예로 1830, 40년대의 통계조사를 들 수 있는데, 이는 노동자와 노동 세계를 단순히 반영하기만 한 것이 아니라 그것들을 정의하고 의미를 부여했다. 누가 노동자를 대표하고 어떤 조건으로 대표하는지는 상당한 정치적 갈등의 쟁점이었다. 대표는 단지 선거권이나 시민권 위임의 문제가 아니라 현실 자체를 정의하는 권력의 문제였다. 이런 이유로 통계조사의 내용과 방법론에 대한 논쟁뿐만 아니라 서로 대립되는 의미를 가진 표현들을 둘러싼 논쟁 또한 급증했다.[8]

통계 보고서는 현실에 대한 시각과 사회구조에 대한 모델이 정교화되거나 수정되는 과정을 보여 주는 한 사례다. 보고서에 나오는 통계 수치들이 고정적이고 절대적인 것으로 보일지라도 — 대체로 그러하지만 — 사실 보고서의 내용에 대해서는 다양한 문제 제기와 해석의 가능성이 존재한다. 거기에는 저자가 추구하는 결론을 뒷받침하는 논의들이 내포돼 있다. 실제로 이런 통계 보고서를 읽을 때 가장 흥미로운 지점은 그 논증 방식에 있다. 왜냐하면 통계 보고서들은 정치적 담론인 동시에 정치적 담론 안에서 구성되는 것이기 때문이다. 그러므로 통계 보고서는 권력관계가 설정되고 예증되고 도전받고 실행되는 과정에 대한 귀중한 통찰을 제공한다.

이 장에서는 그런 보고서 가운데 하나인 『파리 산업통계 1847~ 48』[이하 『산업통계』]에 집중한다. 파리 상공회의소가 작성한 이 보고서는 1851년에 출간되었다.[9] 『산업통계』에 제시된 수치들을 통해 역사가들은 1848년 혁명 전야에 각종 산업의 규모를 가늠하고 그 조직 형태를 묘사할 수 있었다. 지금까지 연구되지 않은 부분은 『산업통계』가 노동자들의 세계와 그들의 노동을 어떻게 해석하고 있는지에 관한 것이다. 나는 이 부분을 연구하고자 하며 『산업통계』의 내용뿐만 아니라 그것이 제시된 형태와 논의의 수사적 구조까지 분석하려 한다. 나는 우선 『산업통계』를 역사적이고 정치적 맥락 속에 놓아 볼 것이다. 즉, 1830, 40년대 노동자 상황에 대해 진행 중이었던 논쟁의 한 부분으로서 『산업통계』를 보는 것이다. 그 다음으로 자료 제시를 위해 사용된 분류 범주를 살펴보고 이것이 당시의 정치경제학 이론에 의거한 방식, 그리고 자신의 주장을 뒷받침하기 위해 과학의 권위를 이용한 방식을 드러내려 한다. 마지막으로 나는 보고서의 저자들이 직접적으로 혹은 은유적으로 성적인 것을 언급함으로써 자신들의 해석을 수용하도록 독자들을 설득하려 시도한 방식을 분석한다. 내 결론은 『산업통계』가 특정 정치적 주장을 정당화하기 위해 통계학과 과학을 사용했다는 것이다. 결국 이 글은 『산업통계』가 말하고 있는 내용 그 자체보다 그것이 정치적 담론으로서 **어떻게** 작동했는지를 다룬 것이다. 『산업통계』의 내용에 대해서는 19세기 프랑스사를 공부하는 학생들이라면 이미 잘 알고 있을 것이기 때문이다.

I

오늘날 노동계급은 잘못된 사상에서 벗어나 현실을 직시해야만 한다.

▪ 『산업시보』, 1848년 7월 2일

파리 상공회의소는 사업가, 공장주, 경제학자들로 구성된 엘리트 집단이었다. 이는 1803년, 센현의 지사가 현 소재지의 경제문제를 감독할 15명의 위원을 선출하기 위해 60명의 사업가 보임을 만들면서 설립되었다. 그 후 회원 수는 (15~20명 사이로) 그때그때 달랐고, 이사회에서 신입 회원을 뽑았으며, 매년 3분의 1의 회원이 교체되거나 재임명되었다. 회의소는 반자치 기구로 최종적으로는 내무부 장관의 소관이었다. 회의소는 우리가 관심을 두고 있는 시기인 19세기 상반기 동안 기업과 정부 사이의 긴밀한 협력을 가능하게 했을 뿐만 아니라 그것을 상징하기도 했다.[10]

상공회의소는 1848년 후반기 사회적 긴장감이 고조되는 가운데 『산업통계』 작업에 착수했다. 비록 보고서의 서문에 조사 시기에 대한 설명은 나오지 않지만, 이 작업은 "우리나라에서 그토록 심각한 문제인 도덕적 질서의 재확립"[11]에 기여하고자 한 것으로 보인다. 1848년 2월혁명의 지도자들은 공화국 건설에 매진하고 있었다. 6월에 발생한 한차례 봉기는 국가 지도자들에게 사회혁명이 얼마나 위험할 수 있는지를 보여 주었다. "가족, 재산, 국가 — 모든 것이 철저하게 타격을 받았다. 19세기의 문명 그 자체가 이 새로운 야만인들의 폭동으로 위협받고 있다."[12]

"새로운 야만인들"은 정부가 지원하는 국민작업장 폐쇄에 항의하기 위해 거리로 뛰쳐나온 파리 노동자들이었다. 국민작업장은 실업자들을 구제하기 위해 마련된 곳이었다. 시위자들이 볼 때 작업장 폐쇄는 자신들이 도왔던 2월혁명, 곧 왕정을 공화정으로 바꾼 혁명의 원칙을 정부가 배신했음을 보여 주는 것이었다. 정부는 그 시위를 공화국에 대한 위협으로 간주하고 루이 외젠 카베냐크 장군이 지휘하는 군대를 파견해 질서를 회복하고자 했다.

봉기 진압 이후 몇 주 동안 정부 지도자로서 비상 지휘권을 장악한 카베냐크 장군은 질서의 영구적인 회복을 위해 사업가, 정치가, 사회과학자들의 도움을 받았다. 그는 파리의 여러 구에 있는 공장주들을 만나 6월 봉기의 원인을 분석해 보고서로 제출하도록 했고,[13] 정부의 노동위원회에 경제 회복을 촉진할 방안을 검토하고 실업자 구제책을 제시하도록 요구했으며,[14] 사회문제를 연구하고 정책을 제안하는 학자들의 반관반민 조직인 도덕정치학아카데미에도 협조를 요청했다.[15] 이 집단들은 모두 노동자들의 물질적 상황이 개선되어야 한다고 생각했지만, 이념의 중요성 역시 강조했다. 상공업자들의 이익을 대변했던 『산업시보』의 표현에 따르면 "통제되지 않는 야망"을 자극하는 "잘못된 사상"과 전직 정부 관료였던 일부 사회주의자들의 터무니없는 약속으로 말미암아 "경솔할 정도로 격앙된 개혁에 대한 갈망"을 전면적으로 공격할 필요가 있었다. 노동자들의 이미지가 제어 불가능할 정도로 격정적이고 착각에 빠져 정신 못 차리는 야만인 같은 것일지라도, 그들을 훈육할 가능성은 있었다. "현실"을 직시하게 되면 잃어버린 균형 감각을 되찾게 될 것이었다. 노동자들에게 그들의 상황이 그렇게 비참한 것이 아니고 산업이 필연적으로 빈곤을 낳는 것도 아니며, 사실 "총명하고" "근면한" 사람은 노력을 통해 개인의 발전과 집단의 성장을 이룰 수 있다는 것을 보여 줄 필요가 있었다. "이제는 좀 더 점잖은 말투와 건전한 판단으로 돌아가야 한다. 다행히도 그동안 쏟아졌던 모든 저주가 우리 사회에 합당한 것은 아니다. 의심의 여지 없이, 이 사회에는 [사회 상황을] 개선할 방법이 아직 있고, 우리는 그것을 해낼 것이다. …… 하지만 오늘날 강화돼야 하는 것은 의무감과 양심의 지배력이다."[16]

상공회의소는 『산업통계』에서 파리 경제조직의 "현실"에 대한 청사진을 제시했다. 통계라는 단어를 제목에 사용함으로써 이 보고서는 행정적 용도로 정기적으로 제공되는 공식적인 자료를 모은 것이며, 그렇기 때문에 매우 정치색이 강했던 1848년 5월의 조사와 완전히 다른 것임을 나타냈다.[17] 저자들은 이 보고서가 기존의 조사들보다 우월하다는 것을 입증하기 위해 명시적으로 이를 역사적 맥락 속에 위치시키면서 이전부터 논란을 일으켰던 여러 문제들을 은연중에 환기했다.[18] 이를 통해 그들은 인과관계와 관련한 어떤 주장이나 정치적 입장들이 자신의 연구에 영향을 미쳤다는 사실을 인정할 필요 없이, 이런 쟁점들에 대해 말하고 견해를 밝히며 해답을 제시할 수 있었다. 객관성이라는 미명 아래, 『산업통계』는 산업자본주의가 프랑스 노동자들의 삶에 끼친 영향을 어떻게 평가할지를 두고 오랫동안 벌어진 정치적 논쟁을 매듭지을 수 있는 최종 발언권을 갖고자 했던 것이다.

이 논쟁은 적어도 당시 프랑스 사회에 존재했던 세 집단과 관련이 있었다. 첫 번째는 개인적으로 사회를 조사하고 연구한 이들이다. 이들 중에서도 도덕정치학아카데미의 의사들이 가장 유명했는데, 이들은 숙련된 과학적 시선으로 산업 노동자들이 정신적·육체적으로 피폐해져 가는 모습을 상세히 평가하고 기록했다. 이들은 산업 중심지에서 발견되는 범죄, 악, 나쁜 건강 상태가 특정 노동조건과 고용주의 관행에서 비롯되었다고 보았다. 그래서 의사 루이 빌레르메는 1840년에 발표한 한 연구에서 사회 무질서의 근본 원인으로 세 가지 "유해한 관행"을 언급했다. 첫째는 공장에서 남녀가 섞여 일하는 것으로, 이는 도덕적 타락을 가져온다. 둘째는 장시간에 걸친 아동노동으로, 이는 아동의 건강을 파괴한다. 그리고 셋째는 일부 고용주가 노동자에게 대출로 임금을 가불해 주는 관행으로, 이는 낭비와 빈곤을 야기한다.[19] 이들이 작성한 논문들은 대체로 개혁 — 자선 사업, 저축은행, 교육, 위생적 주택 — 을 주장하거나 보호 법안 — 예를 들어, 대형 공장에서 일하는 아동의 노동시간을 10시간으로 제한한 1841년의 아동노동법 — 을 주장했다. 이들은 개혁의 필요성을 주장했고 그 주장은 대개 성공적이었지만, 1830년과 1840년의 사회조사 기록은 노동자들이 도덕적으로 취약하고, 사회적으로 의존적이며, 부패와 악에 쉽게 빠진다는 식으로 노동계급에 대한 강렬한 이미지를 만들어 내기도 했다. 신뢰할 만한 노동계급과 위험한 노동계급 사이의 차이를 만드는 요인으로는 여러 가지가 거론되었다. 특히 가정이나 작업장이 지리적으로 안정돼 있는지, 온전한 가족을 갖고 있는지, 그리고 가족과 유사한 구조로 일하고 있는지가 주요 요인으로 언급되었다.

두 번째는 노동자 대표들로 구성된 집단이다. 이 집단은 1830년대에 자신들이 발간한 신문을 통해 노동계급이 처한 빈곤의 실상은 그것을 직접 겪은 이들이 밝혀야 한다고 주장하기 시작했다. 곧 외부 관찰자들은 노동계급 삶의 세밀한 상황을 제대로 이해할 수 없으며, 정확한 정보와 해석은 그것을 직접 경험한 자의 증언 형태로 제시되어야 한다는 것이다. 이들은 자본의 집중이 숙련 직종의 쇠락, 임금노동자들 간의 경쟁 심화, 임금 저하 및 가계 고통 증가의 원인이라고 맹비난하면서 도덕적 실패 때문이 아니라 자본주의 때문에 숙련공들의 삶과 노동이 훼손된 것이라고 주장했다. 『아틀리에』와 『르 포퓔레르』의 칼럼, 플로라 트리스탕의 글 「노동조합」과 루이 블랑의 글 「노동 조직」 등은 이런 문제들에 정부가 관심을 기울이고 노동자들의 이해관계가 정치적으로 대표되어야 한다고 촉구했다.[20]

"사회문제"에 관한 논쟁에 참여한 세 번째 집단은 정부 측 조사관들이었다. 이들은 (대체로 고용주나 상공회의소의 입장에서) 산업 성장, 임금, 고용 유형에 관한 통계자료를 수집했다. 이들이 밝힌 관심사는 경제활동을 계속 추적하는 것이었는데, 그것이 국가 번영을 입증하기 때문이었다. 이들에게 노동자들이 처한 상황은 우선적 관심사가 아니었다. 그들은 경제성장으로 말미암아 궁극적으로 모든 사람이 이득을 얻을 것이라고 가정했다. 1820년대에 노동자들에 대한 정보는 생산 비용을 계산하기 위한 일환으로 수집되었다("인력 가격"이 나중에 "임금"으로 명명될 칸에 달린 제목이었다).[21] 이 야심 찬 산업조사는 1839~47년까지 상공부에 의해 산발적으로 불완전하게 이루어졌다. 애초의 계획은 총 기업 수를 파악하고 노동자

수와 그들의 임금을 모두 기록해 경제 상황에 대한 종합적 견해를 제시하는 것이었다. 추정컨대, 이는 적어도 부분적으로는 경제 재조직화 또는 개혁을 호소하는 목소리가 어느 정도 타당한 것인지 평가하고 이에 응답하기 위한 하나의 수단이었을 것이다.[22] 하지만 산업에 초점을 맞추는 것은 노동자와 노동의 조직화라는 문제의 중요성을 부정하는 것이었다.

이 문제의 중요성은 1840년대 들어 노동계급의 빈곤이나 위험성에 대한 보고서들이 출판되고 파업의 규모나 빈도가 증가함에 따라 높아진 것으로 보인다. 개혁을 요구하는 정치 캠페인이 이 시기에 점점 격렬해졌는데, 공화주의자들은 이런 캠페인을 통해 정부가 노동문제에 주의를 기울여야 한다고 호소했다. 이들은 현재의 경제적·사회적 데이터에 대한 무시와 편견을 맹렬히 비난하면서 노동과 노동조건에 대한 정부 차원의 조사를 통해 노동자들의 문제를 공식적으로 인정할 것을 촉구했다. "조사는 사회 개혁을 **어떻게** 할지가 아니라 정치 개혁이 **왜** 필요한지 묻게 될 것이다."[23] 공화주의자들과 사회주의 진영의 대변인들은 이 산업조사를 1789년 프랑스혁명 전야에 다양한 사회집단이 작성했던 고충 목록인 삼부회의 진정서에 비유했다.[24] 그들은 이런 기록 안에 자명한 진실이 담겨 있다고 주장했다. 그것이 도덕적으로 타락한 노동계급의 이미지를 지우고 노동자의 경제적 권리와 정치적 권리가 연결되어 있음을 인정하게 해줄 근거를 마련해 준다는 것이었다.

산업조사를 통해 노동자 문제를 공식적으로 인정하라는 주장은 1848년 2월에 분명 성공을 거두었다. 당시 대중들은 "노동할 권리"를 주장하며 7월왕정을 타도하고 제2공화국을 수립하는 데 일조했다. 그러나 새로운 정부의 지도부는 성인 남성의 보통선거권만으로 개혁은 충분하다고 보았으며, 국가 행정에 대한 노동의 영향력을 확대하기보다 제한하려 했다. 논쟁의 중심에는 근본적인 경제 변화를 시행할 수 있는 권력을 가지게 될 노동부 장관을 임시정부에 둘 것인가의 문제가 있었다. 임시정부 내 다수는 시종일관 이 요구에 반대하면서 상징적인 제스처만 취했다. 그런 상황 속에서 노동자 알베르와 사회주의자 루이 블랑이 제2공화국 첫 번째 임시정부에 [대의원으로] 참여하게 되었고, "노동권"이 기본 원칙으로 선언되었다. 루이 블랑은 [노동부 대신 구성된] 뤽상부르위원회의 위원장으로 임명되었는데, 이 위원회는 노사분규를 조사하는 역할을 했지만 입법권과 예산권은 배정받지 못했다. 이와 다른 위원회가 노동자 협동조합에 예산을 분배했고, 공공 사업부 장관이 혁명 이후의 대규모 실업 문제를 완화하기 위한 임시방편이었던 국민작업장을 총괄했다.

마지막 제스처는 1848년 5월에 나타났다. 국민작업장에 불만을 품은 수천 명이 참여한 5월 15일의 시위 이후에, 루이 블랑은 다시 한 번 노동부 설치를 요구했다. 블랑은 정보와 권력을 가진 각료가 경제적·사회적 문제들에 분명하게 대처하고 혁명의 약속을 실현해야 한다고 주장했다. 보수적인 제헌의회는 블랑의 요구를 거부했고, 대신 농업과 산업 분야 노동에 대한 조사에 착수할 것을 의결했다. 7월왕정하에서 급진적 요구였던 노동에 대한 조사가 1848년 5월에는 노동자의 이해관계에 대한 정부의 지지와 정치적 영향력 행사를 거부하기 위한 보수적 술책이 되었다. 게다가 일부는 이 조사가 노동자들의 불평 중 가장 과장된 것들에 대해 반박할 수 있는 정보를 제공해 줄 것이라 생각했다.[25]

그럼에도 불구하고 이 산업조사는 정치적 타협의 산물이었기 때문에 다양한 입장과 태도를 반영했다. 이는 노동계급의 극히 급진적인 정치적 요구를 저지하기 위해 고안된 것이었지만 그 질문 항목이나 분류의 범주, 실행 계획은 고용주와 이해관계가 상충하는 것이 명백한 노동계급의 존재를 인정하고 있었다. 29개 문항으로 이루어진 질문들은 거의 모두 1848년 노동자들의 노동조건과 삶에 집중돼 있었다. 공장주의 자본의 원천, 생산조직, 거래량, 상업 활동의 가치 등에 대해서는 묻지 않았다. 반면 새로운 일자리는 어떻게 창출될 수 있을지, 수녀원과 감옥에서 진행되는 대량생산이 장인들과 불공정한 경쟁을 하고 있지는 않은지, 그리고 수많은 가난한 노동자 가족의 삶을 개선하기 위해 어떤 조치를 취해야 할지에 대한 질문들이 있었다. 더욱 놀라운 것은(특히 나중에 실시된 상공회의소의 『산업통계』와 비교해 볼 때) 개념을 규정하려는 의식적인 시도가 없었다는 점이다. 도제제도, 소득, 생계비, 거주 상태, 종교적·도덕적 교육 등에 대한 질문에 답하는 자가 (노동자와 고용주를 불문하고) '노동자'라는 개념의 의미를 이미 알고 있다고 가정한 것이다. 그뿐만 아니라 조사위원회는 노동자와 고용주에게 공통된 문항의 질문들을 하면서도 그에 대한 응답은 서로 다를 것이라고 가정하고 있었다. 산업조사는 그 자체가 타협의 산물이었기 때문에, 1848년 혁명 와중에 출현한 계급 갈등의 존재를 인정하고 있었던 것이다.[26]

산업조사를 전담했던 위원회(노동위원회)는 이 일이 야기할지 모를 일촉즉발의 상황을 정확하게 인지하고 있었고, 처참한 정치적 결과를 피하고자 했다. 위원회는 정보를 수집할 지역대표들을 선정하는 방식에 대해서도 신중하게 고민했고, 대표 선출을 위한 선거가 노동자들 사이에서 실시되면 이를 위한 집회가 더 많은 거리 시위의 구실이 될 수 있다는 파리 시장의 경고도 진지하게 받아들였다. 위원회 구성원들은 분노한 노동자 대표단의 목소리에 귀를 기울였는데, 노동자 대표단은 이 위원회를 정보 수집에 집중하는 중립적 기구라기보다는 노동자 자신의 불만을 토로하고 그것을 해결하기 위해 개최된 회의라 여기고 있었다. 위원회 위원들은 노동자들의 행동 가운데 점잖고 예의 바른 것을 공개적으로 칭찬하고, 적대적이고 충동적인 것을 비난함으로써 이들의 행동에 영향력을 행사하려 했다. 해당 정보의 원천이 편향적일 수 있음을 암묵적으로 인정한 채 진행된 조사는 정치적 영향력을 행사하기 위한 도구로 인식될 수밖에 없다. 이런 이유로 위원회는 처음에는 신중하게 움직였고, 6월 봉기 후에는 조사 작업을 완전히 중단했다. 그 대신 위원회는 다른 문제로 눈을 돌려 노동자들에게 깨끗한 주거 환경과 저축 기관을 제공하고, 버림받은 아이들, 고아, 범죄를 서지른 청소년을 수용하는 농업 집단 거주지✦를 건설했으며, 1841년에 채택된 아동노동법을 개정해 합법적 노동시간을 연장했다. 이 모든 조치는 노동자들의 요구 사항을 해결하기 위한 것이 아니라, 도덕적 감독과 사회통제의 형태로 대안적 해결책을 제시하기 위한 것이었다.[27]

이것이 상공회의소의 『산업통계』가 등장하기까지의 역사적·정치적 맥락이다. 정부가 후원한, 노동과 노동환경에 관한 조사는 단순히 정보를 얻으려는 것이 아니라 노동자들의 요구에 영향을 미치려는 의도를 보여

✦ 가정이 없거나 가정에서 버려진 아이들, 범죄를 저지른 아이들을 농업 노동을 통해 규율하고 갱생시키기 위한 집단 거주지로 주로 민간이 운영했으며, 아이들 내부의 위계질서, 엄격한 하루 일과, 폭력 사건 등으로 문제가 많아 20세기 초에는 거의 폐지되었다. 푸코가 『감시와 처벌』에서 다루고 있는 파리 소년 감화원이 대표적인 사례다.

줬다는 점에서 정치적 의미가 컸다. 상공회의소는 정보와 정치 사이의 이같은 연관성을 부정하려 했기 때문에, 모든 정치적 논쟁과 무관한 객관적 상황을 다루었다고 간주될 만한 보고서를 준비했다. 질문 목록은 1848년 5월에 진행된 것과는 달랐다. 중립적인 유급 조사관들은 데이터 수집을 위해 공장과 작업장, 가정을 방문했다. 이들은 어떻게 하면 상황이 개선될 수 있는지에 대한 의견을 묻지 않았다. 단지 상황 설명만을 원했다. 이들의 질문의 초점은 노동이 아니라 산업에 있었다. 실제로 『산업통계』가 다루고 있는 대부분의 정보는 노동자에 관한 것이었으나(표로 제시된 자료의 4분의 3이 노동자들에 관한 것이었다) 그 구조는 노동자들을 — 그들이 속한 산업에 배치하기 위해 — 보고서의 표면적 관심사인 경제에 종속시킨 것으로 보였다.

다소 놀랍게도 그리고 어떤 실질적인 설명도 없이, 상공회의소는 사람들이 1847년을 회고하며 말한 정보들을 엮어서 [보고서를] 편찬하기로 결정했다. 1848년 6월에 기획되고, 그 후 몇 달에 걸친 조사 끝에 완성된 이 보고서는 혁명의 영향을 추산하려는 목적이 있었을 수도 있지만 그런 용도로 편찬된 것 같지는 않다. 실제로, 표로 제시된 1847년의 데이터와 1848년 특정 업계들의 실제 고용 상황에 대한 비교는 보고서에 간혹 한 번씩 등장할 뿐이었다. 오히려 당시 사태를 되돌려 놓을 좀 더 정상적인 상태를 포착하는 게 중요했던 것으로 보인다. 이런 관점에서 보면 『산업통계』는 경제 재건 계획을 제시하는 동시에 겁먹은 투자자들에게 최근 몇 달간의 혼란이 파리 경제의 평소 상태가 아닌 일탈임을 보여 주는 하나의 방법이었다.

보고서의 구성 방식은 안정감과 통제된 느낌을 준다. 보고서를 읽으면서 받게 되는 시각적 인상은 정확성과 질서다. 보고서는 파리의 여러 산업 분야(의류, 식료품, 화학, 건설 등)를 다룬 총 13개 장으로 구성되었다. 각각의 장에는 개별 기업들이 기술되었다. 규모가 다른 기업들의 평균 가치, "고용주"의 수, 그들이 고용한 노동자의 나이와 성별 및 숫자, 노동 장소, 일평균임금 등의 수치가 제시됐고, 표 아래에는 설명을 달아서 이에 대해 상세히 서술했다. 각 기업에 대한 기록은 그 정보에 따라 몇 개 항으로 나뉘었다. 먼저 해당 기업의 노동 기술과 조직에 대한 논의를 시작으로, 도제 관행, 평균임금, 고용의 계절적 변화 등에 관한 상세한 설명이 이어졌다. 마지막 부분에서는 노동자들의 "도덕과 관습"이 다뤄졌는데, 여기서는 특정 부류의 노동자 집단이 번영하거나 실패하는 이유를 설명해 주는 성격 특성과 행농 유형이 검토되었다. 이 마지막 부분은 기술과 임금에 대한 논의와 마찬가지로 중립적인 어조를 취했다. 노동자들이 절약 정신이 없고 방탕하다는 언급은 ― 우리는 이것을 해석으로 이해하지만 ― 다양한 수치적 사실과 마찬가지로 입증할 수 있는 사실로 제시되었다.

『산업통계』의 분류 체계에서는 생산·판매되는 공산품의 종류나 육체노동을 통해 제공되는 서비스(신발 수선, 세탁 등)의 유형에 따라 모든 정보를 정렬했다. '산업'은 생산 활동뿐만 아니라 기업 활동을 의미하기도 했다. 사실 이 보고서의 저자들은 용의주도하게 노동의 세계를 기업가의 세계로 설정하고 정당화했다. "기업"의 책임자로 나열된 이들은 다음과 같다. ① 모든 자영업자. ② 1인 이상의 피고용인을 두고 주문을 받아 물품을 생산하는 모든 개인(이때 피고용인이 고용인의 가족인지 급여를 받는지 여부는 상관없음). ③ "부르주아 고객"의 주문을 받고 물품을 생산하는 모든 개인(남성복 재봉사, 여성복 재봉사, 심지어 세탁부도 이 범주에 포함). ④ 몇 개의 다른 공장에서 주문을 받아 물품을 생산하는 모든 개인. 보고서의 저자들은 마지막 두 개의 범주를 "단순 가내노동자"로 볼 수도 있다고 인정했지만, 정확한 집계를 위해서는 기업가로 지정할 필요가 있다고 주장했다. 공방에 나가서 일하든 집에서 일하든 한 명의 고용주에게 고용된 노동자는 고용주에 의해 집계되는 반면, 한 명 이상의 고용주를 위해 일하는 노동자는 두 번 계산되거나 아예 계산에서 빠질 수도 있었다. 이런 문제에 대한 해결책은 그런 노동자들을 사업 규모가 아무리 작다고 해도 사업자로 정의하는 것이었다.[28]

이런 식의 분류는 파리 인구 가운데 자신을 노동자라 생각하는 사람의 수를 대폭 줄이는 결과를 낳았다. 『산업통계』의 정의는 2월부터 6월까지 클럽, 시위, 생산자 연합에 가담한 가난한 장인, 독립장인, 대형 업체에 고용된 숙련공 등을 하나로 묶은 계급 일체감을 — 그들 모두 자신을 노동자 또는 프롤레타리아라고 불렀음에도 불구하고 — 부정했다. 노동자와 고용주를 모두 '기업가'industriels — 산업 생산자 — 라고 부름으로써『산업통계』는 노동자와 자본가를 날카롭게 구분하는 사회주의적 용법을 거부했고, 이를 통해 초점을 생산관계에서 생산 활동이라는 단순한 사실로 옮겨 가게 했다. 중립적인 분류 조건들은 이런 방식으로 경제조직에 대한 특정한 그림을 제시했다. 더욱이 이 그림은 보수적 정치 신념과 결부된 것이었다.[29]

사회주의자들의 수사 속에서 묘사되고 6월 봉기에서 행동으로 옮겨졌던 갈등 대신에 이 보고서는 중립적인 것처럼 보이는 그림을 제시했는데, 그 안에서 (소유, 경영, 기술, 성별, 나이 등에 따른) 위계 관계는 생산 질서 자체의 한 부분이며 높은 품질과 효율적인 시장 적응을 보장하는 것으로 그려졌다. 이런 설명에서 갈등은 생략되었다. 갈등은 질서의 비정상적인 측면으로, 갈등의 원인은 구조와 무관한 것으로 묘사되었다. 이에 따르면 파리의 경제는 부지런한 작은 기업가들로 구성된 세계였다. 저자들은 자랑스럽게 이 기업가들의 기술, 독창성, 기량 등에 대해 언급했다. "이들의 다양하기 그지없는 생산품들은 전 세계에 명성을 떨치고 있다. …… 생산자들은 변덕스러운 유행이나 우아한 세계의 기호를 이끌기도 하고 따르기도 한다. 활기차고 지적인 노동자들은 빼어난 기술로 모든 디자인 변화에 빠르게 적용한다."[30]

『산업통계』는 1847년 이후의 정보를 수집해 신중하게 범주화하고 열거하는 형식을 통해 파리 경제생활의 "현실"을 제시했다. 암묵적으로는 사회주의 혁명가들의 급진적 주장을 반박하면서 그것이 위험한 환상이거나 오해임을 보여 주었다. 『산업통계』는 사회주의자들이 제시한 것과는 전혀 다른 모델을 구축하고 그것을 정당화했다. 이 모델을 따라야 경제적·정치적·도덕적 질서가 회복될 수 있다는 것이었다. 이런 노력 속에서 『산업통계』는 그 정확성과 진실을 보장하는 방법론적·이론적 지침으로서 정치경제학을 원용했다.

II

통계는 사실에 대한 정치경제적 검증이다.

▮ E. 뷔레, 『불행에 대하여』(1840)

상공회의소는 조사 작업을 총괄하기 위해 정치경제학이라는 과학 분야를 선도하는 대변인을 선정했다. 오라스 에밀 세(1794~1860)는 그 이름만으로도 프랑스 자유주의 학파를 상징했다. 그의 아버지 장-밥티스트 세는 프랑스에 애덤 스미스의 이론을 소개하고, 경제 발전에서 시장이 수행하는 역할에 대해 자신의 해석을 덧붙인 인물이었다. 실제로 프랑스에서 정치경제학을 대표할 수 있는 이름이 하나 있다면 그것은 선도적인 프로테스탄트 가문의 자손인 장-밥티스트 세일 것이다. 오라스 세는 제네바에서 유학했고 수년간 대형 상사에서 일하면서 미국과 브라질로 출장을 다녔다. 1831년에 센현의 상업 재판소 재판관으로 임명되었고, 1834년에 파리 상공회의소 일원이 되었다. 그는 파리 시의회에서 활동했으며 1846년에는 파리 행정에 관한 책을 출간하기도 했다. 1848년에는 상공회의소 간사로 일했다. 파리의 자유주의적 부르주아 정체성을 가진 세는 1849년에 프랑스 최고행정법원Conseil d'état에 합류했으며 1851년, 나폴레옹 3세의 쿠데타 이후에 자리에서 물러났다. 사업과 행정을 아우르는 그의 경력은 7월왕정 때부터 제2공화국 시기까지 지속되었던 상업과 정치 사이의 긴밀한 관계를 보여 주는 전형적인 예다.

오라스 세는 아버지의 가르침을 헌신적으로 전파했다. 1842년에는 정치경제학회를 설립했으며, 1830년대와 1840년대 전반에 걸쳐 아버지의 저작을 수정하거나 자신의 해설을 덧붙여 여러 편집본을 발간했다. 오라스 세 본인의 저작 중에서는 아마『산업통계』가 가장 뛰어난 업적일 것이다.『산업통계』로 그는 1853년에 도덕정치학아카데미로부터 통계상을 수상했는데, 제국의 경제정책을 아직 만들어 가고 있던 시기에 이는『산업통계』에 엄청난 권위를 부여했다. 오라스 세가 1857년, 프랑스 학술원 회원으로 선출된 것도 아마 이 수상이 일조한 덕분일 것이다.[31]

오라스 세를 보좌한 것은 그의 아들인 장-밥티스트 레옹 세(1826~96)

였다. 레옹 세는 부르봉 대학에서 수학한 후 철도 행정가로 일했으며, 그 또한 할아버지 이론의 적극적인 지지자였다. 그는 『정치경제학 사전』을 집필했으며 자유무역과 개인의 자유를 옹호하는 글을 썼다. 1848년 2월 이후에는 파리 국민방위군에 들어가 6월 봉기를 진압하는 데 참여했다. 카베냐크의 충실한 지지자로서 그는 보나파르트를 지지하는 더 보수적인 세력에 맞서 1848년 12월의 대통령 선거에서 카베냐크 장군의 선거운동을 도왔다. 레옹 세는 1871년 센현의 지사가 되었고 1890년대에는 재무부 장관을 지냈다. 이 시기 동안 그는 보수적 공화주의자로서 가문의 신조에 따라 자신의 정책을 추진했다.[32] 1878년 자유주의 경제학자 프레데릭 바스티아Frédéric Bastiat를 위한 추도사에서 레옹 세는 그가 느끼기에 이데올로기의 선상 같았던 1848년을 다음과 같이 회고했다. "1847년에는 보호주의 체제를 반대하는 데 모든 정치경제학적 노력을 기울였고, 1848년에는 새로운 적대 세력과 맞서야만 했다. 이번에는 사회주의자들과 싸우고 있었던 것이다. …… 심각한 전투들이었다. 상업의 자유니 보호주의니 하는 것들은 부차적인 일이 되었고, 이제 개인의 자유가 가장 중요한 원칙이 되었다. 우리는 전 인류를 국가로 흡수해 버릴 뻔한 그 새로운 범신론으로부터 개인을 구출해야만 했다."[33]

『산업통계』는 정보를 제시하면서 노동자의 곤경에 대한 대안적 해석들을 다루었지만 그것을 인정하지는 않았다. 정치경제학은 과학의 지위를 주장하는 학문이었기 때문에 인간이 구성하거나 통제할 수 있는 영역 밖에 존재하는 진리 값을 주장하는 것이었다. 장-밥티스트 세는 일찍이 다음과 같이 썼다. "정치와 도덕과학의 일반 법칙은 논쟁의 대상이 아니다. …… 이것은 물리적 세계의 법칙만큼이나 확실히 사물의 본질에서

기인한다. 우리는 그 법칙들을 상상하는 것이 아니라 발견한다."[34]

그의 추종자들은 이 같은 추론을 받아들였으며, 모순되거나 혼란스러운 세부 사항을 설명하는 데 필요한 해석을 자신들의 과학이 갖는 확실성 속에서 찾아냈다. 실제로 『산업통계』에서 이들이 채택한 방식은 정보를 면밀하게 검토해, 일반적인 도식에 맞지 않아 보이는 경우 그것에 대해 토론하고, 이후 정보와 설명 범주들 사이에 긴장이 생겼을 때는 [자신들이 추종하는] 이론의 원칙이나 법칙을 언급하며 해결하는 것이었다. 보고서에서 사용된 기본적인 개념의 경우도 이와 같았다. 생산 활동이 곧 산업이라고 정의 내린 것이나, 일부 노동자를 비롯해 다양한 생산자들을 기업가 혹은 산업의 책임자chef로 지칭한 것이 그 예다.

보고서의 초점을 산업에 둔 것도 장-밥티스트 세의 논조를 그대로 따른 것이었다. 『정치경제학 개론』[이하 『개론』]에서 그는 노동이라는 개념이 생산을 묘사하기에 너무 제한적이라고 설명했다. 노동은 단지 근력이 필요한 노동이나 육체적 힘만을 의미했다. 가치 창출을 위해서는 자연과 경제에 대한 지식과 이런 지식의 실행(생산을 조직하고 상품과 서비스를 판매하는 등) 또한 중요한데, 이런 것들은 노동에 포함되지 않았다.[35] 산업에 종사하고 있는 사람들은, 비록 남성복 재봉사, 제화공, 여성복 재봉사, 세탁부처럼 육체노동을 하고 수입이 매우 적은 사람들이라 해도 기업가였다. 장인에게 요구되었던 훈련, 재능, 숙련은 그들이 자영업자 또는 잠재적 자영업자이며, 산업과 노동을 구별하는 기준이 되는 사고 활동과 상업 활동에 참여하고 있음을 의미한다. 장-밥티스트 세는 기업가가 생산과 교환의 네트워크에서 매우 중요한 역할을 한다고 보았다. 그들은 "숙련을 발휘할 기회를 만나게 되었을 때" 큰 이윤을 얻었으며, "재산을 크게 모은" 경우도 많았다.[36] 만약 기업가가 된다는 게 신분 상승과 삶의 지속적인 개선 가능성을 의미한다면, 기업가가 많을수록 자본주의의 약속과 개인의 경제적 발전 사이의 연관성은 더욱 확실해진다. 반대로 노동자가 된다는 것은 본질적으로 정체된 지위에 놓인다는 뜻이었다. 노동자라고 불리는 사람들은 비숙련노동자였다. 이들은 다른 사람의 감독 아래 일을 했으며, 임금을 받는 대신 생산에서 창출된 이윤 가운데 자기 몫을 빼앗겼다.[37] 문명이 발달함에 따라 노동자들의 삶이 집단적으로 나아질 수도 있겠지만, 개인의 계층 이동을 기대할 수는 없었다.

『산업통계』는 장-밥티스트 세의 용어들을 사용해, 산업의 책임자를 세 가지 범주로 ― 10명 이상을 고용한 자, 2~10명을 고용한 자, 1명만 고용했거나 피고용인이 없는 사 ― 구분해 표에 제시했다. 그중 마지막 범주에는 사업 "주"를 도와 일하는 그의 가족 구성원도 노동자에 포함시켰다. "아내와 함께 일하는" 세탁부의 남편, 제화공이나 재단사의 아이·친척·부인 등이 모두 노동자로 간주된 것이다.[38] 가족이 같이 일하는 경우에는 그것이 (제과점·정육점·유제품점과 같이) 완전히 독립적인 사업체든 (생산 건수에 따라 임금을 받는 제화공이나 의류 노동자와 같이) 공동으로 임금노동을 하는 경우든 모두 위와 같은 이유로 소기업으로 간주되었다.

통계표가 소규모 사업에 대한 인상을 고정했다면, 여기에 덧붙여진 설명은 어떤 범주의 기업들에 그 개념을 적용하는 것은 문제가 있음을 인정하는 것이었다. 대체로 임금에 관한 부분에서 저자들은 "고용주"employer나 "사업주"head of the business라는 용어가 수많은 남녀 상인들의 상황을 정확하게 표현하지 못한다고 누차 시인했다. 고용주로 집계되긴 했지만 이런 자영업자들은 "사실상 노동자"라는 것이다. "사실상 노동자"라는 말은 여러 번 되풀이해서 나온다.

혼자 일하는 등나무 의자 장인과 의자 커버를 만드는 장인은 사실상 노동자다. [39]

수제화를 주문받아 제작하는 "고용주"들은 사실상 노동자다. [40]

혼자 일하는 여성복 재봉사 "고용주"는 사실상 노동자다. [41]

숄 제조업자는 사실상 숙달된 노동자다. [42]

여성 봉제사의 경우는 너무 혼란스러워서 집집마다 방문해 따로 집계했으며, 보고관들은 결국 노동자와 자영업자를 구분하기를 포기하고 그 대신 '여성 봉제사'라는 제목의 표를 실었다.[43] 남성복 재봉사에 대해서는 여러 주석을 달아서 혼자서 일하는 남성복 재봉사, 하도급 직인, 중고 의류상 등을 사실상 "고용주" 범주에서 분리해 노동자 범주로 통합했는데, 이는 임금을 계산하려는 목적에서였다. 그래서 어떤 장에서는 하도급 직인을 본인 소유 사업의 책임자로 간주하고 "집에서 혼자 일하거나 아내와 같이 일하는 하도급 직인은 노동자가 아닌 기업가에 포함해 표를 작성했다."[44] 그러나 평균임금을 목록화할 때는 이들의 신분을 "고용주-하도급 직인은 사실 노동자다. 그들의 노동 생산물이 가장 좋은 증거다"라며 재정의했다.[45]

임금 통계를 본다면 상당수 소상공인들의 사업 번창과 그들의 기업가적 성격에 의문을 품게 되거나 공장주와 그들이 고용한 노동자의 수치를 확정한 표에 이의를 제기하게 될지도 모른다. 저자들 스스로가 인정했듯이, 자신이 만든 제품이 아닌 노동력을 파는 수많은 가난한 남성 장인과

6장 통계로 재현된 노동

여성 장인들에게는 "노동자"라는 용어가 더 적절했다. 그러나 분류에 사용된 용어들은 인간이 인위적으로 정의한 것이 아니라고 간주되었기 때문에, 그 "사실"들은 정치경제학이라는 주어진 이론 틀 안에서 해석되어야만 했다. 사실에 비추어 모델을 수정하는 등의 다른 접근법들은 『산업통계』의 주장을 반론의 여지없이 명백한 것으로 확립하기 위한 정치경제학의 유용성을 위태롭게 할 것이었다. 그래서 저자들은 몇몇 생산자들의 상황에서 드러난 양가성을 임금 산정과 관련된 방법론상의 문제로만 취급했을 뿐 경제조직에 대한 자신들의 관점에 중대한 도전을 제기하는 것이라고 보지 않았다.

『산업통계』는 조사 결과를 발표하면서 노동자들의 곤경에 대한 일련의 내안적 해석들을 언급했으나 이를 인정하지는 않았다. 단순히 정치경제학의 원리를 주장하는 것만으로도 이런 해석들은 기각됐다. 예를 들어, 그런 대안적 해석들 중 하나에 따르면, 수백 명의 소규모 생산자들이 빈곤으로 내몰린 것은 규제받지 않는 경제 체계 때문이었다. 이에 대한 『산업통계』의 답은 국가 및 조합의 규제는 필연적으로 번영을 방해한다는 것이었다. 장-밥티스트 세가 이야기했듯이, "사적 이익이 가장 숙련된 장인"이다.[46] 대안적 해석들 중에는 생산조직의 과도한 세분화, 특히 기성복 제조업 및 건설업과 관련된 하도급 관행을 거론한 것도 있었다. 하도급 관행이 자신들이 종사하는 업종의 구조를 약화시킨다고 확신한 노동자 집단들은 1848년에 로비를 통해 하도급 계약을 불법화하는 법안을 통과시켰다.[47] 『산업통계』의 저자들은 특정 노동자 집단이 겪는 "고충"이 하도급 때문일 수 있다는 생각을 거부하기 위해 세의 시장이론을 들먹이며 1848년의 논쟁을 간접적으로 언급했다. 세는 기업이라는 것은 항상 소비자의 수요에 부응해 증식하며, 그것은 필연적으로 생산과 고용을 자극한다고 주장했는데,[48] 그와 비슷하게 『산업통계』의 저자들도 다음과 같이 기술한 것이다. "노동자들의 상태가 정말로 새로운 산업적 기업가들의 존재 때문에 악화되었다는 생각은 받아들이기 어렵다. 이 기업가들은 새로운 노동에 대한 수요를 높였고 실업이 고조되는 기간에는 새로운 자원을 제공했다. 의심의 여지 없이 우리는 노동자들이 겪는 고통의 다른 이유를 찾아야 한다."[49]

그 "다른 이유"는 결국 가족과 관련되었는데, 이때의 가족은 그 안에서 사람들이 살고 임금 법칙과 같은 경제 현상들을 결정하는 "자연적 조직"이었다. 『산업통계』는 여성 봉제사의 "고통"은 기성복 산업의 하도급 제도 때문이 아니라 여성의 고용조건이 임금 법칙을 어겼기 때문이라고 설명했다. 『개론』에서 장-밥티스트 세는 임금 법칙을 설명하면서 남성과는 다른 여성들에게만 적용될 수 있는 계산법이 있다고 지적했다. 남성의 임금은 본인의 생활을 유지해야 할 뿐만 아니라 아이들이 다음 세대의 비숙련 수공 노동자로 적절히 성장하기 위한 육체적 '자본'을 축적하는 데 필요한 최저 생활도 보장해야 한다. 그러므로 남성들에게 노동력의 대가로 지불되는 '가격'에는 노동력 재생산 비용이 포함돼 있다. 이와 반대로 여성과 어린이는 "태생적 의존자"이기 때문에 결코 완전히 자립할 필요가 없었다. 어떤 이유로든 자립해야만 하는 여성들은 항상 불이익을 받았는데, 그들은 가계소득의 일부만 보충하면 되는 다른 여성들과 경쟁해야 했기 때문이다. 이것은 영구적인 상태, 곧 여성 노동시장의 "법칙"이었다.[50]

장-밥티스트 세나 『산업통계』의 조사관들은 임노동 그 자체가 여성의 지위와 모순된다는 것을 깨닫지 못했다. 여성들은 "그들이 할 수 있는 직업"에 종사했는데, 여기에는 전통적으로 남성들이 수행해 오던 일도 일부 포함되었다(예를 들어 『산업통계』의 저자들은 식자공은 "여성들도 피로감 없이 할 수 있는 일이고 상리스와 같은 도시에서는 실제로 여성들이 이 일을 하고 있었음에도 불구하고"[51] 파리의 식자공들은 남녀가 같이 이 일을 하는 것을 금지했다고 적고 있다). 문제는 가족이라는 "자연적" 환경이 남녀를 막론하고 모든 노동자들이 경제적으로 생존할 수 있는 유일한 맥락임에도 불구하고 너무도 많은 여성들이 그 외부에서 살아야 하는 "불행을 겪고 있었다"는 점이다.[52]

가족은 『산업통계』의 분석에서 매우 중요했다. 그것은 임금뿐만 아니라 모든 경제적·사회적 생활과 관련한 측면에서 핵심이 되었다. 저자들은 가족에서 생신을 조직하는 모델뿐만 아니라 개인의 도덕 발달의 원천을 찾아냈다. 가족은 사회의 건전함과 번영에 필수적인 개인 규율과 순종의 자질을 양성하기에 자연스러운 환경이었다. 『산업통계』의 저자들은 세와 1840년대 개혁적 의사들의 저작을 인용하면서, 가족을 모든 사회적 관계를 지배하는 개념으로 사용했다. 나아가 그들은 노동자, 그리고 남자든 여자든 그들이 어느 정도로 가족 구조 안에 깊이 뿌리 내리고 있었는가에 분석의 초점을 맞췄다. 겉보기에 보고서의 주제는 산업이었지만, 『산업통계』 저자들은 노동자들의 도덕성에 사로잡혀 있었다. 물론 도덕성 혹은 그것의 부재는 경제적으로 중요했을 뿐만 아니라 정치적으로도 중요했다. 그래서 저자들은 도덕성에 대한 논의를 통해 순수하게 객관적인 경제 보고서라는 틀 속에서 1848년의 정치적 문제를 다룰 수 있었다.

『산업통계』에서 도덕적 대조를 설정하는 용어들은 노동규율과 개인의 행실을 연결했다. 좋은 노동자는 순종하고, 열심히 일하고, 근면 성실하며, 시간을 엄수하고, 법을 지키며, 검소했다. 나쁜 노동자는 사납고, 통제하기 어려우며, 게으르고, 방탕하며, 돈을 있는 대로 쓰고, 쾌락을 추구하며, 경솔하게 행동했다. 이런 자질들은 가족과 노동이 서로 맞물리는 세계에서 더욱 발달했다. 『산업통계』는 노동의 조직화와 가족생활의 조건 사이를 왔다 갔다 하면서 하나를 설명하기 위해 다른 하나를 활용했다. 노동 구조가 가족과 유사할수록 그 노동자는 가족에서 잘 적응하고 노동자로서의 역할도 더 잘 해냈다. 나쁜 가족이 노동자에게 도덕성을 타락시키는 "원죄"를 전염시킬 수도 있지만, 가족 구성원이 수행하는 노동의 성격이 가족에 영향을 미치기도 했다.[53] 자애롭고 아버지 같은 고용주가 이끄는 소규모 공방이 이상적인 작업장이었고, 그곳에서 안정적으로 일하는 일군의 노동자들은 모두 기혼의 숙련공들로 공식적인 도제 훈련을 통해 이 직업에 입문한 이들이었다. 따라서 노동자들은 높은 임금을 받았고 행실을 바르게 했으며 사생활에서도 공방에서와 마찬가지로 질서정연한 관계를 유지했다. 그들이 다루는 원자재들이 좋은 물질인 경우 긍정적 효과는 한층 배가되었다. 따라서 금속을 사용하는 노동 중에서도 귀금속을 다루는 장인이 최고였다. 마치 물이 그것을 원재료 삼아 일하는 사람들 — 예를 들어 세탁부나 무두장이 — 에게 불행하게도 술에 대한 과도한 갈망을 불러일으키는 것처럼, 금과 은은 귀금속을 다루는 노동자들에게 좋은 것에 대한 문명화된 기호를 발달시켰다.[54] 이런 언급을 통해 원재료 물질과 가족은 명백히 동일시되었다. 둘 다 "자연적인" 것이었으며, 그 영향은 유사한 방식으로 연구될 수 있었다.

귀금속을 다루는 노동자들은 『산업통계』의 저자들에게 모범 사례를 제공했다. 저자들은 생애사 서술 형식으로 노동자들의 "경험"을 이상적으로 설명했다.

일반적으로 귀금속을 다루는 노동자들은 높은 임금을 받았고 옷차림에
도 신경을 썼다. 이들은 카바레의 저속한 쾌락보다는 춤, 극장, 시골에
서 하는 산책에 더 매력을 느낀다. 이들은 무질서한 생활보다 가정적 삶
을 선호한다. 이들은 자신의 아내가 가정을 돌보는 것을 소홀히 하지 않
으면서 집에서 할 수 있는 일거리를 찾아 줄 수 있었다. 그러므로 기꺼이
결혼하려 했다. 나중에 아내는 어린 소녀 한두 명을 데려다 도제로 삼을
수 있다. 노동자의 자녀는 자기 연령에 맞는 일을 일찍 시작할 수 있다.
질서와 안락은 가정의 본질이며, 노동자의 가정은 소규모 공방으로 변
모할 수 있다. [55]

이런 묘사는 가족과 일터의 경계를 없애 버린다. 한 곳의 질서는 다른 곳
의 질서도 구축하고 노동자 스스로가 성장하도록 해서 그들이 기업가로
부상하도록 만들었다. "똑똑한 사람은 자신이 원한다면 쉽게 공장주가 될
수 있다."[56] 마치 그들을 성공으로 이끈 이유를 강조하려는 듯, 저자들은
귀금속 노동자를 그가 속한 자리, 곧 고용주에게 종속된 자리로 돌아가게
하는 것으로 설명을 마무리 지었다. "고용주와 노동자의 관계는 항상 좋
은 편이었다. 적어도 2월혁명 전까지는 서로 예의를 갖추는 호혜적인 관
계를 흔히 볼 수 있었다. 심지어 상당수 고용주들은 관습에 따라 매년 노
동자들을 위해 즐거운 식사 자리를 마련하기도 했다. 결혼을 하는 노동자
들은 고용주와 그 아내를 결혼식 연회에 초대했다."[57]
　『산업통계』의 저자들은 소규모 공방과 다른 작업장을 비교하면서

소규모 공방의 중요성을 강조했다. 예컨대 (건설업과 같은) 작업 현장에서는 노동자들이 끊임없이 바뀌고, 공장에서는 많은 수의 노동자들이 성별이나 나이 같은 전통적인 경계에 따라 나뉘지 않은 상태로 일했다. 그리고 하도급 노동자들pieceworkers은 감독받지 않고 자기 방에 고립된 채 고된 일을 했기 때문에 직업적·도덕적 행동 규범에 대해 아무런 규칙도 갖고 있지 않았다.[58]

보고서에 따르면, 이런 작업 현장의 가장 큰 문제는 고용이 거리에서 이루어진다는 점이다. 노동자들은 특정 장소에 나와서 — 건설 노동자들은 그레브 광장에서, 세탁부들은 생 자크 병원이 있는 클루와트르 거리에서 — 일감을 기다려야 했다. 빈둥거리는 자들과 일거리를 구하는 자들 사이의 경계가 유지되기 어려웠고, (거리에서 성매매 기회를 기다리는) 남자들의 성적 제안을 피할 수도 없었다. 건설 노동자들의 경우, "서로 자극할 때도 많았다. 그래서 일을 구하는 장소는 대체로 행실이 바르지 못한 남성들이 쾌락을 향한 여정을 시작하는 곳이기도 했다."[59] 세탁부들은 "저속한 제안"을 들으며 성매매의 유혹에 직면해야만 했다.[60]

보고서는 대형 공장의 고용주들이 노동자들을 사사건건 감독할 수도, "호의를 가지고 그들의 사적인 삶을 파고들 수도" 없었다고 지적했다.[61] 젊은 노동자들은 도제 훈련을 받는 대신 본보기를 보고 따라 하면서 일을 배웠고, 이렇게 본뜨기로 일을 배우면서 나이와 지위 차이에 따른 존중을 배울 수는 없었기 때문에 이는 "그들의 도덕성에 나쁜 영향을 미쳤다."[62] 공장의 "공동생활", 곧 한 작업장에 남녀가 섞여 있는 상황은 도덕적 해이를 불러오기에 "힘이 넘치는 남성들은 쉽게 통제 불능 상태에 빠졌다."[63] 이들은 과도하게 자극을 받으면서(성적 은유임이 틀림없다) "불행

한 환상", 즉 불가피하게 산업 생산과 정치 질서를 어지럽힐 사상에 노출
됐다.

마지막으로, 도시의 가구 딸린 셋방에 혼자 사는 고립된 노동자들도
『산업통계』의 부정적 사례 목록에 올랐다. 이런 셋방은 파리에서 떠돌아
다니거나 파리로 이주해 온 사람들, 곧 가족과 일터의 질서에서 벗어난 사
람들을 위한 임시 거처였다. 이들에게는 그들을 훈련시키고 감독하기 위
해 항상 감시하는 고용주나 부모가 없으므로 불량한 행위를 하거나 문란
해지거나 여성일 경우 성매매에 나서는 "경향"이 있다고 보고서는 서술했
다.[64]

『산업통계』에 따르면 노동조건이야말로 좋은 도덕성을 낳는 데 결
정적인 것이었지만, 저자들은 또한 질서 있는 가족생활 역시 위험한 일터
를 바로잡는 역할을 할 수 있다고 주장했다. 건설 노동자, 특히 석공이 그
예에 해당했다. 이들은 떠돌이 노동자였는데, 보고서에 따르면, 여전히
단단한 장인 조직을 갖고 있었고 도제 훈련도 계속 시행되고 있었다. 석공
들이 파리의 셋방에 살았음에도 불구하고, 조사관들이 이 거주 공간을 괜
찮은 곳이라 생각한 이유는 이 업종의 종사자들이 조직화되어 있었으며
연장자들의 감독을 받았기 때문이다. 일시적으로 가족과 떨어져 살고는
있었지만, 석공들은 가족들과 끈끈하게 연결되어 있었다. "그들은 시골에
사는 가족에게 저축한 돈을 모두 보냈다."[65]

이와 비슷한 방식으로 『산업통계』는 가내노동자들도 구분했다. 본
인 소유의 주택에서 살고 결혼했으며 가구라도 몇 점 갖고 있으면 가난해
도 정직하고 존경할 만하다고 묘사했다. 조사관들은 셋방에 살더라도 결
혼을 했거나 그들의 숙소가 동일 업종 사람들끼리 조직돼 있다면 "행동이

바르다"고 생각했다. 1840년에 프레지에가 "위험한 계급들"의 온상이라 여겼던 '셋방'이라는 주변화된 세계에서 『산업통계』의 저자들은 네 가지 범주의 노동자를 발견했다. 도덕적으로 봤을 때 품행이 바른 자, 그럭저럭 괜찮은 자, 나쁜 자, 매우 나쁜 자가 그것이다.[66] 이런 범주를 구분하는 결정적 요인은 가족 간의 유대 또는 구성원들 사이에 위계나 규제의 흔적이 있는 업계 구조였다. 게다가 규제는 궁극적으로 성적 억압을 의미했다. 『산업통계』에서 칭찬한 정숙하고 근검절약하는 노동자들은 "격동", 정욕, 정념, 흥분 등을 모두 마음속에서 잘 다스렸다.

자유무역과 개인의 자유를 지지하는 자들은 규율이나 통제를 옹호하는 의견을 냈다. 그러나 오라스 세와 그 동료들은 사회주의자들과는 다른 노선을 걸었다. 그들은 사회주의자들이 경제를 규제하려 한다고 공격했고, 자신들이 자연적 현상으로 정의한 것에 인위적 법을 부과하지 않으려 했다. 대신 그들은 가족이 자연스러운 규제 기능을 맡고, 국가는 그런 가족의 존속과 행복을 증진하는 기능을 맡아야 한다고 여겼다. 도덕과학의 역할은 이런 자연적이고 위계적이며 억압적인 제도를 보호하고 육성할 방안을 찾는 것이었다. 정치경제학의 "보호주의"가 경제정책으로서는 절대 반대해야 할 것이었다면, 사회정책으로서는 시대의 추세였다.[67]

가족과 도덕성에 대한 분석은 『산업통계』에서 여러 가지 기능을 했다. 저자들은 경제 문제에 개입하는 것처럼 보이지 않으면서 소규모 장인 조직 형태를 지지할 수 있었다. 그리고 1848년 혁명의 이유를 경제체제와는 무관한 것으로, 즉 노동계급 가족에게로 돌렸다. 이렇게 함으로써 『산업통계』는 과학적인 보고서를 가장해 사회주의자들에 응답하는 논쟁적 목적에 쓰였다. 『산업통계』에서 사용된 과학적 용어들은 강력하고 설득력이 있었으며, 자연현상 — 가족과 경제 — 을 그대로 보여 주는 것처럼 여겨졌다. 수치표로 정리된 정보들은 정치적 동기에서 이루어진 논쟁을 양적 증거가 해소할 수 있을 것이라는 통념에 호소한 것이다. 이런 관점에서 『산업통계』는 외적으로 존재하는 현실에 대한 기록으로 기능했지만, 보고서의 형식과 수치 제시 방식을 보면 그것에 사실이라는 지위를 부여하기 위한 무언의 웅변을 하고 있었음을 알 수 있다.

Ⅲ

> 여성 범죄는 남성 범죄보다 훨씬 위험한데, 그 이유는 더 빨리 전파되기 때문이다.
>
> ▮ C. 루카스, 『감옥 개혁』(1838)

또한 『산업통계』는 정치적 주장을 제기하고 있었지만, 이는 성적 무질서에 대한 논의 속에 감춰져 있었다. 이 주장은 저자들이 지지하는 "현실"과 경합하고 그것을 위협하는, 위험하고 무질서한 "현실"을 들먹이는 것에 기대고 있었다. 이처럼 또 하나의 상반되는 "현실"을 제시함으로써 저자들은 자신들의 경제적 청사진을 받아들여야 할 필요성을 분명히 했다. 이런 점은 우리에게 그 문서의 지위를 객관적이고 과학적인 서술을 담은 것으로 볼 수 있는지에 대한 의문을 불러일으킨다.

　『산업통계』는 좋은 노동자와 나쁜 노동자, 예의 바른 노동자와 난동을 부리는 노동자, 가정적인 노동자와 방탕한 노동자라는 대립적 용어로 노동 세계를 그려 냈다. 노동력 통계와 제조업 각 분야의 통계에서는 남녀 노동자의 수치를 정확히 계산했지만, 성별에 따라 서로 다른 도덕적 행동

양식을 제시하지는 않았다. 보고서에 따르면, 남녀는 선과 악 두 가지 범주 모두에서 찾아볼 수 있으며, 종종 같은 업종 내에서는 비슷한 특징을 공유하고 있었다. 하지만 가족과 도덕성에 대한 묘사에서 저자들은 규제되지 않는 여성의 섹슈얼리티를 다루면서 통제에서 벗어난 위험한 (노동계급의) 세계를 연상시키기 위해 성매매 여성의 이미지를 이용했다.

보고서는 도덕적 행위가 가져올 수 있는 양극단의 결과를 언급하기 위해 여성들을 이용한다. "자연적으로" 가족과 연관된 여성들은 가족의 모든 미덕을 체현하고 전달하는 역할을 한다. "좋은 품행은 보통 유전되는데 특히 어머니에게서 딸로 유전된다."[68] (여성) 고용주는 마치 어머니처럼 젊은 노동자가 선을 넘지 않도록 항상 감시하며 "헤픈" 습성이 있거나 그런 소문이 도는 이들을 걸러 냈다. 한 가족이 운영하는 기업(옷 수선이나 식료품 판매)의 책임자 역할을 수행하는 기혼 여성은 인상적인 경영 능력과 상업적 재능을 보여 주었다. 노동자로서도 기혼 여성들은 더 신뢰가 가는 존재였는데, 남편의 보호와 권위 안에서 의존성이라는 "자연법칙"을 받아들였기 때문이다.[69]

『산업통계』에서 기혼 여성 노동자의 처지는 고용주와 맺은 관계에서 "선량한" 노동계급의 상황을 재현했다. 노동자들은 (고용주의 정보와 자원에 대한) 어느 정도의 의존 상태를 대가로 이윤에 대한 자신의 권리를 기꺼이 포기하고 임금을 받는 것이다. 노동자들의 좋은 행실은 아내들의 성적 정절과 마찬가지로 종속과 지배의 구조 안에서 그 위치를 자인하는 것이었다. 규칙을 받아들인다는 것은 개인의 욕망을 제어하고 자신이 만든 것도 아니고 바꿀 수도 없는 법에 복종한다는 것을 의미했다.

가족 바깥에 있는 여성은 법의 테두리 밖에 있는 것이었으며, 이는 어떤 여성들에게는 더 나쁜 결과를 가져다주었다. 나이 든 독거 여성은 비참했다. 부양해 주는 이들이 없었기 때문에 이들은 생계를 이어 나갈 수 없었고 자기 삶을 통제할 수 없었다. (성적 타락과 무관하게) 환경의 희생양인 이들의 운명은 동정의 대상일 뿐이었다.[70] 이와 반대로, [가족 바깥에서 혼자 사는] 젊은 여성들은 그 자체로 위험했고, 이들의 상황은 성적 방종의 동의어로 여겨졌다. 예를 들어, 여성용 모자 제작자들의 모든 것은 다음과 같이 "그 노동자가 처한 상황"에 달려 있었다.

> 고용주와 함께 사는 여성용 모자 제작자는 대부분 정직하고 질서 있는 행동을 보여 주며, 절약과 질서에 익숙해 있었다. …… 혼자 숙소에서 일하는 여성이나 하루 일과가 끝나면 원하는 것을 자유롭게 해도 되는 여성들은 그렇지 않았다. 낭비해서 곤궁에 빠지는 것은 이런 여성들이다. 일반적으로 이들은 일한 날에 따라 또는 생산한 양에 따라 임금을 받는데, 최저 생계만 유지할 수 있을 정도의 돈을 번다. 이들이 자주 돈이 부족해서 곤란에 빠지는 것은 검소하지 않고 무질서하게 행동한 탓이다.[71]

『산업통계』의 저자들은 혼자 사는 여성이 남성보다 나쁜 행동을 더 많이 한다고 지적함으로써 여성과 성적 방종을 더 강하게 관련지었다. 소란스러운 노동자 집단 가운데서도 여성들은 보통 "훨씬 더" 제멋대로이거나 방탕하다고 간주되었다.[72] 함께 살면서 그들의 삶을 관리·감독해 줄 사람이 없기에 젊은 여성들은 정념과 악에 물들었고 성매매에 빠져들 수밖에 없었다. 섹슈얼리티를 인정하고 악용한다는 점에서 태생적으로 혐오스러울 수밖에 없는 성매매 여성들은 사치품을 탐닉하고 그럴수록 타락한 행동을 일삼았다는 것이다(장-밥티스트 세는 소비는 경제에 중요하지만 사치스러운 기호는 경제의 순조로운 발전을 파괴한다고 경고했다).[73]

> 때로는 그들이 스스로 내세운 직업으로는 정당화할 수 없는 풍요로운 삶의 흔적을 보게 된다.[74]

> 수많은 노동자가 의심스러운 행동을 보이고 자신이 받는 임금에 비해 사치스러운 생활을 한다. 이들은 대중 무도회장에 자주 드나들며, 근면 성실하게 일하는 경우가 드물다.[75]

"의심스러운"이라는 단어는 독신 여성 노동자의 행동을 언급할 때 반복해서 사용되었다. 이것은 단지 수상쩍은 행동에 대한 부정적인 판단뿐만 아니라 표리부동과 기만의 느낌을 전달한다. 조사관들은 이 여성들이 실제로 무엇을 하는지에 대해서 확신하지 못했다. 겉으로 드러난 모습만으로는 정확히 판단할 수 없었고, 자칭한 직업은 거짓일 수 있었기 때문이다. 여성 봉제사의 수를 세기 위해 (고용주로부터 정보를 획득하고, 그들이 거주할 것 같은 모든 가구를 방문하는) 이중 확인이 필요했다는 것은 초보적인 봉제 기술을 가진 여성 누구에게나 열려 있는 봉제사라는 직업의 경우, 가내노동자의 수를 집계하기가 매우 어려웠을 뿐만 아니라 진짜 무슨 일을 하는지 알아내기도 어려웠음을 시사했다. "가정방문을 통해 여성 봉제사들의 수를 조사하는 방법이 더 확실한 것으로 보인다"[76] 같은 『산업통계』의 문구는 이런 어려움을 잘 드러낸다.

많은 경우 이 방법은 두 번에 걸친 방문을 의미했는데, 이는 여성 봉제사들이 하숙집에서 살았기 때문이다. 이는 『산업통계』의 다른 부분에서 자세하고 철저하게 다뤄지기도 했다.[77] 또한 여성 봉제사에 대한 집계는 이들의 도덕적 품행을 좀 더 철저히 조사하려는 시도이기도 했다. "이 노동자들의 주거 상태에 대한 정보는 조사관이 받은 인상과 …… 노동자 자신의 답변, 그리고 이웃들의 이야기를 통해 수집되었다."[78] 이런 경우에도 "이 노동자들의 행동을 평가하기란 어려우며" 심지어 이들이 노동자인지도 판단하기 어려웠다. "어떤 이들의 경우 여성 봉제사라는 직업은 그들의 실제 수입원을 속이기 위한 수단일 뿐임이 분명하다."[79]

이런 노동자들 때문에 『산업통계』가 수집한 파리 노동자 수치의 정확성에 대한 신뢰가 흔들렸다. 이들은 사실을 "보는" 객관적 관찰자의 능력에 의문을 제기하고, 기존에 확립된 범주에 자신을 끼워 맞추기를 거부하는 존재들이었다. 이른바 노동자로 불린 이들의 불확실성은 가족, 노동, 경제, 교환이라는 정상적인 맥락에서 벗어난 채 살고 있는 독신 여성의 상황을 알아내는 방식에 커다란 문제가 있었음을 시사한다. 성매매에 대한 암시는 이 여성 노동자들이 난잡하고 타락했다는 느낌을 전달했다. 노동자이지만 노동자가 아닌 이 여성들은 파리 산업 세계에서 주변화되어 있었지만 분명 그 일부였다. 이들의 행동은 도덕 질서를 위협했고 노동 규율뿐만 아니라 모든 사회적 관계를 파괴했다. 부모나 남편에 종속되는 것에 대한 올바른 인식이 없었기 때문에 이들은 무법자로 살았다. 이들이 처한 상황의 바로 그 모호함, 그들이 범주화를 거부했다는 사실은 이 여성들이 위험한 존재임을 나타내는 증거였다.[80]

성매매는 남녀 모두의 타락하거나 도착적이거나 아니면 규제와 통제를 벗어난 섹슈얼리티를 나타냈다. "자연적으로" 종속과 의존 상태에 놓인 여성은 자본에 대해 노동계급이 맺는 관계를 보여 주는 것이었다.[81] 보고서에서 계급에 대한 재현과 섹슈얼리티에 대한 재현은 서로를 대체했다. 독신 여성 노동자의 형상은 이 두 가지를 모두 포함했다.『산업통계』에서 나타난 여성의 "의심스러운" 행동에 대한 과도한 집착에는 또 다른 "현실"에 대한 일련의 관찰과 경고가 함축돼 있음을 볼 수 있다. 노동계급의(사실은 인간 성격의) 어둡고 위험한 측면인 그 "현실"을 억제하기 위해서는 그것이 반드시 먼저 알려져야 했다.[82] 이 "현실"은 항상 표면 아래 감추어져 있었으며, 보고서 서문에서 저자들이 자랑스럽게 극찬했던 바쁘게 돌아가고 예술적이며 번창한 노동 세계가 가진 이면이었다. 1848년 6월 봉기가 보여 준 바와 같이, 이 현실은 일상의 행위 규범과 자연적인 위계질서가 전복된 위험하고 혼란스러운 세계이며, 고용주의 아버지 같은 감시도 더 이상 제어할 수 없는 아들들의 "통제 불능 상태"였다. 이 상황에 대한 유일한 교정책이자 이 상황이 다시 출현하는 것을 예방할 수 있는 유일한 방법은 가부장적 법률의 언어를 다시 도입하는 것이었다.

그렇기 때문에『산업통계』의 저자들은 "현실"을 바라보는 관점과 그 관점이 경제생활의 분석틀로 받아들여져야 하는 이유에 대한 논의를 제시했다고 할 수 있다. 이를 통해 그들은 자신과 "현실" 사이의 정치적 관계를 드러내는 텍스트를 생산해 냈다. 현실은 절대적인 것이 아니라 상황에 따라 달라지는 것이며, 발견되는 것이 아니라 구성되는 것이고, 자연스럽거나 필연적으로 존재하는 것이 아니라 명백한 정치적 목적을 위해 이용되는 것이다. 수치화된 표가 대량의 정보를 사회구조에 대한 특정 모델을 나타내는 범주들 안에 정리함에 따라 법은 바람직한 사회적·정치적 관계를 부과하고 강제하며 그것을 현실로 만들어 갔다.

『산업통계』의 기획과 출판 이후 수년간 제2제정의 [언론·출판에 대한] 강력
한 검열법과 경찰 끄나풀들의 끊임없는 감시 때문에 노동 세계의 현실에 대
한 대안적 시각은 등장하기 어려웠다. 따라서『산업통계』가 분석에서 사용
한 용어들은 어느 정도 공식적 지위를 유지했다. 상공회의소는 이어진 연
구들에서『산업통계』의 범주를 계속 가져다 썼고, 1860년에 실시한 파리
의 산업조사Industrie à Paris는 1848년에 사용된 구성 방식을 그대로 따랐
다. 제3공화국이 들어선 후, 새로운 조사 기법이 등장하고 정치 지형이 크
게 변화하면서 새로운 방식의 통계조사가 이루어졌고, 이는 노동 세계를
다르게 구조화했다.[83] 이런 노력의 역사를 여기서 다 다루지는 못한다. 하
지만 만일 그런 역사가 다뤄진다면 그것은 노동 세계의 조직과 구조를 드
러내 줄 뿐만 아니라, 노동 세계를 묘사하는 작업 자체가 얼마나 치열한
논쟁 및 정치적 투쟁과 연관돼 있었는지를 보여 줄 수 있을 것이다.

　　우리가 마침내 1847~48년에 쓰인『산업통계』가 역사학자들에게 어
떤 이용 가치가 있는지를 평가할 수 있게 된 것은 그것을 권력과 지식으로
서의 정치라는 관점에서 바라보게 되었기 때문이다. 1848년 혁명 직후 쓰
인 이 보고서에는 혁명의 가장 급진적인 경제적·정치적 주장에 대해 반박
하고, 특히 사회주의자들에 의해 심각하게 도전받고 있던 당시 [자유방임
적] 경제조직의 청사진을 재천명하려는 의도가 깔려 있었다. 보고서에는
정치경제학적 분석틀과 그 청사진이 받아들여지지 않을 경우 무슨 일이
일어날지에 대한 논의가 담겨 있었다. 자신의 연구가 과학적이라는 조사
자들의 주장과 표로 제시된 그들의 정보에 의해 보고서의 의미는 고정되
었고 권위 있는 서술이라는 지위는 한층 더 강화되었다. 이런 상황과 정치

비판을 용납하지 않았던 당대의 정치 풍토 때문에 저자들의 주장은 최종 판결이 되어 당시뿐만 아니라 후대에까지 영향을 미쳤다. 오랜 세월이 흘러 『산업통계』가 행정적으로든 논쟁의 도구로든 쓸모없어졌음에도 불구하고, 의심할 여지 없는 데이터를 찾고 있던 역사가들은 이를 액면 그대로 받아들임으로써 그 범주와 해석을 의문시하지 않은 채 그 기록을 자신의 연구에 포함했다. 이런 과정은 경제학과 통계학을 본질적으로 객관적인 것으로 보는 특정 관점을 영속화하고 역사가 자신도 모르는 사이에 그 시대 정치의 특정 분파의 입장을 지지하도록 만든다. [이와는 달리] 대안적인 접근법은 모든 기록을 그것이 쓰인 담론적 맥락 속에 위치시키고, 그것을 외부에 놓인 현실의 반영이 아니라 그런 현실 자체에 내재된 부분이라고 독해한다. 다시 말해, 무언가를 정의하거나 의미를 정교화하고 사회관계, 경제 제도, 정치 구조 등을 만들어 내는 데 영향을 주는 요소로서 기록을 독해하자는 것이다. 이런 접근법을 따른다면 역사가들은 모든 기록에 사용된 용어 그 자체를 의문시하고, 그 용어들이 과거의 "현실"을 구성하는 데 어떻게 작용했는지를 질문해야만 한다.

7장

"여성 노동자!
불경스럽고 더러운
단어……"

1840~60년 프랑스 정치경제학 담론 속 여성 노동자

이 글은 다음과 같이 실린 바 있으며 출판권자의 허락 아래 여기 재수록되었다.
"'L'ouvrière! Mot impie, sordide……' Women Workers in the Discourse of French Political Economy, 1840~1860," Patrick Joyce(ed.), *The Historical Meanings of Work*(Cambridge University Press, 1988). 앨버트 허시먼과 마이클 프리드Michael Fried, 루스 레이Ruth Leys의 조언이 특히 큰 도움이 됐다.

여성 노동자! 쥘 시몽처럼 현실 세계라는 방대한 책을 읽은 모든
사람들의 귀에 이 단어는, 고통, 궁핍, 불행, 매춘 같은 잔인한 일
들의 축약어와 같은 뜻으로 들린다.

▮ 이폴리트 뒤사르, 『르 주르날 이코노미스트』(1861)

1861년 파리 살롱에서 오귀스트-바르텔레미 글레이즈는 〈비참한 뚜쟁
이〉Misère la Procuresse라는 제목의 그림을 전시했다. 그림의 중심부에
위치한 노파는 군데군데 찢긴 누더기 사이로 추하게 처진 가슴 한쪽과 맨
다리를 드러내고 있었다. 그녀는 지팡이를 끌고(자세는 저승사자의 형상을
떠올리게 한다) 구부러진 손가락으로 멀리 보이는 도시의 불빛을 가리키는
듯 그곳을 향해 손짓하고 있다. 그녀의 뒤에는 촛불 하나를 둘러싸고 일하
고 있는 시골풍의 옷차림을 한 성실한 젊은 여성들이 보인다. 그중 한 명
은 물레 방추를 잡고 있고 옆에 물레가 한 대 있다. 노파의 앞에는 한 무리
의 육감적이고 벌거벗은 여성들이 도시를 향해 빠르게 움직이는 마차에
쏟아져 내릴 것처럼 매달려 있다. 이 그림은 멈춘 상태의 대조라기보다는
이행의 서사다. 시골에서 도시로, 전통 사회에서 근대사회로, 질서에서
무질서로, 정숙한 차림새와 행동거지를 갖춘 여자가 퇴폐와 오염에 물든
음란한 여자로 바뀌는 모습을 그린 것이다. 지혜로운 처녀들이 어리석은
처녀들로 변한 것은 노파의 영향 때문이다. 노파의 흉측한 모습은 그들을
기다리고 있는 운명이 어떤 것인지 우리에게 경고하지만, 어쩐지 그들에
게는 그 경고가 전달되지 않는다. 노동자를 주제로 다룬다는 것도 화가에
게 중요했다. 화가는 카탈로그에 "얼마나 많은 젊은 여성들"이 "언제나 자
신들을 쫓아다니는 듯한 유령에서 벗어나기 위해 일은 내팽개치고 방탕

오귀스트-바르텔레미 글레이즈, 〈비참한 뚜쟁이〉.

에서 비롯된 온갖 악습에 자신을 내던지고 있는가?"[1]라고 적었다. 물론 여기서 유령이란 빈곤을 말한다. 당시 한 비평가의 정의에 따르면, 빈곤은 "절망, 불명예, 그리고 모든 성매매의 어머니"였다. 그러나 글레이즈의 말과 그림 모두 인과관계는 애매했다. 젊은 여성들의 타락은 그들이 자초한 것처럼 보인다. 그들은 끔찍한 운명에 끌려다니기보다 오히려 즐거운 열망을 품고 그 운명을 껴안기 위해 서둘러 달려가고 있다. 빈곤은 여성들을 타락시키는 원인이자 그들의 (자연적인? 불가피한?) 성향이 속박에서 풀리면 오게 될 결과에 대한 경고였다.

여성과 빈곤에 대해 이런 모호한 표현들을 쓰는 것은 19세기 여성 노동자를 둘러싸고 벌어진 수많은 논쟁의 특징이었다. 그 논쟁은 (마침 글레이즈가 캔버스에 그림을 그린 기간이기도 한) 1858~60년에 몇몇 연구가 발표되면서 대중적 관심을 받게 되었다. 이런 연구에는 1859년 리옹아카데미 수상작인 줄리-빅투아르 도비에의 『19세기의 가난한 여성』과 쥘 시몽의 『여성 노동자』(1860)도 포함된다. 사실 글레이즈의 그림에 쏟아진 찬사는 부분적으로는 그가 동시대인들 사이에서 벌어진 논쟁을 잘 포착했기 때문일 것이다. 막심 뒤 캉도 자신의 논평에서 그 그림이 "완벽하게 환상적임에도 불구하고, 믿기지 않을 정도로 현실적이라 누구든 이해할 수 있다"[2]고 서술했다.

이런 연구들이 발표되면서 여성 노동자의 문제는 도덕성, 경제조직, 노동계급의 상황을 둘러싼 논쟁의 최전선에 놓이게 되었다. 이는 또한 이 시기에 고조되었던, 여성에 대한 일반적인 논쟁 ─ 어떤 역사가가 "제2제정 시기의 여성 논쟁"이라 부른 ─ 과 정치경제학적 관심을 연결 지었다. 1858~60년에는 특히 여성에 대한 책이 대량으로 쏟아져 나왔다. 프루동의 『혁명과 교회의 정의에 대하여』(1858)는 (프루동 사후인 1871년에 출판된) [여성 노동자에 대한] 더 신랄한 비판을 담은 『창녀 정치 또는 현대 여성들』[+]의 예고편이었다. 미슐레는 『사랑』(1858)과 『여성』(1860)을 출판했다. 이런 작업에 대한 페미니즘적 응답으로는 쥘리에트 랑베르 아담의 『사랑, 여성 그리고 결혼에 대한 반프루동적 사고』(1858)와 제니 데리쿠르의 『해방된 여성』(1860)이 있었다.[3] 여성 노동자의 문제는, 여성 문제를 다루는 논쟁

+ '창녀 정치'는 여성을 "가정주부 아니면 화류계 여자"로 양분하는 프루동의 여성관을 드러내는 말이다. 프루동에게 여성의 자리는 가정이며, 여기서 벗어난 여성은 사회를 타락시키는 존재였다. 하지만 19세기 프랑스 사회는 산업자본주의가 발전하던 시기로 여성의 노동력을 불가피하게 필요로 하던 시기였다. 여성의 사회 진출은 강한 남성, 약한 여성의 공식이 작동하는 공사 영역의 구분을 뒤흔들었고 당시 프루동의 눈에 비친 파리의 노동하는 여성들은 있어야 할 자리를 벗어나 사회를 타락시키는 불온한 존재였다. 즉, 여성은 "공적인 삶을 부패시키고 그로 인해 타락할 존재"로 공적 사회를 창녀 정치로 만들어 버린다는 뜻이다. 프루동의 창녀 정치에 관한 자세한 내용은 변기찬, 「프루동의 여성관」, 『역사학보』 160호, 1998, 189~222쪽을 참조하라.

의 모든 영역에서 주요하게 다뤄진 것은 아니지만, 여성의 자립과 법적 지위 그리고 적절한 사회적 역할의 문제에 대해 어느 정도 관심을 끄는 데 도움이 되었다.

1858~60년에 경제학자들에게 여성 노동자라는 주제가 새로운 것은 아니었지만 핵심적으로 다뤄진 것은 전례 없는 일이었다. 19세기 프랑스의 정치경제학 담론에서 여성에 대한 언급은 오래전부터 그저 암묵적으로 제시되거나 노동계급에 대한 일반적 논의 가운데 일부였을 뿐이다. 이런 담론에는 새로운 경제 "과학"을 제기하는 이론가들의 목소리와 온갖 종류의 비평가들 ─ 자유 시장 개념을 공격하는 보호무역주의자, 경제 발전이 사회질서를 위협하는 것에 대해 우려하는 도덕주의자, 개인주의와 경쟁을 비판하는 사회주의자, 새로운 노동 분업이 가져올 결과를 의문시하는 페미니스트들 ─ 의 목소리가 포함돼 있었다. 이들의 의견을 공식적인 토론에서처럼 서로 명확히 반대되는 입장에 둘 수는 없다. 왜냐하면 이들의 목소리는 데니즈 라일리가 다른 맥락에서 "상호 참조의 거미줄"이라 이름 붙인 것을 형성하면서 여러 중요한 지점에서 서로 겹치기 때문이다. "상호 참조의 거미줄"은 어떤 지점에서는 서로 교차하는가 하면, 어떤 지점에서는 또 서로 날카롭게 대립하는 것이다.[4] 교차하는 중요한 지점 가운데 하나는 노동계급 여성을 재현하는 방식에 있었다. 동시대인들은 여성성, 섹슈얼리티, 사회질서에 대한 서로 다른 개념을 통해 산업 발전이 프랑스 사회에 끼친 영향에 대해 의견을 교환했다.

이 장에서 나는 이런 관점에서 정치경제학자들이 암묵적으로 또는 직접적으로 언급한 담론에 접근하고자 한다. 여기서 말한 정치경제학자는 (시장의 작동과 부의 생산 및 분배 기구의 작동을 다루는) 새로운 경제 과학의 용어를 정의하거나 그 법칙을 체계적으로 정리해 이 분야 종사자들을 규율하려 했던 남성들(과 소수 여성)이다. 이들은 자신의 의견을 정책에 반영하는 데 적극적이었기 때문에 '여론'과 입법자들에게 호소했다. 그들은 대중 연설과 신문(1842년 창간된 『르 주르날 이코노미스트』), 조직(정치경제학회)을 통해 자신들의 입장을 알렸다. 그중에는 학계의 저명한 대표 — 콜레쥬 드 프랑스의 정치경제학과 학과장 — 뿐만 아니라 도덕정치학아카데미나 상공회의소의 회원, 지방정부와 중앙정부의 공무원도 있었다. 1840, 50년대에 정치경제학자들은 자유무역을 제도화할 의사가 없는 정부들을 설득하면서 곤경에 처했지만, 실제 그들은 새로운 경제 질서를 확립하는 데 핵심적인 영향을 미쳤다. 왜냐하면 이 정치경제학자들은 지식에 대한 통제와 정부에 대한 접근권을 통해 자신들이 주장하는 과학의 지적·제도적 권력을 확립함으로써 개념적 틀을 제공할 수 있게 되었기 때문이다. 경제 문제를 다루려는 사람이라면 누구든 이 개념적 틀 안에서(그리고 그것에 대항해) 작업할 수밖에 없었다.

I

19세기 프랑스 정치경제학자들의 저작에서 일하는 여성들은 직간접적으로 언급됐다. 일하는 여성의 모습은 빈곤·임금·직업·가족에 대한 논의에서 명시적인 주제였고, 동시에 무질서를 나타내는 한 방식이기도 했다. 곧 살펴보게 되겠지만, 이 두 용법은 글레이즈의 그림에서처럼 서로를 참조했기 때문에 이들을 분리하는 것은 거의 불가능하다. 일하는 여성에 대한 대부분의 논의에는 도시에 대한 고민도 포함됐는데, 다른 유형의 두 도시에서 발생하는 두 가지 문제가 끊임없이 환기되었다. 첫 번째는 파리와 같은 도시 중심지에 혼자 사는 젊은 여성의 상황과 관련된 것으로, 이들은 아주 적은 급여를 받으며 일했기 때문에 도시 빈민층의 확대에 일조했다. 두 번째는 새로운 제조업 중심지에 거주하는 여성들과 관련되는데, 이들은 장시간 기계를 다루는 일을 하며 정상 가족과는 거리가 먼 집단의 구성원으로 살았다.

일하는 독립 여성을 표현하는 용어는 모호했다. 성매매 감시 제도 아래서 '독신 여성'femmes isolées은 성매매 허가 업소에 등록하지 않고 비밀리에 성매매를 하는 여성으로 여겨졌다.[5] 1848년 파리 상공회의소가 마련한 『산업통계』와 같은 노동자 실태 조사에서 '독신 여성'은 기성복 산업 내에서 생산 건수에 따라 임금을 지불받으며 가구가 딸린 셋방에 혼자 사는 임노동(보통 여성 봉제사나 여성복 재봉사를 하는) 여성을 의미했다.[6] 여기서 '독신 여성'이라는 같은 용어가 사용된 것은 우연이 아니다. 1836년 성매매에 대한 파랑-뒤샤틀레의 대규모 조사 이래로 노동하는 소녀들 가운데 비정기적으로 성매매를 하는 이들이 있었다는 건 잘 알려진 사실이었다.

성매매를 초래한 여러 원인 가운데 일자리 부족과 저임금의 불가피한 결과인 빈곤만큼 중요한 역할을 한 것은 없다. 이는 특히 파리와 기타 대도시에서 그러하다. 우리의 여성복 재봉사, 여성 봉제사, 수선사, 그리고 바늘을 갖고 일하는 모든 이들은 보통 얼마를 버는가? …… 그들이 노동해서 받는 대가와 불명예스러운 일을 해서 받는 대가를 비교해 보면, 그토록 많은 이들이, 불가피하게 무질서에 빠져드는 것은 놀랍지 않다.[7]

파랑의 분석에는 엄밀히 말해 임금이나 노동조건과 관련 없는 설명도 포함돼 있다. 그에 따르면 빈곤 외에도 "허영심이나 사치스러운 옷차림에 대한 욕망 역시 게으름과 더불어 성매매에 가장 큰 영향을 미치는 원인 가운데 하나인데, 파리에서는 특히 그렇다."[8] 젊은 여성들이 고용주나 부모의 감시에서 벗어나 살면서 일할 경우, 그런 욕망은 걷잡을 수 없다. 1848년 『산업통계』의 저자들은 "낭비"와 "무질서한 행동"이 "혼자 숙소에서 일하는 여성이나 …… 하루 일과가 끝나면 원하는 것을 자유롭게 하는 여성들"[9]과 관련이 있다고 지적했다. 사실 『산업통계』의 저자들은 이런 여성들의 실제 직업이 "의심스럽"다고 여겼다. 그들이 존경받을 만한 일을 통해 수입을 번 것인지 성매매로 번 것인지는 항상 명확하지 않았다. "때로는 그들이 스스로 내세운 직업으로는 정당화할 수 없는 풍요로운 삶의 흔적을 발견하게 된다."[10] 독립해 사는 상태는 그것이 채울 수 없는 욕망을 불러일으키든 빈곤과 실업을 가져오든 모두 성매매로 이어졌다.

성매매와 연관된 사치와 낭비는 경제를 돌아가게 하는 데 필수적인 (자기 규제적인) 소비 형태 및 적절한(그리고 자제하는) 섹슈얼리티 형태와는 극명하게 대조되었다. 1842년에 『르 주르날 이코노미스트』에 실린 한 기사는 소비와 섹슈얼리티를 노골적으로 연결 지었다. 기사의 저자는 범죄의 원인을 빈곤이 아닌 욕정, 곧 "과도한 욕망"이 초래한 "도덕적 빈곤"에서 찾았다. 그는 "하위 계층"의 생활수준이 너무 빠르게 상승할 경우 그들의 욕망 역시 과도하게 자극될 수 있다고 경고했다. "우리가 그들의 삶을 개선하고자 할 때 그들의 욕정이 무질서하게 활성화되지 않도록 주의해야 한다."[11]

'독신 여성'이라는 용어가 이 같은 식으로 통용되었다는 것은 모든 일하는 여성들이 사회적·경제적·도덕적·정치적 질서 정연함이 파괴된, 통제되지 않는 주변부에 사는 성매매 여성으로 간주되었음을 의미한다. '독신 여성'이라는 용어의 양면적 용법은 수사적으로 이중 효과를 발휘했다. 즉, 특정 유형의 일하는 여성과 성매매 여성을 연결 짓고, 성적 방종과 빈곤을 동일시했다. 양면적 인과관계(빈곤이 원인인지 부도덕이 원인인지?)는 연상되는 의미 그 자체보다는 덜 중요했다. 왜냐하면 성적 방종에 대한 치료책은 하나, 통제뿐이었기 때문이다.

여성 노동자에 대한 기록들에는 다양한 여성 고용의 범주와 형태가 나타났지만, 여성 노동자에 대한 저작을 쓰는 사람들은 독신 여성의 상황에만 집중했다. 정치경제학자들은 숙련된 여주인들이 도제들을 감독하고 가르치는(모녀 사이와 유사한 관계를 갖춘) 작업장을 칭찬했고, 기혼 여성이 집안일과 가내노동을 결합해 임금을 벌어야 할 필요성과 유용성을 인정했다. 그러나 저작들에서는 이런 사례들을 무시하고 빈곤의 문제, 즉 독신 여성의 딜레마로 넘어갔다.[12] 왜냐하면 독신 여성은 여성이 처한 경제적 지위의 냉혹한 현실을 드러냈기 때문이다. 그들은 독신 여성들의 병리적인 상태를 통해 여성 임금의 "자연법칙"을 이해했다.

이 법칙이란 무엇인가? 초기 프랑스 정치경제학자들 가운데 한 사람인 장-바티스트 세가 분명하게 말하고 그의 후계자들이 반복했듯이, 남성과 여성의 임금 계산법에는 근본적인 차이가 존재했다. 남성의 임금은 노동자 자신을 부양하는 동시에 노동력의 재생산을 가능하게 해야 했다. 남성의 임금은 결코 완전히 자신을 부양할 수 없는 "태생적 의존자"인 그의 아이와 아내의 생계비를 포함했다.[13] 남성과 마찬가지로 여성도 수요-공급 법칙에 의해 임금이 정해졌지만, 여성 일자리 경쟁에는 추가적인 요소가 작동했다. 어떤 이유로든 스스로를 부양해야 하는 여성들은 자연스러운 상태에 있는 여성들, 즉 가계소득의 일부만 보충하면 되기 때문에 생계비보다 낮은 임금을 받고 일할 의사가 있는 여성들과 항상 경쟁해야 했다. 세는 남성 노동시장에서도 이 같은 상황이 논리적으로 발생할 수 있다고 인정했다. 곧 부양가족이 없는 미혼 남성은 기혼 남성보다 낮은 비용으로 고용할 수 있기 때문에 가족 생계비보다 낮은 임금을 줄 수 있다는 것이다. 그러나 세는 독자들에게 이런 시스템이 장기화되면 노동자 재생산이 이뤄지지 않아 미래의 노동력 공급이 감소하고 결국 임금은 상승할 수밖에 없다는 점을 상기시켰다("두 명의 고용주가 한 명의 노동자를 두고 경쟁할 때 임금이 상승하고 두 명의 노동자가 한 명의 고용주에게 매달리면 임금이 하락한다"는 것은 임금과 이윤에 관한 이론을 다룬 논문들에서 반복해서 인용되었다).[14] 해결책은 그가 기혼이건 미혼이건 할 것 없이 남성의 임금에 재생산 비용을 포함하는 것이었다. 왜냐하면 정치경제학에 따르면 재생산은 생물학적 기능이 아니라 경제적 개념이기 때문이다. 그것은 생명 그 자체의 생산이 아니라 생계를 제공하고 자본을 축적하는 문제와 관련된다. 세가 지적했듯이 "어려운 것은 태어나는 것이 아니라 살아가는 것이다."[15] 부양을 통해 아이는 성인 남성이 될 준비를 하고 마침내 노동에 필요한 힘과 기술을 갖추게 된다. "이런 능력은 …… [노동자를] 육성하는 데 할당된 금액을 [부모가] 매년 지속적으로 축적함으로써 형성된 자본이라 할 수 있다."[16]

지금 우리가 "인적 자본"이라 부르는 것은 아이를 양육하는 데 할당된 "금액" 또는 성인 남성에게 지급되는 "임금"으로서, 오로지 화폐의 형태로만 획득되고 측정되었다. 이런 이유로 노동자의 임금은 노동자 개인의 생활을 부양하는 것보다 더 높게 책정되어야만 했다. 나머지 부분은 다음 세대 노동자에 대한 고용주의 투자로 이해되었다. 이런 계산에 여성의 출산 노동과 아이를 돌보는 활동은 포함되지 않았다. 말하자면 출산과 육아는 경제적 힘을 작동하게 만드는 원재료이자 인간 사회를 구축하는 자연적 요소였다. 세는 생산을 사물에 가치를 부여하는 행위로 정의했는데, 이것은 단순한 물질을 가치를 인정받는 교환 가능한 상품으로 바꾸는 것이었다.[17] 세는 다음과 같이 재생산과 생산을 동의어처럼 사용했다.

> 때때로 생산은 재생산이라고 불리는데, 그 이유는 사실상 생산이라는 것이 그것에 가치를 부여하는 다른 형태로 재료를 재생산하는 것과 다름없기 때문이다. …… 생산이라는 용어가 더 정확한데, 왜냐하면 문제가 되는 부富라는 것은 재료 그 자체에서 오는 것이 아니라 그 재료에 부여된 가치에서 생기는 것이기 때문이다.[18]

재생산에 대한 이 같은 정의는 재생산이라는 단어를 그것에 내포된 생물학적 의미를 포괄하면서도 그것과 무관한 것으로 만들었다. 자본이 인적 자본인지 아닌지는 중요하지 않았다. 강조해야 할 점은 가치가 누구에 의해 어떻게 창조되는가였다. 일종의 순환논법을 통해 아버지가 아기를 성인으로 변화시키는 행위의 주체로 간주되었는데, 이는 아버지의 임금에 [가족들의] 생계비가 포함되었기 때문이다. 이론적으로는 일터에서 가치를 창출한 역할을 인정받아 그 대가로 받는 임금이 가정 내에서는 아버지에게 가치 창출자라는 지위를 부여하는 수단이 되었던 것이다. 사람의 성장에 화폐로 환산되는 가치를 부여하고 그것을 모두 아버지의 임금에 귀속시킴으로써, 가사 노동자이자 임금노동자로서 여성들의 기여는

그와 무관한 것이 되었다.[19]

　부분적으로 이런 설명 방식은 특정 수준의 추상적 관념과 연관되고, 남성의 임금은 남성 개인의 노동력 지출을 비롯한 모든 사회적 노동 비용을 포괄한다. 그러나 생산-재생산을 남성의 행위로 재현하는 것은 경제를 자연의 유사물이자 대립물로, 동시에 자연에 의존하는 개념으로 보는 것에서 비롯되었다. 경제는 물리적 세계의 법칙과 유사한 법칙을 가진 자연현상으로 이야기되었다. 과학자로서 정치경제학자의 위상은 결국 인간 활동에서 경제 질서의 자율적 법칙을 관찰할 수 있다는 주장에 기초하고 있었다. 그러나 경제가 자연현상이라 할지라도 경제활동에는 인간이 물질과 자연의 혜택을 가치 있는 물건으로 전환하는 것이 포함돼 있다. 자연적 물질과 가치 창출 사이의 구분은 출생/생존, 원자재/생산물, 자연 상태의 인간/노동자, 어머니/아버지 등과 같은 이분법적 대립으로 규정되었다. 이런 구도에서 아이를 통해 획득된 사회적 가치에 대한 여성의 공헌은 인정되는 동시에 모호해졌다. 왜냐하면 여성들의 이런 비용이 남성의 임금에 포함돼 있거나 남성의 임금을 통해 보상되었다고 여겨졌기 때문이다. 동시에 남성의 임노동에 부여된 가치 창출적 지위가 여성의 임노동에서는 인정되지 않았다. 여성은 정의상 열등한 노동자이며, 그렇기 때문에 [남성과] 같은 종류의 가치를 창출할 수 없다고 간주되었다. 노동자 신문『아틀리에』는 여성 임금노동자의 문제를 논한 기사의 머리말에서 이를 다음과 같이 못 박았다. "여성의 노동은 남성의 노동보다 사회에 덜 생산적이다. 하지만……."[20]

　임금 계산의 비대칭성은 놀라울 정도였다. 남성의 임금에는 최저 생계비용과 재생산 비용이 포함되었지만, 여성의 임금은 자신을 부양하기에도 부족해 가족으로부터 지원이 필요했다. 남녀 모두 가족 구성원으로 상정(그리고 가족 구성원이 되도록 장려)되었지만 결과는 완전히 달랐다. 남성은 미혼이건 기혼이건 자신의 임금으로 살아갈 수 있었지만 여성은 그럴 수 없었다. 남성은 정치경제학자들이 제기한 개인 자유의 가능성을 체현하고 있었지만, 여성은 그 이론이 상정한 대로 타인에 대한 책임과 의무를 지닌 의존적인 사회적 존재가 되었다. 정치경제학을 비판하는 사람들은 모든 임금은 남성 노동자와 여성 노동자의 최저 생계를 보장해야 한다고 주장했다. 하지만 정치경제학자들은 그것이 불가능하다고 대답했는데, 그 이유는 여성의 임금이 남성으로부터 오는 원조로 채워지기 때문이라는 것이었다. 외젠 뷔레는 1840년의 『노동계급의 빈곤』이라는 연구에서 이에 대해 다음과 같이 썼다.

> 산업적으로 보면 여성은 불완전한 노동자다. 만약 남성이 자신의 벌이를 파트너의 충분치 못한 임금에 보태 주지 않는다면 여성은 여성이라는 성만으로 빈곤에 빠지게 된다.[21]

여기서 뷔레는 "성"sex을 이중적 의미로 사용했다. 즉, 우리가 지금 젠더라고 부르는, 사회적으로 용인되는 여성의 활동들을 가리키는 동시에, 특정 경계를 넘어 일탈과 타락으로 나아가는 육체적 행위를 뜻했다. '독신 여성'이라는 단어는 가족 관계를 벗어난 노동이나 성 그 어떤 것도 여성들에게 납득할 만한 보상을 줄 수 없음을 보여 주었다.

그러나 여성은 가족 구조 내에서는 일할 수 있었다. 독신 여성을 둘러싼 논쟁의 쟁점은 여성이 노동에 적합하지 않다거나 노동이 여성의 모성과 맞지 않는다는 게 아니었다. 왜냐하면 임금과 부의 분배에 대한 연구는 여성들의 가계 예산에 대한 기여가 중요하다는 점을 전제하고 있었기 때문이다. 이들 연구는 가족과 유사한 환경에서 세심한 감독을 받으며 자신의 힘과 성에 적합한 일을 하는 여성 노동자들의 품행이 얼마나 바른지 묘사했다. 더 나아가 근검절약을 실천하는 이들은 낮은 임금을 받아도 충분히 잘 살 수 있기 때문에, 올바른 품행은 재정적으로 안락한 생활로 이어진다고 했다. 여성의 저임금의 교정책으로는 남성의 재정적 지원뿐만 아니라 욕망의 억압으로 얻어지는 조신함이 제시되었다. 이때 욕망이란 분수에 넘치는 삶에 대한 욕망과 성적 방종에 대한 욕망을 의미하는 것으로 이 둘은 모두 당연하게도 성매매와 연결되었다. 여기서 정치경제학자들은 자신들에 대한 사회주의자들의 비판에 은근히 맞서고 있었는데, 그 비판자들 중에는 자본주의적 착취로 고통받는 노동자들의 상징으로 성매매 여성의 이미지를 이용하는 이들도 있었다. 정치경제학자들은 이 문제를 직접적으로 논하지는 않았지만 자신들의 과학이 지닌 권위를 기반으로 이와 반대되는 설명을 단순하게 제시했다. 사회주의자들이 노동력을 파는 것이 여성이 몸을 파는 것과 다르지 않고 경제적 착취와 성적 착취가 같다고 지적했다면,[22] 정치경제학자들은 "근력"의 생산적이고 규율된 사용과 성적 활동의 낭비적이고 방종한 측면을 신중하게 구분한 것이다. 게다가 섹슈얼리티를 여성의 몸에 둠으로써, 그들은 노동과 섹스, 생산성과 낭비성, 규율과 방종, 남성과 여성 등의 젠더화된 대조를 만들어 냈다. 이것은 성매매를 성립시키는 교환에서 남성의 역할을 부정하는 효과를 낳았으며, 그래서 겉보기에 성매매로 더럽혀지지 않은 해결책을 제시하는 효과도 가져왔다. 경제적 생산성과 도덕적 질서가 유지되어야 한다면 남성적 원칙이 널리 퍼져야 했다. 이것은 가부장적 가족 — 위계적이고 상호 의존적인 독립체 — 이 질서를 위한 학교가 되고 이 질서를 체현해야 한다는 뜻이었다. 빈곤과 섹슈얼리티를 연결함으로써 만들어진 독신 여성의 양가적 형상은, 규제된 상황의 외부에서 살아가는 모든 삶이 어떤 결과를 초래하게 되는지를 보여 주는 것이었다.[23]

이런 논의에는 여성들의 삶의 현실을 훨씬 뛰어넘는 함의가 포함돼 있었다. 독신 여성은 빈곤의 영역, 통제 불능한 섹슈얼리티의 세계, 전복적인 독립, 위험한 반항의 세계를 나타냈다.[24] 또 독신 여성은 도시 그 자체를 체현하고 있었다.[25] 어떤 저자들은 그들이 도시화의 최악의 결과("갑작스럽게 확 뿜어 대는 기분 나쁜 증기, 여기저기서 내뿜는 매연, 그리고 유해한 방사물과 악몽이 뒤섞여서 우리의 어두운 도시 위를 맴돈다"[26])를 몸소 보여 준다고 보았다. 또 어떤 저자들은 대도시에서 눈에 띄는 노동계급의 풍기 문란을 독신 여성들 때문이라고 보았다. 정치경제학자들의 저작에서 원인과 결과는 대체로 명쾌하게 구분되지 않았다. 그보다 독신 여성의 형상은 특정 생각을 불러일으키는 방식으로 기능했다. 성매매와의 연관 속에서 독신 여성들은 "도덕적 타락"을 전파해 대도시를 "감염의 영원한 중심지"로 만들어 버리는 존재였다. 또한 1848년 혁명과 같은 정치적 격변기에 독신 여성들은 사회질서를 통째로 전복할 우려가 있는 "어수선한 욕정"을 표출하게 하거나 스스로 그것을 표현했다.[27] 독신 여성은 경제적·사회적 일탈을 의미했다. 그들의 상태는 정치적 위협이 되었는데, 이는 정부 개입의 필요성과 무엇이 바람직한 대안이 되어야 하는지를 뚜렷하게 드러냈다.

독신 여성 문제를 제시하는 방식에서 우리는 정치경제학이 부의 생산에 대한 담론에 도덕과학을 통합하는 것을 볼 수 있다. 조반나 프로카치는 이런 과정을 훌륭하게 묘사했다. 그의 지적에 따르면 19세기 전반기에 이루어진 "도덕과 경제학의 접목"은 "개입을 위한 모든 기술적 수단의 정교한 발달을 가능하게"[28] 했다. 그런 기술적 수단이 무엇이고 어떻게 작동했는지는 여기서 우리의 관심사가 아니지만, 그 개입이 경제가 아니라 가족을 겨냥한 것이었음에 주목하는 것은 중요하다.[29] 가족은 자연적인 도덕 규제의 장치인 반면, 경제는 인간의 통제 영역 밖에서 스스로를 규제하는 것이었다. 그럼에도 불구하고 각각의 법칙은 서로 연결되어 있었고 "[자석의] 인력 법칙이나 중력 법칙"[30]처럼 과학적 관찰에 의해 정치경제학적 언어에서 발견될 수 있었다. 이런 정치경제학자들의 저작에서 도덕적 고찰과 경제학적 고찰을 분리하는 것은 불가능하다.[31] 임금에 대한 분석은 젠더와 경제학을 연결해 가족 내에서 남성에 대한 여성의 "태생적 의존성"으로 남성과 여성의 임금 차이를 설명했고, 수요-공급의 "자연법칙"으로 여성이 왜 항상 남성에게 의존해야만 하는지도 설명했다. 일련의 "자연"법칙들은 서로를 명백하게 하고 서로를 구성했다. 독신 여성들의 곤경에 대한 논의는 모두 여성이 열등하다는 "사실" 또는 뷔레가 이야기한 임금노동자로서의 "불완전함" 그리고 이 때문에 여성이 가족 구조에 머물러야 할 필요성을 전제하는 동시에 재차 강조했다.

Ⅱ

공업 도시에서 일하는 여성 노동자들에 대한 정치경제학적 담론에는 서로 밀접하게 연관된 뚜렷한 두 개의 주제가 있었다. 하나는 기계가 노동 자체에 미치는 영향과 관련이 있었다. 새로운 노동 분업은 생산 부품과 노동자들이 호환될 수 있는 체제를 가져왔다. 기계 동력이 인간의 힘을 대체한다면, 남자의 노동과 여자의 노동의 차이를 보여 주는 표식들 중 적어도 하나는 없어질 수 있었다. 다른 하나는 남녀의 "난잡한 뒤섞임"이 이루어지는 공장, 도시의 거리, 노동자의 집과 같은 물리적 공간과 관련이 있었다. 이것은 일터에서 차이를 없애는 것을 내포하고 있었지만, 담론에서는 이를 관련짓지 않았다. 그렇다면 공장의 여성 고용 문제를 다루기 위해서는 임금과 노동조건뿐만 아니라 산업화, 도시화, 노동의 성별 분업 사이의 관계를 고려해야 하는 것이었다.

기계가 도입된 덕에 직무는 어느 정도 동질적인 것이 될 수 있었다. 사실 1840, 50년대 프랑스에서 기계를 사용한 곳은 아주 제한적이었으며 대부분 섬유 생산에 국한돼 되었다. 섬유산업에서조차 노동시장은 여전히 성에 따라 분리되어 있었다. 그런데도 정치경제학자들은 노동자들 사이의 모든 차이를 해소할 수 있는 기계의 잠재력을 인정했다. 이렇게 새로운 방식의 분업을 비판했던 이들은 "누구든지 그를 대체할 수 있"게 되어[32] 노동자가 개별성을 상실하고 "실력이 좋은 노동자와 실력이 나쁜 노동자"[33]를 구분하는 기준이었던 숙련이라는 가치를 잃게 된다는 것을 문제 삼았다. 새로운 노동 분업의 지지자들은 기계가 노동을 아주 단순화해 그전에는 몸이 약하거나 훈련이 부족하다는 이유로 고용되지 못했던 이들 — 여성과 아이들 — 이 이제는 임금을 벌 수 있게 되었다고 주장했다.

〔기계가〕 만들어 낸 일거리는 매우 단순하므로 지금까지 일할 수 없었던 아동, 여성, 그리고 전체 인구에서 가장 취약한 사람들에게도 믿고 맡길 수 있게 되었다.[34]

그 결과 사회적으로 이용 가능한 노동력을 더욱 생산적으로 이용할 수 있게 되었다. 그러나 거기에는 모호한 암시도 포함돼 있었다. "근력"의 차이가 이제는 무의미해졌다면, 또 그런 힘이 그때까지 남녀 임금격차의 요인이었다면, 남성과 여성 사이에는 이제 어느 정도의 평등이 달성될 수 있게된 것이다. 그 결과 노동시장은 좀 더 개방되고, "노동의 자유"의 미덕을 입증하게 될 수도 있었다. 물론, 좀 더 불길하게, 기계는 모든 노동을 여성화할 수도 있었다. 이는 인간의 신체적 노력을 생산에서 분리하고, 임금으로 인정받았던, 그리고 정치경제학이 남성성과 관련지었던 가치 창출행위를 생산에서 분리하는 것을 의미했다.

흥미롭게도 여성화의 우려를 제기한 것은 정치경제학자들이 아니라 (남성) 노동자들이었다.[35] 적어도 1830, 40년대에 정치경제학자들은 기계화의 문제를 도덕성의 문제로, 즉 양성 간의 "자연적" 구분을 붕괴시킬 수 있는 위협적 문제로 다루었다. 예를 들어, 이들은 기계가 여성을 여성적 기술과 가정이라는 장소에서 분리함으로써 방적과 같이 전부 여성으로 구성된 직종을 붕괴시켰다고 지적했다.[36] 그러나 기계가 직업 구분에 미친 영향에서 가장 많이 제기된 문제는, 공간적으로 남녀가 뒤섞이면 어떤 결과가 초래될 것인가라는 도덕성에 대한 논의였다. 1840, 50년대에 공장생활을 다룬 주요 서적들에서 저자들을 사로잡은 것은 노동 그 자체의 본질이 아니라 이런 문제였다.

이 시기에 도덕정치학아카데미 소속 조사관들은 공장에 대해 많은 설명을 남겼다. 그중에는 루이 빌레르메, 루이 레이보, 아르망 오디간느도 있었다. 낯선 땅을 여행하는 여행객처럼 이들은 여러 도시를 방문해 자신이 본 새롭고 기이한 광경들을 꼼꼼하고 상세하게 기록했다.[37] 이들의 보고서는 『르 주르날 이코노미스트』나 『두 세계 평론』*La Revue des Deux Mondes*에 게재되었고 그 후 책으로 발간됐다. 이 글들은 광범위하게 유통되었고 상당한 권위를 얻었으며, 그들의 견해는 그 시기에 제기된 다양한 분석과 프로그램에서 과학적 증거로 인용되었다. 경제 과학에 도덕적 차원을 접목한 이 같은 설명은 1840, 50년대에 미래 프랑스 산업 발전에 관한 치열한 논쟁에 반영되었고, 두 진영 ― 규제 없는 경제성장, 기계화, 자유무역을 촉구한 진영과 제한된 성장, 소규모 생산, 보호관세를 주장한 진영 ― 에서 모두 사용되었다. 여기서 놀라운 것은 성적 차이가 논쟁의 조건을 구축하는 데 얼마나 중요했는가 하는 점이다.

루이 빌레르메 박사의 깜짝 놀랄 만한 설명은 이런 장르의 전형적 사례로, 역사가들은 이미 그가 얼마나 성에 집착했는지에 대해 언급한 바 있다.[38] 빌레르메는 자신이 방문했던 다양한 도시의 빈곤과 무질서를 성적 무질서라는 기준으로 비교했다. 예를 들어, 최악의 사례인 릴의 일부 지역의 경우 문란함, 근친상간, 외설, 성매매가 만연했고 이런 상황은 일터와 집에서 모두 명백히 드러났다.

이런! 남녀를 쉽게 분리할 수 있음에도 불구하고 …… 당신 작업장에 남녀를 뒤섞어 놓았다고요? 이 같은 뒤섞임이 유발할 음담패설과 부도덕의 학습 …… 그리고 남녀의 뒤섞인 음성이 들리자마자 생겨나는, 당신이 부추긴 강한 욕정에 대해 정말 모르고 있었나요?[39]

심지어 남성과 여성이 각자 다른 업무를 하는 공장에서조차 모든 사람이 같은 시간에 출퇴근한다는 사실은 문란함으로 연결됐고, 젊은 여성들이 하루 중 업무 시간의 "다섯 번째 쿼터", 곧 업무 이후 시간에 성매매 여성으로 활동하는 관행을 부추겼다.[40] 거리에서 이루어진 뒤섞임은 가정에서도 계속되었다.

나는 불행한 주민들의 끝없는 고통을 한눈에 드러낸 끔찍한 상황에 대한 이 같은 묘사에 아무 말도 덧붙이고 싶지 않다. 그러나 방금 내가 언급한, 침대에서 남녀가 한 침대에 누워 있는 것, 그것도 나이 차가 크게 나는 남녀가 한 침대에 누워 있는 것을 봤고, 그들 중 대부분이 잠옷도 입지 않았고 역겨울 정도로 더러웠다는 점은 밝혀 둬야겠다. 아버지, 어머니, 노인, 아이, 성인이 모두 바짝 붙어 있거나 서로 겹쳐 있었다. 나는 더 이상 말하지 않겠다. 독자는 내가 말하지 않은 부분까지도 끝까지 상상하겠지만, 만약 그 상상이 정확하기를 바란다면, 이 더러운 침대에서 몽롱한 만취 상태로 어떤 역겨운 일이 벌어진다고 해도 독자의 상상력은 움츠러들어서는 안 된다고 나는 경고한다.[41]

빌레르메의 연구가 등장하고 몇 년 후 『르 주르날 이코노미스트』에 노동계급의 상태에 대한 글을 발표한 평론가 테오도르 픽스는 빌레르메 박사가 묘사한 상황 후에 발생한 (도덕적 범죄뿐만 아니라 정치적 소란도 의미하는) "심각한 무질서"를 인용하면서, 공장 자체가 공단에서 두드러지게 나타난 무질서의 원인이라고 주장한 사람들과는 반대로, 도덕적 타락이 빈곤을 초래했다고 주장했다. 그는 공단의 생활수준을 향상하기 위해서는 "공장 경찰"이 필요하다고 보았다. 픽스는 얼마간의 비용을 들여서라도 노동자들의 행동을 규제할 조치를 취했던 고용주들의 사례를 제시했다. 그들은 남성과 여성을 엄격히 분리했고, 공장의 복도나 길거리에서 그들이 섞이지 않도록 근무시간을 조정했으며, 문란한 행위를 한 자는 누구든 쫓아냈다. "이런 희생은 …… 언제나 커다란 보상을 받았고 이들 공장은 가장 번창하는 공장에 속했다."[42] 픽스의 해결책에 동의했건 아니건 간에, 사람들은 불길한 징조에 대한 그의 묘사를 공유하면서[43] 당시의 무규칙한 상태, 곧 무작위로 흩어진 상태를 가리키기 위해 "무질서하게"라는 말을 반복적으로 사용했다. 그 상태라는 것은 자연적 위계질서와 분업을 거역하고, 집과 일터를 구분할 수 없게 만들며, 남자와 여자가 갖는 차이의 의미를 없애는 그런 것이었다.

여성 노동자는 이 문제의 상징이었다. 공단에서 일하는 여성 노동자들의 운명은 여자들만 고용된 작업장에서 일하는 여성들 또는 집에서 일하는 여성들의 상황과 자주 대비되곤 했다. 공장에서 일하는 여성 노동자가 다른 여자 노동자들보다 더 나은 임금을 받는다는 사실은 보통 인정됐지만, 도덕적 효과가 이런 경제적 이득보다 중요했다. 공장에서 일하는 여성들은 저속한 동료들에게 노출되고, 유혹당하며, 가정에서 분리되어 가정과 아이를 돌볼 수 없거나, 그것도 아니라면 동료들과 어울리며 관능적 쾌락, 사치스러운 기호, 성적 욕망과 물질적 욕망을 쉽게 채울 것이라고 여겨졌다. 이들은 작업장의 여성이나 집에서 돈을 버는 여성들과 자주 비교되었는데, 여성들만 고용된 작업장(보통 규모가 상대적으로 작은 작업장)에서 일하는 여성들 또는 집에서 일하는 여성들은 순결하고 질서 정연하며 결혼과 모성에 관한 책임을 질 준비가 잘 되어 있다고 이야기됐다.

공단에 대한 이런 묘사가 얼마나 과장된 것이었는지를 살펴보면 놀랍다. 한 예로, 다른 보고서를 보면, 남성과 여성이 보통 공장에서 무분별하게 섞여 있던 것이 아님을 알 수 있다. 이런 보고서들에 따르면, 직종이나 작업장이 성에 따라 분리되어 있는 경우가 많았다. 게다가 남성과 여성은 제조업 중심지에서 그랬던 것처럼 작은 도시의 거리나 농장, 가정에서도 공간을 공유했다. 어차피 남녀노소가 같은 물리적 공간에 뒤섞여 있는 것은 모든 가족, 아니면 가구가 가진 특징이었다.[44] 그렇다면 우리는 이 모순을 어떻게 설명할 수 있을까? 이는 이런 저작의 문자적 기능뿐만 아니라 수사적 기능에 주목하고, 또 의미를 구성하는 데 사용된 대조를 살펴보는 것을 통해 가능할 것이다. 이들 설명은 실제로는 추상적인 성질의 것을 물질적 구체성을 가진 것으로 바꾸고자 한 것이다. 빌레르메의 묘사에서는 음란한 대화, 근친상간, 어둠, 추잡함과 대립되는 것으로 점잖은 말씨, 부부간의 내밀한 성관계, 빛, 정결함을 암시적으로 나열함으로써 이런 효과가 달성됐다. [남성과 여성 신체의] 문란한 뒤섞임에 대한 생생한 묘사는 질서정연함을 나타내는 특징들이 공업 도시에 부재함을 상징적으로 보여 준다. 여기서 그 질서정연함이라는 것은 남성과 여성 사이의 관습적인 관계로 표현되는 위계, 통제, 안정성을 말한다. 버려진 아이들을 다룬 한 책의 저자들은 "공중도덕은 대도시에서 심각하게 느슨해져 있다. …… 많은 남녀 노동자가 한 공간에서 같이 사는 공업 도시에서는 더욱 그러하다"라고 썼다.[45] 어쨌든 남녀의 동등함 — 가족으로 결합된 남녀가 아니라 노동자로서의 남녀 — 은 문제를 보여 주고 설명해 주었다. 규제되지 않은 섹슈얼리티라는 무질서는 성적 차이의 사회적 경계가 모호해진 곳에서 넘쳐 났다.

남녀 차이의 부재가 "심각한 무질서"를 의미한다면, 노동계급의 도덕화를 위해서는 성차를 명확히 하고 강조할 필요가 있었다. 바로 이런 조건에서 새로운 세대의 도덕주의자들은 임노동이 여성들의 가정 내 책임에 미치는 영향을 검토하고, 모성을 여성의 기본적이고 "자연적인" 노동으로 묘사하기 시작했다. 노동계급의 빈곤이나 무질서를 논하기 위해 여성의 섹슈얼리티를 은유적으로 사용하는 것은 도덕주의자들에게는 말 그대로 해결책 ─ 노동계급 여성의 삶과 활동에 주목하는 것 ─ 이었다.

III

프랑스에서 여성의 무질서한 섹슈얼리티로 표현된 노동계급의 상황에 대한 오랜 논의는 1858~60년, 영국과 자유무역협정을 체결하는 과정에서 절정에 달했고 변화하기 시작했다(하지만 끝나지는 않았다). 1860년 1월에 체결된 이 협정으로 산업도시의 성장을 가로막으려는 모든 시도가 무산됐다. 비판자와 지지자 모두 프랑스가 영국의 도전에 맞서려면 진일보한 기계화를 추진하고 경제 변화의 속도를 더 높여야만 한다는 데 동의했다. 이 같은 발전이 가져올 도덕적 효과는 무엇이어야 하는가? 이런 질문은 "여성 문제"와 경제문제에 대한 논의를 동시에 불러일으켰다. 이때 논자들은 성차와 관련된 용어들을 명확하고 상세하게 표현하려 했는데, 여성의 "자연스러운" 역할을 설명할 때 특히 그랬다.

자신을 정치경제학자로 생각한 도덕주의자들은 여성의 노동과 임금에 대한 상세한 조사를 통해 도덕성 문제를 탐구했다. (교수이자 평론가이며 정치경제학회 회원인) 쥘 시몽은 처음에 "여성의 노동과 임금"에 대한 여러 편의 논문을 『두 세계 평론』에 발표했고, 1860년에는 그것들을 『여성 노동자』라는 제목의 책으로 묶어 출판했다. 젊은 가정교사였고, 1859년에 리옹아카데미의 논문 경연 대회에서 우승해 입학을 허가받기 전까지는 무명에 가까웠던 줄리-빅투아르 도비에는 처음에 자신의 논문 중 일부를 「여성들에게는 어떤 생계 수단이 있는가?」라는 제목으로 1862~63년에 『르 주르날 이코노미스트』에 게재했고, 이후 1866년에 『19세기의 가난한 여성』이라는 제목의 책으로 출판했다. 시몽과 도비에의 연구는 모두 (전문직 또는 높은 교육 수준이 필요한 직업은 제외한) 여성의 육체노동의 현실에 관한 것이었고, 몇몇 비평가들도 그런 정도로만 이해하고 읽었다.[46] 그러나 두 연구는 경제문제보다는 질서나 정의에 대한 일반적인 질문에 주목한 도덕적 성명이기도 했다. 이 연구들은 대중, 즉 "여론"을 형성하는 것으로 간주되는 박식한 독자층을 대상으로 했지만, 넓은 의미에서는 내가 정치경제학 담론이라고 부르는 영역에도 속하는 것이었다. 이 연구들은 정치경제학자들이 제기한 지식과 사상에 기대며 그것에 대해 논했는데, 시몽은 그들의 교훈을 받아들인 반면, 도비에는 비판적 입장을 취했다.

이들의 주제는 좁게는 일하는 여성으로 해석될 수 있지만, 노동계급 상태에 대한 초기 과학적 보고서의 전통 안에 자리 잡고 있었다. 시몽은 노골적으로 자신의 선배들(오디간느, 레이보, 빌레르메)이 사용했던 직접 관찰이라는 방법을 환기했다.

나는 모든 것을 본 것은 아니며, 또 내가 본 모든 것을 말한 것도 아니다. 그렇지만 내가 여기서 말한 모든 불행은 전부 내가 목격한 것이며, 아직도 내 마음을 무겁게 하고 있다.[47]

도비에는 다소 다른 방향을 취했는데, 그녀는 별다른 명성도 평판도 없고 여느 과학 학회의 회원도 아니었기 때문이다. 그녀는 글에서 자신의 목소리를 감추고 대신 역사적 문헌, 알려진 자료, 정부 보고서를 인용함으로써 권위를 인정받았다. 그러나 중요한 순간에 그녀는 극적인 일화를 소개했는데, 그것을 직접 경험했다고 주장하지는 않았지만 마치 직접 목격한 것 같은 인상을 주었다.[48]

이전 연구들처럼 이 두 연구 또한 도덕적 작업임을 자각한 상태에서 이루어진 것이었다. 즉, 경제 법칙이 이미 정확하게 기술되었다고 가정하고, 그 대신 (우리라면 사회과학이라 부를) 도덕과학에 집중한 것이었다. 시몽은 책의 첫 번째 줄에서 자신의 의도를 다음과 같이 밝혔다. "당신이 지금부터 읽으려는 이 책은 도덕성에 관한 책이다."[49] 도비에도 "상업에 관한 논문의 프롤로그는 도덕적 정의에 관한 논문"이어야 한다고 주장하면서 명백히 이런 관점에서 자신의 연구를 바라보고 있었다.[50] 시몽과 도비에는 (성적) 무질서를 인용함으로써, 지나치게 물질주의적인 시대에는 도덕에 대한 고려가 필요하다는 점을 명확히 했다. 두 책은 모두 이전의 연구들에 등장했던 것과 똑같이 성매매, 근친상간, 방탕의 이미지를 떠올리게 했다. 그들은 분명 독자들이 이미 이런 연구에 대해 잘 알고 있음을 전제하고 있었다. 그럼에도 시몽과 도비에의 책은 적극적인 해결책을 강조했다는 점에서 이전의 연구와 확연히 대비된다. 빌레르메가 성매매와 근친상간을 초점(및 자극 지점)으로 삼았던 반면, 시몽은 이상화된 모성을 숭배했고 도비에는 좀 더 실질적으로 일하는 어머니의 지위를 향상할 방안을 찾았다. 과거의 연구에서 노동계급의 무질서를 여성의 통제되지 않는 섹슈얼리티로 이해했다면, 이 둘의 연구에서는 질서 정연한 가족과 사회생활의 핵심으로서 모성에 주목했다. 이전의 연구에서는 성차의 상실을 통해 질서의 붕괴를 서술했다면, 이 둘의 연구는 사회경제적 조직에서 질서를 세우거나 유지하는 수단으로 성차라는 격자 틀을 도입했다. 이전의 연구들이 여성의 섹슈얼리티를 파괴적 노동계급이라는 문제 전체와 관련 지었다면, 이제는 (무성적인 여성의 신체 기능으로 묘사된) 모성을 잠재적으로 좀 더 관리하기 쉬운 노동계급을 가리키는 것으로 간주했다. 게다가 모성보호에 대한 요구는 노동계급과 중산계급, 노동자와 국가 사이의 관계에 대한 새로운 비전을 내포하고 있었다.

사실 시몽과 도비에는 기존 구성의 강조점을 그저 뒤집음으로써 (조신한 여성과 좋은 어머니는 성매매 여성의 대립항이고, 규율과 가족 질서는 빈곤의 대립항이라는) 이전에는 암시적이었던 것을 명시적으로 드러냈을 뿐이다. 그것이 여성 노동자의 재현에 미친 효과는 놀라웠다. 여성 노동자는 이제 경제적 필요(빈곤)의 압박으로 말미암아 어머니와 아내로서의 "자연적" 노동 또는 자신의 성에 적합한 노동과 일터로부터 분리된 피해자로 묘사되었다. 피해야 할 진정한 위험은 통제되지 않는 성적 열정이 아니라 어머니의 자양분을 상실하는 것이었다. 어머니의 자양분은 아이에 대한 적절한 교육뿐만 아니라 가족生活을 지원하고 강화하는 데 핵심적인 것이었다. 그 초점이 부정적 재현에서 긍정적 재현으로 명확하게 이동했다 하더라도, 성적 차이를 확립하는 일이 여성과 남성의 체계적인 비교가 아니라 오로지 여성 신체의 "자연적" 목적과 육체적 특징과 관련해 이루어졌다는 것은 이전의 연구와 다를 바 없었다.

시몽과 도비에의 의제는 서로 달랐다. 시몽은 유명한 사회문제 평론가로, 나중에 제3공화국의 중요한 입법자 가운데 한 사람이 되었다. 도비에는 스스로 페미니스트라고 자처했고 (1862년에) 대학 입학 자격을 획득한 첫 번째 여성이었으며, 제3공화국 초기에 정부의 성매매 규제를 반대하고 여성 참정권 운동을 주도하기도 했다. 시몽은 사회의 이름으로 자신의 책을 집필했고 여성의 기질에 대한 미슐레의 관점을 인용하고 지지했다. 도비에는 여성의 이름으로 글을 썼으며 여성의 (경제적) 독립의 중요성을 주장했다. 이 둘의 주장과 의도에서 나타나는 차이점은 중요하지만, 그들 사이에는 유사성 또한 엿보였다. 여성 노동자에 대한 논의에서 두 사람은 모두 모성의 문제에 집중했고 모성을 여성성의 결정적인 자질 또는 특징으로 간주한 것이다.

[쥘 시몽의]『여성 노동자』는 기술 및 과학의 진보와 가족생활의 쇠퇴를 극적으로 대비하는 것으로 시작된다. 여성을 고용하는 것이 더 저렴했기 때문에 기계화는 "임금 법칙에 따라" 산업 내에서 남성을 여성으로 대체했다. 이런 고용 그 자체로 여성의 물질적 상황은 실질적으로 향상됐다. 왜냐하면 여성 노동자들이 공장에서 받는 임금은 다른 곳보다 높았기 때문이다. 그러면 문제는 무엇이었을까? 시몽은 미슐레의 고뇌에 찬 울부짖음을 인용했다.

여성 노동자! 불경스럽고 더러운 단어. 철의 시대 이전에는 어떤 언어에서도 알려진 적이 없고 어떤 시대에도 이해된 적이 없으며 우리가 진보라고 생각해 온 모든 것을 불확실하게 만드는 단어![51]

여기에 시몽은 "노동자가 된 여성은 더 이상 여성이 아니다"[52]라고 자신의 설명을 덧붙였다.

여성이면서 노동자라는 모순은 여러 가지 형태로 나타났다. 여성은 기존에 남성이 하던 노동을 했다. 여성들은 "그들의 행복과 우리의 행복에 꼭 필요한, 따뜻한 애정으로 둘러싸인, 가려지고 보호받는 정숙한 삶"[53]을 떠나 공장에서 "도덕적으로 의심스러운" 남녀와 온종일 어울렸고, 그중 일부 남성은 감독관으로서 그들을 "지배"했다(여기에는 성적인 의미가 의도된 것처럼 보인다). 또한 여성들은 자신의 몸이 감당할 수 있는 것 이상으로 육체적 힘을 소모하며 일했고,[54] 가정에서 남편의 권위를 문제삼을 수 있을 만큼의 임금을 벌었다.[55] 가족 내의 구분은 평준화되어 부부는 더는 어머니, 아버지가 아닌 두 명의 노동자일 뿐이었다. 하루가 끝났을 때 돌아갈 가정은 이제 없었고, 오로지 어머니의 사랑을 박탈당한 아이들만 방치돼 있는 더러운 숙소가 있을 뿐이었다. 공장의 교대 근무는 밤낮의 차이조차 무시했고, 자연스럽고 당연하게 여겨지던 모든 것이 파괴되었다.

시몽이 보기에 도덕적 정상성에 대한 모델은 여전히 존재했고 흥미롭게도 그것은 임금을 버는 여성과 관련이 있었다. 하지만 이는 [성차와 같은] 자연적 차이가 존중받을 수 있는 가정적 환경 또는 소규모 작업장에서 일하는 여성에만 해당했다(리옹 주변 지역의 견사 방적업과 직조업이 그 예다). 시몽에게 이상적인 것은 시골에 자리한 가족 단위의 사업이었다. 그 이상적인 가족 사업장에서 여성들은 자신들의 취약한 상황에 걸맞은 섬세한 작업들을 한다는 것이다. 그들은 언제든 생산 작업에서 단절될 수 있었는데, 왜냐하면 아이와 남편을 돌보고, 가정에 사랑의 기운을 불어넣고, 가족을 체현하고, 가족의 "화신"이 되어야 했기 때문이다.

여성은 결혼할 수 있어야 하고, 결혼한 여성은 온종일 집에 있을 수 있어야 한다. 그래야 그곳에 신의 섭리가 있을 것이고, 가족의 이상적인 모습이 있을 것이다.[56]

가정에 있는 여성은 재산을 지키고 (남성의) 낭비하고 탕진하는 성향 때문에 생겨나는 가난을 방지하는 등의 행동을 한다고 여겨졌다(여기서 사치스러운 자기 방종의 위험은 성매매 여성이 아닌 노동계급 남성과 연결되었다). 남성의 임금은 여성만이 유지할 수 있는 "도덕적" 분위기에서 조심스럽게 관리되고 사용된다면 가족을 부양할 수 있게 고안된 것이었다. 시몽에 따르면, 남성의 임금 인상이 여성을 가정이라는 적절한 자리로 돌려보내게 될 것이라고 주장하는 사람들은 인과관계를 오해한 것이었다. 그는 도덕성이 먼저 실행돼야 그다음에 남성의 임금으로 가족을 충분히 부양할 수 있게 된다고 보았다.[57] 이런 주장은 경제도 가족도 둘 다 외부 간섭을 허용하지 않는다는 가정에 입각한 것이었다. 하지만 정치경제학이 어떤 제도가 경제"법칙"에 맞는지에 대한 통찰을 제공했던 반면, 도덕과학은 가족생활을 구성하는 데 남녀의 "자연적" 역할이 갖는 중요성을 충분히 상술하지 않았다.

시몽은 남성을 거의 언급하지 않았지만, 언급할 때면 집 밖에서 중노동을 하고 있다고 가정했다. 또 남성은 여성과의 암묵적인 대조를 통해 생산적 임금노동자인 동시에 도덕관념이 없는 사람으로 환기됐다. 시몽의 가장 웅변적인(그리고 기억에 남는) 묘사를 보면 그가 여성을 어떤 식으로 이상화했는지 잘 알 수 있다.

여성은 사랑을 통해서만 성장하며, 사랑은 가족이라는 성역 안에서만 성장하고 단단해진다.[58]

자연이 분명히 우리에게 가르쳐 주는 한 가지가 있다면 그것은 여성은 어린 소녀 시절에는 엄마 옆에서, 아내가 된 후에는 남편의 보호와 권위 아래서 살며 보호받도록 만들어졌다는 점이다.[59]

우리는 의무와 희생에 대한 책을 쓰고 이론을 만들어 낼 수 있지만, 도덕성의 진정한 교사는 여성이다. 정의에 대해 부드럽게 조언하고 애정으로 헌신에 보답하는 것은 여성들이다. …… 모든 물질적 개선은 환영받을 만한 것이다. 하지만 당신이 여성 노동자의 상황을 개선하는 동시에 질서를 유지하고 올바른 정서를 되살리며, 국가와 정의를 이해시키고 사랑하게 하려면, 애들을 엄마와 떼놓지 말아야 한다![60]

위기에 처한 것은 사랑, 도덕성, 모성과 연관된 여성성의 본질이었다. 여성들이 자신의 "자연적 소명"에서 벗어나지 않는 한, 그들이 하는 임노동은 해롭지 않았다. 실제로 임노동은 여성이 지루함을 느끼지 않고 허송세월하지 않도록 해주는 것이었다. 그러나 여성들이 사회적 가치를 창출하는 방식은 임노동을 통해서가 아닌 가족의 도덕성을 몸소 보여 주고 강화하는 것을 통해서였다.

나는 "사회적 가치"라는 용어를 사용했지만 시몽은 그러지 않았다. 시몽이 사용하는 개념 용어에는 사회적 가치, 특히 여성이 만들어 내는 가치 창출과 관련한 어휘가 존재하지 않았다. 그는 가치라는 말을 기술경제

7장 "여성 노동자! 불경스럽고 더러운 단어……"

학적 문제와 관련된 것으로만 본 듯하다. 따라서 이는 여성이란 어떤 존재이며 무엇을 하는지 논의하는 데 적합하지 않은 것이 된다. 오히려 시몽의 전반적인 텍스트는 물질적이고 금전적인 개념과 대립하는 것들로 구성되었다. 여성은 세속화된 영성, 사랑 및 감정과 관련되었다. 그들은 경제의 외부 영역에서 살아가며 그들의 행위는 경제와 동떨어진 것이다. 여성들의 자질은 타고난 것이며 무엇보다 그것은 모성이라는 기능과 관련되었다. 여성은 다른 사람의 변화에 영향을 주었다. 여성의 교육으로 자녀들은 도덕적이고 사랑스러운 존재가 되고 남성들은 책임감 있고 훈육하는 남편과 아버지가 되었다. 심지어 임금도 가정에 "도덕"이 충만할 때 진가를 발휘했다. 그러나 이는 금전적인 관점에서 인정받을 수 없는 것이기 때문에 정확히 말하자면 가치를 창출하는 행위가 아니었다. 사실 그렇게 하는 것[여성의 행위를 금전적으로 인정하는 것]은 여성의 효용성을 훼손하고 말 그대로 측정할 수 없을 정도로 중요한 행위를 현금으로 환원해 버리는 것이었다. 무엇보다도 여성이 창출하는 것에는 시장에서 계량화할 수 있는 교환가치가 없었다. 왜냐하면 어머니가 생산하는 것은 아이의 육체적 힘이나 노동 능력이 아니기 때문이다. 이런 자질들은 여전히 아버지의 임금으로 제공되는 생계에 의존하고 있었다. 오히려 여성들은 아이들의 행동 특성에 영향을 주었는데, 이 행동 특성은 사회의 생산능력이나 부를 좌우하는 것이라기보다는 사회의 안정성과 사회조직의 기반을 좌우하는 것이다. 이 모든 것은 남성을 가치 창출자이자(따라서 임금을 버는) 생산자로 규정한 정치경제학의 초기 정의를 그대로 유지할 뿐만 아니라 자명한 것으로 받아들였다. 시몽은 여성의 가사 노동과 양육 활동을 조명하고 거기에 사회적 타당성을 부여했지만, 그렇다고 해서 정치경제학적 계산 논법에 도전한 것은 아니었다. 대신 그는 경제/비경제, 일터/가정, 공장/가족, 물질적/정신적, 육체적 성장/도덕 교육, 임노동/도덕적 교화, 경제/사회, 노동자/어머니, 남성/여성 등과 같이 새로운 일련의 대립적 개념들로 자기 글의 의미를 구성했다.

이 같은 대조에서 "가정 이데올로기"나 "성별 영역 분리의 교리"를 인식하는 것은 핵심을 간파하는 동시에 놓치는 것이다. 물론 시몽의 글 속에는 지금은 19세기 유럽과 북아메리카를 연구하는 역사가들에게 익숙해진 주제가 포함돼 있다. 이는 대체로 여성사가들이 진행한 연구 덕분이다. 그러나 주제에 이름을 붙여 분류하고, 우리가 그것이 어떤 의미인지 알고 있다고 가정한다면, 이런 관념이 언제, 어떤 맥락에서 명확하게 이야기되었는지, 그리고 특히 그것이 어떻게 작동했는지를 살펴볼 기회를 놓치게 된다. 시몽의 경우, 자본주의에 대한 기존 비판자들(예를 들면 로마 가톨릭이나 기독교 사회주의자)의 의견에 의지(하고 그것을 이용)했다고 결론짓는 게 타당한 듯하다. 이 비판자들은 성경에 근거해 출산과 모성의 책임이 여성의 운명이며, 따라서 임노동은 부자연스러운 행위라고 주장했다.[61] 그러나 시몽의 글이 출판된 시기도 중요한데, 이를 통해 그가 산업 성장을 중단시킬 수 있는지 아닌지의 문제에 대해 얼버무린 이유를 설명할 수 있기 때문이다. 분명 시몽은 산업 성장을 중단시킬 수 있다고 생각하지 않았으며, 새로 지은 공장 대신 그보다 효율적이지 않은 소규모 작업장을 살린다는 건 모든 측면에서 불가능한 일이라고 단념했다. 사실 그의 책은 어떤 경제적 해결책도, 시간을 되돌릴 방법도 제시하지 않았다. 어떤 비평가는 시몽이 정책 제안을 거부한 데 매우 분노하면서 그의 책을 "감수성과 재능을 갖춘 사람이 내뱉는 긴 신음"이라 치부하고 그런 연구가 도대체 무슨 의미가 있는지 의문스러워 했다.[62] 내가 보기에 그 책의 의미는 직접적인 실행 계획에 대한 것이 아니라 이데올로기적인 것이다. 왜냐하면 그 책은 자유무역의 반대자들에게 일종의 타협점을 제공했기 때문이다. 이 반대자들은 산업과 도시의 급속한 성장이 프랑스의 (도덕적이고 신체적인) 활력을 약화시킬 것이라고 경고하고, 1860년 영국과의 협정을 자신들이 가장 두려워하던 결과라고 신경질적으로 비난했다. 여성 노동자에 대한 논의에서 시몽은 보호무역주의자들의 비판을 일부 수용했지만 또한 (그의 어투가 시사하듯, 마지못해) 역사는 되돌릴 수 없다고 지적했다. 여성의 본성과 사명에 대한 시몽의 논의는 미래를 이해하는 또 다른 방법을 제시했다. 그는 무제한적인 산업 성장의 경제로부터 분리되고 그것의 영향을 받지 않으면서도 또 그것과 완벽하게 양립할 수 있는 도덕적 질서와 사회조직의 비전을 개발하고 지지했다.

시몽의 책은 여성 노동자들의 생활 실태에 대한 연구로 제시되었지만, 그것은 무엇보다 처방을 내리고 이상화하려는 시도였다. 그기 가장 절박하게 여기고 열심히 권고했던 점은 노동이 아니라 여성성에 관한 것이었고, 그는 자신이 묘사했던 문제들에 대한 실질적 해결책을 논의하지 않았다. 시몽은 입법과 강제가 사회조직의 방향을 바꿀 수 없다고 주장했지만 "교육과 제도화"의 과정이 결과적으로는 어느 정도 효과가 있을 것이라고 보았다.[63] 여성다움을 이루어야 할 목표로 제시하고 그것에 대한 규범적 진술을 담은 그의 책은 교육과정에서 중요하게 다뤄졌다. 여성이 중심에 있는 이상화된 가족은 사람들이 점점 더 선망하는 모델이 되었다. 기대되는 해결책은 "어머니가 가족으로 …… 가정생활로 …… 가족의 미덕으로 돌아가는 것"이었다.[64] 실제로, 가족의 자연적 기반과 가족이 사회에 미치게 될 유익한 영향이 설명되기만 한다면, 가족에 대한 시몽의 주장은 현실에서도 그 이론적 전망을 실현할 수 있게 될 것이었다. 시몽은 "실상이 제도에 부합하기를 항상 바랐다"[65]고 썼다. 따라서 [『여성 노동자』라는] 시몽의 책 제목은 가족의 제도적 필요성과 대조되는 음울한 사실을 보여 준다. "여성 노동자"는 "어머니"의 반대말이었던 것이다.

줄리 도비에는 시몽과 다른 방식으로 여성 노동자에 대한 연구에 접근했지만, 그녀가 애초에 설정한 전제는 대부분 시몽과 같았다. 시몽과 마찬가지로 도비에도 성차에 대한 선명한 경계가 사라지는 것을 부도덕 및 질서의 붕괴와 동일시했다. 그녀에 따르면 임금노동의 파괴적 영향 가운데 하나는 제도화된 특정 성적 구분을 지워 버린다는 점이었고, 이로 인해 여성은 합법적 경제활동과 도덕적 보호를 박탈당하는 것이었다. 남성 또는 기계는(혹은 양자 모두) 전통적 여성 직종 — 방적, 자수, 레이스 뜨기 — 을 빼앗고 여성에게 하찮은 비숙련노동만 남겨 주었다. 여성들에게 이런 직종에 대한 독점적 권리를 상실한다는 것은 늘 해오던 숙달된 일의 상실, 법적·도덕적 보호를 받아야 하는 그들의 "자연적 적성"에 적합한 노동의 상실, 직업의 상실, 그리고 그들의 생계에 중요하게 기여했던 임금의 상실을 의미하는 것이었다.[66] 산업 체제는 차이의 경계선을 지워 버렸다.

오늘날 어머니는 가족으로부터, 아내는 남편과 가정, 그리고 그녀의 성별에 맞는 일로부터 강제로 분리되었다. 어린 시절은 가장 탐욕스러운 투기에 희생되고 있다. 어린 소녀 …… 약한 사람, 강한 사람, 모두가 공

업의 노예로서 같은 사슬에 묶여 동일한 노동을 수행해야 한다.[67]

이런 체계는 모든 이익을 독점하는 무책임한 남성들을 낳았고, 아무런 보상도 받지 못한 채 "문명"의 부담을 지고 있는 여성들을 착취했다.[68]

이런 부담은 여성의 신체적 건강을 해쳤다. 어린 소녀들의 몸은 방탕과 유혹의 희생양이 되었고, 어머니의 몸은 젖먹이에게 젖을 물릴 수 없을 정도로 지쳐 버렸다. 도비에는 여성들이 증기 기계를 상대로 한 분투에서 패배한 것을 신체적 폭력이라는 측면에서 생생하게 그려냈다.

기계와 경쟁하며 바퀴나 기어와 속도를 겨루는 여성은 공업에 자신의 삶을 바쳤지만 매일 먹을 양식도 확실하게 보장받지 못했다. 그러나 공업은 그녀의 신체를 죽이는 것만으로는 부족해 그녀의 영혼까지 죽이고 있다.[69]

도비에는 "건강의 관점에서 보면 일하는 여성의 상황은 성매매 여성들의 삶보다 더 개탄스럽다"[70]라는 의사들의 결론을 인용하면서 이런 이미지를 강조했다.

성매매는 여성에 대한 신체적·도덕적 학대이자 여성에게 적합한 천직인 모성으로부터의 일탈이었다. 도비에는 "잘 구성된 모든 사회에서 여성은 무엇보다 아내와 어머니여야 하고 여성의 가장 아름다운 노동은 인간을 출산하는 것이어야 한다"[71]라고 썼다. 아이 양육자이자 가정의 지휘관으로서 여성은 가족의 화신이었다. 남성이 자신의 아내와 아이들을 부양하는 것에 동의했을 때, 이는 가족을(그리고 더 나아가 국가를) 보호해야 할 자신들의 사회적 의무를 인정하는 것이었다.[72] 사실 그 남성들이 가족 제도를 위해 수행한 것은 어머니가 자녀에게 자연스럽게 표현하는 모성적 보살핌과 마찬가지의 것이었다. 따라서 이상적인 도덕 질서에 대한 도비에의 견해는 시몽의 견해와 공명하고 있었다. 즉, 도덕성은 타인에 대한 책임감에 기초하고 있고, 그런 책임감은 여성이 중심이 된 가족 안에서 발달한다는 것이다.

시몽과 마찬가지로 도비에도 모성, 여성이 보이는 모범, 여성이 주는 도덕적 교훈을 "가치" 있다고 언급하지 않았다. 그녀는 정치경제학에서 임노동과 가치를 동일시하는 관점을 받아들였고 그래서 **가정 내 역할**에 별도의 영역을 할당했다. 그러나 동시에 도비에는 여성이 노동시장에서 가치를 창출할 수 있고, 필요할 경우 혼자 자녀들을 부양하기 위해 자신의 임금을 사용할 수 있다고 생각했다. 그녀는 남녀 간에 고유한 차이점이 없다고 주장하며 분명하게 정치경제학자들과 의견을 달리했으며, 이 때문에 남녀 동일 임금을 주장했다. 여성의 사회적 지위는 제대로 된 유급 노동에 접근할 수 있을 때에만 나아질 수 있다고 주장했지만, 또한 노동이 필요하다 할지라도 기혼 여성에게 바람직한 해결책은 아니라고 생각하기도 했다.

도비에는 시몽과 다른 이들에게는 본질적으로 모순되는 개념 — 임노동과 모성 — 을 별개의 문제로 취급했다. 이는 여성의 빈곤이라는 절박한 문제에 대한 실질적 해결책을 제시하기 위한 노력이었다. 그녀에 따르면 이 문제의 원인은 두 가지로 이 둘은 서로 연관돼 있었다. 그 하나는 과거 여성들만 종사했던 직종 또는 완전히 여성에게 적합한 직종을 남성들이 독점해 버린 것이고, 다른 하나는 (1791년 르샤플리에법✦을 통해 구현된)

남성의 이기심이었다. 이들 남성은 사회적 의무를 다하지 않고(젊은 여성을 유혹했다가 버리거나, 가족의 재산을 술로 탕진하거나, 가정에 생계비를 가져다주지 않으며) 개인의 권리를 추구하는 자들이었다.

나는 사회에서 남성이 지는 의무가 무엇인지 조사해 봤으나 헛수고였다. 내가 발견한 것은 억압할 수 있는 무한한 자유권을 그들이 가졌다는 것뿐이다. 내가 잘못 이해한 것이 아니라면, 그 권리는 노동 및 정치경제학과 관련된 모든 질문이 모이는 결절점이다.[73]

만약 여성의 빈곤이 남성 때문에 생겨난 것이라면 여성에게 그 불만을 해소할 권력을 부여해야 한다. 여성을 단순히 집으로 돌려보내는 시몽의 해결책은 억압을 제한하거나 남성이 자신의 의무를 인정하도록 강요하는 법이 없다면 아무런 소용이 없을 것이다. 도비에는 장기적인 해결책이 (노동자와 고용주를 모두 포함한) 남성들의 "도덕화"라는 점에 동의했다. 하지만 그녀는 여성의 지위가 강화되어야만 이것이 가능하다고 주장했다. 이는 과거로 되돌아가거나 이상화된 선언을 통해 얻어지는 것이 아니라 법

✦ 프랑스혁명 당시였던 1791년에 제정된 법으로 노동자의 단결권을 금지한 법으로 알려져 있다. 이는 프랑스혁명이 천명한 개인의 자유를 수호하기 위한 목적으로 제정되었으며, 길드와 같은 동업조합의 단체행동을 막기 위한 것이었다. 또한 사용자와 노동자의 노동관계를 개인 간의 계약관계로 규정하고 국가나 집단의 개입을 금지했다. 이것은 "개인의 자유경쟁이 만인의 이익을 가져온다"라는 신념에 바탕을 둔 법으로 자유주의와 개인주의를 대변한다. 프랑스에서 노동조합이 1884년에 법으로 인정되면서 효력이 사라졌다. 류은숙, 『인권을 외치다』, 푸른숲, 2009, 3장 참조.

앞의 평등, 법 제정 과정에 대한 동등한 참여, 모든 직업교육과 훈련에 대한 동등한 접근권, 동등한 시간당 급여를 통해 가능한 것이다.

도비에에 따르면 평등은 성차를 완전히 없애는 것이 아니라 여성이 스스로를 보호할 수 있는 위치에 두는 것이었다. 첫째, 직업에 대한 동등한 접근권은, 여성이 자신들에게 맞는 (인쇄업 같은) 직종을 남성들이 부당하게 독점하고 있는 상황을 타파하고, 자신의 성에 "적합한 속성을 자연스럽게 끌어내는" 직종에 진입할 수 있게 할 것이다.[74] 둘째, 동등한 임금은 여성들이 자신의 자연적 성향을 위반하면서까지 과도하게 노동해야 하는 압박으로부터 벗어나게 해줄 수 있고, 독신 여성이 남성에게 의존할 (그래서 성적으로 취약해질) 필요 없이 자신을 부양할 수 있게 한다. 여기서 도비에는 정치경제학의 비대칭적인 임금 계산법을 암묵적으로 거부하면서 여성은 남성과 마찬가지로 "태생적으로" 독립적이며, 모든 노동자가 자신을 부양할 수 있는 임금을 받아야 한다고 가정했다. 임금은 생산자의 지위를 부여하는 것이지 그들의 고유한 능력에 대한 반영이 아니기 때문에 여성의 자연적인 신체적 한계를 이유로 임금노동자가 될 자격을 박탈해서는 안 된다는 것이다. 셋째, 법적 권리는 여성이 자신을 유혹한 사람에게 아이의 아버지임을 인정하게 하고 다루기 힘든 남편에게 가족에 대한 금전적 의무를 인정하도록 압박할 수 있게 한다. 법 앞의 평등은 도덕주의자와 정치경제학자가 구상했던 것과 완전히 똑같은 구조적 방식으로, 가족 조직을 규범적으로 통솔하는 힘을 실행할 수 있는 권력을 여성들에게 부여하게 될 것이다.

사실 도비에는 두 가지 문제를 언급했고 이에 대해 완전히 다른 두 가지 해결책을 제시했다. 첫 번째는 경제적인 문제에서 기원한 것으로,

여성은 일해야만 하는데 기존의 직업과 임금 규모로는 생계를 유지할 수 없다는 절박한 사실과 관련이 있었다. 이런 상황이 끼치는 영향은 물질적이면서 도덕적이었다. 독신 여성에게 그와 같은 영향의 결과는 "빈곤이냐 수치냐"였고, 이 둘은 모두 방탕과 죽음으로 이어졌다. 기혼 여성에게 초래된 결과는 단지 개인적 빈곤이 아닌 아이들의 희생이었다. 두 번째는 도덕적 문제에서 발생한 것으로, 남성이 의무를 수행하기보다는 개인의 자유를 추구해 가족을 버린 것과 관련이 있었다. 이는 특히 기혼 여성들에게 경제적 영향을 미쳤고, 남편들이 벌어 왔어야 할 생계비를 아내들이 벌어야 하게 만들었다. 이것은 또한 가족 조직과 사회질서의 붕괴라는 도덕적 결과를 가져왔다. 도비에는 물질적 인과관계와 도덕적 인과관계가 결부돼 있음에 주목했지만, 자신이 다루었던 두 문제에 대해 두 가지 해결책을 따로 제시했다. 첫째, 독신 여성에게는 직업 시장에서 누릴 수 있는 평등을, 둘째, 기혼 여성에게는 아버지의 책임을 강제할 수 있는 법적 권리를 주는 것이었다.

어떤 의미에서 두 번째 해결책은 첫 번째 해결책의 급진적 의미를 무효로 만들었다. 왜냐하면 그것이 제안한 것은 평등이 하나의 보상 수단이라는 것이었고, 이는 아직 결혼하지 않은 여성, 또는 결혼하지 못한 여성, 또는 의무에 태만한 남편을 둔 여성을 위한 것이기 때문이다. 생계의 주요 원천이 (노동력 재생산에 대한 경제적 책임이 있는) 남성이라는 정치경제학적 견해를 지지함으로써, 도비에는 (기혼이든 미혼이든 하나의 범주로서의) 여성을 "불완전한" 임금노동자로 정의하는 이론적 공식을 그대로 남겨 두었다. 그녀의 실질적인 해결책이 시몽의 주장과는 큰 차이가 있고 젠더 권력관계가 그녀의 분석에서 주춧돌이긴 했지만, 실제로 임금 계산에서 핵심적인 문제가 노동과 가족(경제와 도덕)의 관계임에도 불구하고 도비에는 노동과 가족은 별개의 영역이라는 생각을 받아들임으로써 초기 정치경제학자들이 구축해 놓은 개념적 경계에서 벗어나지 못했다.

IV

정치경제학 담론에서 여성 노동자는 눈에 띄는 주제였다. 왜냐하면 그들은 연구 대상이자 사회질서와 조직에 관한 관념을 표상하는 수단이었기 때문이다. 정치경제학자들이 여성 노동자들을 주시한 것은 그들이 도시/산업 발전의 문제에 대해 무언가를, 특히 도덕적 차원을 보여 준다고 생각했기 때문이다. 그런 관찰의 결과, 여성 노동자들은 도덕과학의 개념 용어의 골자를 이루게 되었고, 이는 규범적 원칙을 명확히 하고 현실에 적용하는 수단이었다. 여기에는 이중적인 움직임이 작동하고 있는데, 하나는 여성 노동자들을 보다 큰 노동 세계에서 동떨어진 독특한 일탈적 사례로 만드는 것이고, 다른 하나는 도시 노동계급으로 말미암아 발생하는 문제들에 대한 해결책에서 여성 노동자들을 핵심적 위치에 두는 것이다.

경제학과 도덕과학을 여성과 남성의 "자연적" 자질의 측면에서 설명하는 정치경제학을 기반으로 여성 노동자는 주변화되었으며, 그 주변화는 이런 정치경제학을 더욱 강화했다. 자연에 대한 호소는 특정 규율을 정당화하고 논쟁 가능한 영역 밖에 있는 것으로 만들었다. 예를 들어, 여성 저임금을 그들의 "자연적" 의존성(모성의 한 작용)의 결과로 보는 논의나 바람직한 도덕적/사회적 질서에 성차의 뚜렷한 구분을 투영해 공간적으로는 가정과 일터를 구분하고, 신체적으로는 남성의 "근력"/생산성과 여성의 모성/가정성을 구분한 것이 이런 경우에 해당한다.

내가 여기서 다룬 정치경제학 담론은 분명히 이상화된 것이고 노동을 수행한 여성에게 노동이 무슨 의미였는지에 대해서는 거의 알려 주는 바가 없다. 그럼에도 불구하고 그런 담론이 물질적·경제적 또는 정치적인 것과 동떨어진 영역에 있는 것은 아니다. 오히려 이런 담론이 확립한 정의에 따라 정책이 논의되고 계획이 수립됐으며 심지어 사회주의자들의 비판과 같은 근본적인 비판도 이를 따르고 있었다.[75] 정치경제학은 생산관계와 노동의 성별 분업이 확립되고 경합할 수 있는 조건을 제공했다.

여성 노동자의 주변화는 역사적으로 생산된 효과이며 그 자체가 비판적 검토의 대상이 되어야 한다. 여성 노동자가 도시화와 산업화 과정에서 주변적 존재였다고 여기는 역사가들은 19세기의 담론적 조건을 무비판적으로 영속화하면서 그 작동을 분석할 기회를 놓치고 있다. 여성 노동자의 주변화가 어떻게 생겨났는지를 연구함으로써 비로소 우리는 19세기 중기 프랑스의 공공 정책과 정치적 논쟁에 있어 핵심적인 문제 중 일부를 발견할 수 있다. 그런 접근을 통해 우리는 역사의 새로운 차원을 볼 수 있을 뿐만 아니라 노동의 의미가 구축돼 온 한 방법을 알아내는 — 그리고 그것을 바꿀 수도 있는 — 위치에 우리 자신을 자리매김하게 된다.

4부

평등과 차이

8장

시어즈 소송

이 글은 포스트구조주의가 페미니즘에 끼친 영향에 대한 다음의 논문을 다시 쓴 것이다. "Deconstructing Equality vs. Difference; or, The Uses of Post-Structuralist Theory for Feminism," *Feminist Studies*(Spring 1988), Vol. 14, No. 1. 저작권 소유자인 『페미니즘 연구』 편집자들의 승인을 얻어 원 논문의 내용을 여기에 사용했다. 토니 스콧Tony Scott과의 토론이 처음 이 글의 주장을 체계화하는 데 도움이 되었다. 윌리엄 코널리William Connolly, 샌퍼드 레빈슨Sanford Levinson, 앤드루 피커링Andrew Pickering, 바버라 스미스Barbara Hernstein Smith, 그리고 마이클 왈저Michael Walzer의 사려 깊은 제안들이 이 글을 개선하고 그 쟁점을 더 분명히 하는 데 도움을 주었다.

최근 몇 년 동안, "평등론 대 차이론"이라는 말은 갈등하는 페미니스트들의 입장과 정치적 전략들을 특징짓는 약칭으로 사용되고 있다. 학교, 직장, 법정, 입법부 등에서 성차가 고려되면 안 된다고 주장하는 사람들은 평등론의 범주에 들어간다. 집단으로서의 여성들에게 공통되는 필요, 이해관계, 특성이 있으며 그런 측면에 근거해 여성을 위한 요청이 이루어져야 한다고 주장하는 사람들은 차이론의 범주에 속한다.[1] 이 가운데 어떤 전략이 우월한지 논쟁하면서 페미니스트들은 역사·철학·도덕을 동원했고, 문화적 페미니즘, 자유주의 페미니즘, 분리주의 페미니즘 등과 같은 새로운 분류 문구들을 고안해 냈다.[2] 최근 들어서는 시어즈 소송을 분석하는 데 평등론 대 차이론 논쟁이 사용되었다. 시어즈 소송은 평등고용기회위원회EEOC가 1978년에 유통 대기업 시어즈 로벅 앤 컴퍼니를 상대로 제기한 성차별 소송이다. 이 소송에서 역사가인 앨리스 케슬러-해리스와 로절린드 로젠버그는 서로 반대편에서 증언했다.✦

　시어즈 소송에 관해서는 수많은 논문이 쓰였다. 루스 밀크맨의 최근

✦　여기서 기소의 쟁점은 크게 세 가지로 요약할 수 있는데, 고임금인 위탁 판매업자 채용 시 여성 차별, 여성 직원에 대한 승진 차별, 그리고 임금 차별이었다. 긴 법정 공방 끝에 이 소송은 1986년, 시어즈 측의 승소로 마무리되었다. 담당 판사는 평등고용기회위원회 측은 단 한 명의 증인도 확보하지 못한 채 결함투성이의 통계 분석만을 내세운 반면, 시어즈 측이 수많은 증인과 증거들을 통해 무죄를 입증했다고 보았다.

논문도 그중 하나다. 밀크맨은 시간을 초월하는 것처럼 보이는 원칙들의 정치적 맥락에 주의를 기울여야 한다고 주장한다. "평등론 대 차이론 논쟁의 정치적 차원을 무시하는 것은 위험한 짓이다. 특히 오늘날과 같은 보수적 반작용의 시대에는 말이다." 그녀는 다음과 같이 결론짓는다.

우리가 이 같은 정치적 맥락 속에 있는 한, 페미니스트 학자들은 "차이"나 "여성의 문화"에 대한 주장들이 원래의 목적과 다르게 사용될 수 있는 실제적 위험성을 인식해야만 한다. 그렇다고 해서 우리가 이런 주장들이나 그것이 열어 준 지적 지형을 포기해야 한다는 얘기는 아니다. 그보다는 우리가 정식화를 할 때, 그것이 정치적으로 악용될 수 있다는 점을 분명히 자각하고 있어야 한다는 것이다. [3]

밀크맨이 조심스럽게 정식화한 내용은 평등이 우리가 선택할 수 있는 가장 안전한 방향임을 함축하지만, 그녀는 또한 차이를 진적으로 거부하고 싶어 하지는 않는다. 그녀는 어느 한쪽을 선택해야 할 필요를 느끼지만, 그것이 어느 쪽인지가 문제다. 밀크맨의 양가적 태도는 법이론가인 마사 미노우가 다른 맥락에서 "차이의 딜레마"라고 부른 것의 일례다. 종속 집단에 관해 이야기할 때 차이를 무시한다면 "잘못된 중립성을 방치하게" 되며, 차이에 집중하면 비정상이라는 낙인을 강조하게 될 수 있다고 미노우는 지적한다. "차이에 집중하는 것이나 무시하는 것 모두 차이를 재창조할 위험성을 가지고 있다. 이것이 차이의 딜레마다." [4] 미노우에 따르면, 평등과 차이가 서로 대립한다는 생각을 거부하는 등 차이에 대해 새로운 방식으로 생각할 필요가 있다. 그런 이분법적 한 쌍이 영원불변의 진리인 것처럼 분석하고 전략을 세우는 대신, 우리는 평등과 차이가 양분된 한 쌍이 되는 일 그 자체가 어떻게 작동하는지에 대해 질문해야 한다. 기존 정치적 담론의 용어들을 유지하는 대신, 그 용어들을 비판적 검토의 대상으로 삼아야 한다. 개념들이 특정 의미들을 제한하고 구성하는 방식을 이해한 후에야 우리는 그 개념들을 활용할 수 있다.

시어즈 소송에서 제시된 증거를 면밀히 검토해 보면, 평등론 대 차이론 구도가 양측을 정확하게 그려 내지 못한다는 점을 알 수 있다. 법정 증언에서 평등론에 반박하고 차이론을 옹호하는 주장은 사실 대부분 시어즈 측 변호인단이나 로절린드 로젠버그가 제기했다. 그들은 자기들의 주장에 대한 반대편을 설정해 놓고, 남녀는 다르며 "근본적 차이" — 오랜 기간에 걸쳐 이루어진 사회화의 양식 또는 문화의 산물이라 해도 — 때문에 여성들은 당연히 위탁 판매업에 대한 관심을 잃게 됐다고 주장했다. 성차별이 아니라 성적 차이가 시어즈의 고용 패턴을 설명해 줄 수 있다는 주장을 하기 위해 시어즈 측 변호인단은 평등고용기회위원회가 여성과 남성의 관심사가 동일하다고 가정한 것처럼 만들어 버렸다.[5] 하지만 평등고용기회위원회의 어느 누구도 그런 가정은 한 적이 없었다. 앨리스 케슬러-해리스는 여성이 남성과 똑같다고 주장하지 않았다. 대신 로젠버그의 주장에 이의를 제기하기 위해 다양한 전략들을 사용했다. 우선, 역사적 증거에 따르면 여성들이 실제로 로젠버그가 추정한 것보다 훨씬 다양한 직업에 종사해 왔다고 주장했다. 둘째, 경제적 고려가 대개 여성들의 취업 태도에 대한 사회화의 영향을 상쇄한다고 주장했다. 임금은 새롭고 힘들며 이례적인 일자리를 택하게 만드는 유인이었다. 그리고 세 번째로, 역사적으로 성별 직무 분리는 고용인의 선호에 따른 결과였지 피고용인의 선택이 아니었다는 점을 지적했다. 케슬러-해리스는 해당 업무와 직접 관련이 없는 일반적인 성별 기준을 적용함으로써 고용 절차 자체가 [고용의] 결과를 미리 결정해 버리는 한, 여성의 선택[이 성별 직무 분리의 원인인지]에 대한 의문은 해결될 수 없을 것이라고 주장했다. 그러면서 논쟁은 평등론 대 차이론에 대한 것이 아니라, 어떤 구체적 맥락 속에서 성차에 대한 일반적인 견해가 유효한지에 대한 것이 되었다.[6]

　고용주 측의 차별 사실을 주장하기 위해 평등고용기회위원회 측 변호인단은 명백하게 편향적인 구직자 설문지들과 인사 담당자들의 진술을 인용했지만, 자신이 차별을 경험했다고 증언해 줄 증인은 확보하지 못했다. 고용주의 선택으로 만들어진 과거의 성별 직무 분리 양상들을 케슬러-해리스가 언급하긴 했지만, 그녀가 역사를 언급한 주된 목적은 집단으로서의 여성이 남성들과 일관되게 다르게 행동해 왔다는 로젠버그의 주장을 허물기 위한 것이었다. 그녀는 여성의 직업 선택을 특징짓는 요인들은 (남성의 직업 선택에서와 마찬가지로) 다양하며, 이 경우에 여성을 하나의 획일적 집단으로 보는 것은 말이 안 된다고 주장했다. 또 평등은 남녀가 위탁 판매업에 똑같이 관심을 가질 수 있다고 전제하는 것을 의미한다고 정의했다. 애초에 여성과 남성의 관심사가 같다고 그녀가 주장한 것은 아니다. 대신에 케슬러-해리스와 평등고용기회위원회는 고용을 결정할 때 여성과 남성이 반드시 상반되는 습성을 가지고 있다고 일반화하는 것이 과연 타당한지에 대해 의문을 제기했다. 평등고용기회위원회는 시어즈의 고용 행위가 정확하지도 적당하지도 않은 성차 개념을 반영하고 있다고 주장했다. 시어즈는 (자사의 고용 행위가 아니라) 성별 간의 "근본적" 차이가 자사 노동력 배치의 성별 불균형을 설명해 준다고 주장했다.

시어즈 소송은 제시된 거의 모든 증거가 통계적인 것이라는 사실 때문에 복잡해졌다. 그래서 역사가들의 증언은 기껏해야 추정적인 것으로 여겨질 수밖에 없었다. 두 역사가 모두 시어즈에서 실제로 어떤 일이 일어났는지에 대해서는 정보가 많지 않았다. 대신에 그들은 노동하는 여성의 역사를 총체적으로 일반화함으로써 작은 통계학적 격차를 설명하려고 했다. 게다가 실증주의를 어설프게 모방하면서 그들은 법적 소송과는 거리가 먼 목적으로 이루어 낸 이 같은 일반화가 진실인지 거짓인지 단언해야 했고, 또 자신의 해석적 전제들을 사실인 것처럼 이야기해야 했다. 케슬러-해리스의 반대 심문을 읽어 보면 이런 점이 잘 드러난다. 여성 노동사에 대한 그녀의 신중하면서도 복잡한 함의를 담고 있는 설명들은 질문에 예 또는 아니오로만 답하라는 시어즈 측 변호인단의 요구에 의해 어쩔 수 없이 모두 환원주의적인 주장으로 변질되었다. 마찬가지로, 케슬러-해리스에 대한 로절린드 로젠버그의 반론은 역사가로서 증거에 대해 미묘한 맥락적 독해를 하기보다는, 상대의 증언이 완벽한 일관성을 가졌는지 검증하는 것이었다. 로젠버그는 케슬러-해리스가 법정을 기만했음을 보여 주기 위해서 케슬러-해리스의 법정 증언과 이전에 출간된 그녀의 저작[7]을 함께 놓고 비교했다(법정에서 케슬러-해리스는 역사는 여성들이 다양한 직업을 선택해 왔음을 보여 준다고 주장했다. 그런데 그녀의 책은 여성들이 집안일과 병행할 수 있는 일을 "선호"했음을 시사했다).[8] 그러나 케슬러-해리스의 주장에서 나타난 [논문과 법정 증언 사이의] 불일치 문제는 법정 바깥에서라면 다른 식으로 설명할 수 있었을 것이다. 곧 전형적으로 여성을 배제했던 노동사와 관련해서 본다면 여성의 경험을 과잉 일반화하는 것은 납득할 만한 일일 수 있다. 이는 차이를 강조함으로써 "노동자"라는 보편적 용어가 사실은 남성을 가리키는 것이므로 여성 직업 경험의 다양한 측면을 설명해 주지 못했음을 보여 주려는 것이기 때문이다. 성적 차이를 근거로 차별을 정당화하려는 고용주와 관련해, 여성의 행동과 동기의 다양성과 복잡성을 강조함으로써 차이의 총체화 효과를 부인한 것은 더더욱 이해할 만한 일이다. 첫 번째 경우에서 차이는, 중립적이라고 여겨지는 용어에 숨어 있는 불평등을 드러내는 긍정적인 역할을 한다. 두 번째 경우에서 차이는, 케슬러-해리스가 불평등한 대우라고 믿었던 것을 뒷받침하기 위한 부정적 목적으로 사용되었다. 비록 "차이의 딜레마"에 대해 좀 더 의식하면서 분석을 했다면 그런 비일관성을 피할 수 있었을지 모르지만, 케슬러-해리스가 그렇듯 다른 입장을 취했던 것은 맥락에 따라 강조점을 달리한 것으로 상당히 타당한 것이었다. 다만 법정에서만은 그런 다른 입장들이 부정직함을 나타내는 증거로 받아들여질 수 있었다.[9]

일관성과 "진실"에 대한 법정의 엄격한 요구는 차이를 논하는 것이 얼마나 어려운지를 잘 보여 준다. 이 역사가들의 증언은 상근직 위탁 판매업에 고용된 남녀가 통계적으로 비교적 미미한 격차를 보이는 상황을 설명하려 했던 것이었지만, 총체적이고 단정적인 설명들만이 의미를 지니는 것으로 채택되었다.[10] 반대 심문을 통해 케슬러-해리스의 다층적 해석들은 모순적이고 혼란스러운 것으로 치부된 한편, 판사는 로젠버그를 일관성 있고 명료하다고 칭찬했다.[11] 이는 로젠버그가 사회화와 개인의 선택을 의문의 여지 없이 연결하는 데 딱 맞는 전형적 예시를 들었기 때문이었고, 또 어느 정도는 젠더 차이에 대한 로젠버그의 설명이 사회에 만연한 규범적 관점들과 일치했기 때문이었다. 그에 반해 케슬러-해리스는 차이를 인정하면서도 **동시에** 그 차이가 시어즈의 고용 패턴을 받아들이는 근거가 되지 않도록 하는 단순하고 단일한 표본을 찾는 데 어려움을 겪었다. 그래서 그녀는 적대적인 심문 앞에서 일관성을 유지하는 데 큰 곤란을 겪었다. 그녀는 한편으로는 경제적 기회주의가 남성과 여성에게 똑같은 영향을 미친다고(그러므로 남성과 여성은 똑같다고) 추정하는 것처럼 보였다. 그렇다면 자신의 저작에서 밝혀낸 젠더 차이는 어떻게 설명할 것인가? 다른 한편으로 그녀는 극단적이고 과격한 주장을 한다고 (로젠버그에 의해) 매도되었다. 그 이유는 모든 고용주가 노동력을 성에 따라 분류해서 이익을 얻고 있을 것이라고 암시했다는 것, 자신의 (짐작컨대 마르크스주의) 이론으로부터 시어즈 측의 행동에 대해 "음모론적" 결론을 도출했다는 것이었다.[12] 케슬러-해리스가 암시적으로 언급한 차별 패턴이 결국 실재한다면, 그 차별의 효과 가운데 하나는 틀림없이 로젠버그가 주목한 종류의 차이일 것이다. 역사적 증거를 기존에 나누어진 범주에 맞춰 활용하는 로젠버그의 프레임에 갇히게 된 케슬러-해리스와 그녀의 변호사들은 로젠버그의 주장들을 복잡하게 만들고 약화하기 위한 의도에서 구체적인 예시들을 제시하는 기본적으로 부정적인 전략에 의존했다. 케슬러-해리스는 로젠버그의 사회화 모델이 가진 이론적 결함에 이의를 제기하지도 않았고 자신의 대안적 모델을 제시하지도 않았다. 그러려면 내 생각에는, 고용주의 차별 사례를 더 확실히 제시하거나, "평등론 대 차이론"의 논의가 착각임을 밝힘으로써 "차이론"의 노선을 끝까지 더 밀고 나갔어야 했다.

결국 대단히 함축적인 케슬러-해리스의 주장들은 모순적이거나 부적당하다는 이유로 받아들여지지 않았고, 재판은 시어즈 측의 승리로 끝났다. 판사는 남녀가 서로 다르기 때문에 "동일한 관심사를 가진다는 추정은 근거가 없다"라는 시어즈 측의 주장을 인용했다.[13] 그것은 평등고용

기회위원회의 입장을 거부한 것일 뿐만 아니라 시어즈의 고용정책을 암묵적으로 지지한 것이었다. 이에 따르면, 차이는 실제적이고 근본적이기 때문에 시어즈의 고용에서 나타난 통계적 격차를 설명할 수 있다는 것이다. 차별은 (그것이 아무리 역사적·문화적으로 생산된 것이라 할지라도) 단순히 "자연적인" 차이를 인정한 것으로 재정의되었다. 이는 레이건의 보수주의 논리와 잘 어울렸다. 불평등을 대신해 차이가 평등의 반대말이 되면서 차이는 불평등을 설명하고 정당화했다. 이 판결은 문학 연구자 나오미 쇼어가 다른 맥락에서 설명한 "차이를 본질화하고 사회적 불평등을 자연화"하는 과정을 잘 보여 준다.[14]

시어즈 소송은 담론의 장, 즉 정치적인 장의 작동에 대해 정신이 번쩍 드는 교훈을 준다. 이 소송은 개념과 정의가 어떻게 악용되는지뿐만 아니라 제도적·정치적 관계들이 어떻게 실행되고 정당화되는지에 대해서도 이해할 수 있게 해준다. 시어즈가 자사 정책을 옹호하는 것이나 평등고용기회위원회가 그것에 대해 이의를 제기하는 것은 모두 남녀 범주를 통한 구분에 기반하고 있었다. 평등론 대 차이론은 일종의 지적 함정이었다. 그 속에서 역사가들은 시어즈의 고용 관행에 나타난 근소한 통계적 차이가 아니라, 남녀의 대조적인 규범적 행동에 대해서만 논쟁했다. 비록 그 소송 당시 세력균형이 평등고용기회위원회에 불리했고, 그렇기 때문에 소송의 결과는 1970년대에 시행된 적극적 차별 수정 정책들을 폐지하려 했던 레이건 정부 계획의 일부로서 불가피했다고 결론지을 수 있을지 모르지만, 그렇다 할지라도 우리는 향후 맞닥뜨리게 될 정치적 문제에 대비할 수 있도록 그 당시 상황에 대해 분명하게 논평할 필요가 있다. 그 입장은 어떻게 개념화되어야 할까?

평등과 차이가 이분법적으로 대립할 경우 선택은 불가능해진다. 평등을 선택하면, 차이가 그것에 대립된다는 관념을 받아들일 수밖에 없다. 차이를 선택하면, 평등을 달성할 수 없다고 인정하게 된다. 어떤 의미에서는 이것이 바로 이 장의 시작 부분에 인용된 루스 밀크맨이 말한 딜레마다. 페미니스트들은 "차이"를 포기할 수 없다. 왜냐하면 "차이"는 우리가 고안해 낸 가장 창의적인 분석 도구이기 때문이다. 우리는 평등도 포기할 수 없다. 적어도 우리가 민주적인 정치 체계의 원칙과 가치에 대해 목소리를 내고 싶어 하는 한은 말이다. 그런데 페미니즘 운동이 페미니스트들에게 기존 범주들 안에서만 주장을 펼치도록 제한한다거나, 페미니즘의 정치적 논쟁을 우리가 만든 것도 아닌 이분법으로 특징짓는다는 것은 말도 안 된다. 그렇다면 어떻게 해야 성차의 개념을 인정하고 그것을 활용하면서도 평등을 주장할 수 있을까? 이 질문에 대한 유일한 답은 이중적이다. 즉, 평등을 차이의 대립항으로 제시함으로써 구축된 권력관계의 정체를 드러내고, 또한 그 결과로 나타나는 정치적 선택의 이분법적 구조를 거부하는 것이다.

평등론 대 차이론은 페미니즘 정치의 선택지가 될 수 없다. 그런 대립은 두 용어 사이의 관계를 잘못 재현하고 있다. 평등이란, 권리의 정치 이론―배제된 집단들이 정의를 요구하는 근거―의 맥락에서 보면 특정 목적을 위해 혹은 특정 맥락에서 개인들 사이의 차이를 무시하는 것을 의미한다. 마이클 왈저는 이를 다음과 같이 표현했다.

평등의 근본적인 의미는 부정적이다. 평등주의의 기원을 거슬러 올라가 보면 노예 폐지 정치가 있다. 그것은 모든 차이를 없애겠다는 것이 아니

라, 특정한 한 쌍의 차이, 그리고 시공간에 따라 다른 한 쌍의 차이를 없애겠다는 것이다.[15]

평등론은 어떤 명시된 목적을 위해 명백하게 서로 다른 사람들을 (동일하지는 않지만) 동등하다고 간주하는 것에 대한 사회적 합의를 전제로 한다. 이 용법에서 평등의 반대말은 불평등 또는 부등가, 즉 특정 목적을 위해 특정 상황에 놓인 개인들이나 집단들 사이의 통약 불가능성noncommensurability이 된다. 그래서 민주적 시민권을 얻을 수 있는 동등함을 갖추고 있느냐를 가늠하는 기준으로 시대별로 자립성이나 자산의 소유, 인종이나 성별 같은 것들이 있었다. 그러므로 평등이라는 정치적 개념은 차이의 존재에 대한 인식을 포함하며, 실제로 이런 인식에 의존하고 있다. 평등에 대한 요구는 그 안에 내포돼 있으나 일반적으로는 인식되지 않는, 차이에서 비롯된 주장에 기초하고 있다. 만약 개인들이나 집단들이 단일하거나 서로 똑같다면 평등을 요구할 필요도 없을 것이다. 그러니 우리는 평등을 특정한 차이에 대한 의도적 무관심으로 정의해도 좋을 것이다.

대부분 어법에서 차이의 반대말은 똑같음 혹은 단일함이다. 그렇지만 이럴 때조차 대조나 맥락이 구체적으로 명시돼야 한다. 차이가 자명하거나 초월적일 수는 없다. (예를 들어 성차처럼) 그 차이의 실재가 육안으로도 똑똑히 보이는 듯한 경우라도 말이다. 언제나 질문은 "어떤 특징 또는 측면이 비교되고 있는가"가 되어야 한다. 그 비교는 어떤 종류의 것인가? 차이의 의미는 어떻게 구성되고 있는가? 그러나 시어즈 소송에서 나온 증언과 몇몇 페미니스트들 사이에서 벌어진 논쟁에는 (성적) 차이가 불변의 사실이며 그 의미가 남성과 여성이라는 범주에 내재된 것이라는 전제가 깔려 있었다. 시어즈 측 변호인단은 이를 다음과 같이 설명했다. "선호도, 관심사, 자질과 관련해 남녀가 동일하다는 평등고용기회위원회의 연역적 가정이 온당한지가 …… 이 문제의 핵심이다."[16] 그러나 평등고용기회위원회가 제기한 이의의 요점은 결코 동일하다는 것이 아니라 범주를 통한 구분이 부적절하다는 것이었다.

남성 대 여성의 대립 구도는, 로젠버그가 그랬듯이, 두 성이 완전히 다르다는 점을 확고하게 만들었다. 비록 역사와 사회화를 설명의 근거로 제시하긴 했지만, 이 또한 신체적 차이라는 사실에서 도출된 범주적 구분과 공명하고 있었다. 시어즈 소송에서와 같이 남성 대 여성이라는 대립 관계가 언급될 때, 그것은 특정 이슈(위탁 판매업에 고용된 남녀 수의 미미한 통계적 차이)를 일반적 원칙(남녀 사이의 '근본적' 차이)에 귀착시킨다. 이 특정 상황에 적용될 수 있는 각 집단 내부의 차이들 — 예를 들어, 어떤 여성들은 "공격적"이거나 "위험부담이 큰" 업무를 선택할 수 있으며, 어떤 여성들은 높은 임금의 직위를 선호할 수도, 낮은 임금의 직위를 선호할 수도 있다는 사실 — 은 두 집단을 대립항으로 설정함으로써 처음부터 배제될 수밖에 없었다. 물론 여기서 아이러니는, 극히 소수 여성들의 행동만으로도 이런 사례를 통계적으로 설명할 수 있었다는 점이다. 그런데도 역사학적 증언은 "여성"을 하나의 범주로 묶는 방식으로 이루어졌다. 여성이라는 범주에 갇혀 있었기 때문에 (평등고용기회위원회와 케슬러-해리스가 그랬듯) 여성들도 갖가지 "남성적" 행동을 하거나 이에 가담한다는 점, 그리고 사회화는 단일한 선택을 하게 만드는 것이 아니라 복잡한 과정이라는 점을 주장하기 어려워진 것이다. 이렇게 주장하려면 젠더에 대한 범주화된 사고방식을 직접적으로 공격했어야 한다. 남성 대 여성이라는 일반화된 대립 구도는 여성들 내부에 존재하는 행동, 성격, 욕망, 주체성, 섹슈얼리티, 젠더 정체성, 역사적 경험의 차이들을 이해하기 어렵게 하기 때문이다. 여성들의 구체적 행동들(과 그것의 역사적 가변성)에 대한 케슬러-해리스의 주장은 수많은 특수 사례로, 궁극적으로는 [쟁점과] 무관한 수많은 예외로 보였다. 이는 성차가 가장 우선적인 요소라는 로젠버그의 주장에 대해 충분히 이론화된 대안을 제시하지 못했기 때문이다.

성차의 이분법적 구성에 대한 대안은 동일성, 유사성, 양성성 등이 아니다. 여성을 보편적 '인간'이라는 범주에 포함시키면 우리는 여성의 다양성과 여성의 경험이 가진 특수성을 잃게 된다. 달리 말해, 우리는 "남성의" 이야기가 모두의 이야기로 여겨지고, 여성은 "역사에서 숨겨지며", 여성적인 것이 긍정적인 남성적 정체성을 구성할 때 부정적인 대립항, 즉 "타자"의 역할을 하던 시대로 돌아가게 되는 것이다. 우리는 여성과 남성이 똑같거나 단일하다고 주장하려는 게 아니다. 남녀를 대립적인 범주로 볼 때보다 더 복잡하고 역사적으로 가변적인 다양성을 주장할 여지가 있음을, 그리고 그 다양성은 상이한 맥락에서 각기 다른 목적을 위해 다양하게 나타날 수 있음을 주장하려는 것이다. 사실상, 이런 대립이 만들어 내는 이원성은 하나의 선으로 차이를 구분하고, 그것에 생물학적 설명을 부여하며, 그 대립항의 양쪽을 각각 단일한 현상으로 취급한다. (남성 혹은 여성이라는) 각 범주 내부의 모든 것들은 동일하다고 상정된다. 그렇기 때문에 각 범주 내에 존재하는 차이들은 억압된다. 게다가 그 범주들 사이의 관계는 긍정적인 것(남성)과 부정적인 것(여성)의 관계로 제시된다. 그에 반해 우리의 목표는 성별 간의 차이뿐만 아니라 이 차이들이 각 젠더 집단 내부의 차이들을 억압하도록 작동하는 방식까지 이해하는 것이다. 이분법적 대립 구도의 양측에 정립된 동일성은 차이들의 복합적인 작용을 숨기고 그 결과 그 차이들은 서로 무관한 것으로, 그리고 비가시적인 것으로 남게 된다.

그래서 평등과 차이를 대립적인 관계로 보는 것에는 이중의 효과가 있다. 그것은 평등이라는 정치적 개념과 차이가 오랫동안 관련을 맺어 왔음을 부인하며, 동일성만이 평등을 주장할 수 있는 유일한 토대라고 암시한다. 이는 페미니스트들을 대단히 곤란한 입장에 놓이게 한다. 이 같은 대립을 통해 구축된 담론적 조건에서 논쟁하는 한, 우리는 여성이 모든 면에서 남성과 같아질 수 없으므로 남성과 동등해지는 것도 기대할 수 없다는 현재의 보수적 전제를 인정하는 것이 되기 때문이다. 내 생각에 유일한 대안은 평등을 차이와 대립시키기를 거부하고 계속 차이를 주장하는 것이다. 개인과 집단 정체성의 전제 조건으로서의 차이, 그런 정체성들을 고정하려는 시도에 대한 지속적인 도전으로서의 차이, 차이의 작동을 반복된 예시를 통해 보여 주는 작업으로서의 역사, 평등 그 자체를 의미하는 차이를 주장하자는 것이다.

그러나 시어즈 소송에서 앨리스 케슬러-해리스가 겪은 경험은 젠더 범주들에 맞서서 차이를 주장하는 것이 충분한 전략은 아님을 보여 준다. 그 밖에도 더 필요한 것은 고정된 젠더 범주들을 성차에 대한 문화적 이해를 구성하는 규범적 표현으로 분석하는 것이다. 우리는 특정 맥락 ─ 예를 들어, 직장 ─ 에서 "남성"과 "여성"이라는 단어가 어떻게 사용되고, 어떻게 서로를 정의하는지 면밀히 검토해야 한다. 여성 노동의 역사는 이런 관점에서 젠더화된 노동인구를 창출해 내는 이야기의 일부로 다시 논의될 필요가 있다. 예를 들어, 19세기에 남성 노동자의 기술이라는 개념은 (당

연하게도 특별한 기술이 없는) 여성 노동과의 대조에 기초해 있었다. 노동과
정의 구성과 재구성은 훈련, 교육 혹은 사회계층보다는 노동자들의 젠더
적 속성을 참조해 이루어졌다. 그리고 성별 간 임금격차는 고용계약으로
인한 것이라기보다는 그보다 선행하는 가족 내 역할의 문제, 즉 여성과 남
성이 가족 내에서 담당하는 역할이 근본적으로 다르기 때문이라고 치부
되었다. 이 모든 과정에서 "노동자"의 의미는 남성과 여성의 타고난 특성
이라고 여겨지는 것들 사이의 대조를 통해 확립되었다. 만약 우리가 "여
성 노동자들"의 활동, 필요, 관심사, 문화 등을 묘사한 자료를 수집해 여성
노동사를 저술한다면, 우리는 [남녀 간의] 자연화된 대조를 방치하고 고정
된 범주적 차이를 구현하게 된다. 다시 말해서, 범주의 의미는 역사적 맥
락에 따라 달라지는 것이므로 ("여성 노동자"라는) 젠더화된 범주 역시 그
자체가 검증의 대상이 되어야 함에도 불구하고, 우리는 이를 무비판적으
로 받아들임으로써 이런 이야기를 너무 늦게 시작하게 된 감이 있다.

　　만일 우리가 역사에 등장하는 남성과 여성이라는 범주들을 상대화한
다면, 그것은 당연히 우리의 정치적 주장들이 지닌 우연성과 특수성 또한
인정해야 함을 의미한다. 그 경우 정치적 전략들은, 여성이나 남성의 절대
적인 특성을 언급하지 않으면서 특정한 담론적 맥락에서 특정한 주장들의
유용성에 대해 분석하는 접근법에 기초하게 될 것이다. 엄마들이 자신의
사회적 역할에 대한 보답을 요구하는 것이 타당한 순간도 있고, 어떤 맥락
에서는 여성들의 행위가 모성과 무관할 때도 있다. 그런데 여성성이 곧 모
성이라는 생각을 고수한다면, 선택을 가능하게 하는 차이들이 잘 보이지
않게 된다. 사회적으로 여성의 일로 구성된 것의 지위를 재평가하도록 요
구하는 것이 타당한 순간도 있고(예를 들어, 지금의 "남녀 동일 임금" 전략),

여성이 "비전통적인" 직업군에 진입할 수 있게 준비하는 것이 훨씬 더 타당한 경우도 있다. 그런데 여성성 때문에 여성들에게 특정(보살피는) 직종 혹은 특정한(협력을 요하는) 업무 방식에 적합한 성향이 주어진다는 생각을 고수한다면 복잡한 경제적·사회적 과정들을 자연화하게 되며, 그것은 또다시 여성 직업의 역사를 특징지었던 차이들을 잘 보이지 않게 만든다. 이 차이들을 강조함으로써 우리는 절대론적 경향, 성차의 경우에는 본질주의적 범주들을 약화할 수 있다. 그것은 젠더 간의 차이가 존재한다는 점을 부정하는 것이 아니라 그 차이의 의미들이 항상 구체적인 맥락에서 특정한 구성물과 연관돼 있음을 시사하는 것이다. 그에 반해 차이를 절대론적으로 범주화하는 것은 항상 규범적 규칙을 강요하는 결과를 낳는다.

세상을 이분법적으로 구성하려는 강력한 경향에 맞서서 "탈구축주의적" 정치 전략을 정식화하는 것은 물론 쉽지 않다. 그렇지만 내가 보기에 다른 선택은 없는 것 같다. 어쩌면 우리가 이런 방식으로 사고하는 것을 배우면 배울수록 해결책들이 좀 더 명백히 드러나게 될지도 모른다. 또 어쩌면 우리가 하는 이론적·역사적 작업이 그 토대를 마련해 줄 수 있을지도 모른다. 물론 우리는, 수많은 사례를 통해 단순한 이분법을 거부하며, 그 대신 평등을 실현하려면 차이를 인정하고 포함해야 한다는 점을 입증하려고 시도해 온 페미니즘의 역사에서 용기를 얻을 수 있다.[17] 사실 이런 개념들을 본격적으로 재고하는 데 역사가들이 기여할 수 있는 방법은, 페미니즘의 역사를 평등에 대한 요구와 차이에 대한 지지 사이에서 왔다 갔다 하는 이야기로 더는 쓰지 않는 것이다. 이런 접근법은 이분법적 구조의 영향력을 의도치 않게 강화한다.[18] 이분법적 구조에 기나긴 역사를 부여해 이를 필연적인 것으로 확정지어 버리는 것이다. 면밀하게 살펴보면,

사실 페미니스트들의 주장들은 보통 이렇게 깔끔하게 구획되지 않는다. 그 주장들은 평등권에 대한 이론들을 성적 차이에 대한 문화적 개념과 조화시키고, 규칙에 위배되는 행동과 특성들이 있다는 것을 고려해 규범적 젠더 구성의 타당성에 의문을 제기하며, 모순적인 상태를 해소하기보다는 오히려 명확히 드러내고, 여성에 대한 기존의 고정관념을 따르지 않으면서 여성의 정치적 정체성을 분명히 표현하려는 시도다.

페미니즘의 역사와 정치 전략은 차이의 작동 방식에 주목하면서도 차이들을 강조할 필요가 있다. 그러나 단순히 이분법적 차이를 다분법적 차이들로 대체해서는 안 된다. 우리가 기댈 곳이 모두에게 좋은 다원주의는 아니기 때문이다. "차이의 딜레마"에 대한 해결책을 규범적으로 구성된 그대로의 차이를 무시하거나 포용하는 데서 찾을 수는 없다. 대신 비판적 페미니즘 관점은 항상 두 가지 행동을 포함해야 한다. 첫째는, 범주를 통해 설정된 차이들의 작동에 대한 체계적 비판, 그것이 만들어 내는 배제와 포함의 유형들 ─ 그 위계 ─ 의 폭로, 그리고 그 궁극적인 "진실성"에 대한 거부이다. 그렇지만 이런 거부가 동일성 혹은 유사성을 내포하는 평등이라는 명목 아래 이루어져서는 안 된다. 그보다는 (이것이 두 번째 움직임인데) 차이들에 근거한 평등으로 논의되어야 한다. 여기서 차이들이라는 것은 모든 고정된 이분법적 대립항의 의미를 혼란스럽게 하고, 방해하고, 모호하게 만드는 것들을 말한다. 그렇게 하지 않는다면 동일성이 평등의 필수 조건이라는 정치적 주장을 받아들이는 것이 되는데, 권력은 차이를 토대로 구축되며 따라서 권력에 대한 도전도 그 차이로부터 이루어져야 한다는 것을 잘 아는 페미니스트들(그리고 역사가들)이라면 이를 지지할 수 없는 것이다.

9장

미국의 여성 역사가들, 1884~1984

이 글은 기나긴 역사를 갖고 있다. 내가 미국 여성 역사가들에 대한 연구를 시작한 것은 1981년 6월 버크셔여성사학회에서 있을 발표를 위해서였다. 이때 발표한 내용은 다음과 같이 출간되었다. "Politics and Profession: Women Historians in the 1980's," *Women's Studies Quarterly*(Fall 1981) IX. 그 후 나는 1984년 12월 미국역사학회 발표를 위해 이 연구를 계속했다. 이 책에 실린 버전은 다음과 같이 수록된 바 있다. "History and Difference," *Daedalus*(Fall 1987). 질 콘웨이Jill Conway와 재클린 고긴Jacqueline Goggin이 이 글의 초고를 비판적으로 읽어 주고, 특히 고긴이 미국 여성 역사가들을 폭넓게 연구하면서 자신이 수집했던 정보를 아낌없이 제공해 준 데 대해 고마움을 전한다.

민주주의 진전의 역사, 즉 개인과 집단의 사회적·정치적 참여가 확장되어 온 역사에 대한 서술은 흔히 기계적인 변화 모델을 취한다. 그 강조점은 자원, 공간, 제도에 대한 접근권을 획득하는 데 있었다. 접근이라는 말에는 다가감, 진입, 사용 등의 물리적 의미가 함축돼 있다. 접근이라는 관념은 은유적으로 장애물과 장벽, 막힌 부분을 넘어 문과 입구를 통과하는 것으로 표현되었다. 접근 가능성은 주로 그 속으로 진입한 개인 또는 집단의 인원수처럼 양적으로 측정되었다. 이런 논의는 물론 차별과 민주화의 정도를 가늠하는 데 유용하고 중요한 역할을 했지만, 질적인 문제에 대한 관심을 차단하기도 했다. 문턱을 넘어서 그 안에 진입한 사람들은 어떻게 받아들여졌는가? 이들이 이미 그 "내부"에 소속돼 있는 사람들과는 다른 집단에 속해 있었다면, 이들의 편입 조건은 무엇이었는가? 새로 진입한 이들은 자신이 진입하게 된 장소와 맺는 관계를 어떻게 이해하는가? 이들이 구축하는 정체성의 조건은 무엇인가?

이런 질문들에는 단순히 진입하는 것만으로는 차별 문제를 전부 해결할 수 없으며, 조직과 제도는 차이화를 통해 만들어진 위계적 시스템이고, 물리적 접근권이 이야기의 끝은 아니라는 인식이 포함돼 있다. 이 질문들은 사회조직에 대한 연구 일반과 관련된다. 그러나 이 질문들을 가장 강력하게 제기한 사람들은 젠더와 인종 문제에 관심을 가진 이들이었다. 생식기관과 피부색을 통해 차이를 구체적인 것으로 만드는 우리 문화를 생각해 보면 이 점이 그리 놀랄 일은 아닐 것이다. 이런 차이를 가진 사람들의 경험은 물리적 접근권 모델에 도전한다. 왜냐하면 그 경험은 문 안에 들어가기만 하면 된다는 결론이 착각임을 보여 주기 때문이다.

차이의 문제는 흔히 사회적인 것으로 여겨지지만, 개념적이거나 문화적인 것이기도 하다. 특정 기술직 또는 전문직 종사자들의 사회적 관행은 그들이 자기 일의 의미를 해석하는 방식과 밀접히 연관돼 있다. 또 의학이나 역사학과 같이 특정 전문 분야에 귀속된 것으로 이야기되는 지식은 그 분야의 구조, 조직, 구성원에 대해서도 알 수 있게 해준다. 역사학을 예로 들자면, 원형적 인물, 보편적 인간 행위자agent라는 개념은 보통 (백인) 남성으로 구현되었다. 이 관점은 보편적 인간이 인류 전체를 대변한다고 가정했다. 하지만 실제로는 이런 재현을 통해 위계와 배제가 만들어졌다. 여성과 흑인을 비롯한 그 밖의 다양한 타자들은 역사적 주체로서 가시화되지 않거나 어쨌든 백인 남성들보다는 덜 중심적이고 덜 중요한 존재로 그려졌다. 최근에 이르기까지 대부분의 역사 저술은 백인 남성들의 중심성과 나머지 사람들의 주변성을 전형적으로 보여 주었다. 역사 저술에서와 마찬가지로, 역사학계를 조직할 때도 백인 남성들이 지배적 위치를 차지했고, 여성과 흑인을 비롯한 그 밖의 다른 타자들은 명백히 부차적인 위치에 놓여 있었다. 1960년대부터 역사 저술과 역사학계 양쪽 모두에 변화가 나타나기 시작했는데, 이 변화들은 서로 연관돼 있는 것이었다. 양쪽의 전개는 모두 보편적 인간의 몰락, 더 정확하게는 보편적 인간의 특수화particularization와 관련된다. 역사적 주체들을 대문자 인간/남성Man이라는 단일한 범주에 포함하는 것이 점점 어려워졌고, 여성과 흑인을 비롯한 타자들이 역사의 주체로서 또 전문 역사가로서 가시화되고 점점 더 중요해졌다.

지식과 조직적 행동의 상호 의존성은 차이의 표현 방식과 여러 다른 집단들 사이의 위계적이고 불평등한 관계를 살펴보면 가장 명료하게 드러난다. 누가 그 속에 포함돼 있는지뿐만 아니라 해당 직종 종사자들 내부의 차이는 어떻게 다뤄지는지, 어떤 차이가 문제가 되는지, 그 차이는 어떻게 이해되는지, 시간이 흐르면서 변화가 있는지, 변화가 있다면 어떻게 변화하는지를 모두 살펴볼 때, 우리는 직업 정체성의 의미를 더 충분히 이해할 수 있다. 그러니까 차이에 주목하면 해당 직종의 문화 또는 해당 분과 학문의 정치에 대해 통찰할 수 있다는 것이다.

이 글에서 내가 눈여겨보는 지점은 특정 종류의 차이 ─ 젠더 또는 성적 차이 ─ 다. 여기서 나는 역사학계의 구성원으로 인정받은 여성 역사가들에 대해 논의하려고 한다. 그들은 역사학 박사 학위를 받고 교수직에 있으면서 미국역사학회의 회원인 덕분에 그렇게 인정을 받을 수 있었다. 이중적 의미의 학제 ─ 훈련 체계이자 규칙 체계 ─ 를 기꺼이 받아들임으로써 시작부터 전문가 자격을 부여받은 것이다. 하지만 그들이 엘리트 전문가 집단에 포함되는 데 우여곡절이 없었던 것은 아니다. 왜냐하면 그 접근권을 통해 완전한 전문가 정체성을 보장받을 것이라고 확신했으나 자신들이 다르다는 사실을 상기시켜 주는 상황들을 자주 맞닥뜨렸기 때문이다. 차별적 대우에 대한 그들의 인식과 반응은 시대와 여러 요인에 따라 다양했는데, 그들이 역사를 어떻게 이해했는지(자신들이 가르치는 지식을 어떻게 생각했는지), 그리고 누가 역사적 주체로 포함되는가를 어떻게 정의했는지의 문제 또한 무시할 수 없는 요인이었다. 차이의 문제와 치열하게 싸웠던 여성 역사가들의 경험이 우리에게 명확히 보여 주는 것은, 모두를

대표하는 보편 인간이 경험한 단일한 과정을 상정하는 역사관이 평등을
얻어 내는 데 막강한 장애물로 작용했다는 점이다.

I

미국역사학회가 1884년에 설립되었을 때 여성도 명백히 그 회원으로 포
함되었다. 집행위원회는 "남성에게 요구한 것과 동등한 자격 요건을 갖춘
여성이 본 학회에 가입하는 것을 막는 내용은 …… 정관에 없다"[1]고 결의
했다. 역사학이라는 학문 분과를 조직하려는 노력이 한창 진행 중이었기
때문에 어느 정도 대학 교육을 받고 새로운 전문 역사 분과에서 중요하게
여기는 과학적 방법을 의식적으로 실천하고 있는 사람이라면, 여성이라
해도 회원으로 받아들여졌다. 석사 학위를 가진 것만으로도 여성들은 미
국역사학회를 구성하는 극소수 엘리트 학자 집단의 명목적 구성원이 될
수 있었다.[2] 박사 학위를 받지 못했어도 회원 자격을 준 것은 J. 프랭클린
제임슨이나 허버트 백스터 애덤스 같은 학회 설립자들의 공통 목표가 훌
륭한 연구자와 교사들의 도움을 받아 전국에 역사학을 전파하는 것이었
기 때문이다. 이처럼 개방적인 듯 보이는 정책은 있었지만 미국역사학회
에 가입한 여성들은 때로는 미묘하게, 때로는 아주 명백하게 차별 대우를
받았으며 이런 차별은 결국 언제나 가시적인 신체적 차이가 중요하다는
가정에 기반하고 있었다.

여성을 학회 회원으로 영입하는 것은 학회 설립자들이 품었던 보다
큰 민주주의적 사명에도 부합했다. 그들은 골동품에 정통한 신사들이 해
온 작업이 과학적 원리의 기반을 약화한다고 생각했기에 이들로부터 역
사학을 빼앗아 와야겠다고 결의한 상태였다.[3] 실제로 그들은 새로운 전문

역사학의 이미지를 로맨틱한 골동품 연구와는 정반대되는 것으로 구축했다. 중세사가 넬리 닐슨이 멸시조로 "죽은 여인과 멋진 기사에 대한 찬양"이라 불렀던 고풍스러운 전통과 로맨틱한 사건에 주목해 온 이전의 역사학과 달리, 그들은 제도나 정치와 같은 더 어려운 연구를 내세웠다.[4] 또한 훌륭한 역사가라면 고전 교육을 받아야 하고 문학적 감성이 있어야 한다는 관념에 대해 그들은 엘리트주의적이며 비과학적이라고 공격했다. 제임슨은 1891년에 이 문제를 다음과 같이 명확히 했다.

> 현재 우리 학문에 가장 필요한 것은 …… 꼼꼼하게 잘 진행된 이류의 작업들이 확산되는 것이다. 이를 위해서는 연구 기법을 개선하고 정교하게 마무리 짓는 것이 필요하며, 문학적 천재에 의한 소수의 작업보다는 능력 있는 사람에 의한 다수의 작업이 더 요긴할 수 있다.[5]

미국역사학회에 여성들을 포함함으로써 학회 설립자들은 민주주의적이고 평등주의적인 충동, "나라의 모든 역사학적 자원을 학회 안으로 끌어들이려는" 욕구, 그리고 자신들의 학문은 지적인 사람이라면 누구나 숙달할 수 있다는 신념을 분명히 보여 주었다.[6] 실제로 여성들이 과학적 역사학을 실천한다는 사실에는 중요한 의미가 담겨 있었다. 즉, 색다르거나 신비로운 주제를 추구하는 여성적 성향도 극복할 만큼 객관적 연구의 힘이 강하다는 것이다. 거기에는 남성성/여성성, 남성/여성의 대립에 기반을 둔 복잡한 상징적 차원 또한 존재했다. 연구자의 성별과 관계없이 낡은 역사학은 여성적인 것, 새로운 역사학은 남성적인 것으로 재현되었다. 여성을 포섭함으로써, 과학적 역사학의 옹호자들은 자신들이 새롭게 조직한 학문 분야에 잔존해 있던 귀족적이고 로맨틱한 경향을 완전히 정복했음을 보여 주었다.

물론 여성들을 새로운 학회로 끌어들인 직접적인 이유는 따로 있었다. 전국의 고등학교, 전문학교, 칼리지에 역사학과를 설립하고 표준화된 역사학 커리큘럼을 실행하는 데 있어 여성들은 없어서는 안 될 중요한 조직의 구성원이었다. 새로운 역사학이 승리를 거두려면 적절한 교육이 이루어져야만 했기 때문에 미국역사학회의 설립자들은 선교사적 열정으로 교육에 임했다. 1880, 90년대에 여자대학은 학계의 중요한 구성 요소였으며 (책임자는 남성들이었지만) 여성 교원은 점점 늘어나고 있었다. 따라서 미국역사학회의 여성 회원들은 그들 각각의 근거지 ― 여자 중등학교와 여자대학 ― 에 역사학을 들여오는 데 특별히 기여할 수 있었다. 넬리 닐슨은 마운트 홀리요크 칼리지에서, 미국사를 전공한 루시 메이너드 샐먼은 바서 칼리지에서 이 임무를 수행했다. 1887년에 샐먼이 임용되었을 때 총장 제임스 테일러는 허버트 백스터 애덤스에게 보낸 편지에 자기 학교 역사학과의 "불충분한 인력 배치"는 곧 해결될 것이라고 썼다. "최근 샐먼 양의 임용으로 …… 학과 전체가 만족스럽게 재편될 겁니다."[7]

어느 시점에 이르자 미국역사학회의 대표들은 여학생이 배워야 할 것과 남학생이 배워야 할 것을 구분하지 않고 동일한 역사학 커리큘럼을 가르치자고 주장했다. 이들은 아무런 모순을 발견하지 못한 채, 1880, 90년대 존스홉킨스 대학과 웰즐리 칼리지의 수업에서 [남녀] 학생 모두에게 영국 하원 의원의 역할을 배정하고 헌법과 입법정책에 대한 주요 쟁점을 토론하게 하는 교수법을 활용했다(미국이나 영국 모두 여성에게 투표권이 없었고 여성은 공식적으로 정치적 역할을 할 수 없었다는 사실은 이런 내용과 방법

의 교수법을 채택하는 데 아무런 문제가 되지 않았다).[8] 게다가 여성들은 역사
적 관심의 대상에서도 배제되지 않았다. 예를 들어, 애덤스는 역사학이
위대한 남성들에 초점을 맞추는 수준을 넘어서야 한다고 촉구하면서 동
료들에게 다음과 같은 점을 상기해 주었다.

> 수천, 수백만 명의 헤아릴 수 없이 많은 훌륭하고 성실한 남성들과 충실
> 하고 헌신적인 여성들은 …… 훌륭한 지도자를 지지하고 인간다움을 대
> 대로 이어지게 한다. 보통 사람들에게 가장 큰 격려와 자극을 주는 것은
> 에이브러햄 링컨과 같은 소박한 남성이나 플로렌스 나이팅게일 같은 헌
> 신적인 여성의 전기인 경우가 많다. 그러나 남성이든 여성이든 전기나
> 역사적 기록으로 남으려면, 사회복지나 세계 발전에 어떤 방식으로든 기
> 여해야만 한다는 점을 명심해야 한다.[9]

남녀를 대칭적으로 취급하려는 움직임이 있기는 했지만, 이 시기 장
려된 역사학은 남녀를 비대칭적으로 다뤘다. 이는 역사학이 개념화된 방
식, 곧 변화의 과정이 진화론적이고 단선적이며 단일한 것이라는 가정에
서 비롯되었다. 복지와 진보는 본질적으로 정치적 개념이었으며, 진보는
민주적 자치를 향한 움직임으로 평가되었다. 애덤스는 주州와 국가 차원
에 대한 연구뿐만 아니라 "소도시, 농장, 교구, 자치구"에 대해서도 연구
해야 한다고 주장했다. 규모가 크든 작든 분석의 단위는 정치체polities였
으며, 연구 주제는 단일하고 통합적이었다.[10] 그는 작은 단위의 정치체도
큰 단위와 같은 특성을 갖는다고 보았기 때문에 작은 정치체에 대한 연구
를 통해 정치조직이 어떻게 작동하고 어떤 환경에서 진척되었는지를 이

해할 수 있다고 생각했다.[11]

역사학을 민주주의를 향한 진전에 대한 연구로 인식하는 견해는 그 속도와 형태는 다를지라도 모든 사람에게 단선적이고 보편적인 과정을 적용할 수 있다고 가정했다. 단일성과 보편성을 가정함으로써 온갖 종류의 집단들을 역사 속에 포함하는 것이 가능해졌다. 하지만 이와 동시에 그들의 차이를 특정할 필요도 없어졌다. 단일하고 원형적인 [인간] 형태, 즉 백인 서구 남성이 역사적 주체의 전형이 됐다. 애덤스와 그 동료들에게 역사 연구란 정치 연구였고, 이는 "조직화된 사회 속의 인간/남성man"에 대한 연구를 의미했다. 그런 연구의 목적은 자기 인식으로, 이는 곧 "자기 결정과 자기 통제로 이어질" 것이라고 생각했다. 게다가 역사교육은 "사회에서 인간/남성man의 경험이 이끌어 낼 수 있는 최대이자 최고의 결과인 …… 자기 통치"로 이어질 수 있다는 점에서, 중요한 정치적 결과를 낳는 것이었다.[12] 역사학의 주체로 대문자 인간/남성Man을 내세웠다고 해서 애덤스와 같은 역사가들이 자신들의 개념에서 여성을 배제했다는 것은 아니다. 그들은 배제하지 않았다. 오히려 대문자 인간/남성이라는 관념으로 대표된 일반화되고 통합된 개념 속에 여성을 포함시켰다. 다만 항상 그 개념과는 다르거나 그것에 종속된 것으로 여겼다. 여성성은 특별한 사례에 불과했고 남성성은 보편적 기표였다.

이 같은 사고의 결과는 차이를 부정하는 동시에 인정하는 것이었다. 여성들(또는 흑인, 유대인 같은 기타 타자들)의 역사적 경험은 근본적으로 달랐을 수도 있다는 점을 인정하지 않음으로써 차이를 부정하는 한편, 보편적 인간과 구별되는 사람들에게서 동등하게 대우받을 자격을 박탈함으로써 차이를 인정했다. 이와 같은 이중적인 효과는 역사 저술 방식에서 분명히 드러났다. (중간계급) 백인 남성들이 전형적인 주체로 행위하면서 여러 가지 사건들을 일으키는 것과 달리, 여성들은 (등장한 경우가 있더라도) "헌신적"이고 "충실한" 존재로서 역사의 바깥에서 영원토록 재생산적 역할을 수행하며 세대 간 지속성을 보장하는 존재로 재현되었다. 이 점은 또한 단체나 조직의 배치, 예를 들면 미국역사학회 지도부의 구조 같은 데서도 분명히 드러났다. 미국역사학회는 공식적으로 포용적이기는 했지만, 정말로 중요한 회원들과 지도자급 인사가 백인 남성이라는 점은 그냥 당연시됐다. 보편성의 언어는 차이화를 기반으로 하는 것이면서, 또한 그 안에 차이화를 내포한 것이었다. 그 결과 여성은 남성과 비교해 불평등한 대우를 받았다.

애덤스는 여성들을 학회 회원으로 영입하기 위해 많은 공을 들였다. 그러나 그들이 여성, 곧 차이를 가진 특별한 사람들이라는 점은 명백했다. 그 차이는 업적이나 교육 때문이 아니라 "자연적"으로 부여되었다고 간주되는 특성에 의해, 그리고 여자대학과 연계되었다는 점에 의해 만들어진 것이었다. 예를 들면 미국역사학회의 회의에는 매년 "학회 남성들"의 담배 모임이 있었다. 숙녀들 ― 역사가들의 부인과 여성 역사가들 ― 은 "식민지 시대 부인들의 티타임"Colonial Dame's Tea에 참석했다. 여성들이 이 관행에 이의를 제기했지만 그것은 무시되었다. 예를 들어, 루시 샐먼은 1905년의 글에서 "우리는 사교계 부인들과 만나는 오후 티타임에 관심이 없으며, 회원들을 여성과 남성이라는 두 계급으로 분리하는 모임에 반대한다"[13]라고 적었다. 미국역사학회는 형식적으로만 여성들을 지도층에 포함했을 뿐이다. 루시 샐먼은 학회 초기에 (최종적으로는 집행위원회까지 포함해서) 여러 특별위원회의 위원직을 역임한 유일한 여성이었다. 하지만 샐먼이 (역사교육에 관여했던) 7인위원회에 여성을 한 명 더 포함하자고 애덤스에게 강력히 권고했을 때, 애덤스는 지인에게 쓴 편지에서 "여성은 한 명이면 충분하다고 생각하는데!"라고 밝혔다.[14] 1919년에 당시 집행위원회 위원이었던 샐먼은 미국역사학회 내에서 권력을 공유하는 여성의 수를 늘리지 못한 자신의 무능을 한탄했다.

나는 이 위원회들에 여자들 이름을 들이밀면서 위원으로 넣어 달라고 압력을 가하는 것처럼 보이고 싶지는 않다. 하지만 지금까지 이미 수차례 얘기한 것 같은데, 학회가 자기부정적 법령 때문에 수많은 여성의 도움을 받을 수 있는 기회를 잃고 있다고 생각한다.[15]

설립 초기부터 너무나 명백했던 이런 상황은 1960년대까지도 그대로 이어졌다. 아서 링크는 미국역사학회의 역사에서 대부분의 경우 "여성들은 지도층과 관리층의 자리에서 배제되다시피 했다"고 지적했다. 그는 1933년 이전까지 96명으로 구성된 집행위원회에 여성 위원은 5명뿐이었고 각 위원회에서 여성 위원의 비율은 9대 1에 지나지 않았음을 증거로 학회에서 여성이 인원수 대비 과소 대표되었음을 지적했다.[16]

미국역사학회에 속한 여성 회원들이 많을 때도 있고 적을 때도 있었지만, 여성에 대한 차별적 대우가 완전히 없어진 적은 없었다. 예를 들면 1920, 30년대에는 박사 학위를 받은 여성들과 (특히 여대) 역사학과의 여성 교수 임용이 증가했다. 하지만 이 시기에 연구형 종합대학의 위상과 영향력이 증가함에 따라, 학부 교원이나 여성만을 위한 교육기관에 주로 고용돼 있던 여성들은 더 주변화되었다.[17] 1920년에 미국역사학회의 여성 회원은 19퍼센트를 차지했으나 지도층에서는 5퍼센트에도 미치지 못했다.[18] 대체로 [학회는] 엘리트 남성 모임이라는 분위기가 지배적이었으며, 그 모임의 공식적 구조와 비공식적 친교 문화는 모두 여성을 주변화하고 있었다. 이런 양상은 전후 시기에도 거의 그대로 유지되었다. 하워드 빌은 1953년의 글에서 "여성에 대한 차별은 끈질기게 지속되고 있다"라고 지적하면서 이 차별을 역사학 직종 전반에 존재하는 "흑인, 유대인, 가톨릭, 여성, 그리고 '젠틀맨'이 아닌 사람"들에 대한 더 큰 편견들과 관련지었다.[19] 1970년, 여성 역사가들의 처우 개선 요구에 부응하기 위해 설립된 특별위원회는 이 같은 편견이 여성에게 미친 영향을 체계적으로 기록했다. 위원회의 여성들은 1960년대 중반부터 시작된 역사학 분야의 여성 고용 확대가 그 자체로 평등을 보장해 준 것은 아니며, 차별 근절에 좀 더 확실하게 주의를 기울여야 한다고 주장했다.[20] (위원장 윌리 리 로즈의 이름을 따) 로즈 보고서로 알려진 이 위원회의 보고서는 미국역사학회와 역사학 직종 전반에 걸쳐 여성들이 장기간 체계적으로 과소 대표되었음을 보여주는 많은 증거를 제공했고, "장차 역사학과 학생과 역사 교사를 지망하는 여성들에게 좀 더 평등한 지위를 보장"하기 위한 여성역사가상임위원회를 설립해 [여성 연구자들을] 지원하고 관련 통계 수치를 모니터할 것을 권고했다.[21] 이 위원회를 설립함으로써 미국역사학회는 젠더 차별이 지속되고 있으며, 이것을 장시간에 걸친 구조적 문제로서 주목할 필요가 있음을 공식적으로 인정했다.

미국역사학회 여성들의 역사에서, 지도층 자리에서 여성을 배제하는 관행이 계속되긴 했지만 분명히 예외적인 순간이 한 번 있었다. 1943년에 넬리 닐슨이 학회장이 된 것이다. 하지만 이 일이 새로운 시대의 시작을 알리는 신호탄은 아니었다. 그보다는 "진보적" 역사가들과 조직된 페미니스트들의 연대가 달성한 잠깐의 승리라고 보는 편이 맞다. 이런 연대는 미국이 제2차 세계대전에 참전하기 직전의 상황에서 파시즘에 맞선 연합 및 이민 전선 동원이 이루어지는 보다 큰 맥락 안에서 가능했던 일이었다. 닐슨은 그보다 앞선 1940년에 부회장이 되었기 때문에 자동으로 회장 후보가 된 것이었다. 1940년은 여성뿐만 아니라 기타 소외 집단들도 주목받은 특히 경사스러운 해였다. 멀 커티의 위원장 임기 동안 프로그램 기획위원회는 "보통 인간"Common Man이라는 주제로 여러 세션을 마련했다. 셀리그 펄먼은 "미국 노동사에서 계급"에 대해 발표했고, W. E. B. 두보이스는 "미국 역사에서 흑인"이라는 패널에서 좌장을 맡았다. 바서 칼리지의 밀드레드 톰슨은 역사 속의 여성에 대한 세션의 사회를 봤는데, 미국역사학회 회의에서 한 세션의 모든 내용이 여성사 관련 주제로 구성된 것은 그때가 처음이었다.[22] 여성사에 대한 주목과 닐슨의 당선은 수년간 여성들이 로비를 펼친 결과였다. 그들 중에는 (1929년에 설립된) 버크셔여성사학회를 통해 조직된 이들도 있었고, 단순히 자신이 깊이 간직한 페미니즘에 대한 신념에 따라 움직인 이들도 있었다. 1939년에는 공천위원회 위원장이 보고서에서 "페미니스트 블록"feminist block(원문 인용)[23]의 존재를 언급할 정도로 그들의 활동은 활발했다. 그들의 압력 행사는 멀 커티나 하워드 빌 같은 "진보파"의 결단과 같은 시기에 이루어졌다. 이들 "진보파"는 유럽에서 입헌주의와 자유주의가 한창 공격당하고 있던 바로 그때, 학회 내에서 민주주의를 실천하고자 했고, 역사학이 기록해 온 민주화 과정과 역사학 자체가 연관되는 것임을 상징적·실제적 차원 모두에서 주장하고 싶어 했다. 여성을 포함시키려는 목표에 대한 위원회의 입장은 아주 분명했다. 1940년 5월에는 미국역사학회의 모든 회원들에게 편지를 보내 "학회 임원들 가운데 지금까지 충분히 인정받지 못한" "탁월한 여성들"을 지명하고 그들에게 투표할 것을 촉구했다.[24]

하지만 닐슨의 당선은 성평등을 향한 진보를 이뤄 내기는커녕 그 시동도 걸지 못했다. 그녀의 임기 중에도 여성이 과소 대표되는 양상은 지속되었다. 이런 경향은 종전 이후 역사학과에서 박사 학위를 받고 일자리를 구하는 여성의 수가 감소하면서 더욱 심해졌다.[25] 게다가 역사가의 남성적 자질을 강조하는 새로운 담론이 부상했다. 그 자질은 국가적 전통과 민주주의의 수호, 그리고 그 당시는 평화와 냉전의 시대에 들어섰음에도 불구하고 전쟁 영웅주의에 대한 새로운 헌신을 불러일으키는 학문적 활동과 연관돼 있었다. 예를 들어, 1951년에 앨런 네빈스는 건국을 위해 애썼던 실업가들의 노력을 더욱 높게 평가해야 한다면서 역사가들에게 "여성적 이상주의"를 버리고 "반드시 필요한 힘을 가진 건설자인 실업가들의 진면목을 제대로" 기술할 것을 제안했다(여기서 이상주의와 물질주의, 감성과 "힘"의 대립은 여성성과 남성성의 대립으로 제시되었고, 여성을 직접적으로 언급하지는 않았다 하더라도, 전형적인 역사가에 대한 묘사는 냉전 이데올로기와 젠더가 관련돼 있음을 보여 주는 명백한 암시를 담고 있었다).[26]

프랑스혁명 연구자인 역사가 비어트리스 하이슬롭은 1969년 헌터 칼리지에서 은퇴를 앞두고 "나는 내 세대 동안 [여성들의] 부상을 보았고, 지금은 여성들에게 [열렸던] 문이 다시 닫히기 시작하는 것을 보고 있다"[27] 라고 썼다. 하이슬롭은 1950년대와 1960년대 초의 시기를 자신이 박사 과정에 있던 1930년대와 대조했다. 얄궂게도 그녀는 큰 변화가 막 시작된 시기에 이런 지적을 했다. 그렇지만 미국역사학회의 지도층 자리에 여성이 고정적으로 포함되기까지는 더 오랜 세월이 필요했고, 두 번째 여성 회장이 선출된 것은 1987년이 되어서였다.[28]

Ⅱ

미국역사학회는 공식적으로는 여성 회원의 참여를 보장하며 보편성을 이야기했지만, 이런 보편성은 차이에 기대고 있었다. 전형적인 역사가와 전형적인 역사 행위자를 (백인) 남성으로 재현함으로써, 여성은 특수하고 골치 아픈 예외가 되어 버렸다. 여성이 보편적 전형과 유사하다는 점은 당연한 것으로 여겨지기보다는 여성 개개인의 행위 속에서 입증돼야 했다. 따라서 기술과 교육의 정도와 상관없이 여성들에게는 여성이라는 성sex에 부착된 것으로 여겨지는 무능력을 거부하는 추가적인 도전 과제가 있었다. 어떤 전략을 취하든 이것은 쉬운 일이 아니었다. 누군가는 차별 시스템을 못 본 척하고 그 한계를 받아들인 채 그 안에서 움직이는 쪽을 선택할 수도 있다. 하지만 이런 전략은 차별 시스템은 그대로 남겨 둔 채 여성들이 그런 대우를 받게 된 것을 자신의 실패 때문이라고 생각하게 만듦으로써 여성 개개인에게 커다란 부담을 지웠다. 누군가는 개개의 차별 사례들의 원인을 개인적 여성 혐오에서 찾음으로써 체계적 분석을 피할 수도 있다. 또 누군가는 젠더 차이가 불평등한 대우를 낳는 방식을 간파하고, 그것이 민주적 원칙에 위배된다고 개인적으로든 집단적으로든 비난할 수도 있다. 또 누군가는 여성의 차이를 긍정하고 그것이 여성을 남성과 상보적이거나 심지어 남성보다 우월한 위치로 자리매김한다고 주장할 수도 있다. 평등의 이름으로든 차이의 이름으로든, 여성들의 집단행동은 정치적으로 지극히 효과적일 수 있다. 하지만 이는 여성들에게 별도의 다른 정체성이 있음을 강조하고, 역사가와 여성 역사가 사이의 대조를 누그러뜨리기보다는 더 도드라지게 만드는 잠재적 위험을 지니고 있었다.

1884년부터 시작된 전문 여성 역사가들의 역사는 상술한 전략들을 모두 보여 준다. 사실상 개개인은 다양한 전략들을 조합해 사용했다. 그중 일부 사례들을 구체적으로 검토하는 것은 흥미로운 작업이다. 왜냐하면 어떤 직종이 차별 시스템을 통해 작동하는 방식을 파악하는 또 다른 방법을 제공해 줄 뿐만 아니라, 다르다고 인식된 개인들에게 그와 같은 시스템이 어떤 영향을 미치는지도 보여 주기 때문이다. 내가 여기서 주목하고자 하는 것은 차별을 인식하고 그것에 맞서기 위한 전략들이다. 이는 전문 여성 역사가들이 어떻게 역사학의 지배적인 개념들을 비판하고 그것을 정식화해 나갔는지를 이해하는 데 도움을 줄 것이다.[29]

루시 샐먼의 전략은 여성도 인간이라는 보편적 관념 속에 포함되어야 한다고 주장하는 것이었다. 그것이 타당하다면 여성에 대한 배제는 보편성과 평등 개념을 거스르는 것이고, 이용 가능한 재능을 낭비하게 만드는 것이다. 이에 대해 샐먼은 미국역사학회에서 명백히 밝힌 바 있다. 샐먼은 남녀공학식 교육이 옳다고 굳게 믿었지만(그녀는 학사와 석사를 미시간 대학에서 받았다), 줄곧 여대에서 교편을 잡았다. 그녀는 채용할 수 있는 인원에 제한이 있음을 인정하면서도, 테일러 총장이 바서 칼리지 여성 교원들의 생활을 규제하려는 시도에 대해서는 끊임없이 맞서 싸웠다.[30] 그녀는 여성이 남성들과 다르게 취급되지 않아야 한다고 생각했다. 여성들도 결국 인간Man의 보편적 형태에 포함돼야 하는 존재이며, 그와 다른 해석은 모두 비합리적이고 정의롭지 못한 것이었다.

샐먼이 여성 참정권 운동에 적극적으로 참여한 것은 여성도 인간의 정의에 포함돼 있다고 생각했기 때문이다. 그녀에게 참정권은 평등을 증진하는 방법, 여성에게 사회 구성원으로서의 완전한 자격을 부여하는 방법이었다. 사실 더 많은 재능 있는 인재들이 공식적으로 정치에 참여하게 되면, 그 혜택은 궁극적으로 사회에 돌아가게 될 것이다. 샐먼은 일단 투표권을 획득하면 전문직 학회를 포함한 다양한 정치조직에서 여성의 완전한 참여가 보장될 것이라고 생각했다.

샐먼의 주장은 (자신의 모든 역사 저술에 분명히 나타나 있으며 동료들과 공유하고 있던) 자신의 신념, 곧 민주주의와 평등을 향한 진보의 역사에 대한 믿음에 기반을 두고 있었다. 그녀는 여성에 대한 편견은 개인적 태도의 문제이며, 궁극적으로 사라지게 될 덜 문명화된 과거의 잔재, 또는 경험이나 사고력, 교육이 불충분해서 생긴 결과라고 생각했다. 그래서 그녀는 브린모어 칼리지에서 박사 과정을 밟을 당시 지도교수였던[그리고 훗날 미국의 28대 대통령이 된] 우드로 윌슨에 대해, 협소하고 이기적인 야망의 지배를 받은 인생이었다고 적었다. 게다가 그는 가르치는 것을 좋아하지 않았다.

여자를 가르치는 게 그에겐 정말 맞지 않았다. 그는 자신의 삶에서 한 번도 여성과 정상적 관계를 맺어 본 적이 없는 듯했다. 그는 여성이 남성과 상당히 다르다고 여겼으며 여성에 대해 이해하려고 노력해 본 적이 단한 번도 없는 것 같다. 그는 언제나 여성은 남성과 지적으로 다르고, 따라서 그의 관심을 끌지 못한다고 생각했다. 나는 그가 여성의 대학 교육에 대해 진심으로 믿은 적이 한 번도 없다고 확신한다. 언젠가 그는 내게 지적이고 교육받은 남성과 결혼한 여성이 대개의 경우 대학 교육을 받은 여성보다 더 교육이 잘돼 있다고 말한 적도 있다. 나는 이 모든 것이 웃기다고 생각했지만, 그에게 이 주제의 다른 측면을 언급하거나 내 의견을 밝힌 적은 없다. 그런들 아무 소용이 없었을 테니까. 나는 그의 주장이 단순히 제한된 교육과 사회적 경험에서 비롯된 것이라 여겼고, 언젠가 그가 더 제대로 배우게 되기를 바랐다![31]

자신의 수많은 동시대인과 마찬가지로, 샐먼은 (차별을 인지하고 있으면서도) 평등하게 대우받는 것이 당연하다고 생각하며 일했다. 그녀에게 "진보는 남성과 여성의 차이를 강조해서 얻어지는 것이 아니라 그 차이를 없앰으로써 얻어지는 것"[32]이었다. 샐먼의 전기 작가에 따르면 그녀는 "특별한 '여성만의 영역'을 인정하는 모든 운동을 불신"했으며, 자신의 글쓰기를 비롯해 전문적이고 정치적인 활동, 개인적 행동거지 모두에서 이에 대해 인정하기를 거부했다.[33] 이를 인정하면 성별 간의 생물학적 차이가 교육적·직업적 차이의 근거라는 잘못된 관념을 영속시킬 뿐이었다. 샐먼이 보기에, 편견을 없애는 데는 집단행동보다 개인적 노력이 더 바람직했다. 집단적 행동은 불가피하게 차이를 인정하도록 만들기 때문이었다. 그녀는 동료에게 [보낸 편지에서] 다음과 같이 썼다. "내가 여성들이 하고 있는 작업에 …… 관심이 없다고 생각하지 말아요. 나는 좋은 작업이라면 다 관심이 많아요. 다만 여성들이 했다는 이유만으로 특별히 관심을 두지는 않아요." 그녀는 여성들이 여러 불리한 조건에 처해 있음을 인정했으나 이 장벽들을 "여성 집단이 아니라 개인이 …… 제거해야 한다"[34]고 주장했다.

루시 샐먼은 생전에 학계에서 명성을 얻었다. 그녀는 자기 기준으로 보면 여성의 앞길에 놓인 장애물들을 개인적으로 제거하는 데 성공한 것이었다. 또 미국역사학회의 각 위원회에서 여성 참여 비율을 높였으며, 여학생들을 양성하고 지원하는 여성 네트워크를 통해 여학생들이 역사가가 되도록 격려하기도 했다. 샐먼이 사망하자 에드워드 체니는 그녀를 "독창적" 사상가라고 칭송하고 "그녀가 쓴 어떤 저작도 사라지게 해서는 안 된다"[35]라면서 샐먼의 미완성 원고 출판을 촉구했다. 그녀의 저술은 분명 애덤스를 비롯한 수많은 남성 역사가들의 그것보다 더 중요하고 깊은 논의를 담고 있었다. 하지만 그녀의 이름은 1965년에 출간된 존 하이엄의 기념비적 저서 『역사학』과 같은 역사 분과의 역사에 대한 논의에서조차 사실상 찾아볼 수 없다. 역사학이 제도화된 1884년부터의 역사를 다룬 이 책은 젠더 차이의 작동과 이에 대응하는 개별화된 개개인의 전략이 가진 한계를 잘 보여 준다. 샐먼뿐만 아니라 거의 모든 여성(과 흑인)이 미국의 주요 역사학자들에 대한 기록에서 생략되었다. 여성들의 작업은 역사학 논쟁을 요약할 때에도 전혀 포함되지 않았다. 메리 비어드에 대해서는 각주가 두 개 있었는데, 한 곳에서는 그녀가 자신의 남편에 대해 쓴 책의 저자로, 다른 한 곳에서는 남편과 함께 쓴 책의 공동 저자로 등장한다. 그러나 그녀가 공저한 책은 본문에서 남편이 혼자 집필한 것처럼 다뤄졌다. 넬리 닐슨이 [미국역사학회의] 회장직을 맡았던 것은 지나가는 말로도 언급되지 않았다.[36] 『역사학』에서 여성이 비가시화된 것은 활발하게 활동하는 역사가나 미국역사학회 회원 중에 여성이 없었기 때문이 아니다. 그보다는 보편적(백인, 앵글로 색슨) 남성 형상이 역사적 주체를 전형화하는 데 사용될 수 있다는 가정이 낳은 결과였다. 보편적 남성 형상과 다른 존재들은 그 형상에 의해 대표되는 동시에 배제되었기 때문에 사소하고 덜 중요한 것이 된 것이다. 이런 사고방식 앞에서 샐먼처럼 젠더 차이가 중요하지 않다고 주장하는 것은 차이화, 배제, 차별의 결과를 공격하면서 정작 그 근원은 공격하지 않는 것이었다.

또 다른 전략들은 여성에 대한 제도적 배제를 명시적으로 개혁해 나가는 것이었는데 이런 전략은 때로는 개인적으로, 때로는 집단적으로 조직된 단체에 의해 전개되었다. 이런 시도는 역사학계는 물론이고 국가적으로도 커다란 동요가 있었던 1920, 30년대에 가장 강력하게 나타났다.[37] 예를 들면, 연구형 종합대학에 여성을 채용하도록 기부를 한 사례들이 있었다. 남성들이 장악하고 있는 이 학교들에 여성이 사실상 부재한 상황을 바로잡기 위한 시도였다. 조지 허버트 파머가 미시간 대학 역사학과에 여성 전임 교수 자리를 마련하라고 유산을 기부한 것은 아마 그의 아내 앨리스 프리먼의 소원을 들어주기 위해서였을 것이다. 역사학 박사 학위를 획득했지만 벨로이트 칼리지에서 가정학을 가르쳤던 플로렌스 포터 로빈슨도 자신의 유산을 위스콘신 대학 역사학과에 여성을 위한 자리를 마련하는 데 기부했다. 두 기부자는 모두 남성과 동일한 급여와 고용조건이 적용되어야 한다고 명시했다.[38]

대학 내 여성의 지위 문제는 버크셔여성사학회에서도 제기되었다. 이 학회는 1929년에 "여기저기 흩어진 우리 여성 역사가들이 더 자주 모여 생각을 교환할 수 있기를" 바라는 동부 해안 지역 여대 교수들에 의해 설립되었다. 미국역사학회 회의에 참석하고 돌아오는 길에 일부 여성들은 "우리 사이의 더 강한 동료 의식"을 만들어 낼 가능성에 대해 토론했다. 루이스 루미스의 기억에 따르면, 여성 역사가들끼리 서로 토론하고 "사회적 접촉"을 가질 비공식적 기회를 마련하는 것이 목적이었다고 한다.[39] 또한 남성 역사가들이 여성을 노골적으로 배제하며 비공식 "회의"를 소집하기 시작한 것에 대한 분개도 한몫했다. 버크셔여성사학회는 암묵적으로 여성 역사가들에게는 공통점이 있다고 보았다. 비록 그들 자신은 "압력단체"가 아니라고 주장했지만, 이 단체는 사실상 이익집단이었으며 여성의 이름으로 미국역사학회에서 힘을 행사했다.

첫 회의 때부터 그들은 여성 역사가의 지위를 높일 방법에 대해 논의했다. 우선 각자 소속된 학교의 틀을 벗어나 다양한 경험을 축적할 수 있도록 교환 교수 프로그램을 만들기로 했다. 하지만 이 계획은 대공황의 영향과 기타 더 긴급한 사안들 때문에 실현되지 못했다. 1930년대 들어 여대에서조차 남성 채용을 선호하는 등의 비공식적 차별과 주의회 및 연방의 회에서 제정한 노골적인 기혼 여성 차별법에✦ 맞서, 버크셔여성사학회는 "여성의 직업 전망"으로 관심을 돌리고 남성과 여성의 고용 패턴, 직급, 급여를 비교 검토하기 시작했다.[40] 뉴저지 칼리지의 에밀리 힉맨은 [버크셔여성사학회의] 지도자 가운데 가장 거침없고 창의적인 사람이었던 것 같다. 한 회의에서 그녀는 미국대학여성협회AAUW가 "여성들의 학문적 삶의 가능성에 대한 통계조사"를 진행할 것을 제안했다. 그녀는 또한 [여성들 가운데] "[칼리지] 총장에 적합한 인물이 없다는 유언비어가 틀렸다는 것을 증명하기 위해" "훌륭한 여성들의 전기"를 출판해야 한다고 생각했다. 그

✦ 대공황 시기 미국의 연방과 각 주에서는 기혼 여성의 노동 참여를 규제하는 여러 법을 제정했다. 그중 가장 대표적인 것이 1932년에 제정된 경제법의 제213조다. 이 조항에서는 부부가 모두 연방공무원으로 근무하는 경우, 사실상 아내에게 퇴직을 권고했다. 더 구체적인 내용은 황은정, 「대공황기 미국 여성 노동시장의 변화: 기혼 여성의 노동 참여를 중심으로」, 『서양사학연구』 제26권 26호, 2012, 145-172쪽 참조.

리고 미국역사학회의 주요 직책에 여성을 포함시키는 문제로 버크셔여성사학회의 관심을 돌렸다. 그녀는 기회가 있을 때마다 후보 추천서를 제출했고, 호의적인 남성들에게 로비해 여성 후보자들을 돕도록 설득했다.[41]

버크셔여성사학회는 비록 동부 해안 지역에 한정돼 있었지만, 여성 역사가들의 상황을 개선하려는 조직적 노력을 대표했다. 페미니즘 대의를 위한 헌신 아래 다른 지역의 여성들도 — 여대에 모여 있는 경우도 있었고, 남녀공학에서 고립돼 있는 경우도 있었다 — 캠페인을 조직해 여성들을 [미국역사학회의] 주요 직책에 올리기 위해 노력했다. 그중 한 예가 1914년, 스탠퍼드 대학에서 박사 학위를 받은 메리 윌리엄스다. 그녀는 라틴 아메리카사 연구자로 웰즐리 칼리지에서 잠시 가르친 뒤 고우처 칼리지에서 교편을 잡고 있었는데, 1933년부터(같은 해 여러 비공식적 여성 네트워크의 구성원이었던 루이스 펠프스 켈로그가 공천위원회에서 일하게 되었다)[42] 넬리 닐슨을 미국역사학회 학회장으로 추천하기 위한 운동을 시작했다.[43] 매우 정치적이었던 이 같은 노력에 대한 구체적인 이야기는 아직 쓰이지 않았지만, 그것을 살짝 들여다보는 것만으로도 여성들이 자신의 성별 때문에 겪게 된 불평등에 도전하기 위해 얼마나 폭넓고도 단호하게 의식적인 노력을 기울였는지 알 수 있다.[44] 루시 셀먼과 달리 이들은 자신들이 선택한 직종 내부의 차별 구조에 도전하기 위해 집단행동을 주장하고 실천했다.

1930년대 사회 전반에 걸쳐 나타난 동요도 분명 이런 그들의 행동에 유리하게 작용했다. 뉴딜 정책이 실행되는 동안 다양한 이익집단들이 사회적·정치적 삶의 일부로서 가시화되었으며, 점점 더 역사가들의 주목을 받았다. 존 하이엄은 1930년대에 완전히 부상한 "새로운 역사학"을 "진보적 역사학"이라고 특징지었다. 그것은 계층이나 경제 집단들 사이의 갈등에 초점을 두고 "통일성보다는 다양성을 강조했다."[45] 진보적 역사가들은 미국의 유산을 사회적 저항의 이야기, 곧 혜택 받지 못한 자들의 이름으로 개혁과 변화를 추구한 운동을 조직화한 이야기로 그려 냈다. 보편적 인간 주체가 존재한다는 관념은 사라지지 않았다. 평등에 대한 호소는 누구에게도 양도할 수 없는 인권이라는 이름으로 추진되었다. 역사는 정치적(그리고 이제는 사회적이기도 한) 민주주의를 향한 진보의 이야기라는 낙관적인 신념에도 변화가 없었다. 하지만 그 이야기는 이해관계가 상충하는 집단들의 영향 아래 점점 복잡해졌다.

이런 맥락에서 여성들은 자신들을 이익집단으로 인식했다. 여성들의 이해관계는 내재적인 필요나 동일성이 아닌 외부적으로 부과된 차별적 경험에서 비롯되었다. 즉, 부정적 대우를 받은 공통의 경험이 그들을 하나의 집단으로 구성했다. 그들은 여성에게 직업, 지도층의 지위, 권력을 주지 않는 것은 그 문제와는 아무런 연관이 없는 생물학적 차이가 작용한 결과라고 주장했다. 그러면서 지적 능력이나 전문가로서의 능력은 생물학적 성과 관련이 없다고 주장했다. 하지만 자신들을 무력화하는 차이화의 효과에 맞서 싸우려면 여성에 의한, 여성으로서의 집단행동이 필요했다. 요점은 인간이라고 여겨지는 것에 어떻게든 여성을 포함시키고, 있는 그대로, 보편적 인간이란 양성임을 주장하는 것이었다.

여성들은 역사학계의 일원으로서 자신들의 이해관계를 강하게 주장했을 뿐만 아니라 아카이브 자료들을 모으고, 여성사를 집필했다. 과거의 여성에 대한 새로운 지식을 만들어 내는 데는 여러 목적이 있었지만, 그중 가장 주요한 목적은 메리 비어드가 책 제목에서 밝힌 것처럼 여성이 "역사의 한 동력"이었다는 사실을 확고히 하는 것이었다.[46] 여기서 강조점은 여성이 사회나 문화의 구축에 적극적으로 공헌해 왔다는 데 있었다. 이는 여성이 수동적이거나 중요하지 않아서 역사 기록에서 가시화되지 못했다는 인식에 대한 도전이었다. 가시성은 여성에게 인간성을 부여할 것이며, 그렇게 되면 평등이 실현되기 위한 조건을 따로 증명할 필요가 없으리라는 것이 거의 당연시되었다.

1920, 30년대 페미니스트들은 전문직에 여성이 완전히 참여할 수 있는 권리를 정당화하기 위해 민주주의 원칙과 인간Man의 보편성에 대한 신념에 호소했다. 그들은 자신에게 이익이 되는 것이 곧 모든 역사가에게 이익이 된다고 여겼다. 다만 편견이 여성들의 이익 성취를 가로막을 뿐인 것이다. 어떤 면에서 역사의 주체가 남성형으로 재현되기는 했지만, 이는 여성들이 그 주체에 자신을 동일시하는 것을 가로막지는 못했다. 왜냐하면 그들은 자신들 역시 변화에 영향을 미칠 수 있는 능력 있는 행위자라고 생각했기 때문이다. 하지만 평등을 실제로 얻어 내는 것은 그것을 요구하거나 그것을 실현하기 위해 조직을 만드는 일보다 더 어렵다는 점이 증명되었는데, 이는 적어도 부분적으로는, 인간Man을 다원화하는 것이 보기보다 쉽지 않았기 때문이다. 보편성에 대한 주장은 암묵적으로 차이 및 특수성과의 대립에 기반을 두고 있었고, 대문자 인간/남성이 보편인 한, 여성이라는 존재는 그 자체로 특수함을 보여 줄 뿐이다. 페미니스트들이 명백하고 강력하게 압력을 행사했음에도 불구하고, 이는 미국역사학회에서 거듭 사실로 판명되었다. 하이슬롭은 이런 상황에 대한 좌절감을 다음과 같이 고민했다.

…… 한 여성이 유명한 역사가가 될 능력이 있음에도 불구하고, 왜 여성이라는 단순한 이유로 차별받아야 하는가? 커리어를 방금 시작한 젊은 남성은 자신의 능력을 선보이고 이에 대한 보상을 받을 수 있는 평등한 경쟁 기회를 원한다. 여성 역사가들도 이와 동등한 기회의 평등을 요구한다. 여성들에게는 기회조차 주어지지 않는 경우가 너무 많았다. …… 역사학에 …… 성을 근거로 실력을 부정하는 이유가 될 만한 뭔가가 있기라도 한 걸까?[47]

하이슬롭은 없다고 생각했지만 나는 생각이 다르다. 성을 근거로 한 차별은 대문자 인간/남성을 대표적 인간 주체로 보는, 추상적인 동시에 젠더화된 그 개념 속에 암묵적으로 존재하고 있었다. 역사적 행위자와 역사가들이 "그"he로 재현되는 한, 여성들이 자신들에게도 당연한 권리라고 믿었던 평등을 실현하기는 어려웠다.

Ⅲ

1970년대에 여성 역사가들은 다른 형태의 집단적 전략을 들고 나왔다. 이 새로운 접근법은 여성과 남성이 처한 상황을 평등하게 만드는 일을 지향한 것이지만, 그렇다 하더라도 차이를 강조한 것이고, 그 방식은 이전의 페미니스트들 중 어떤 이들에게는, 받아들일 수 없는 것까지는 아닐지라도, 불편한 것이었다. 전문직 여성의 이해관계에 주목하는 것, 여성 이익단체를 조직하는 것, 별도의 학술지를 출간하는 것, 여성사를 집필하는 것, 이 모두에는 비록 의도한 것은 아닐지라도 여성과 남성의 차이를 승인하게 될 위험 소지가 있었기 때문이다.

차이에 대한 이 같은 새로운 강조는 정부의 적극적 차별 수정 정책에 의해 생겨난 국가적 맥락 속에서 구체화되었다. 적극적 차별 수정 정책으로 여성, 흑인 및 그 밖의 조직화된 "이익"집단들의 운동은 자리를 잡고 합법화됐다. 존 F. 케네디 대통령은 1961년에 여성의 지위에 대한 전국 및 주립 위원회를 설립했다. 이는 페미니스트들이 다양한 활동을 전개하는 도화선이 되었다. 1966년에 전미여성기구NOW를 설립한 것도 그 결과였다.[48] 미국역사학회에서는 여성의 이익을 명백히 대변하는 기관인 "여성역사학자조직위원회"CCWHP가 1969년에 등장했다.[49] 이런 압력으로 미국역사학회 위원회가 구성되었는데, 1970년에 로즈 보고서를 발표한 것도 그 위원회였다. 이 보고서는 미국역사학회 내의 여성 참여에 새로운 시대를 열었다. 1970년 이후 배제의 양상이 역전되기 시작했다. 여성들이 핵심적인 위원회들의 위원으로 임명되었고 집행위원회 위원으로 선출되었다. 또한 공정한 교수 임용과 종신 재직권 부여에 대한 역사학과 내부 지침을 만드는 등 여성들은 미국역사학회 정책에 중요한 영향을 미치게 되었다.[50] 로즈 보고서의 결과로 설립된 여성역사가상임위원회는 이런 변화(영구적인 변화는 아니었지만)들을 추동한 동력이었다. 이 위원회는 실천적으로나 상징적으로 엄청난 영향을 미쳤다. 위원회는 여성들을 별도의 단위로 명시해, 그들만을 위한 대표를 요구했을 뿐만 아니라, 여성들에게 고위급 정책 심의에 접근할 수 있는 권리를 부여했다.

여성역사가상임위원회는 젠더 차이가 역사가들을 구분 짓고 차별하는 데 이용되고 있었다는 사실을 인정하는 동시에, 그것을 변혁하려고 했다. 그것은 또한 여성 역사가들만의 집합적 정체성을 강화했다. 여성들은 확연히 다른 집단으로서 누구도 부인할 수 없는 가시성을 획득했고, 그 가시성 덕분에 중요한 양보를 얻어 냈다. 가시성을 확보하면서 차이화가 부정적으로 작동하는 것을 확인하고 이를 통해 차별에 맞설 수 있게 된 것이다. 또한 여성 역사가로서 적극적인 정치 활동도 할 수 있게 되었다. 여기서 어려움은 정체성의 조건을 확립하는 문제에서 나타났다. 단순하게 평가를 뒤집어서 여성들에게 이미 부과된 차이를 받아들이되 그 차이에 긍정적 가치를 부여하면 되는 것인가? 이를 여성을 단일화하는 또 다른 특질로 대체해야 하나? 아니면 여성의 공통된 이해관계는 타인이 부과한 차이의 조건들을 거부하는 데 있다고 정의하면 되나? 만약 마지막 경우라면, 차이를 거부할 수 있는 명분은 무엇인가? 인간성인가? 그렇다면 결국 "대문자 인간/남성"이라는 문제로, 늘 해결하기 어려웠던 그 재현과 여성 사이의 관계로 돌아가게 되는 것은 아닌가?

(아직도 전혀 해결되지 못한) 이런 질문들은 1970년대 페미니즘 정치의 또 다른 측면, 즉 여성사가 학계에서 주요 연구 분야로 부상하면서 더더욱 첨예하게 제기되었다. 여성들이 조직 내에서 가시화되고 또 이것이 역사학 자체의 전반적인 재개념화와 맞물리면서 여성들은 역사적 주체로 등장했다. 1960년대 초의 경험에서 이미 분명히 드러났듯이, 역사학에 대한 새로운 시각은 이전의 개념에 도전했다. 하이엄에 따르면 이 새로운 역사학에서는 "안정적인 구조가 파괴되는" 그래서 "모든 제도적 권위가 처참하게 붕괴되는 경향"이 강하게 나타났다.[51] [새로운 역사학은] 공식적인 정치에서 눈을 돌려 노동이나 가족, 섹슈얼리티 등 다양한 인간 경험에 주목했다. 또한 역사가 민주주의를 향해 진보하는 과정이라는 단선적인 서사에 대해서, 그리고 인류를 단 하나의 통일체처럼 표현하는 것의 정확성에 대해서 문제를 제기했다. 역사가들은 대립이나 투쟁에 대해, 지배 방식의

변화와 사회적 위계에 대해, 그리고 저항에 대해 썼다. 이 과정에서 역사가들은 역사적 행위자의 복수성plurality에 눈을 돌리기 시작했다. 그들만의 특수한 시각과 다른 서사는 그 내용이나 결과가 "전형적" 백인 남성의 그것과 같지 않기 때문에 이야기될 필요가 있다고 본 것이다. 이전에는 전형적인 인간상 그 자체였던 그들이 이제는 많은 집단 중 하나에 지나지 않는 특수한 것이 되었다. 르네상스는 "여성들에게는 르네상스"가 아니었다. 아메리카 대륙의 발견은 원주민을 제거하는 이야기이기도 했다. [미국 백인들이 그 대륙 전체를 지배할 운명을 타고났다는] "명백한 사명론"Manifest Destiny은 제국주의 팽창을 이데올로기적으로 정당화한 것임이 드러났다. 그리고 노예제는 "특이한 제도"가 아니라 지금도 이어지고 있는 미국 인종주의 역사의 한 부분이 되었다.[52] 여성, 흑인, 빈민, 피식민자들의 서로 다른 이야기들은 단선적인 "미국인" 서사로 환원할 수 없었다. 그렇다면 이것들은 어떻게 이야기될 수 있는가?

대부분의 경우, 이런 다른 집단들의 역사는 필연적으로 이른바 "주류" 역사라 불리는 것과 병행하거나 대립되는 별개의 서사로 기록되었다. 여성사는 역사학 내의 하위 분야가 되어 과거 여성들의 삶과 경험에 대해 놀랍고도 새로운 학문적 성과를 이뤘다. 그 새로운 지식은 이전에는 암묵적으로 부정되었던 것들을 보여 주었다. 그래서 여성들이 중요한 행위자였다는 게 입증되었다. 그리고 이들의 역사는 인간 존재에 대해 이제껏 연구되지 않았던 영역에 대한 통찰뿐 아니라 산업화와 도시화처럼 이미 많이 연구된 변화 과정에 대한 통찰도 제공해 준다는 것이 입증되었다. 동시에 그 새로운 지식은 여성의 분리와 차이를 확정하는 용어들로 대개 표현되었는데, 이는 남자들의 세계나 역사적으로 이미 유명한 남자들과 암묵적으로 대조되는 것이었다. 여성들은 별개의 "문화", 노동과 가족의 의미에 대한 분명히 다른 생각, 예술이나 문학에서 여성의 작품임을 쉽게 알수 있는 특징, 그리고 "여성적" 형태의 정치의식을 가지고 있었다.[53] 여성의 세계에 대한 기록은 그 자체로 하나의 목표가 되었다. 단순히 그 존재를 확립하는 것만으로도 충분히 "주류"에 대한 도전이 된다고 여겨졌던 것이다. 역사가들은 자신이 "여성"이라는 범주가 무엇인지를 안다고 생각했고, 그래서 그 범주가 어떻게 해서 만들어졌는지 연구하는 데 시간을 할애하지 않았다. "여성"이라는 범주가 특정 맥락에서 그 사회적·정치적 의미를 어떻게 획득했는지를 검토하지 않은 채, 부정적 측면은 "가부장제"나 남성 지배의 탓으로 돌리고 긍정적 측면은 여성의 저항 또는 "행위성"에서 찾았다.[54] 이런 식의 여성사는 분리된 여성 영역이라고 이름 붙일 수 있는, 실제로 이미 그렇다고 여겨졌던 어떤 것이 존재한다는 증거를 제공했다. 역사가들은 여성을 가시화했고, 그러면서 여성의 차이를 공고히했다. 이는 기존 서사의 전형성을 더 이상 보장할 수 없게 만들었다는 점에서 기존 서사에 도전한 것이었지만, **동시에** 그것을 승인하는 것이기도했다. 이 [여성들의] 다른 이야기들이 달라도 너무 달라 하찮고 사소한 이야기처럼 여겨졌으며, 그래서 기존의 미국 민주주의 서사와 병행할 뿐 그 중심이 되지는 못했기 때문이다.

현재 역사학 분야의 현실을 살펴보면 위의 두 가지 결과가 모두 분명히 드러난다. 한편에서는 칼 데글러와 같은 역사가들이 역사학에 대한 새로운 개념이 필요하다는 것을 인정하고 있다. 그는 다음과 같이 말했다.

역사나 과거가 의미하는 바가 바뀌어야 [여성사가] 그것의 일부가 될 수 있다. …… 왜냐하면 종래의 과거란 남성들에 의해 구상(발명?)되었을 뿐만 아니라 애초에 오직 남성들이 참여한 활동만 포함했을 뿐 여성들의 역사적 활동은 거의 전적으로 무시했기 때문이다. 현재 [우리에게 주어진] 도전은 여성들이 …… 포함되도록 우리가 가르치고 연구하는 과거의 개념을 재고하는 것이다. [55]

반면에 대부분의 역사학과들은 데글러의 도전을 거부하고 여성사를 별개의 연구 영역으로 간주한다. 19세기나 20세기 사회사 분야의 자리에 광부나 철도 노동자 연구자들은 채용하지만, 여성 봉제사나 (여성) 방직공 연구자들은 "해당 분야 아님"이라는 이유를 들어 채용하지 않는다. 이런 경우 통상적인 해명은 "우리는 이미 여성 역사가가 한 명 있다"라는 것이다. 이 역사가들에게 여성이라는 주제는 전통적으로 확립된 분야 바깥에 놓여 있는 특수한 주제인 것이 당연했다. 이것이 중요한 이유는 이런 역사가들이 남성의 특수성과 특이성 — 보편적 인간/남성Universal Man의 "몰락"으로 생기는 불가피한 결과 — 을 인정하는 것을 거부할 수 있을지의 문제가 여기에 달려 있기 때문이었다. 전통, 문명의 유산, 서사 자체를 위한 서사의 복권을 불러내는 이런 거부에 맞서서, 여성을 역사에 통합하는 것은 여성을 남성과 동등한 존재로 인간 개념에 포함시키는 것만큼이나 여전히 어려운 과제다.

여성 역사가들의 다양한 전략들은 모두 차이의 문제를 개념적이고 구조적인 현상으로 간주했기 때문에 실패했다. 차별의 조건을 어떻게 인식하고 거부해야 하는가. 또 별개의 여성 영역이라는 "현실"을 확정하지 않으면서 어떻게 여성을 위해 집단적으로 행동할 수 있을까. 이 문제들은 끊임없이 반복돼 온 딜레마이며 완전히 해결된 적이 없다. 이 문제들을 어떻게 해결할 것인지에 대한 논쟁은 현재 페미니스트들(페미니스트 역사가들과 기타 페미니스트)의 이론적 논의에서 핵심이기도 하다. 여성사에서 제기된 질문들은 역사학에 종사하는 여성들의 집단행동이 제기한 문제와 똑같다. 역사적 서사 — 서구 문명 또는 미국 민주화의 위대한 이야기 — 가 주체의 복수화를 인정할 수 있는가? 우리는 [구체적으로] 체현되지 않은 — 즉, 젠더화된 용어로 구성되지 않은 — 인간 개념을 상상할 수 있는가? 우리는 인간 개념을 확장해 그 안에 인간의 다양한 전형들을 포함시킬 수 있는가? 기준이나 표준을 언급하지 않고, 위계적 질서를 구축하지 않고, 차이에 대해 생각할 수 있는가? 이건 쉬운 일이 아니다. 적어도 현재로서는 쉽지 않다. 점점 더 많은 사람들에게 권리(또는 접근의 기회)를 확대한다는 민주주의 이상은 서로 다른 집단들 사이의 지속적인 불평등의 역사에 의해 좌절되었다. 민주적 포용 이론인 다원주의는 권력의 문제, 그리고 차이가 권력의 다양한 의미를 공고히 하고 제도화하는 방식을 간과한다. 어떤 식으로든 차이를 인정하지 않고서는 평등을 요구하는 게 불가능하다. 하지만 (루시 샐먼이 지적했듯이) 차이를 지나치게 강조하면 평등을 주장하기가 어렵다. 이 난제는 평등한 대우를 추구하는 사람들의 전략이 잘못되었기 때문이 아니라, 자유주의의 어떤 이론들이 차이를 — 그것이 평등의 의미를 정의할 때조차도 — 고려하지 못하기 때문에 생긴 결과다.[56]

내가 보기에 평등과 차이의 딜레마에서 빠져나오는 방법은 사고의 방향을 바꾸는 것이다. 우리가 대개의 경우 당연시하는 범주들 — 역사, 여성, 남성, 평등, 차이와 같은 정치 이론의 용어들 그 자체 — 을 비판적으로 분석해야 한다. 이 용어들의 의미를 이미 알고 있다고 가정할 것이 아니라 그것들이 발생하고 사용된 특정 역사적 맥락을 살펴봐야 하며, 문화적·정치적·시간적 산물로서 이 용어들을 검토해야 한다. 예를 들어 단일한 이야기로서의 역사라는 것이 보편적 주체에 대한 허구이며 그 보편성은 암묵적 차별, 주변화, 배제의 과정을 통해 획득되었음을 받아들이지 않는다면, 우리는 여성을 역사에 포함할 수 없다. 바꿔 말하자면, 남성man은 한 번도 진정으로 보편적 형상이었던 적이 없었다. 남성의 보편타당성을 확립한 것은 차이화를 통해 이루어진 배제의 과정들이었다. 이전과 다른, 더 비판적인 역사학을 위해서는 우선 남성의 보편타당성에 초점을 맞춰야 한다. 그런 과정의 한 측면은 "남성"과 대립되는 특징, 특성, 역할을 부과함으로써 "여성"을 정의해 온 것과 연관돼 있다. 수많은 여성사에서 역사가들이 기록해 온 그 차이는 이런 과정을 통해 생산된 것이지 여성의 성에 내재하는 어떤 본질적 속성에서 생겨난 것이 아니다. 따라서 "여성의 경험" 또는 "여성 문화"는 오로지 남성적 보편성과 대비되는 여성의 독특성을 나타내는 것으로서만 존재한다. 이런 것들은 모두 사회적 삶에 대한 특정한 시각을 형성하는 데 필요한 개념들이다. 차이화 과정의 다른 한 측면은 평등과 차이의 관계를 끊임없이 재조정하는 것과 연관된다. 평등이 절대적으로 실천된 적은 한 번도 없었다. 평등은 특정 차이에 대한 배제가 특정 맥락에서 특정 목적을 위해 유예된 것이라고 보는 게 차라리 맞다. 역사적으로 시기에 따라 어떤 차이는 다른 차이보다 더 문제가 되었다. 그래서 역사학 직종에 대한 접근권을 획득하는 문제에서는 성차가 공식적으로 무시되었던 반면, 미국역사학회에서 지도부를 확립하고 권력을 배분하는 문제에서는 성차가 고려되었던 것이다. 전문 여성 역사가들의 역사가 보여 주듯이, 젠더는 차이의 언어로 설명되는 위계를 확립하는 중요한 방법이었던 것으로 보인다. 비록 그 정의와 용법은 다양했지만 말이다.

차이의 문제는 접근권에 대한 이야기로서의 민주화 이야기를 복잡하게 만든다. 왜냐하면 이는 물리적 장벽이 없어진다 해도 불평등은 여전히 존재함을 시사하기 때문이다. 게다가 차이의 문제는 동질적 조직이라고 생각되는 것 속에 존재하는 권력관계에 주목하게 하고, 이런 권력관계는 같은 직종에 종사하는 사람들 사이의 사회학적 구분과 연관될 뿐 아니라 특정 학문 분과나 전문 분야에 의해 생산되고 보호되는 지식 개념 그 자체와도 관련됨을 보여 준다. 접근권과 차이의 개념이 별개의 문제라는 말을 하려는 것은 아니다. 왜냐하면 그 둘은 명백하게 연관돼 있기 때문이다. 내부의 위계와 마찬가지로 포함과 배제의 경계도 차이의 용어들로 그려진다. 그리고 거기에 사용된 용어들은 완전히 똑같지는 않더라도 대개 유사하다. 그렇지만 차이가 만들어지는 서로 다른 방식들을 구분할 필요가 있다. 그리고 접근권과 내부적 위계 모두 성별에 따라 그려진 경계와 관련될 수 있지만, 그 두 문제를 뭉뚱그리지 않는 것이 필요하다. 이런 연관된 과정은 그 자체가 역사를 가지며, 우리는 그것을 정밀하게 재검토해야 한다. 정확하게 초점을 맞추고 면밀하게 분석한다면, 역사학과 같은 학문 분과에서 정치와 젠더 사이의 상호 연결이 얼마나 다양하고, 또 얼마나 끈질기게 유지되는지에 대해 더 깊이 이해하게 될 것이다.

10장

평등이라는 난제

올랭프 드 구주는 초창기 페미니스트로서 프랑스혁명기 동안 다수의 주목할 만한 글들을 써냈다. 그 가운데 가장 유명한 글은 1791년의 『여성과 여성 시민의 권리 선언』이다. 여기서 그녀는 1789년에 혁명가들이 열거했던 남성의 모든 권리가 여성에게도 있다고 주장했다. 그러나 내게 가장 인상적인 구절은 그녀가 1788년에 쓴 긴 논문에 있다. 그 논문은 『사회계약론』을 자신의 관점으로 다시 쓴 것으로, 그녀는 당당하게 자신의 논문이 루소의 것보다 낫거나 최소한 대등하다고 자부했다. 이 글에서 그녀는 동시대인들의 태도와 실천에 대해 길게 비판하면서, 사회적·정치적 개혁을 위한 많은 제안을 했다. 장황하게 이어지던 그녀의 비판은 대단히 날카로운 통찰을 담은 논평에서 멈췄다. "내가 이 문제를 더 이야기하면 도를 넘게 될 것이다. 그래서 나의 좋은 아이디어에 대해 숙고해 보거나 나의 좋은 취지를 제대로 평가하기는커녕, 해결하기 쉬운 문제는 주지 않고 역설만을 던지는 여자라고 나를 무자비하게 비난할 자[들]의 적대감을 불러일으키게 될 것이다."[1]

　이 장에서 나는 "해결하기 쉬운 문제는 주지 않고 역설만을 던지는 여자"로서 "무자비하게 비난" 받을 각오로 평등과 차이, 개인의 권리와 집단 정체성이라는 뜨거운 쟁점에 단순한 해결책은 존재하지 않는다고 주장하려 한다. 그것들을 대립하는 것으로 보면, 그들 사이의 상호 연결성을 놓치게 된다. 오히려 평등과 차이, 개인의 권리와 집단 정체성 사이에 존재하는 필수적인 긴장을 인정하고 그것을 유지할 때 가장 바람직하고 민주적인 결과를 얻을 수 있다.

개인의 권리와 집단 정체성에 대한 논쟁과 마찬가지로 평등과 차이에 대한 논쟁은 대개 극단적인 형태를 띤다. 예를 들어, 적극적 차별 수정 정책은 집단 우선권group preference의 한 형태로 개인들에 대한 차별이라고 공격 받아 왔다. 동성애 차별금지법은 개인들에게 필요하지도 않고 환영받지도 못하는 특권을 부여한다는 이유로 폐기되었다. 종합대학·로스쿨·의과대학의 교수진을 더 다양하게 선발하라는 압력은, 집단 정체성에 주목하면 개별 후보자들의 객관적 능력을 제대로 평가하지 못하게 될 것이라는 이유로 저항에 부딪혔다. 이에 대해 다문화주의 지지자들은 교육과정에서도 정체성 집단들이 최대한 다양하게 대표돼야 한다고 주장했다. 반면, 다문화주의 반대자들은 인종 집단과 민족 집단으로 분리된 역사는 어느 학자가 부족주의tribalism의 바이러스, 다른 학자가 미국의 분열이라고 부른 것을 조장할 수 있다고 우려한다. 소수자에 대해 가르치는 자리에 소수자 집단의 사람을 고용하라는 압력은 그 사람의 민족성, 인종, 젠더와 학문적 전문 지식 사이에 반드시 상관관계가 있는 것은 아니라는 이유로 저항에 부딪히고 있다. 여성사를 가르치는 사람은 여성이어야만 하는가? 아프리카계 미국인 문학을 가르치는 사람은 흑인이어야만 하는가? 유대인 연구 프로그램을 이끄는 것은 유대인이어야만 하는가? 그 외에도, 남성과 여성, 소년과 소녀로 분리된 학교가 합당한 것인지를 둘러싼 치열한 논쟁이 있었다. 평등은 성별과 무관하게 모든 사람에게 동일한 조건을 요구하는 것인가? 분리된 시설들 — 사우스캐롤라이나 주립사관학교나 버지니아 군사대학 — 은 어느 경우에 해로운 것이 되며, 언제 이

로운 것 ─ 명문 여자대학의 지지자들이나 할렘의 여학교 설립자들이 주
장하는 것과 같이 ─ 이 되는가? 정체성 집단을 인정할지 말지, 인정한다
면 언제, 어떻게 인정할 것인지, 언제 그것을 무시할 것인지의 문제는 경
제적·정치적 영역으로도 확대된다. 건강보험을 적용받기 위해 임신을 일
종의 장애로 주장하는 것은 일터에서 여성을 남성과 동등하게 하는 것인
가, 아니면 여성에게만 해당하는 독특한 경험(과 사회적 기능)을 평가 절하
하는 것인가? 공직에 선출되는 소수자 대표의 수를 늘리기 위한 선거구 조
정은 지금까지 거부되었는데, 이는 그것이 '인종 의식'race consciousness
적일 뿐만 아니라 누구든 선거구민들의 다양한 이해관계를 대표할 수 있
다는 ─ 그리고 대표할 수 있어야 한다는 ─ 원칙을 침해한다는 이유 때문
이었다. 이런 주장에 따르면 대의 민주주의는 집단들의 비례대표제가 아
니다. 집단과 그 대표성에 대한 이런 질문들은 실제의 문제들을 초월한다
고 여겨지는, 환상과 상상의 영역인 극장에까지 확대되고 있다. 흑인은
백인 배역에 캐스팅될 수 있는가? 아니면 그 반대는 가능한가? 백인은 유
라시아인을 연기할 수 있는가? 마지막 질문을 둘러싼 논란으로 1990년 브
로드웨이에서 뮤지컬 〈미스 사이공〉은 제작이 취소될 뻔했다.[2]

집단이냐 개인이냐? 그것은 분명한 선택의 문제인 것처럼 보인다.
하나를 고르면 다른 하나를 배제하게 된다. 어떤 이들은 집단을 내세우면
누군가를 개인으로 대우하는 것이 불가능해진다고 주장한다. 개인들은
그들에게 부여된 집단적 특성이 아니라 자기 자신으로 평가되어야 하고,
평등은 개인이 개인으로서 판단될 때만 실현될 수 있다는 것이다. 이런 입
장은 주로 헌법과 권리장전에 대한 엄격한 해석을 통해 정당화되며, 평등
을 단순히 법 앞에 추정된 개인들의 평등을 의미하는 것으로 본다. 그 반

대 입장은 개인들이 동일시하는 집단이 동등한 평가를 받아야 그 개인이 (법적 영역과 사회 전반에서) 공정한 대우를 받게 될 것이라고 말한다. 이런 입장은 선입견과 편견, 차별이 존재하는 한, 개인들은 모두 동일한 기준에 따라 평가될 수 없으며 차별을 없애기 위해서는 집단들의 경제적·정치적·사회적 지위에 주목해야 한다는 것이다. 그렇다면 어떤 집단인가? 아프리카계 미국인은 두 인종이 섞인 미국인들의 구체적인 필요와 경험을 다루기에 충분한 범주인가? 아니면 지나치게 큰 범주인가? 성 패트릭의 날[아일랜드의 축제일] 퍼레이드에서 아일랜드계 게이와 레즈비언은 어떤 범주 아래서 행진해야 하는가? 모든 종류의 사람들을 담아낼 수 있을 만큼 큰 범주는 무엇인가? 바로 이런 맥락에서 철학자 앤서니 아피아는 집단 정체성의 정치에 대해 다음과 같이 우려한다.

> 흑인이나 동성애자로서 사람들을 존중하라고 요구하는 것은 아프리카계 미국인으로 존재하는 것 또는 동성을 욕망하는 것에 대한 어떤 각본을 필요로 한다. 흑인과 게이로 존재하는 적절한 방식과 충족해야 하는 기대가 있을 것이고, 그에 대한 요구가 있을 것이다. 바로 이런 지점에서 자율성을 중요하게 생각하는 사람들은 우리가 기존의 폭압을 새로운 폭압으로 대체하고 있는 게 아닌지 질문하게 된다.[3]

아피아는 집단 대 개인의 문제를 제기했지만, 둘 중 어떤 입장도 선택하지 않았다. 아니, 선택할 수 없었다. 그는 흑인과 동성애자들이 개인적 자율성을 가질 가능성은 그 집단이 존중받을 수 있는지에 달려 있다고 말한다. 그러나 동시에 개인의 자율성은 집단이 제공하는 각본에 의해 축소된다.

아피아의 논평은 법 이론가 마사 미노우가 다른 맥락에서 "차이의 딜레마"라고 부른 것이자 내가 역설이라는 용어를 통해 사유하고자 하는 것을 드러낸다.

"역설"에는 여러 가지 뜻이 있다. 논리학에서 역설은 진실인 동시에 거짓인, 해결할 수 없는 명제다. 그 고전적 예시로 거짓말을 하고 있다는 거짓말쟁이의 진술을 들 수 있다. 수사학과 미학 이론에서 역설은 복잡하게 대립하는 생각들과 감정들 사이에서 균형을 잡는 능력, 즉 시적 창조성의 신호다. 일상적인 용법에서 "역설"은 지배적인 정설에 도전하고, 일반 통념에 반하는 견해를 의미한다. 어떤 의미에서 나의 역설은 이런 의미들을 모두 취하고 있는데, 왜냐하면 나에게 역설은 양자택일을 강요해 논쟁을 양극화하려는 광범위한 경향에 도전하는 것이기 때문이다. 나는 개인과 집단, 평등과 차이가 대립하지 않는다고 주장하는 대신에 오히려 이것들이 필연적으로 긴장 관계에 있는 상호 의존적 개념이라고 주장하고자 한다. 그런 긴장들은 역사적으로 구체적인 방식으로 작동하는 것이고 영원히 변하지 않는 도덕적·윤리적 선택의 문제가 아닌 구체적인 정치적 사례의 문제로 분석되어야 하는 것이다.

내가 이 글에서 순서대로 다룰 역설의 목록은 다음과 같다.

1. 평등은 절대적인 원리다. **동시에** 역사적으로 우연히 일어나는 실천이다.

2. 집단 정체성은 개인을 규정한다. **동시에** 개인성의 완전한 표현 혹은 실현을 거부한다.

3. 평등에 대한 주장은 차별의 결과인 집단 정체성을 받아들이는 **동시에**

거부하는 것과 관련된다. 바꿔 말하면, 차별의 전제가 되는 배제의 조건들은 포용을 요구하는 과정에서 거부되는 동시에 재생산된다.

오로지 역설

1. 평등은 절대적인 원리다. 동시에 역사적으로 우연히 일어나는 실천이다. 평등은 차이의 결여나 제거가 아니라 차이를 인식하는 것으로, 그것을 무시하거나 고려하겠다는 결정이다. R. R. 팔머는 『사상사 사전』에서 이렇게 설명했다.

> 평등은 선택의 행위를 요구한다. 어떤 차이는 최소화되거나 무시되고,
> 어떤 차이는 극대화되고 더 부각된다. [4]

프랑스혁명에서 평등은 보편적인 원칙이자, 모든 개인이 정치 참여와 법적 대표성에 있어 동등하게 취급되어야 한다는 약속으로 선언되었다. 그러나 처음에 시민권은 어느 정도의 재산을 가진 사람들에게만 부여됐다. 너무 가난하거나 의존적이어서 시민에게 요구되는 자율성을 행사할 수 없는 사람들에게는 시민권이 부여되지 않았다. 노예는 타인의 재산이었기 때문에 (1794년까지) 시민권을 부여받지 못했으며, 여성들은 가사와 육아 의무로 정치에 참여할 수 없다고 이야기되었기 때문에 (1944년까지) 시민권을 부여받지 못했다. 자코뱅파였던 피에르-가스파르 쇼메테는 정치

클럽에 참가하게 해달라는 여성들의 요구에 부딪혔을 때, "언제부터 자신의 성별을 포기하는 것이 허락되었는가?" "언제부터 여성들이 가정을 경건하게 보살피는 일과 자녀들의 요람을 내팽개치고, 공공장소로 나와서 상원의 방청인들 속에서 열변을 토하는 것이 용납되었는가? 자연이 남성에게 가사일을 맡겼는가? 자연이 우리에게 아이들을 먹일 젖가슴을 주었는가?"[5]라고 고함쳤다. 그 순간 남성들 사이의 출신, 계급, 사회적 지위의 차이는 중요하지 않았다. 중요한 것은 재산, 피부색, 젠더의 차이였다. 마르키 드 콩도르세(1794년에 그가 사망하자 여성들은 강력한 지지자를 한 명 잃었다)는 여성도 남성과 같이 도덕적·합리적 능력을 가졌다고 말하면서 여성들을 시민권에서 배제하는 근거에 대해 의아해 했다. "여성들에게 시민권을 행사할 능력이 없다는 것을 증명하기는 어렵다. 임신이나 생리를 경험할 가능성이 있는 개인들은 왜 권리를 행사할 수 없는 것인가? 아무도 겨우내 통풍에 시달리거나 쉽게 감기에 걸리는 사람에게 권리를 주지 말아야 한다고 생각하지는 않는데 말이다."[6] 콩도르세는 여성이 시민권을 누려야 한다고 확신했지만, 흑인도 그런 권리를 누려야 하는지에 대해서는 그만큼 확신하지 못했다. 다른 혁명가들과 마찬가지로, 그에게 문제는 동등한 정치적 권리의 인정이라는 목표를 위해 어떤 차이가 중요하고 어떤 차이가 중요하지 않은가에 있었다.

『옥스퍼드 영어사전』에 따르면, 수학에서 평등은 사물의 동일한 양, 정확한 일치를 의미하지만, 사회적 개념으로서의 평등은 그만큼 의미가 분명하지 않다. 그것은 수학적 동일성을 암시하지만, 실제로는 "명시적이거나 암묵적인 자격 또는 속성을 비슷한 정도로 소유하는 것. 계급·품위·권력·능력·성취 혹은 탁월함에서 동일한 수준에 있는 것. 동일한 권리나 특권을 갖는 것"[7]을 의미한다. 자격, 사회적 위치, 권리 사이의 관계는 시대에 따라 다양하게 변화해 왔다. 18세기 민주주의 혁명 이래로, 서구에서 평등은 개인들이 가진 상이한 사회적 특성과 관계없이 그들이 보편적으로 소유한다고 간주되는 권리들에 주로 적용되었다. 사실 개인이라는 추상적 관념은 그 말과 달리 모두를 포괄하는 게 아니었다. 스티븐 루크스의 설명에 따르면, 개인은 보통 "변하지 않는 어떤 심리적 특성과 성향들"을 가진 존재로 여겨졌으며, 평등은 그런 기준에 미치지 못하는 이들을 배제하는 작용을 했다.[8] 18세기 후반의 심리학자, 의사, 철학가들은 피부나 신체 기관과 같은 육체적 차이들이 누군가에게 개인일 수 있는 자격을 부여하거나 부여하지 않는 기준이 된다고 주장했다. 해부학자 자크-루이 모로는 루소에 대한 논평에서 여성에게는 내부에 있고, 남성에게는 외부에 있는 생식기관의 위치가 그들의 영향력의 범위를 결정한다고 언급했다. "내부의 영향력은 계속해서 여성을 자신의 성별로 소환한다. …… 남성은 특정한 순간에만 남성이지만, 여성은 전 생애에 걸쳐 여성이다."[9] 남성은 성별을 초월할 수 있기에 개인이지만, 여성은 여성으로 존재하기를 멈출 수 없으며, 따라서 결코 개인의 지위에 도달할 수 없다는 것이다. 이렇게 남성과 유사성이 부족한 여성은 남성과 동등하게 여겨질 수 없고 따라서 시민으로 여겨질 수도 없다. 여기서 흥미로운 점은(또한 이 점은 뒤에서 논의할 내용과 관련해 중요하다), 이런 주장에서 평등은 개인에게 적용되고 배제는 집단에 적용된다는 것이다. 여성들이 남성들과 동등하다고 여겨질 수 없었던 것은 그들이 특수한 특성을 가진 사람의 범주에 속한다고 여겨졌기 때문이다. 19세기 말에 이탈리아의 범죄학자 체사레 롬브로소는 이렇게 설명했다. "여성은 모두 하나의 범주로 묶이는 반면, 남성은 각각 독자적 개인이다. 여성의 골상은 일반화된 표준을 따르지만, 남성의 골상은 사람마다 독특하다."[10]

평등의 기준을 설정하는 명시적이거나 암묵적인 속성들은 "모든 사람은 평등하게 창조되었고 창조주로부터 양도할 수 없는 권리를 부여받았다"는 선언 이래 200년이 넘는 세월 동안 변화해 왔다. 현재 세계에서 인종이나 성별을 근거로 투표를 막는 곳은 거의 없지만 교육, 직업 또는 여타의 사회적 자원에 접근할 때 문제가 되는 차이들은 여전히 존재한다. 그리고 이런 차이들은 엄청난 정치적 논쟁의 대상이다. 이 논쟁이 가능하려면 두 가지 조건이 모두 충족돼야 하는데, 평등이라는 보편적 약속, 즉 차이를 전혀 고려하지 않는 평등과 시대마다 다른 차이를 고려하는 역사적으로 특수한 기준들이 그것이다.

이런 주장을 다른 방식으로 보면 다음과 같다. 모든 인간이 동등하게 대우받을 수 있다는 생각은 자신과 자신이 속한 사회가 권리라고 간주한 것(교육, 노동, 최저 생활임금, 재산, 시민권)에 대한 접근에서 배제된 것을 알게 된 사람들이 자신을 그 안에 넣어 달라고 요구하도록 고무했다. 어떤 이들에게는 평등을 보장하고 어떤 이들에게는 평등을 거부해 온 기준에 도전함으로써 이런 요구가 이루어진 것이었다. 1848년 프랑스에서 남성의 보통선거권을 요구한 민주사회주의자 노동자들은 "다른 사람에게 당신이 나보다 더 주권을 가진다고 말할 수 있는 시민은 존재하지 않게 될 것"이라고 주장했다.[11] 그러나 이 남성들은 개인으로서가 아니라 노동자로서 자신의 개인적 권리의 인정을 요구한 것이었다. 이것은 다음 역설로 이어진다.

2. 집단 정체성은 사회적·정치적 삶에서 필수적인 측면이며 이 둘은 상호 연결되어 있다. 왜냐하면 집단적 차이가 가시적이고 중요하며, 골치 아픈 것이 되는 것은 특정한 정치적 맥락 안에서이기 때문이다. 집단의 차이를 통해 배제가 정당화될 때, 경제적·사회적 위계가 다른 집단을 희생시키며 일부 집단에 혜택을 줄 때, 특정한 생물학적·종교적·인종적·문화적 특성이 다른 것보다 가치를 인정받을 때, 바로 이런 순간 개인과 집단 사이에 긴장이 생겨난다. 집단 정체성이라는 것이 다면적인 개인성을 구성하는 한 차원에 불과했던 개개인들은 종교·인종·민족·젠더 정체성과 같은 단일 요소가 자신을 완전히 결정해 버렸다는 사실을 발견하게 된다. 『국제 사회과학 백과사전』의 "소수자"Minorities 항목에는 그러한 정치적 과정이 설명돼 있다.

집단들은 '자연스럽게' 혹은 '필연적으로' 차이화되는 것이 아니다. 문화가 집단들을 차이화된 것으로 **규정해야 비로소 집단들은 차이화**된다. 인종·국적·종교·언어가 다른 사람들은 여러 세대에 걸쳐서 서로를 **차이화하지 않은 채** 융합되고 동화되거나, 또는 융합과 동화를 하지 않은 채 살아갈 수 있다. 다른 모든 사회적인 것과 마찬가지로, 소수자 집단은 소수자 집단으로서 사회적으로 정의되어야 하며, 여기에는 일련의 태도와 행위들이 부과된다(그리고 소수자는 반드시 인구의 수로 설명할 수 있는 문제는 아니다). ……

소수자가 긴 세월 동안 집단 정체화를 거친 전통적 집단일 필요는 없다. 그것은 경제적·정치적 차이화의 과정에서 사회적 의미가 변화한 결과로 생겨날 수도 있다. 언어적·종교적 차이는 수천 년 동안 중요하지 않게 여겨졌을 수 있지만, 일련의 정치적 사건들을 계기로 종교적·언어적 구분이 더욱 선명해지면 권력이 없는 쪽의 추종자들이 …… 소수자로 만들어질 수 있다.[12]

나는 여기에 다음 내용을 덧붙이고자 한다. 여성이 인구의 절반이 넘는데도 페미니스트들이 여성을 소수자로 지칭해 온 것은 남성과 여성의 권력 차이 때문이었다. 내가 덧붙이고자 하는 핵심은, 소수자를 소수자로 고정하는 사건들은 소수자의 지위를 소수자 집단의 본질적 특성 탓으로 돌린다는 것이다. 이는 마치 이런 특성들이 불평등한 대우를 합리화하기 위한 것이 아니라 그 자체가 불평등을 초래한 이유인 것처럼 보이게 한다. 이것이 바로 핵심이다. 예를 들어, 모성은 종종 여성의 정치적 배제에 대한 설명으로 주어졌고, 인종은 흑인의 노예화나 종속의 이유로 제시되었지만, 사실 인과관계는 그 반대다. 즉, 사회적 차이화의 과정이 배제와 노예화를 낳고, 그런 다음 생물학이나 인종을 통해 정당화된다.

　개인이 어떤 하나의 범주로 환원됨으로써 고양되는 정체성의 감각은 개인들을 비하하는 동시에 고무한다. 차별의 대상인 개인은 하나의 정형화된 이미지 속에 갇힌다. 그는 궁지에 몰린 운동의 구성원으로서 지지와 연대를 발견한다. 그러나 유대감이라는 보상조차도 한계가 있다. 정치적 올바름이라는 개념이 통용되기 훨씬 전인 19세기 초에 프랑스 노동자들은 계급 정체성이라는 제한적 용어를 피하는 방법을 모색했다. 그 용어를 자신보다 사회적으로 지위가 높은 사람들이 부과한 것이든 아니면 노동운동의 동료들이 제시한 것이든 중요하지 않았다. 고용주와 정치가들은 노동자들이 위험하고 훈육되지 않았으며 뿌리를 내리지 못하고 미래에 대한 대책 없이 돈을 마구잡이로 쓴다고 주장했다. 이에 맞서 노동운동의 지도자들은 노동자들이 자신의 일을 사랑하고 일에서 개인적인 성취감을 발견하며, 노동할 권리와 자신의 노동에 대해 그 사회적·개인적 가치에 상응하는 임금 수준을 원할 뿐이라고 대응했다. 노동자들은 정치적 편의상 이런 비전을 지지하긴 했지만, '노동할 권리'가 제아무리 1948년 혁명의 성공적인 슬로건이었다 해도 그것이 자신들의 열망이나 삶의 모든 것을 항상 적절하게 표현해 주고 있다고 느낀 것은 아니었다. 역사가 자크 랑시에르는 일부 주목할 만한 남성들의 활동을 기록했다. 그에 따르면 그들은 일을 사랑하지 않았지만 임금노동에 종사했고, "노동자" 범주의 환원적 효과에 염증을 느낄 때조차 스스로를 "노동자"로 규정했다. 이런 남성들은 일이 끝나면 카페나 다락방에 모여 소설을 읽고 시를 썼다. 그들이 선호했던 일métier은 육체적인 노동이 아니라 "노동계급"이라는 부류에 잘 들어맞지 않는 문학적 작업이었다.

> 넌 내게 요즘 내 삶이 어떠냐고 물었지. 늘 매한가지지 뭐. 지금 이 순간
> 나 자신을 냉혹하게 되돌아보면 슬퍼져. 이 유치한 허영심은 눈감아 줘.
> 쇠를 두드리는 건 내 천직이 아니구나 싶거든.[13]

[『인민 광장』에 실린 위의] 기사에 서명할 때, 자신을 "철물공-노동자"로 정체화했던 제롬-피에르 질랑 역시 마찬가지였다.

나는 집합적 정체성을 비난하기 위해 이것을 예로 든 것이 아니다. 내가 주장하고자 하는 것은 집합적 정체성은 사회조직의 불가피한 형태라는 것, 그것은 필연적으로 차별과 차별에 대한 항의라는 양쪽 모두의 방

식을 통해 정치화된다는 것, 그리고 개인의 정체성은 집합적 정체성이라는 수단을 통해서 그리고 그것에 맞서면서 명확해진다는 것이다. 1848년 입법부 최초의 노동자 대표가 되었던 질랑은 이 모든 것을 고려하면서 사색을 이어 갔다.

쇠를 두드리는 건 내 천직이 아니구나 싶거든. 이 직종이 전혀 비천하지 않은데도 말이야. 인민의 자유를 수호하는 전사의 검도, 인민을 먹여 살리는 쟁기의 보습도 다 모루⁺에서 나오는 거잖아. 위대한 예술가들은 우리의 구릿빛 이마와 강인한 손발 위로 쏟아지는 남성적이고 호방한 시를 이해했고, 때로 기쁨과 활력에 가득 차서 그런 작품을 써냈지. 저 유명한 우리의 샤를레가 그런 경우야. 그는 "민중이 곧 군대"라고 말하면서 척탄병의 군복과 가죽 앞치마를 나란히 두지. 알다시피 내가 하는 일이 어떤 가치가 있는지 나는 잘 알지……. [14]

그러나 질랑에게 장인 정체성은 자기 정체화에 필수적이면서도 불충분한 형식이었다.

집단 정체성의 필요성과 불충분성에 대한 또 다른 사례는 페미니즘에서 찾아볼 수 있다. 페미니즘은 앞선 사례와는 다른 종류의 문제를 제기하지만, 그 논리는 동일하다. 세기의 전환기에 페미니즘이 성취할 수 있는 것이 무엇인지 물었을 때 프랑스의 정신과 의사 마들렌 펠티에는, 페미니즘은 자신이 "사회가 기대하는 여성이 되지 않"도록 해줄 것이라고 답

⁺ 대장간에서 불린 쇠를 올려놓고 두드릴 때 받침으로 쓰는 쇳덩이.

했다. 그러나 당연하게도 마들렌 펠티에를 비롯한 페미니스트들은 한 명의 여성으로서, 여성이라는 집단의 이름으로, 동등한 권리를 얻기 위해 싸웠다.[15]

3. 이것은 내 마지막 역설과 연관된다. 즉, **차별에 대한 저항 수단은 차별이 기반하고 있는 집단 정체성을 거부하는 동시에 받아들인다.** 바꿔 말하면, 평등에 대한 요구는 애초에 평등을 부정해 왔던 그 차이들에 필연적으로 호소하는 동시에 그것을 거부한다고 할 수 있을 것이다. 펠티에는 법이 여성을 개인으로 인정하기만 한다면 여성도 남성과 같은 개인이 될 수 있다고 주장한다("여성에게, 그들이 비록 열등하다 해도, 투표권을 주어라. 그러면 자신을 여자로만 생각하는 것을 멈추고, 대신 한 개인으로 느끼게 될 것이다").[16] 그럼에도 불구하고 펠티에는 이것이 가능하기 위해서는 여성이 하나의 집단으로서 투표권을 부여받아야 한다고 주장했다. 펠티에뿐만 아니라 그녀의 선후배들의 페미니즘은 모두 성차의 문제에 사로잡혀 있었다.

남녀의 서로 다른 생물학적 특성을 강조함으로써 시민권에서 여성을 배제하는 것이 정당화되었을 때, 성차는 자연적인 사실로서뿐만 아니라 사회적·정치적 차이화의 존재론적 기반으로서 확립되었다. 민주주의 혁명의 시대에 여성들은 그들의 성별 때문에 정치적 아웃사이더로 표식되었다. 페미니즘은 여성의 정치적 배제에 맞서는 저항이었다. 그것이 목표하는 바는 여성 배제의 근거인 성별을 제거하는 것이었다. 그러나 페미니즘은 여성들을 대표해 요구해야만 한다. 페미니즘이 여성을 위해 행동하는 한, 페미니즘은 자신이 제거하고자 했던 차이를 생산해 내며, 추방하고자 했던 성별이라는 바로 그 주제에 관심을 집중시킨다. 과감하게 두 입장을 조화시킨 올랭프 드 구주에 귀 기울여 보자. 그녀는 자신을 국가의 일원a man of state으로, 루소의 모방자이자 그보다 더 나은 자로 칭했다. 그녀는 자신의 여성성을 다음과 같이 암시했다. "오 인민들, 불행한 시민들이여, 공정하고 애정 어린 여성의 목소리를 들으라." 그녀는 『여성과 여성 시민의 권리 선언』의 머리말을 "출산하는 여성의 용기 있는 모습처럼, 아름다움에서 드러나는 여성의 성적 우월성으로, 이러한 여성과 시민으로서의 권한을 신의 앞에서 신의 가호 아래 승인하고 선포한다"라고 멋지게 주장하면서 끝맺었다. 그녀가 쓴 한 팸플릿에는 『한 현명한 인간의 탄원: 한 여성 지음』The Cry of a Wise man: by a Woman이라는 표제가 붙었다. 재판정에서 루이 16세를 변호하기 위해 나섰을 때, 그녀는 성별이 고려되어서는 안 된다는 것("나의 성별은 차치한다")과 고려되어야 한다는 것("신은 영웅심과 관대함을 여성에게도 주었으며 혁명에서 그 사례들을 찾을 수 있다")을 둘 다 제안했다. 그녀는 로베스피에르의 죄를 공공연히 비난하는 팸플릿에서 자기 이름 철자의 순서를 뒤바꿔 폴림Polyme이라는 이름으로 서명하면서 스스로에 대해 "이중의 성질을 지닌 동물"이라 설명했다. "나는 독특한 동물이다. 나는 남성도 여성도 아니다. 나는 남성의 용기와 여성의 연약함을 지니고 있다." 그녀는 남성도 여성도 아닐 뿐만 아니라 여성인 동시에 남성이었다. "나는 여성이고, 위대한 인간으로서 국가에 봉사한다."[17] 요점은 여성에게는 시민권을 부여받을 자격이 있으며, 성별은 차이를 만들어 내지 않는다는 주장이었다. 그러나 구주는 차이로 규정된 바로 그 여성으로서 주장해야만 했다.

물론 누군가는 구주가 여성임을 호소하는 것에서 딕 그레고리의 책

『검둥이』에서와 같은 아이러니, 혹은 소수자 집단의 구성원들이 멸칭 — 깜둥이, 마녀, 잡년, 퀴어 — 을 애칭으로 전유하는 것과 같은 아이러니의 중첩된 울림을 들을 수 있을 것이다.[18] 그러나 그것은 내 주장을 부정하기보다는 오히려 입증한다. 왜냐하면 아이러니는 부정적인 것과 긍정적인 것, 비방과 지지를 깔끔하게 구분하는 것이 무의미하다는 비판이기 때문이다. 격하된 집단이 사회적 차이화와 정치적 대항이라는 목적을 이루기 위해 긍정적인 정체성의 집단이 된다는 사실을 다루는 한 방법이 아이러니다.

적극적 차별 수정 정책

내가 주장하고자 하는 것은 집단 정체성과 개인 정체성 사이의 긴장이 해결될 수 없으며, 이는 차이를 활용해서 사회적 삶을 조직해 온 방식의 결과라는 것이다. 이 주장은 집단과 개인이라는 두 가지 입장 중 하나만을 선택하는 정책을 펴고자 하는 시도들이 경솔할 뿐만 아니라 시행 불가능하다는 관찰로부터 나온 것이다. 나는 이로부터 적극적 차별 수정 정책을 둘러싼 최근의 논쟁에 뛰어들게 되었다. 적극적 차별 수정 정책이 시행된 길고 논쟁적인 역사 속에서 다양한 비판들이 제기되었고, 또한 정체성의 범주들을 어떻게 결정할 것인지에 대한 다양한 질문이 제기돼 왔지만 — 다른 정책들과 마찬가지로 적극적 차별 수정 정책 역시 완벽하지 않았다 — 나는 이 정책의 전제들이 내가 분석하고 있는 문제들에 대한 고려를 담고 있다고 주장하려 한다. 그것은 (어떻게 해도 모호한 개념인) 능력만이 직업·학교·정치에서 개인을 포함 혹은 배제하는 유일한 근거가 되어야 한다고 주장하는, 적극적 차별 수정 정책의 비판자들은 고민하지 않았던 문제다. 이 장의 나머지 부분에서 나는 적극적 차별 수정 정책에 대한 지지자와 반대자들의 주장의 기반이 되는 전제들을 분석하고자 한다.

1960년대 초 차별을 금지하는 행정명령✦에서 시작해 1970년대 초 "적극적 차별 수정 정책"으로 명시되기까지, 적극적 차별 수정 정책은 일련의 정책 명령뿐 아니라 개인과 집단, 정치적 권리와 사회적 책임의 관계에 대한 이론을 제시했다. 이것은 (단일하며, 육체에서 분리된 추상적 개념으로 인식된) 개인이 인간의 보편적 범주라는 자유주의적 개념에 기반을 둔 이론이었다. 적극적 차별 수정 정책은 일부 사람들이 사회적 관행에 가로막혀 그 보편적 범주에 포함되지 못했다는 문제를 제기하고, 이들의 개인적 권리 실현을 가로막는 장애물을 제거하고자 했다. 이런 장애물들은 ― 일부 역사적 과정에서 ― 그 특성이 개인성과 상반되는 것으로 규정돼 온 집단 정체성이라는 형태로 나타났다. 적극적 차별 수정 정책의 요점은 개인이 개인으로 그리고 평등하게 대우받도록 하는 것이었다. 그러나 이를 위해서 개인들은 집단의 구성원으로 취급돼야 했다. 이는 집단 소속과 개인 정체성의 관계에 대한 문제를 매우 까다로운 방식으로 제기했다. 집단

✦ 미국에서 '적극적 차별 수정 정책'affirmative action이라는 용어가 처음 사용된 것은 1961년에 케네디 대통령이 발령한 행정명령10925였다. 이 행정명령은 연방 행정계약의 계약자들이 인종, 정치적 신념, 피부색, 출신 국가를 이유로 수급인을 차별하는 것을 금지하고, 사회적·경제적 약자들에게 적극적 차별 수정 정책을 취할 것을 요구했다. 이희훈, 「미국의 인종을 고려한 대학 특별입학전형제도에 대한 적극적 평등 실현 조치」, 『미국헌법연구』 21(1), 2010, 266쪽, 각주 12 참조.

정체성이 개인에 미치는 차별 효과는 법의 힘을 통해 어느 정도까지 없앨 수 있는가? 그런 집단 정체성들은 신체적·문화적·사회적 존재의 중심인 개인들에게 얼마나 본질적인 특성인가? 차별 종식을 목표로 하는 정책은 집단들이 역사적으로 우연한 정치적 결정들에 의해 구성되었다는 사실을 폭로해 집단의 사회적 존재를 물화하는 것을 피할 수 있는가? 고정된 집단의 구성원으로 정체화한 개인은 그 집단에서 분리되어 인식될 수 있는가? 만약 그렇다면, 그러기 위해 어떤 대가를 치러야 하는가? 이 같은 질문들이 적극적 차별 수정 정책에 의해 제기되었으며 명확하게 해결되지 못했다. 적극적 차별 수정 정책을 폐지해도 이런 질문들은 해결될 수 없다. 우리가 이런 문제들과 화해할 수 있는 유일한 방법은 집단과 개인의 관계가 변화하는 역사적 맥락 속에서 끊임없이 협상 중인 문제라는 사실을 받아들이는 것이다.

적극적 차별 수정 정책은 처음 명시되었을 때부터 역설적인 정책이었다. 이 정책은 차별을 종식하기 위해, 차이에 주의를 집중시켰을 뿐만 아니라 차이를 기꺼이 받아들였다. 또한 집단 정체성이 개인에 대한 처우에 영향을 주지 않도록 만들기 위해, 집단 정체성을 물화했다. 다른 선택이 없었다. 자유주의적 계약의 용어들이 가리키는 것은 개인이다. 구체적 현실에서 분리된 추상적 개인이라는 허구는 자유민주주의 이론의 위대한 미덕이다. 이 이론은 법 앞에서 형식적 평등이 보장된다고 가정한다. 그러나 사회에서 개인은 평등하지 않다. 불평등은 개인들 사이의 추정된 차이에 기초한다. 이 차이들은 개개인에게 특유한 것이 아니라 범주적인 것으로 여겨진다. 집단 정체성은 이런 범주적 구분(인종, 젠더, 민족성, 종교, 섹슈얼리티 …… 이런 목록은 시대와 장소에 따라 다양하며 1990년대의 정치적 풍토에서 급증했다)의 결과다. 개인을 집단 정체성에 귀속시킴으로써 일부 개인들은 법 앞에서조차 동등한 대우를 받기 어려워졌는데, 왜냐하면 특정 집단에 소속돼 있다는 추정이 그들이 개인으로 인식되는 것을 가로막았기 때문이다(그 증거는 이 나라에서 여성들이 투표할 수 없었던 이유나 배심원으로 봉사할 수 없었던 이유, 흑인이 시민 자격을 갖지 못했던 이유나 백인과 함께 같은 부대에서 복무할 수 없었던 이유를 살피는 것으로 충분할 것이다). 문제는 그 포괄적 가능성에도 불구하고 "개인"이 단수형으로 상상돼 왔으며 전형적으로 백인 남성으로 형상화되어 왔다는 것이다. 개인의 자격을 갖기 위해서는 그 단일한 형상과 어떤 동일한 점이 있음을 입증해야만 했다(시민권의 역사와 여성 권리의 역사는 이런 동일성이 의미하는 것이 무엇인지에 대한 논쟁과 관련돼 있다). 여기서 어려운 점은 개인 개념의 추상성이 그 형상의 특수성을 숨기고 있다는 것이다. 규범에서 벗어난 개인들만 차이가 있다고 여겨졌고 규범에 대한 대조를 통해 확립되는 차이의 관계적 차원 또한 가려졌다. 그 대신 차이는 근본적인 혹은 자연적인 집단의 특성으로 재현되었으며, 표준화된 규범(백인 남성 개인)은 집합적 특징을 전혀 갖지 않는다고 여겨졌다.

적극적 차별 수정 정책은 추상적 개인과 개인의 보편성이라는 허구를 전제로 삼았다. 그것은 법적인 것과 사회적인 것 사이의 격차, 개인의 권리와 그들이 어떤 집단에 소속돼 있다고 추정됨으로써 주어지는 한계 사이의 격차를 메우려는 시도였다. 그러나 배제의 문제를 끝내기 위해 포용은 집단 구성원으로서의 개인에 초점을 맞추어야 했는데, 이는 참으로 까다로운 과제였다. "적극적"affirmative이라는 단어는 문제를 인정하고 바로잡는 것을 의미했다. 즉, 개인을 인정하기 위해서 스스로 집단의 구성원으로 정체화해야 했고, 차별을 뒤엎기 위해서 (다른 — 긍정적인 — 목적을 품고) 차별을 실행해야만 했다. 연방정부가 적극적 차별 수정 정책을 확립하는 과정에 일어났던 언쟁은 이런 차별적 관행을 뒤엎는 개념적 틀을 세우는 일이 상당히 어려웠음을 분명히 보여 준다. 1969년 닉슨 행정부의 노동부 장관 조지 슐츠는 노스캐롤라이나주 상원의원 샘 어빈의 적대적인 질문에 다음과 같이 답변하며 (건설업계에 소수자들을 고용하는 것을 목표로 삼은) 필라델피아 플랜을 방어했다.

상원의원 어빈: 당신의 적극적 조치는······ 인종과 무관하게 고용하자는 게 아니라 인종을 근거로 고용하자는 거네요.

노동부 장관 슐츠: 인종을 근거로 고용하자는 게 아니라, 다양한 인종이 섞여 있는 환경을 만들자, 그리고 그들에게 동등한 고용 기회를 주기 위해 적극적 조치를 취하자는 거죠. 그런 선택지를 제공하지 않는 체계라면, 그리고 커뮤니티를 통한 구인이나 다른 방법을 통해서 더 넓은 선택지를 제공할 수 있다면, 적극적인 조치를 통해 그렇게 할 수 있다는 겁니다. 그리고 제가 앞서 말한 것처럼, 이건 인종에 주의를 기울이게 된다는 뜻이라는 점에서 당신 말에 전적으로 동의해요.

상원의원 어빈: 그러니까 필라델피아 플랜의 조항에서 적극적 차별 수정 정책은 고용이 인종과 무관하게 이루어지도록 하기 위한 것이고, 그러려면 건설업자들은 고용할 때 인종을 고려해야 한다는 거네요. [19]

상원의원 어빈은 건설업에서 백인을 흑인으로 대체하는 것에는 반대했지만, 백인만을 고용하는 것이 "인종 문제"가 된다고 생각하지 않았다. 그리고 노동부 장관 슐츠는 (건설업 협회의 뒷받침을 받는) 고용주들이 오랫동안 백인을 선호해 왔기 때문일 뿐 연방정부의 개입이 있었다고는 절대 말하지 않았다. 이 남성 고용주들은 백인을 고용하는 것이 인종적 선호와 연관된다고 보지 않았지만, 흑인을 고용하는 것은 그렇다고 보았다. 흑인을 고용하지 않는 것은 흑인에 대한 차별로 여겨졌지만, 백인에 대한 인종적 선호와는 무관한 것처럼 보였다. 백인은 개인으로서 고용되었고 흑인만이 인종 집단 소속으로 취급되었다(그리고 숙련이나 훈련이 아닌, [집단] 소속이 그들의 자격을 박탈했다). 적극적 차별 수정 정책은 흑인이 (백인이 아니기 때문에) 결코 개인으로서 고용될 수 없다고 본 것이고, 그래서 그들이 속한 집단을 옹호했다. 그럼에도 불구하고 공식적인 목표는 어떤 개인이 직업에 적합한 자격이 있는지를 고려할 때 집단 정체성을 제외하는 것이었다. 그러나 인종이 쟁점이 되지 않도록 하기 위해서는, 인종이 문제로 명명돼야 했다. (이 경우에는) 인종이 쟁점이 아니라는 것을 확인하기 위해 노동인구의 인종적 구성을 모니터해야만 했다. 그 결과 적극적 차별 수정 정책의 적용에서 (마치 젠더가 남성이 아닌 여성만의 문제였던 것처럼) 인종은 백인성이 아닌 흑인성의 문제로 남게 되었다. 그러나 여기에는 또 다른 모순적 측면이 있었다. 적극적 차별 수정 정책의 지지자들이 보편성, 개인성과 백인 남성 사이의 연관성을 직접적으로 공격하지 않았음에도 불구하고, 그들의 정책들은 표준을 특수화하는 효과를 발휘했다. 백인 남성은 하나의 통계적 범주이자 사회집단으로 가시화되었으며, 1990년대의 특이한 풍토 속에서 자신들 역시 차별의 희생자라고 주장하기 시작했다!

이런 주장은 적극적 차별 수정 정책이 바꾸고자 했던 권력관계를 무시해야만 가능한 것이다. 그리고 적극적 차별 수정 정책이 권력에 대한 분석을 내포하고 있었다는 점에 주목할 필요가 있다. 그것은 차별하는 권력을 구조적인 문제로 보았다. 즉, 차별이 의식적이고 개인적인 동기에서 비롯되는 것이 아니라, 이런 구조의 무의식적 효과라는 것이다. 적극적 차별 수정 정책은 권력을 오랜 차별의 역사가 가져온 결과라고 분석했는데, 그 차별의 역사는 불평등을 당연시하는 제도와 행위자들을 생산해 내는 과정이었다. 적극적 차별 수정 정책은 연방정부의 힘을 통해 사회적 불평등을 시정하고 이전에 인종이나 젠더를 근거로 거부돼 왔던 (직업과 교육에 대한) 개인의 접근성을 보장하고자 했다.

적극적 차별 수정 정책은 개인들이 누릴 기회를 확대하기 위한 것이지만 사회정의의 관점을 전제로 한 것이기도 했다. 이는 일부 개인들에게 전통적으로 누리던 특권의 상실을 의미하더라도, 차별보다는 포용을 선호하는 것이었다. 그것은 기회의 평등을 지지했고, 그런 조치가 어느 정도 평준화 효과를 가져올 거라 믿었으며, 젠더와 인종의 경계를 따라 조직된 위계 구조가 약화된, 좀 더 균질한 커뮤니티를 만들고자 했다. 나는 여기서 순진하게 이상주의자가 되거나 이런 프로그램의 일부에 포함돼 있던 기회주의를 부인하려는 게 아니다. 사회학자 존 데이비드 스크렌트니는 리처드 닉슨이 민주당 측의 지지 기반을 훼손하기 위해 냉소적 의도에서 필라델피아 플랜을 승인했다는 점을 매우 분명하게 보여 준다. 그것은 흑인 노동자와 백인 노동자를 분열시키고 민권운동가 집단을 조직된 노동운동과 반목하게 하고, 인종과 계급을 대립하게 만드는 것을 목표로 했다. 그러나 나는 이 같은 계산에도 불구하고(그런 계산이 컸다고 확신한다) 공정성·정의·집합적 책임 같은 사고방식에 이끌리고 설득되고 이를 실행했다고 생각한다. 이런 관점에서 적극적 차별 수정 정책의 역설적인 측면은 (권리와 욕구 사이의 그리고 개인·집단·국가의 공동 이익 사이의) 서로 경합하는 이해관계에서 균형을 잡기 위한 노력으로 긍정적으로 평가할 수 있다.

약 30년 후 경제적 제약과 개인주의의 강화를 특징으로 하는 다른 정치적 분위기가 조성되면서 이 같은 긍정적인 독해에 대한 의문이 제기되었는데, 적극적 차별 수정 정책이 노출한 역설들은 여전히 뚜렷해 보인다. 1995년, 캘리포니아 대학의 경영진은 입학·고용·계약에 대한 적극적 차별 수정 정책을 폐지하면서 공정성을 명분으로 내세웠다. 주지사 피트 윌슨은 적극적 차별 수정 정책을 수치스러운 정책이라 부르며, 권력과 역사를 전혀 고려하지 않은 "인종 선호"는 "정의상 인종차별"이라고 했다.[20] 그리고 홉우드 소송✦의 연방항소법원 다수 의견(연방항소법원은 텍사스 대학 로스쿨의 입학 정책에서 적극적 차별 수정 정책을 취한 것이 위헌이라고 선언했다✦✦)

✦ 1990년에 텍사스 대학 로스쿨은 학생 집단의 다양성을 통해 교육적 효과를 증진할 목적으로 흑인 학생들과 멕시코계 학생들의 입학을 늘리기 위해 총 정원의 5퍼센트는 흑인 학생들을, 10퍼센트는 멕시코계 학생들을 입학시켰다. 백인 여성인 셰릴 홉우드는 입학이 허가된 흑인 학생들과 멕시코계 학생들보다 자신의 성적이 더 좋았음에도 불구하고 입학이 거부되자, 같은 상황에 있던 백인 남성 셋과 함께 텍사스 대학 로스쿨의 입학 정책이 미국 연방수정헌법 제14조의 평등 보호 조항을 위반했다는 사유로 불합격에 대한 구제명령과 보상적 손해배상 및 제재적 손해배상을 청구하는 소송을 제기했다. 이희훈, 같은 글, 266쪽, 각주 12 참조.

✦✦ 연방대법원은 어떤 법률의 차별 조치가 미국 연방수정헌법 제14조의 평등 보호 조항에 반하는 것(인종이나 출신 국적 또는 민족적 배경이나 외국인의 지위를 이유로 차별을 하는 경우)으로 의심되는 구분을 하고 있을 때, 그리고 국민의 기본적 권리나 이익에 관한 경우일 때 '엄격 심사 기준'을 적용한다. 이 기준에 의하면 그 차별 행위가 정부의 절박한 이익에 해당되며 필수 불가결한

에서도 유사한 언어가 사용되었다. 판사들은 학생 집단의 인종적·민족적 다양성을 달성하는 데 미국의 절박한 국익이 달려 있다고 보지 않았으며, 인종을 부차적인 고려 사항으로 간주했다("학생을 뽑는 기준으로 인종을 이용하는 것은 …… 단지 외모만 달라 보이는 학생 집단을 선택할 뿐이다. 그런 기준은 지원자의 신체 사이즈나 혈액형에 기반해 학생을 선택하는 것만큼이나 합리적이지 않다"). 더 나아가 그들이 보기에 텍사스 대학 로스쿨에는 적극적 차별 수정 정책을 정당화할 수 있는 명확한 사례(예를 들어, 제2차 세계대전 때 있었던 일본인 억류와 같은)가 없었다. 소수자들이 "하나의 집단으로" 취급될 때 개인의 권리가 침해되며, "호의적" 인종 분류와 "부당한" 인종 분류 사이에는 차이가 존재하지 않는다는 것이다. 여기서 가장 중요한 점은, 1978년 바키 판결⁺에서 연방대법원은 차별 효과를 시정하기 위해 집단들 사이의 균형을 맞춰야 한다는 주장을 인정한 바 있으나, 홉우드 소송의 판사들은 그것을 거부했다는 사실이다.

수단이라는 것을 입증하지 못하면 그 조치는 정당화될 수 없으며 위헌이 된다. 이희훈, 같은 글, 276-78쪽.

✦ 미국 캘리포니아 주립대학 의대는 적극적 차별 수정 정책의 일환으로 100명의 입학 정원 중 16명을 미국 내에서 대표성이 낮은 소수 인종에게 할당해 주는 특별입학전형제도를 실시했다. 백인 남성 앨런 바키Allen Bakke는 소수 인종에 속하는 입학 지원자들이 자신보다 낮은 점수를 받고도 합격하자, 캘리포니아 주립대학 의대의 특별입학전형제도가 미국 연방수정헌법 제14조와 캘리포니아주 헌법상의 평등 보호 조항 및 1964년의 민권법 제6장 제601조("미연방에서는 누구든지 인종, 피부색, 출신국을 이유로 미 연방정부의 보조금을 지급받는 모든 사업이나 활동의 참여에서 배제되거나 또는 이로부터 받는 이익을 거부당하거나 차별을 받아서는 안 된다")를 위반하는, 인종을 이유로 한 위헌적인 역차별이라는 소송을 제기했다. 이희훈, 같은 글, 279쪽.

〔바키 소송에서〕 연방대법원 판사 블랙먼은 인종 중립적인 사회를 실현하기 위해 인종을 고려하는 해결책에 긴장이 내재해 있다는 점을 알고 있었지만, 그런 긴장이 필수적이라고 받아들였다. 파월 판사와 블랙먼 판사와 달리, 지금 판사들은 이 같은 긴장을 용인하지 않기로 했다.[21]

사법부가 구조적인 긴장을 용인하지 않겠다고 선언할 권력을 가진다는 점도 충격적이지만, 인종 중립성 프로젝트를 고의로 폐기했다는 점은 더 놀랍다. 긴장은 법정의 논쟁 속에 그대로 남아 있다. 이런 긴장이 해소될 수 없는 것은 인종을 고려하는 것과 인종 중립적인 것(집단과 개인) 사이의 긴장이 문제 해결에 꼭 필요한 요소이기 때문이다. 평등을 실현하려면(자유주의 원칙에 따라 차이를 완전히 무시하려던) 배제되었던 집단들을 명명하고(차이를 인정하고), 미래에 그들을 다르게 대우해야 한다. 법원은 그런 긴장을 관용하기를 거부함으로써, [차별의] 해결에 관심이 없으며 더 나아가 차별의 존재를 믿지 않는다고 선언한 것이다.

홉우드 소송의 또 다른 측면도 언급할 가치가 있다. 이 소송을 통해 개인의 권리를 주장한 셰릴 홉우드는 백인 여성이었다. 그녀는 적극적 차별 수정 정책을 통해 이해관계가 개선되고 있었던 집단[여성]의 구성원이었으나 그런 정책의 보호를 거부했다. 그녀는 자신의 불만이 젠더와 무관하다고 주장하며 여성이 아니라 개인으로 목소리를 냈다. 셰릴 홉우드는 특정 집단을 선호하는 정책에 의해 부당하게 대우받은 개인들 모두를 대표하는 것으로 채택됐고, 따라서 '개인'뿐만 아니라 백인성(피부색뿐만 아니라 성별이 없는 백색)이라는 범주가 얼마나 넓고 (중립적인지) 보여 준다.

홉우드가 생각한 대학에는 개인들만이 존재했다. 독특한 특성을 가진 개별 구성원들은 필연적으로 커뮤니티가 이질적 성격을 띠도록 한다. 대법원의 의견은 지원자들 가운데서 선택이 이루어질 수밖에 없음을, 그리고 어떤 종류의 다양성은 허용될 수 있음을 인정하는 것이었다.

첼로를 연주할 수 있거나 [미식축구의] 다운필드 태클을 할 수 있거나 카오스이론을 이해할 수 있다는 이유로 대학이 특정 지원자를 선호하는 것은 타당하다. 입학 절차는 또한 지원자의 국적이나 모교 졸업생들과 어떤 관계인지를 고려할 것이다. 로스쿨은 특히 대학 시절에 참여했던, 수업과 무관한 다양한 활동도 고려하는데, 그것은 학부생의 학점에 영향을 미치는 비전형적인 요소다. 로스쿨에서는 심지어 지원자의 부모가 대학을 나왔는지 아닌지 또는 지원자의 경제적·사회적 배경 같은 요소도 고려할 것이다.[22]

이런 다양성은 개인화된 것(그래서 쉽게 눈에 띄지 않는 것)이기 때문에, "달라 보이는 학생의 몸으로 쉽게 식별되는" 인종과 같은 얄팍한 특성과 대조되는 깊이 있는 차이들로 여겨진다. 법원은 인종차별 경험이 개인의 사고나 행동에 영향을 미친다는 생각을 다음과 같이 명백하게 거부했다.

사회과학자들은 사람들의 사고와 행동이 어떻게 그들의 배경을 반영하는가를 두고 논쟁하겠지만, 헌법에서는 정부가 인종이나 민족성이 개인의 행동 방식이나 사고방식을 결정한다는 가정에 기초해 혜택이나 부담을 분배하지 않도록 규정하고 있다.[23]

법원은 개인에 대한 평가가 "피부색과 무관하게" 이루어져야 한다고 주장함으로써 차별이 지속되는 것을 허용했다. 왜냐하면 그런 주장은 백인에 대한 인종적 선호가 입학 결정에 영향을 미칠 가능성을 명백하게 배제하기 때문이다. 피부색과 무관해야 한다는 법원의 주장에 따르면, 백색은 색이 없는 것이며, 모두가 동일해 보이는 게 불공정의 증거는 아니다. 『데이튼 일보』에 실린 마이크 피터스의 만평은 실제로 그런 요지를 잘 전달한다. 수많은 백인 학생들 속에서 한 학생이 다른 학생에게 말한다. "세상에, 됐네! 여기 이 캠퍼스에서 적극적 차별 수정 정책은 이제 끝났으니난 더 이상 누구의 피부색도 신경 안 써."[24] 홉우드 판결(과 캘리포니아 209번 개정안✦과 같은 법들)은 백인들이 흑인 학생의 입학에 항의할 수 있는 무대를 마련해 주었다. 그들은 흑인들에게는 대학이나 로스쿨에 들어올 "능력"이 처음부터 없다고 믿는 자들이었다. "달라 보이는" 학생의 외모가 — 역으로 — 차별의 상징이 된 것이다.

✦ 1996년에 캘리포니아주에서 통과된 "주민 발안 209"California Civil Rights Initiative(CCRI)는 캘리포니아주의 정부 기관이 고용, 교육, 그리고 정부와의 공공 계약에서 인종·성·피부색·민족 집단·혈통에 근거해 '차별'을 하거나 '우선적 처우'를 할 수 없도록 규정했다. 『크리스천 사이언스 모니터』에 따르면 CCRI의 시행 이전에 캘리포니아 대학 버클리 캠퍼스에서 흑인 비율은 전체 학생의 6~7퍼센트를 차지했으나 시행 이후 3~4퍼센트로 하락했으며 2010년에는 2퍼센트로 하락했다. 김현철, 「적극적 평등 실현 조치에 관한 미국 연방대법원 판례의 현대적 경향」, 『법학논총』 35(3), 2015, 60쪽.

결론

만일 집단 정체성이 사회적으로 존재하는 것이고, 개인의 정체성을 위한 가능성이 긍정적인 의미에서든 부정적인 의미에서든 집단 정체성에 기초한다면, 집단을 폐기하거나 개인의 권리라는 이름 아래 그것의 존재를 의도적으로 무시하는 것은 말이 되지 않는다. 사회적 차이화 과정이 작동하는 방식을 질문하고, 개인을 불변의 존재가 아니라 사회적·정치적 과정의 효과로 다룸으로써 평등과 차별을 분석하는 것이 더 합당하다. 정치에서 성차 때문에 여성이 다르게 대우되는 경우는 언제인가? 인종은 어떻게 강제 노동을 정당화하는 데 사용되는가? 어떤 맥락에서 민족성이 정체성의 주요 형식이 되는가? 법과 기타 제도적 구조들은 어떻게 사회집단들 사이의 경계를 생산하고 변형했는가? 집단 정체성에 저항하기 위해 개인과 집단은 각각 어떤 방식을 취했는가?

이런 질문들은 정체성이 복잡하고 변화하기 쉬운 우연적 과정이라고 가정한다. 또 정치가 정체성들 사이의 협상이자 정체성들이 처한 서로 다른 조건들 사이의 협상이라는 것을 암시한다. 사실 나는 ─ 누군가가 보기에는 비결정적이고 수수께끼 같겠지만 ─ 가장 다루기 힘들고 깔끔하게 해결되기도 어려운 바로 그 문제들이야말로 정치적으로 가장 중요하다고 생각한다. 정치는 가능성의 기술로 알려져 있지만 나는 오히려 그것을 불가능을 협상하는 일이라 부르고 싶다. 이는 민주적인 사회에서 정의와 평등의 원칙에 가능한 한 가까운 해결책에 도달하려 하지만 항상 부족할 수밖에 없기 때문에, 새로운 체계, 새로운 사회적 배치, 새로운 협상의 가능성을 열어 두는 그런 시도인 것이다. 오늘날 최고의 정치적 해결책은 (집단이든 개인이든, 평등이든 차이든) 최종적이고 총체적인 해결책을 주장하는 것의 위험성을 인정하는 것이다. 어떤 의미에서 나는 내가 설명해 온 역설들이야말로 물질적인 것임을 말하고 있다. 바로 그 물질적인 것을 통해 정치가 구성되고 역사가 만들어진다는 것이다.

감사의 글

이 책에 실린 글들은 브라운 대학의 펨브로크 여성교육및연구센터에 크게 빚지고 있다. 브라운 대학과 포드 재단, 그리고 국립인문학기금의 지원금은 진지하면서도 신나는 지적 환경을 마련해 주었다. 바버라 앤톤과 엘리자베스 바르보사의 능력과 인내, 열정이 없었다면 센터는 원활히 운영될 수 없었을 것이다(사실 전혀 운영이 불가능했을 것이다). 그 둘에게서 나는 협력 사업이라는 것이 무엇인지, 그리고 여성들이 서로를 어떻게 지지해 줄 수 있는지에 대해서 많은 것들을 배웠다. 무엇보다도 내 동료이자 멘토이며 친구인 엘리자베스 위드에게서 많이 배웠다. 그녀는 내게 이론과 젠더에 대해 사고하는 법을 가르쳐 주었다. 그녀는 이 책에 실린 글들을 한번 이상씩 읽고 비평해 줬으며, 늘 엄격한 기준을 견지해 주었다. 나는 그기준에 부합하려고 노력했지만 항상 성공적이지는 못했다. 이 책에 그녀가 미친 영향은 정말 컸다. 그녀에게 헌사를 바친 것도 그런 이유에서다.

친구들과 동료들도 아낌없이 자기 시간을 할애해 조언과 비평을 해 주었다. 특히 데니즈 라일리의 덕을 많이 봤는데, 그녀의 연구는 내 작업에 중요한 영향을 미쳤다. 전체 원고를 세심하게 살펴 준 엘리사베타 갈레오티와 린 헌트에게도 감사를 표한다.

사라 존스는 원고를 타이핑해 줬을 뿐만 아니라, 내 모든 업무가 효율적으로 진행되도록 정리해 주었다. 이 책은 상당 부분 그녀의 에너지와 따뜻함, 너그러움, 지적 능력에 빚지고 있다. 또한 현재 나의 "근거지"인 고등연구소와 그들의 아낌없는 학술적 지원도 큰 도움이 됐다.

도널드 스콧에게는 감사하다는 말로는 부족하다. 그는 이 책에 실린 글들을 여러 번 읽고 비평해 주었다. 애초에 이 글들이 한 권의 책으로 묶일 만하다고 지적해 준 것도 그였고, 그 작업을 끈질기게 독려하고 지지해 준 것도 그였다. 그는 나의 지적·정서적 동반자로서 남성과도 페미니즘 기획을 공유할 수 있고, 평등이 바람직할 뿐만 아니라 그것을 위해 분투할 만한 가치가 있는 것임을 입증해 주는, 늘 내게 힘이 되어 주는 존재다.

옮긴이 후기

1

조앤 W. 스콧이 페미니즘 학계에서 차지하는 위치를 설명할 방법은 여러 가지가 있겠지만, 나는 대표적인 젠더 이론가인 주디스 버틀러의 글을 소개하는 것으로 시작해 볼까 한다. 주디스 버틀러는 2011년, 엘리자베스 위드와 함께 『젠더라는 질문: 조앤 스콧의 비판적 페미니즘』을 묶어 내면서 이렇게 쓴다.

고백하건대, 한 사상가로서 조앤 W. 스콧에 대해 생각하는 것이 내게는 쉬운 일이 아니다. 내가 늘 하던 '조앤과 함께 생각하기'와는 다른 일이기 때문이다. 이는 우리가 언제나 서로의 관점을 공유했다는 뜻이 아니다. 그보다는 내가 항상 그녀를 마음속에 품고 있었다는 뜻이다. ✦

이 글에서 짐작되듯, 스콧은 비판적 젠더 이론가들에게 큰 영향을 미쳤다. 특히 이 책의 2장 「젠더: 역사 연구의 유용한 범주」는 1986년 출간 직후부터★ 파장을 일으켰고, 지금도 여성학 연구에서 가장 많이 인용되고 있는 논문 중 하나다. 이 글을 둘러싸고 격한 논쟁이 벌어지기도 했지만 그 파장 안에서 수많은 후속 연구들이 나올 수 있었다. 여성학계뿐만 아니라 역사학계에서도 스콧의 이 글은 사회사에서 문화사로의 전환에 중요한 역할을 했다는 평가를 받는다. 역사학자인 조앤 마이어로위츠는 "대개 학술 논문은 책꽂이에 오래도록 남아 있는 경우가 드문데, 이 글은 유효 기간이 없다"고 평했다.★★

스콧의 이론은 왜 이런 생명력을 갖는 것일까? 20여 년이 지나서 스콧은 이 글과 관련한 흥미로운 이야기를 덧붙였다. 본래 제목은 「젠더는 역사적 분석의 유용한 범주인가?」였지만 논문 제목에 물음표를 다는 것이 적절치 않다는 이유로 수정되었다는 것이다.★★★ 버틀러는 이 이야기를 전하며 그 제목은 물음표 없이도 우리에게 여전히 질문을 던진다고 말한다. 이 책은 그 질문을 풀어내는 집요한 과정을 담고 있다. 스콧, 버틀러

★ Judith Butler, "Speaking Up, Talking Back: Joan Scott's Critical Feminism," Judith Butler and Elizabeth Weed(eds.), *The Question of Gender: Joan W. Scott's Critical Feminism*, Indiana University Press, 2011, p. 11.

★ Joan W. Scott, "Gender: A Useful Category of Historical Analysis," *American Historical Review*(1986) 91, pp. 1053-75.

★★ Joanne Meyerowitz, "A History of 'Gender'," *American Historical Review*(2008) 113, pp. 1346-56.

★★★ Joan W. Scott, "AHR Forum: Unanswered Questions," *American Historical Review*(2008) 113, pp. 1422-30; Judith Butler and Elizabeth Weed, ibid., p. 1에서 재인용.

가 그랬듯이 이 책을 읽는 우리 또한 이 책과 '함께' 또 다른 질문을 품게 된다.

이 책은 쉽게 읽히는 편은 아니다. 지식 체계와 권력의 관계를 파헤치며 얽힌 의미를 풀어내는 스콧의 작업은 기존에 통용되는 '이해'의 방식에 끊임없이 개입해 들어온다. 깊이 파고들어 세심히 읽어 내는 과정에서 다양한 통찰을 발견할 수 있을 것이고, 그것은 우리를 해결 불가능한 모순과 모호함, 불안정과 불안으로 이끌 것이며, 그 통찰 자체가 변화의 가능성과 그 시작을 보여 줄 것이라고 스콧은 말한다. 명료하게 해결할 수 없는 질문들과 그 질문이 만들어 내는 변화의 가능성을 믿기에 스콧은 역사·정치 등 기존의 지식 체계에, 그리고 페미니즘에 지속적인 '질문'을 던진다. 책을 읽는 동안 쉽게 해답을 찾지 못하고 계속 질문이 떠오른다면, 그야말로 대성공이다.

2

이 책의 핵심 개념은 '젠더'다. 젠더는 논쟁적인 개념이고, 젠더를 둘러싼 논쟁은 현재진행형이다. 최근에는 '젠더는 해롭다'거나 '젠더를 박살 내야 한다'며 젠더가 여성운동을 방해한다고 주장하는 경우도 있다. 젠더가 가부장적 억압 체계를 강화하는 요소라는 것이다. 이런 주장을 하는 이들은 젠더가 사회에서 만든 성별 고정관념 그 자체를 가리키는 것처럼 보이도록 오용함으로써 페미니스트들이 이룬 그간의 학문적 성과를 훼손한다. 한편, 누군가는 여성이라는 말 대신 젠더를 사용하기도 하고, 남녀 모두를 포함하는 의미로 젠더를 쓰기도 한다. 그래서 '여성'만을 내세우는 것처럼 보이는 데서 벗어나 '젠더'라는 용어를 쓰는 것으로 중립을 지킬 수 있다고 여기기도 한다.

냉정하게 말해서 이런 주장들은 젠더의 의미를 협소하게 이해하거나 그 개념을 자의적으로 사용하는 데서 비롯된다. 젠더가 여성운동을 방해한다거나 남녀의 균형을 잡아 준다고 생각한다면, 이는 스콧이 이론화한 '젠더'의 의미에서 많이 벗어난 것이다. 스콧의 젠더 개념을 비판할 수 있고, 또 그 개념을 그녀의 논의와 다르게 활용할 수도 있겠지만, '젠더'에 대한 입장을 취하려면 적어도 그것이 학문적으로 어떤 의미인지, 스콧을 비롯한 수많은 페미니스트 연구자들이 30년이 넘는 시간 동안 이 개념을 둘러싸고 어떤 논의를 축적해 왔는지를 잘 이해하는 데서 출발할 필요가 있다. 이렇게 한다면 용어 사용의 혼란으로 빚어지는 불필요한 논쟁에 힘을 빼지 않아도 될 것이다. 이것이 내가 이 책을 번역한 이유다.

젠더는 '생물학적 성'인 '섹스'와 대비되는 '사회적 성'이라는 의미로 널리 사용된다. 이때 '사회적 성'이라는 의미의 젠더는 성별에 따른 역할이 사회적으로 규정된 것이며, 남녀가 각기 그런 기준에 맞게 길러지고 살아가게 됨을 뜻하는 것으로 흔히 이해된다. 그러나 젠더와 같이 "급진적인 잠재력을 가진 개념을 단순히 사회적 역할을 묘사하는 것으로 축소한다면, 그것은 페미니즘 역사학이 가질 수 있는 이론적 중요성과 분석적 힘을 감소하게 만드는 일이 될 것"(110)이라고 스콧은 경계한다. 스콧에 따르면, 젠더는 성적 차이에 의미를 부여하는 지식으로 여성, 남성이라는 두 성별에 따라 개인들을 분류하고 배치하는 과정을 비판적으로 분석하기 위한 용어다. 성별 역할의 할당을 넘어서 이분화된 성별 범주 그 자체를 분석의 대상으로 다루는 것이다.

젠더를 분석한다고 하면서 아동, 가족, 모성 등 기존의 성별 체계 안에서 여성과 관련지어졌던 영역에만 머무는 것은 한계가 있다. 이와 달리 스콧은 젠더가 차이를 표현하고 그 차이를 자연스러운 것으로 만드는 주요한 방법이 되어 왔음에 주목한다. 젠더는 가족, 인종, 국가, 민족과 같은 다른 체계들과 연관되면서, 그 개념의 의미를 명확히 할 뿐 아니라, 체계 내부의 위계적 분할을 설명하고 정당화하는 데 이용될 수 있다. 이 과정에서 젠더는 제도에 의미를 부여하고 또 그것들로부터 의미를 부여받는다. 젠더가 정치를 구성하고, 정치가 젠더를 구성하는 것이다. 이는 과거 역사의 현장 속에서, 또 역사가 기록되고 해석되는 과정에서 생기고 고착된다. 그렇기 때문에 젠더는 특정한 역사적 국면에서 성별 범주를 설정하고 각 성별에 대해 의미를 부여한 방식이 정치와 맺는 관계, 그 성별 범주가 다른 모든 차이 및 위계의 총체적 구조와 관계 맺는 양상을 탐구하기 위한 도구가 된다. 이 책에서 스콧은 젠더, 정치, 역사를 통해 권력이 작동하면서, 어떤 특정한 차이가 선택적으로 강조되는지를 밝힌다. 스콧의 '젠더'는 성별 체계를 비판하기 위한 도구일 뿐 아니라, 성별화의 문제가 인간 삶의 모든 영역에 어떻게 얽혀 있는지를 읽어 내어 탈구축하기 위한 급진적 개념이다.

또한 젠더와 정치의 상호작용이 맥락에 따라 구체적이고, 특수한 방식으로 진행된다는 점을 스콧은 강조한다. 이 때문에 스콧은 젠더 연구가 그 방식과 관련된 다양하고 복합적인 조건들을 비판적으로 다루는 데 집중한다. 이런 과정에서 자연적이고 확고부동한 것처럼 보이는 '여성' '남성'과 같은 개념의 의미 자체를 역사화한다. 곧 육체의 차이를 그대로 반영한 것이라고 여겨지곤 하는 남녀 구분과 그 차이에 대한 인식이 사회적·

역사적으로 달라지는 것이며 본질적이거나 고정된 기반을 가진 것이 아니라고 주장한다. 스콧은 기존에 통용되는 개념 자체가 수사와 담론의 작동 속에서 어떻게 그 의미를 갖추게 되었는지를 분석해 탈구축하면서, 견고한 것처럼 보이는 단순한 이분법적 대비라는 구조에 개입해 들어간다. 스콧은 우리가 자명하다고 여기는 개념 속에 내포된 모순과 의미의 각축을 민감하게 포착하려고 한다. 이런 작업은 말끔하게 정리된 해답을 제시하기보다는, 끊임없이 개념을 흔들고 논쟁을 일으키며 풀리지 않는 수수께끼를 남기곤 한다. 자칫 해결하기 어려운 역설만을 제시하는 난해한 것으로 보일 수도 있으나, 스콧의 논의는 구체적인 현실에서 일어나는 차별을 해결하기 위한 노력을 담은 작업이다.

이렇듯 젠더를 매개로 권력의 배분, 개념의 의미 등을 질문할 때, 기존의 여성학 연구 패러다임 또한 바뀌게 된다. 스콧은 여성 억압을 해결한다고 하는 이들이 이분법적 성별 체계 안에 머물며 사유하거나 오히려 그것을 본질적인 것으로 보이게 만들 수 있다고 지적한다. 이를 피하기 위해서는 '여성' '남성'의 범주를 역사화하고, 성별 이분법에 기반한 분석 그 자체의 정치적 성격을 폭로해야 한다는 것이다. 여성이라는 범주를 고정된 것, 본질적인 속성을 갖는 것, 어디에나 똑같이 적용 가능한 보편적인 것으로 간주하지 않고 유동적인 것, 그리고 그 내부에 차이를 갖는 것으로 보자는 제안이다. 이로써 '새로운 여성학'은 '여성'이라는 범주가 어떻게 설정되었으며 그것이 어떤 의미로 작용하고 그 정치적 효과는 무엇인지를 분석해 성별화된 지식 구조 자체를 흔드는 논의가 된다.

스콧의 젠더 논의는 역사적 분석을 기반으로 도출된 것인 만큼 여성사 연구에도 시사하는 바가 크다. 성별의 문제를 역사적 분석의 대상으로 삼는다는 것은 성별 체계와 이를 둘러싼 지식의 구조 자체의 변화 과정을 분석 대상으로 삼는 것을 의미한다. 그렇게 하지 않는다면 자칫 기존 역사학의 논법은 그대로 둔 채, 그 안에 단지 여성을 끼워 넣는 일이 될 수 있기 때문이다. 스콧은 위대한 여성 인물의 자취를 드러내거나, 여성도 역사 발전에 기여했음을 증명하거나, 여성적 영역의 가치를 재평가하는 여성사를 넘어서자고 제안한다. 스콧은 젠더라는 유용한 도구를 통해 당시 사회의 전제들을 탐구하고 "과거를 돌아봄으로써 현재를 불안정하게 만들어, 우리가 자연스럽다고 여기며 정당화한 사고방식과 가부장제에 도전"✦할 필요가 있음을 강조한다. 이렇게 스콧은 젠더 개념을 통해 차이·권력·정치의 관계를 통찰함으로써 궁극적으로 기존 역사 연구의 전제와 기준들을 비판적으로 재검토하는 '새로운 역사학'의 청사진을 제시한다.

3

이 책은 스콧이 각기 다른 시기에 쓴 논문들을 한데 묶은 것이지만, 서문에서 스콧은 각 장이 배치된 순서대로 읽을 것을 권한다. 독립된 곡들이 유기적으로 어우러지도록 기획된 콘셉트 앨범처럼, 각 장이 하나의 흐름으로 연결되도록 구성한 것이기 때문이다. 누군가는 뒤쪽에 배치된 장들에 더 흥미를 느낄 수 있겠지만, 앞에서부터 읽으면서 스콧이 글을 배치한 의도를 가늠해 보는 것이 이 책을 읽는 최적의 방법이다.

✦ Joan W. Scott, "Feminism's History," *Journal of Women's History* 16(Summer 2004), p. 21.

스콧은 1부에서 여성사의 이론적 흐름과 페미니즘 이론의 역사를 분석한다. 그리고 젠더의 작동을 읽는 것으로 역사 서술의 판을 바꿔야 한다고 주장한다. 이를 위해 스콧은 남녀의 이항 대립적 구조에 기반한 여성사의 흐름에 비판적으로 개입하는 역사 다시 쓰기를 제안한다(1장). 그리고 역사를 분석하는 새로운 방법론으로 '젠더'를 제시한다(2장). 인간 삶의 영역에 얽혀 있는 성별 체계를 탈구축하기 위한 급진적 개념으로 '젠더'를 활용하자는 것이다.

2부에서는 사회사 연구의 핵심 저작들을 검토하며, 사회사의 전통 안에 젠더를 분석 범주로 들여올 필요성과 그 과정에서 부딪히는 곤경에 대해 논의한다. 스콧은 스테드먼 존스가 「차티스트운동 재고」에서 진행한 언어 분석의 한계를 지적하면서, '언어'라는 것이 단순히 문자적 의미의 단어가 아니라 차이화을 통해 의미를 만드는 행위라는 것, 그리고 성차가 그 의미를 구체화하는 중요한 방법임을 강조한다(3장). 또한 E. P. 톰슨이 『영국 노동계급의 형성』에서 여성을 생산관계 안에 완전히 편입될 수 없는 부분적이고 불완전한 정치 행위자로 가정하고 있으며, 그가 지지하는 특정한 남성적 계급 개념을 또렷하게 만들기 위해 여성 또는 여성성을 이와 대조되는 것으로 활용했음에 주목한다(4장). 스콧은 역사 속 여성의 주변화 현상을 해결하기 위해서는 '계급'과 같이 보편적으로 통용되는 개념이 운동의 담론 속에서, 그에 대한 역사가의 서술에서 어떻게 만들어졌는지를 읽어 내야 한다고 강조한다.

3부에서는 경제 담론이 젠더를 둘러싼 지식을 어떻게 형성하는지, 그 지식에 내재한 이해관계가 무엇인지를 비판적으로 분석한다. 먼저, 스콧은 1830, 40년대 파리 여성 봉제사들과 남성복 재봉사들의 수사 속 비대칭적 젠더 관계와 성별에 따라 다르게 설정된 전제들을 포착한다(5장). 또한 스콧은 프랑스 2월혁명 이후 발표된 『파리 산업통계 1847~48』를 수치를 담은 보고서가 아닌, 분석해야 할 역사적 텍스트로 다시 읽는다. 실증적인 것으로 포장된 통계 속 언어들이 사실은 가족을 '자연적인' 규제 시스템으로 옹호하는 의미로 구성되었고, 혁명에 반대하는 정치적 의미를 담고 있음을 드러낸다(6장). 이어서 스콧은 정치경제학자들이 여성과 남성의 차이를 자연화하고 정당화하기 위해서 경제학과 도덕과학을 이론화했음을 지적한다. 특히 정치경제학의 여성 노동자 담론을 분석해 산업화 속에서 가정에 대한 책임과 모성을 여성의 '자연스러운' 역할로 강조하는 젠더 개념이 형성된 과정을 추적한다(7장). 이를 통해 스콧은 모든 사료가 맥락 속에서 분석되어야 하며, 사료의 언어들이 과거의 '현실'을 구성하는 데 작용한 방식이 무엇인지를 심문해야 한다고 강조한다.

4부에서는 차이를 인정하면서 평등을 주장할 방안을 궁리한다. 그동안 페미니스트들은 남녀의 다름을 인정하는 것과 남녀가 동등하게 다뤄져야 한다는 모순적 요구를 양립시켜야 하는 곤경에 처해 있었다. 스콧은 차이와 평등을 양자택일의 문제로 생각하는 것이야말로 정치적 담론의 산물이라고 분석한다. 이를 위해 우선 시어즈 소송에 대한 분석을 통해 여성이 특정 직종에 적합하다는 주장과 이에 대한 반박이 충돌할 때 발생하는 이론적 딜레마를 드러낸다(8장). 스콧은 또한 여성 역사가들이 미국역사학회 설립 초기부터 차별을 넘어서기 위해 노력해 왔으나 평등과 차이라는 궁지에 직면했음에 주목한다(9장). 마지막으로 적극적 차별 수정 조치를 둘러싼 담론의 경합을 다루면서 평등과 차이, 개인의 권리와 집단 정체성을 단순히 대립하는 것으로 본다면, 이들 사이의 상호 연결성을 놓치게 될 위험이 있음을 지적한다. 그리고 '역설'을 그 대항 전략으로 제시한다(10장). 여기서 역설은, 둘 중 하나를 선택하도록 강요하며 논쟁을 양극화하려는 경향에 도전하기 위한 도구다. 스콧은 평등과 차이, 개인과 집단 등의 개념 사이에 놓인 긴장을 포착하며, 다양한 국면 속에서 그 의미들이 어떻게 다르게 작동하는지, 그리고 이를 통해 사회적 차별화의 사례들이 구체적으로 어떻게 구성되는지를 살펴야 한다고 강조한다. 이렇게 볼 때, 모든 문제에 적용할 수 있는 단순한 해결책은 없다. 그런 해결책을 주장하는 것이야말로 우리가 경계해야 할 일이라는 것을 강조하며 스콧은 글을 맺는다.

이런 논의를 통해 스콧은 역사학, 여성, 남성, 평등, 차이와 같은 기본적인 개념 자체에 대해 질문하는 것을 통해서만 우리가 처한 곤경에서 벗어나는 길을 찾을 수 있으리라고 전망한다. 나아가 특정한 역사적 시기에 만들어진 차별적 지식의 구조를 분석적으로 읽어 내면서 범주를 통한 차이의 설정, 포함과 배제의 정치, 위계의 작동을 체계적으로 비판하고 그 지식의 지배를 허물 것을 요청한다.

4

나는 스콧과 어떤 인연도 없다. 가끔 나 혼자서 '스콧은 동아시아의 한 연구자가 자신의 논의에 자극받아, 한국 젠더사를 서술하느라 애쓰고 있는 걸 알까?'라는 생각을 할 뿐이다. 하지만 스콧을 가까이에서 '본' 일은 있다(거의 연예인 보듯이 본 것이라 만났다는 말은 어울리지 않는다). 2014년, 토론토대학 아시아연구소에 방문학자로 머물고 있을 때였다. 마침 이 책에서도 언급되는 버크셔여성사학회의 학술대회가 그곳에서 열렸다. 그중에 스콧의 젠더와 관련한 핵심 개념들을 어떻게 재해석하고 확장해 활용할 수 있을 것인지에 대해 논의하는 패널이 있어 나도 참석하게 되었다. 80 명 정도 들어가는 꽤 큰 강의실이었는데, 내가 갔을 때는 이미 앉을 자리 가 없었다. 나는 창가 쪽에 기대 자리를 잡았는데, 바로 내 옆에 스콧이 서 있는 것을 발견했다. 원로 학자인 스콧을 위해 따로 자리를 마련하지 않은 것도 흥미로웠지만, 더 흥미로운 것은 스콧의 태도였다. 일흔이 넘은 그 녀는 선 채로 발표와 토론을 들으면서도 내내 메모 중이었고, 끝날 때까지 열심히 공부하는 학생의 태도로 자리를 지켰다. 작은 사건이지만 그 광경 은 내게 또렷한 인상을 남겼다.

내가 처음 이 책을 읽은 것은 1997년쯤이다. 그때 여성사에 관심을 가진 몇몇이 모여서 연구 모임을 했는데, 그곳에서 내 연구 여정에 가장 큰 영향을 준 이 책을 만나게 되었다. 처음 읽었을 때는 의미를 파악하기 도 어려웠지만, 곧 나는 '젠더'라는 개념을 통한 역사적 분석이 가진 비판 적 힘에 매료되었다. 교수로 지낸 20여 년간 스콧의 이 책은 내 대학원 수 업의 단골 교재였다.

여성사뿐 아니라 여성학 연구를 위한 필독서라 할 만한 이 책은 스콧 의 대표작이다. 30주년 기념판이 나올 때까지도 이 책이 국내에 번역되지 않은 건 이상한 일이었다. 2017년경, 후마니타스에서 내게 번역을 부탁할 당시 나는 과중한 업무에 시달리느라 여력이 전혀 없는 상태였다. 하지만 무엇에 홀린 듯 선뜻 수락했던 기억이 있다. 그것은 스콧의 이 책이었기에 가능한 일이었다.

번역을 위해 나는 당시 여성학과 박사과정을 수료한 박차민정(3장, 5

장, 10장), 최금영(4장, 9장), 마정윤(1장, 6장, 7장) 등에게 참여 의사를 물었고 모두 흔쾌히 나섰다. 영어 전문가가 필요하다는 생각에 서강대학교에서 영어를 가르치는 정지수(2장, 8장)도 섭외했다. 나는 서문과 서론을 맡았고, 전체 번역을 검토해 수정하는 작업을 하기로 했다. 각자 담당한 장의 초벌 번역을 진행한 후 어려운 문장들은 모여서 함께 풀기도 하고, 서로 바꿔서 검토하는 등 여러 가지 방법으로 수정·보완하는 작업을 했다. 그렇게 해서 초안이 나온 뒤에, 나는 주로 정지수의 도움을 받아 원고를 수정했다. 그의 헌신적인 작업으로 오역을 줄일 수 있었다. 또 스콧의 의미를 딱 맞게 담을 수 있는 번역어를 찾기 위해 영어 사전, 영영 사전, 국어 사전을 수도 없이 뒤지다가 아무래도 적절한 표현이 떠오르지 않을 때, 일본어판*을 펼쳐 보기도 했다. 이는 최금영이 주로 담당했다. 일본어판의 번역을 그대로 가져오지는 않았지만, 문장을 다듬을 때 참고가 되었다. 드물게 오역을 발견할 때도 있었는데, '오역은 번역의 숙명이다' 싶어 오히려 우리에게 큰 위안(?)이 되었다.

스콧은 서론에서 이 책을 가리켜 "펨브로크 센터 논문집"이라고 썼는데, 나는 이를 패러디하며 "이 책은 아시아여성학센터 번역본"이라고 말하곤 했다. 나는 2018년부터 아시아여성학센터 소장을 맡았는데, 번역과 교열에 힘을 보태 준 많은 이들이 이 센터에서 연구를 진행했거나 하고 있기 때문이다. 또 이름을 다 열거하기 어려운 많은 이화여자대학교 여성

◆ 우리가 참고한 것은 2004년 증보판(『ジェンダーと歴史学 増補新版』, 荻野美穂 訳, 平凡社, 2004)인데, 이 후기를 쓰는 동안 30주년판(『ジェンダーと歴史学 30周年版』, 荻野美穂 訳, 平凡社, 2022)이 발간된 것을 알게 되었다.

학과 학생들이 힘이 되었다. 류수민은 처음에 내가 맡은 서론을 번역할 때 도움을 주었고, 모로코/프랑스 출신 두니아Dounia Kourdi는 푸코의『성의 역사』프랑스판과 영어판을 대조하며 원문의 뉘앙스를 세심하게 설명해 주었다. 무엇보다도 수차례에 걸친 고된 교정 작업을 함께한 박부영, 김소현, 김지은, 송유진 등과 보낸 시간을 잊을 수 없을 것 같다. 그 과정은 스콧 '강독 수업' 같았다. 우리는 도무지 풀리지 않던 문장들을 갖고 씨름하다가 갑작스러운 깨달음의 순간을 함께 맞이하곤 했다. 이들이 함께였기에 나는 용기 있게 어떤 식으로든 결정을 내리며 앞으로 나아갈 수 있었다. 이렇듯 이 작업에 이들의 노력이 담겼다 해도, 오역의 책임은 역자들의 몫이다.

이 책의 번역에 착수한 지 어느덧 5년이 넘는 시간이 흘렀다. 이 작업을 하는 동안 나는 망망대해에 조각배를 타고 어디가 뭍인지 모른 채 떠있는 심정이었다. 올해 초, 드디어 종이에 인쇄된 교정지를 받아서 처음부터 끝까지 읽어 볼 수 있었는데, 그제야 비로소 모래사장을 걸으며 바닷물에 발을 적시는 듯한 느낌이었다. 책이 나오면 근처 카페에서 바다를 내려다보며 즐기는 유유자적한 기분이 들까? 아니면 다시 그 바다로 뛰어들어 문장을 고치고 싶어질까?

스콧의 영향을 크게 받은 나로서는 이 책을 번역하는 즐거움이 컸지만, 특히 각 장의 마지막 부분이 주는 자극에 이끌려서 여기까지 올 수 있었다. 왜 이렇게 자세히, 길게 쓴 것이냐고 푸념하다가도, 장의 끝에 도달하면 스콧이 내린 멋진 결말에 감탄하며 그다음 장이라는 바다로 기꺼이 뛰어들게 되곤 했다. 그 감동을 독자들과 공유하고자 몇몇 대목들을 뽑아 보기도 했지만, 이 글에는 넣지 않기로 했다. 궁금증이 생긴다면, 책의 한

장, 한 장을 꾹꾹 눌러 담듯 읽어 보길 권한다. 지루한 산등성이를 오른 사람만이 만날 수 있는 화사한 꽃나무와 쾌활한 계곡의 물줄기를 어느 대목에서 마주하게 될 것이다.

역자를 비롯해 번역에 참여한 모든 이들이 오랜 시간 큰 힘을 쏟아부을 수 있었던 것은 스콧과 뜻을 함께하기 때문이다. 우리는 사람들이 특정한 역사적 시기에 편의적으로 설정된 인식의 격자 틀 속에 자신을 가두지 않기를 바라고 있다. 젠더의 불확정성에 대한 스콧의 사유는 이런 바람을 이루는 자양분이 될 것이다. 젠더 범주를 고정하려는 다양한 시도가 있었지만, 그 범주는 간혹 확고부동한 것처럼 보였을 뿐, 늘 어정쩡하게 불안한 상태로 흔들리며 변화하고 있었다. 우리는 그 변화 과정을 면밀하게 읽어 냄으로써 그 시도를 거부할 수 있다. 이를 통해 우리는 성별을 기반으로 한 각종 차별을 없애 나갈 것이다. 스콧처럼, 우리 또한 그렇게 "이상주의자인 동시에 합리주의자"다(129). 이 책이 그런 변화에 이바지할 것이라고 우리는 믿는다.

옮긴이들을 대표해
산수유가 핀 영학관에서
정지영

미주

30주년판 서문

1 Judith Butler, *Undoing Gender*(New York: Routledge, 2004)[『젠더 허물기』, 조현준 옮김, 문학과지성사, 2015]. 프랑스의 "젠더 이론"을 둘러싼 논쟁에 대한 요약은 다음을 보라. Lucie Delaporte, "Circulaires, manuels, livres: les ministères censurent le mot 'genre,'" *Mediapart*, February 6, 2014. 또한 다음을 보라. Fassin, Eric, *Dans le genre gênant. Politiques d'un concept*, in Isabelle Collet and Caroline Dayer, eds, *Former envers et contre le genre*, pp. 27–43(Brussles: de Boeck, 2014). 유럽 우파들이 젠더를 정치적으로 어떻게 이용하는지에 관해서는 다음을 보라. Roman Kuhar and David Paternotte(eds.), *Anti-Gender Campaigns in Europe: Mobilizing against Equality*(London: Rowman and Littlefield, 2017).

2 Scott, "Gender Studies and Translation Studies: 'Entre Braguette,'" Yves Gambier and Luc van Doorslaer(eds.),, *Border Crossings: Translation Studies and Other Disciplines*(Amsterdam: John Benjamin Publishing Company, 2016).

3 Denise Riley, *"Am I that Name?" Feminism and the Category of "Women" in History*(London: Macmillan, 1988).

4 Butler, "Gender and Gender Trouble," Barbara Cassin(ed.), *Dictionary of Untranslatables: A Philosophical Lexicon.* Princeton: Princeton University Press, 2014, p. 162.

5 Wendy Brown, "Power After Foucault," John S. Dryzek, Bonnie Honig, and Anne Phillips(eds.), *Oxford Handbook of Political Theory*(Oxford: Oxford University Press, 2008), https://bit.ly/2Tq2Kcw.

6 Michel Foucault, *History of Sexuality, Vol I*, trans. Robert Hurley(New York: Vintage,

1980)[『성의 역사 1: 지식의 의지』, 이규현 옮김, 나남, 2010]; Foucault, *The Order of Things: An Archaeology of the Human Sciences*(New York: Vintage, 1994)[『말과 사물』, 이규현 옮김, 민음사, 2012].

7 나는 이 30주년판에 이전에는 실리지 않았던 「평등이라는 난제」를 넣었다. 이 논문은 내가 1999년에 적극적 차별 수정 정책에 관해 쓴 것인데, 본질적으로 오늘날의 논쟁에서도 여전히 유의미하다. 또한 이 글은 젠더에 대한 사유를 통해 우리가 역사 속에서 차이의 문제(사회적·정치적 삶을 구성하는 데 그것이 어떻게 이용되고, 정당화되고, 변형되는지)를 어떤 식으로 폭넓게 사유할 수 있는지를 잘 보여 준다.

8 Adam Phillips, *Terror and Experts*(London: Faber and Faber, 1995), cited in Peter Coviello, "Intimacy and Affliction: DuBois, Race, and Psychoanalysis," *MLQ: Modern Language Quarterly* 64(1)(March 2003), p. 24.

9 Jean Laplanche, "Gender, Sex and the Sexual," *Freud and the Sexual*(New York: International Psychoanalytic Books, 2011), pp. 159-202.

10 Alenka Zupančič, *Why Psychoanalysis? Three Interventions*(Copenhagen: NSU Press, 2013), p. 19.

11 더 자세한 내용은 다음을 보라. Joan W. Scott, "Introduction: 'Flyers into the Unknown,'" *The Fantasy of Feminist History*(Durham NC: Duke University Press, 2011).

12 Éliane Viennot, *La France, les femmes et le pouvoir. L'invention de la loi salique*(Ve-XVIe siècle), t.I(Paris: Perrin, 2006); Viennot, *La France, les femmes et le pouvoir. Les résistances de la société*(XVIIe-XVIIIe siècle), t. II(Paris: Perrin, 2008).

13 Claude Lefort, *Democracy and Political Theory, *trans. David Macey(Cambridge: Polity Press, 1988), p. 17[『19~20세기 정치적인 것에 대한 시론』, 홍태영 옮김, 그린비, 2015, 30쪽].

14 Sigmund Freud, Totem and Taboo, vol. 13 in the *Standard Edition of the Complete Psychological Works of Sigmund Freud*, edited by James Strachey(London: Hogarth Press, 1995), p. 144[『토템과 터부: 미개인과 신경증 환자의 영적 생활에서 몇 가지 일치점』, 원당희 옮김, 미래지식, 2021, 208쪽].

15 Jacques Lacan, "The Signification of the Phallus," trans. Alan Sheridan, in Lacan, *Ecrits: A Selection*(London: Tavistock, 1977)[「남근의 의미 작용」, 『에크리』, 홍준기 외 옮김, 새물결, 2019]. 또한 다음을 보라. Bruce Fink, *the Lacanian Subject: Between Language and Jouissance*(Princeton: Princeton University Press, 1995)[『라캉의 주체: 언어와 향유 사이에서』, 이성민 옮김, 비, 2010]; Fink, *A Clinical Introduction to Lacanian Psychoanalysis: Theory and Technique*(Cambridge Mass.: Harvard University Press, 1997)[『라캉과 정신의학: 라캉 이론과 임상분석』, 맹정현 옮김, 민음사, 2002].

16 Adam Shatz, "The Nightmare Begins," *London Review of Books Blog,* November 10, 2016, https://vo.la/4TARb.

17 Joan W. Scott, comment on Shatz in *London Review of Books Blog*, ibid.

18 국제형사재판소에 관해서는 다음을 보라. Valerie Oosterveld, "The Definition of 'Gender' in the Rome Statute of the International Criminal Court: A Step Forward or Back for International Criminal Justice?" *Harvard Human Rights Journal* 18 Spring 2005, pp. 55-84; Rome Statute of the International Criminal Court, July 17, 1998. 프랑스의 안티-젠더에 관해서는 버틀러의 수상에 반발해 가톨릭 단체 정치봉사재단회Association pour la

Fondation de Service politique에서 추진한 항의 시위를 다룬 다음을 보라. "La Théoricienne du gender honoré par l'université Bordeaux 3," www.libertepolitique.com(November 23, 2011). 또한 다음을 보라. Mary Ann Case, "After Gender The Destruction of Man? The Vatican's Nightmare Vision of the 'Gender Agenda' for Law," *Pace Law Review*, 31:3(2011), p. 805.

19 Mary Louise Roberts, *Civilization without Sexes: Reconstructing Gender in Postwar France, 1917~1927*(Chicago: University of Chicago Press, 1994).

서론

1 특히 다음을 보라. Michel Foucault, *The Order of Things: An Archaeology of the Human Sciences*(New York: Vintage, 1973)[『말과 사물』, 같은 책]. 그리고 다음도 참조하라. Michel Foucault, *Language, Counter-Memory, Practice*(Ithaca, N.Y.: Cornell University Press, 1977); *Discipline and Punish: The Birth of the Prison*(New York: Vintage, 1979)[『감시와 처벌』, 오생근 옮김, 나남, 2016]; *Power/Knowledge: Selected Interviews and Other Writings, 1972~1977*(New York: Pantheon, 1980)[『권력과 지식: 미셸 푸코와의 대담』, 홍성민 옮김, 나남, 1991].

2 문화적 상징들의 유동성에 대해 역사가들이 주고받은 의견 중에서 흥미로운 사례로는 다음을 보라. Roger Chartier, "Texts, Symbols and Frenchness," *Journal of Modern History*(1985) 57:682-95; Robert Darnton, "The Symbolic Element in History," *Journal of Modern History*(1986) 58:218-34.

3 Teresa de Lauretis(ed.), *Feminist Studies/Critical Studies*(Bloomington: Indiana University Press, 1986), "Introduction," p. 8. 그리고 다음도 보라. Teresa de Lauretis, *Technologies of Gender: Essays on Theory, Film and Fiction*(Bloomington: Indiana University Press, 1987).

4 Barbara Johnson, *The Critical Difference: Essays in the Contemporary Rhetoric of Reading*(Baltimore: Johns Hopkins University Press, 1980), p. 5.

5 *Ibid.*, pp. 4-5.

6 Jacques Derrida, *Of Grammatology*, translated by Gayatri Chakravorty Spivak(Baltimore: Johns Hopkins University Press, 1974)[『그라마톨로지』, 김성도 옮김, 민음사, 2010].

7 역사학이 권위를 확립하게 된 과정에 대해서는 다음을 보라. Michel de Certeau, "History: Science and Fiction," *Heterologies: Discourse on the Other*(Minneapolis: University of Minnesota Press, 1986), pp. 199-221. 그리고 다음도 보라. Peter de Bolla, "Disfiguring History," *Diacritics*(1986) 16:49-58.

8 예를 들어 다음을 보라. De Lauretis, "Introduction," *Feminist Studies/Critical Studies*; Donna Haraway, "A Manifesto for Cyborgs: Science, Technology and Socialist Feminism in the 1980's," *Socialist Review*(1985) 15:65-107; Martha Minow, "Learning to Live with the Dilemma of Difference: Bilingual Education and Special Education," *Law and Contemporary Problems*(1984) 48:157-211; Barbara Johnson, "Apostrophe, Animation and Abortion," *Diacritics*(1986) 16:29-47; Gayatri Chakravorty Spivak, *In Other Worlds:*

Essays in Cultural Politics(New York: Methuen, 1987)[『다른 세상에서: 문화정치학 에세이』, 태혜숙 옮김, 여이연, 2008]. 그리고 다음도 보라. Michael Ryan, *Marxism and Deconstruction: A Critical Articulation*(Baltimore: Johns Hopkins University Press, 1982)[『해체론과 변증법』, 나병철·이경훈 옮김, 평민사, 1995].

1장 여성의 역사

1 Virginia Woolf, *A Room of One's Own*(1929; reprint ed., New York: Harcourt Brace Jovanovich, 1979), p. 68[『자기만의 방』, 이미애 옮김, 민음사, 62쪽; 『자기만의 방』, 오진숙 옮김, 솔 출판사, 87쪽].

2 미국의 여성사 관련 학술지는 다음과 같은 것들이 있다. *Signs, Feminist Studies, The Women's Studies Quarterly, Women and History*. 프랑스에서는 『페넬로페』*Pénélope*가 1985년까지 여성사에 대한 학술 저작들을 출판했다. 영국에서는 『페미니즘 비평』*Feminist Review*에 역사 연구들이 발표되었고, 현재 『역사학 워크숍』*History Workshop*은 사회주의자와 페미니스트 역사가들의 학술지이다. 캐나다에는 『RFD/DRF』*Resources for Feminist Research/Documentation sur la Recherche Féministe*가 있다.

3 이런 주류 학술 대회 중 가장 큰 것은 버크셔여성사학회로 1987년 6월에 제7차 대회가 개최되었다[2020년에 제18차 대회가 개최되었으며, 2023년 제19차 대회는 창립 50주년 행사로 열릴 예정이다].

4 [여성 노동사에 대한] 개관은 Alice Amsden(ed.), *The Economics of Women and Work*(London: Penguin Books, 1980)에서 볼 수 있다. 경제 발전과 여성 노동의 관계에 대한 구체적인 해석은 다음을 보라. Patricia Branca, *Women in Europe Since 1750*(London: Croom Helm, 1978); Joan W. Scott and Louise A. Tilly, *Women, Work and Family*(New York: Holt, Rinehart and Winston, 1978; Methuen, 1987)[『여성, 노동, 가족』, 장경선 외 옮김, 후마니타스, 2008]; Eric Richards, "Women in the British Economy since about 1700: An interpretation," *History*(1974) 59:337-57; Neil McKendrick, "Home Demand and Economic Growth: A New View of the Role of Women and Children in the Industrial Revolution," Neil McKendrick(ed.), *Historical Perspectives: Studies in English Thought and Society in Honour of J. H. Plumb*(London: Europa, 1974); Ann Oakley, *Women's Work: The Housewife Past and Present*(New York: Pantheon, 1974). 미국의 일하는 여성에 대해서는 다음을 보라. Gerda Lerner, "The Lady and the Mill Girl: Changes in the Status of Women in the Age of Jackson," *The Majority Finds Its Past*(New York: Oxford University Press, 1979); Barbara Mayer Wertheimer, *We Were There: The Story of Working Women in America*(New York: Pantheon, 1977); Alice Kessler-Harris, *Out to Work: A History of Wage-Earning Women in the United States*(New York: Oxford University Press, 1982); Milton Cantor and Bruce Laurie(eds.), *Class, Sex and the Woman Worker*(Westport, Conn.: Greenwood Press, 1977); Ruth Milkman, *Gender at Work*(Urbana: University of Illinois Press, 1987)[『젠더와 노동: 제2차 세계대전기 성별 직무 분리의 역학』, 전방지·정영애 옮김, 이화여자대학교출판문화원, 2001]. 미국의 초기 직물 공장들에 관해서는 다음을 보라. Thomas Dublin, *Women at Work: The Transformation of Work and Community in Lowell, Massachusetts, 1826~1860*(New York: Columbia University Press, 1979). 가사 노동에

대해서는 다음을 보라. David Katzman, *Seven Days a Week: Women and Domestic Service in Industrializing America*(New York: Oxford University Press, 1978); Theresa McBride, *The Domestic Revolution: The Modernization of Household Service in England and France, 1820~1920*(New York: Holmes and Meier, 1976); Leonore Davidoff, "Mastered for Life: Servant and Wife in Victorian and Edwardian England," *Journal of Social History*(1973~74) 7:406-28. 사무직 노동자에 대해서는 다음을 보라. Lee Holcombe, *Victorian Ladies at Work: Middle-Class Working Women in England and Wales, 1850~1914*(Hamden, Conn.: Archon Books, 1973). 영국 사례연구는 다음을 보라. Sally Alexander, "Women's Work in Nineteenth-Century London: A Study of the Years 1829~50," Juliet Mitchell and Ann Oakley eds., *The Rights and Wrongs of Women*(London: Pelican, 1976), pp. 59-111; Sally Alexander et al., "Labouring Women: A Reply to Eric Hobsbawm," *History Workshop*(1979) 8:174-82; Anna Davin, "Feminism and Labour History," R. Samuel(ed.), *People's History and Socialist Theory*(London: Routledge and Kegan Paul, 1981), pp. 176-81; Barbara Taylor, "'The Men Are as Bad as Their Masters…': Socialism, Feminism and Sexual Antagonism in the London Tailoring Trade in the Early 1830s," *Feminist Studies*(1979) 5:7-40. Madeleine Guilbert, *Les fonctions des femmes dans l'industrie*(Paris: Mouton & Co., 1966); "Travaux de femmes dans la France du XIXe siècle," *Le Mouvement Social*(1978) special issue 105; Madeleine Guilbert et al.(eds.), *Travail et condition féminine: Bibliographie Commentée*(Paris: Editions de la Courtille, 1977)는 프랑스 사례에 대한 꼼꼼하고 포괄적인 자료다.

5 인구 변화에 대한 연구는 다음을 보라. Robert V. Wells, "Family History and Demographic Transition," *Journal of Social History*(1956) 9:1-19; Daniel Scott Smith, "Parental Power and Marriage Patterns: An Analysis of Historical Trends in Hingham, Massachusetts," *Journal of Marriage and the Family*(1973) 35:419-28; James A. Banks, *Prosperity and Parenthood*(London: Routledge and Kegan Paul, 1954); James A. and Olive Banks, *Feminism and Family Planning in Victorian England*(New York: Schocken Books, 1972); Edward Shorter, "Female Emancipation, Birth Control and Fertility in European History," *American Historical Review*(1973) 78:605-40. 이데올로기에 대해서는 다음을 보라. Angus McLaren, "Contraception and the Working Classes: The Social Ideology of the English Birth Control Movement in Its Early Years," *Comparative Studies in Society and History*(1976) 18:236-51; Angus McLaren, "Sex and Socialism: The Opposition of the French Left to Birth Control in the Nineteenth Century" *Journal of the History of Ideas*(1976) 37:475-92; R. P. Neuman, "Working Class Birth Control in Wilhelmine Germany," *Comparative Studies in Society and History*(1978) 20:408-28. 국가의 역할에 대한 분석은 다음을 보라. Anna Davin, "Imperialism and Motherhood," *History Workshop*(1978) 5:9-66. 이 시기 정치 담론에서 페미니즘과 재생산의 관계에 대해서는 다음을 보라. Atina Grossman, "Abortion and Economic Crisis: The 1931 Campaign Against #218 in Germany," *New German Critique*(1978) 14:119-37. "가정 페미니즘"에 대해서는 다음을 보라. Daniel Scott Smith, "Family Limitation, Sexual Control and Domestic Feminism in Victorian America," M. Hartman and L. Banner(eds.), *Clio's Consciousness Raised*(New York: Harper and Row, 1974), pp. 119-36. 여성의 성적 자율성에 대해서는 다음을 보라. Linda Gordon, *Woman's Body, Woman's Right: A Social History of Birth Control in America*(New York: Penguin Books,

1977); Patricia Knight, "Women and Abortion in Victorian and Edwardian England," *History Workshop*(1977) 4:57-69; Angus McLaren, "Abortion in England, 1890~1914," *Victorian Studies*(1976~77) 20:379-400; Angus McLaren, "Abortion in France: Women and the Regulation of Family Size, 1800~1914," *French Historical Studies*(1977~78) 10:461-85. 재생산에 대해서는 다음을 보라. Renate Bridenthal, "The Dialectics of Production and Reproduction in History," *Radical America*(1976) 10:3-11; Nancy Folbre, "Of Patriarchy Born: The Political Economy of Fertility Decisions," *Feminist Studies*(1983) 9:261-84.

6 "공적 영역의 여성"에 대한 역사적 사례들은 다음을 보라. Jane Abray, "Feminism in the French Revolution," *American Historical Review*(1975) 80:43-62; 그리고 퍼트리샤 홀리스Patricia Hollis가 수집한 매우 귀중한 다음 사료를 보라. *Women in Public, 1850~1900*: Documents of the Victorian Women's Movement(London: Allen and Unwin, 1979). 또한 다음을 포함한 여성운동에 대한 다양한 연구들을 보라. Ellen Dubois, *Feminism and Suffrage: The Emergence of an Independent Women's Movement in America, 1848~69*(Ithaca, N.Y.: Cornell University Press, 1978); Andrew Rosen, *Rise Up Women! The Militant Campaign of the Women's Social and Political Union*(London: Routledge and Kegan Paul, 1974); Richard Evans, *The Feminist Movement in Germany, 1933~1934*(London: Sage Publications, 1976); Richard Stites, *The Women's Liberation Movement in Russia*(Princeton: Princeton University Press, 1978). 노동계급 운동, 노동조합, 그리고 사회주의에 대해서는 다음을 보라. Mari Jo Buhle, *Women and American Socialism, 1870~1920*(Urbana: University of Illinois Press, 1981); Dorothy Thompson, "Women and Nineteenth-Century Radical Politics: A Lost Dimension," Mitchell and Oakley(eds.), *Rights and Wrongs of Women*, pp. 112-38; Jean H. Quataert, *Reluctant Feminists in German Social Democracy, 1885~1917*(Princeton: Princeton University Press, 1979); Marilyn Boxer and Jean H. Quataert, *Socialist Women*(New York: Elsevier North-Holland, Inc., 1978); Charles Sowerine, *Sisters or Citizens? Women and Socialism in France since 1876*(Cambridge: Cambridge University Press, 1982); Alice Kessler-Harris, "Where Are the Organized Women Workers?" *Feminist Studies*(1975) 3:92-110; Sheila Lewenhak, *Women and Trade Unions*(London: St. Martin's Press, 1977); Meredith Tax, *The Rising of the Women: Feminist Solidarity and Class Conflict, 1880~1912*(New York: Monthly Review Press, 1980). 정치 운동에서 여성 문화에 대해서는 다음을 보라. Blanche Wiesen Cook, "Female Support Networks and Political Activism: Lillian Wald, Crystal Eastman, Emma Goldman," *Chrysalis*(1977) 3:43-61; Estelle Freedman, *Their Sisters' Keepers: Women's Prison Reform in America, 1830~1930*(Ann Arbor: University of Michigan Press, 1981); Mary Ryan, "A Woman's Awakening: Evangelical Religion and the Families of Utica, New York, 1800~1840," *American Quarterly*(1978) 30:602-33; Nancy Cott, *The Bonds of Womanhood: Women's Sphere in New England, 1780~1835*(New Haven: Yale University Press, 1977); Temma Kaplan, "Female Consciousness and Collective Action: The Case of Barcelona, 1910~1918," *Signs*(1981~82) 7:545-66; Ellen DuBois et al., "Symposium: Politics and Culture in Women's History," *Feminist Studies*(1980) 6:26-64.

7 종합적인 논평을 시도한 연구들은 기대에 못 미친다. 예를 들어 다음을 보라. Richard Evans, "Modernization Theory and Women's History," *Archiv fur Sozialgeschichte*(1980)

20:492-514, and Evans, "Women's History: The Limits of Reclamation," *Social History*(1980) 5:273-81. 주제별로 연구 현황을 논평한 것이 훨씬 잘 되어 있는데 다음 연구들이 이에 해당한다. Elizabeth Fox-Genovese, "Placing Women's History in History," *New Left Review*(1982) 133:5-29; Barbara Sicherman, "Review Essay: American History," *Signs*(1975) 1:461-86; Carolyn Longee, "Review Essay: Modern European History," *Signs*(1977) 2:628-50. 다양한 자료들을 폭넓게 독해한 종합적 역사 연구의 사례로는 다음을 들 수 있다. Jane Lewis, *Women in England, 1870~1950: Sexual Divisions and Social Change*(Sussex: Wheatsheaf Books, 1984).

8 Sheila Rowbotham, *Hidden from History*(New York: Pantheon, 1974)[『영국 여성 운동사』, 이효재 옮김, 종로서적, 1982]; Renate Bridenthal and Claudia Koonz, *Becoming Visible: Women in European History*(Boston: Houghton Mifflin, 1977); Hartman and Banner(eds.), *Clio's Consciousness Raised*; Berenice Carroll(ed.), *Liberating Women's History*(Urbana: University of Illinois Press, 1976); Mitchell and Oakley(eds.), *Rights and Wrongs of Women*. 마사 비시누스Martha Vicinus가 발행한 두 개의 뛰어난 저작 『고통과 고요』*Suffer and Be Still*(Bloomington: Indiana University Press, 1972)와 『확장되는 영역』*A Widening Sphere*(Bloomington: Indiana University Press, 1977)은 [여성을 가시화하는] 임무보다는 [책에서 다룬 여성] 주체를 더 잘 표현하는 제목이지만, 서론에서는 여성의 가시화라는 동일한 주제를 다룬다.

9 관련 도서 목록을 광범위하게 다룬 연구는 다음에서 찾아볼 수 있다. Barbara Sicherman, E. William Monter, Joan W. Scott, and Kathryn K. Sklar, *Recent United States Scholarship on the History of Women*(Washington, D.C.: American Historical Association, 1980). 북아메리카에 대해서는 다음을 보라. Jill Kerr Conway, *The Female Experience in Eighteenth and Nineteenth Century America*(Princeton: Princeton University Press, 1985). 영국에 대한 연구는 다음을 보라. Barbara Kanner, *The Women of England from Anglo-Saxton Times to the Present*(Hamden, Conn.: Archon Books, 1979); 비시누스가 편집한 『고통과 고요』와 『확장되는 영역』에 실린 비비라 캐너Barbara Kanner의 글도 보라. 프랑스에 대한 연구는 다음을 보라. Karen M. Offen, "First Wave Feminism in France: New Work and Resources,"*Women's Studies International Forum*(1982) 5:685-89.

10 Jill Liddington and Jill Norris, *One Hand Tied Behind Us: The Rise of the Women's Suffrage Movement*(London: Virago, 1978).

11 Steven Hause(with Anne R. Kenney), *Women' Suffrage and Social Politics in the French Third Republic*(Princeton: Princeton University Press, 1984). 폭넓은 정치적·사회적 맥락에서 미국 페미니즘 운동 진영 중 하나의 기원을 규명하는 세심한 설명은 다음을 보라. Sara Evans, *Personal Politics: The Roots of Women's Liberation in the Civil Rights Movement and the New Left*(New York: Vintage, 1979).

12 Joan Kelly-Gadol, "Did Women Have a Renaissance?" Bridenthal and Koonz(eds.), *Becoming Visible*, pp. 137-64.

13 이 연구에 대한 나의 요약은 다음을 보라. "The Mechanization of Women's Work," *Scientific American*(1982) 267:167-87. 또한 다음을 보라. Lerner, "The Lady and the Mill Girl"; Susan J. Kleinberg, "Technology and Women's Work: The Lives of Working-Class Women in Pittsburgh, 1870~1900," *Labor History*(1976) 17:58-72; Ruth Schwartz

Cowan, "The 'Industrial Revolution' in the Home: Household Technology and Social Change in the Twentieth Century," *Technology and Culture*(1976) 17:1-26; Joann Vanek, "Time Spent in Housework," *Scientific American*(1974) 231:116-20; Susan Strasser, *Never Done: A History of American Housework*(New York: Pantheon, 1982).

14 Joan Hoff Wilson, "The Illusion of Change: Women in the American Revolution," Alfred Young(ed.), *The American Revolution: Explorations in the History of American Radicalism*(DeKalb: Northern Illinois University Press, 1976), pp. 383-446; Albie Sachs and Joan Hoff Wilson, *Sexism and the Law: A Study of Male Beliefs and Judicial Bias*(Oxford: Martin Robertson, 1978); Darlene Gay Levy, Harriet Branson Applewhite, and Mary Durham Johnson, *Women in Revolutionary Paris, 1789~1795*(Urbana: University of Illinois Press, 1979). 또한 다음을 보라. Lee Holcombe, "Victorian Wives and Property: Reform of the Married Women's Property Law, 1857~82," Vicinus(ed.), *A Widening Sphere*, pp. 3-28; Elizabeth Fox-Genovese, "Property and Patriarchy in Classical Bourgeois Political Theory," *Radical History Review*(1977) 4:36-59; Susan Miller Okin, *Women in Western Political Thought*(Princeton: Princeton University Press, 1979); Linda Kerber, *Women of the Republic*(Chapel Hill: University of North Carolina Press, 1980); Mary Beth Norton, *Liberty's Daughters: The Revolutionary Experience of American Women 1750~1800*(Boston: Little, Brown, 1980).

15 Barbara Ehrenreich and Deirdre English, *For Her Own Good: 150 Years of the Experts' Advice to Women*(Garden City, N.Y.: Anchor Books, 1978)[『200년 동안의 거짓말: 과학과 전문가는 여성의 삶을 어떻게 조작하는가』, 강세영 외 옮김, 푸른길, 2017]; Barbara Welter, "The Cult of True Womanhood, 1820~60," *American Quarterly*(1966) 18:151-74; Peter T. Cominos, "Innocent Femina Sensualis in Unconscious Conflict," Vicinus(ed.), *Suffer and Be Still*, pp. 155-72; Blanche Glassman Hersh, *The Slavery of Sex: Feminist Abolitionists in America*(Urbana: University of Illinois Press, 1978); William Leach, *True Love and Perfect Union: The Feminist Critique of Sex and Society*(New York: Basic Books, 1980). 미국 학자들 중에는 이와 다른 해석을 하는 집단이 나타났는데 이들은 가정 이데올로기가 도입된 이후 여성의 사회적 지위와 가족 내 지위가 향상되었다고 주장한다. 다음의 미주 17, 18, 19를 보라.

16 Catherin M. Scholten, "'On the Importance of the Obstetrick Art': Changing Customs of Childbirth in America, 1760~1825," *William and Mary Quarterly*(1977) 34:426-45; Mary Roth Walsh, *Doctors Wanted, No Women Need Apply: Sexual Barriers in the Medical Profession, 1835~1975*(New Haven: Yale University Press, 1977); James Mohr, *Abortion in America: The Origins and Evolution of National Policy*(New York: Oxford University Press, 1978); Frances E. Kobrin, "The American Midwife Controversy: A Crisis of Professionalization," *Bulletin of the History of Medicine*(1966) 40:350-63; Judy Barrett Litoff, *American Midwives, 1860 to the Present*(Westport, Conn.: Greenwood Press, 1978); Jane B. Donegan, *Women and Men Midwives: Medicine, Morality and Misogyny in Early America*(Westport, Conn.: Greenwood Press, 1978); Barbara Ehrenreich and Deirdre English, *Witches, Midwives and Nurses: A History of Women Healers*(Old Westbury, N.Y.: The Feminist Press, 1973); Judith Walzer Leavitt, *Brought to Bed: Childbearing in America, 1750~1950*(New York: Oxford University Press, 1986); Jacques Gelis, "La Formation des

accoucheurs et des sage-femmes aux XVIIe et XVIIIe siècles," *Annales de démographie historique*(1977); "Médicins, médicine et société en France aux XVIIIe et XIXe siècles," special issue of *Annales ESC*(1977) 32; "La femme soignante," special issue of *Pénélope*(1981) 5. 프랑스 유모의 복잡한 역사에 대해서는 다음을 보라. George D. Sussman, *Selling Mother's Milk: The Wet-Nursing Business in France, 1715~1914*(Urbana: University of Illinois Press, 1982); Fanny Faÿ-Sallois, *Les nourrices à Paris au XlXeme siècle*(Paris: Payot, 1980). 과학의 전문화와 여성 과학자의 지위의 관계에 관해서는 다음을 보라. Margaret Rossiter, *Women Scientists in America: Struggles and Strategies to 1940*(Baltimore: Johns Hopkins University Press, 1982). 성평등 논쟁에서 여성 과학자들의 기여에 대해서는 다음을 보라. Rosalind Rosenberg, *Beyond Separate Spheres: Intellectual Roots of Modern Feminism*(New Haven: Yale University Press, 1982).

17 Carroll Smith-Rosenberg, "The Female World of Love and Ritual: Relations between Women in Nineteenth-Century America," *Signs*(1975~76) 1:1-29.

18 Cott, *Bonds of Womanhood*; Nancy Cott, "Passionlessness: An Interpretation of Victorian Sexual Ideology, 1790~1850," *Signs*(1978~79) 4:219-36; Linda Gordon, "Voluntary Motherhood: The Beginnings of Feminist Birth Control Ideas in the United States," Hartman and Banner(eds.), *Clio's Consciousness Raised*, pp. 54-71; Linda K. Kerber, "Daughters of Columbia: Education Women for the Republic, 1787~1805," S. Elkins and E. McKitrick(eds.), *The Hofstadter Aegis: A Memorial*(New York: Knopf, 1974), pp. 36-59.

19 예를 들면 다음과 같은 연구들을 보라. Anne Firor Scott, *The Southern Lady: From Pedestal to Politics, 1830~1930*(Chicago: University of Chicago Press, 1970); Jacqueline Dowd Hall, *Revolt Against Chivalry: Jessie Daniel Ames and the Women's Campaign Against Lynching*(New York: Columbia University Press, 1979); Mary P. Ryan, "The Power of Women's Networks: A Case Study of Female Moral Reform in Antebellum America," *Feminist Studies*(1979) 5:66-85; Jill Conway, "Women Reformers and American Culture, 1870~1930," *Journal of Social History*(1971~72) 5:164-77; Barbara Leslie Epstein, *The Politics of Domesticity: Women, Evangelism and Temperance in Nineteenth-Century America*(Middletown, Conn.: Wesleyan University Press, 1981).

20 Bonnie Smith, *Ladies of the Leisure Class: The Bourgeoises of Northern France in the Nineteenth Century*(Princeton: Princeton University Press, 1981).

21 Carl Degler, *At Odds: Women and the Family in America from the Revolution to the Present*(New York: Oxford University Press, 1980).

22 Ann D. Gordon, Mari Jo Buhle, and Nancy Schrom Dye, "The Problem of Women's History," Carroll(ed.), *Liberating Women's History*, p. 89.

23 이 문제와 관련해 흥미로운 대립 지점에 대해서는 다음을 보라. Claudia Koonz, *Mothers in the Fatherland: Women, the Family and Nazi Politics*(New York: St. Martin's Press, 1987).

24 앞의 미주 5에 실린 연구들에 더해 다음을 보라. Tamara K. Hareven, "Family Time and Industrial Time: Family and Work in a Planned Corporation Town, 1900~1924," *Journal of Urban History*(1974~75) 1:365-89; Karen O. Mason et al., "Women's Work and the Life Course in Essex Country, Mass., 1880," Tamara K. Hareven(ed.), *Transitions: The Family*

and Life Course in Historical Perspective(New York: Academic Press, 1978); Elizabeth H. Pleck, "A Mother's Wages: Income Earning among Married Italian and Black Women, 1896~1911," Michael Gordon(ed.), *The American Family in Social-Historical Perspective*, 2d ed.(New York: St. Martin's Press, 1978), pp. 490-510; Elizabeth H. Pleck, "Two Worlds in One: Work and Family," *Journal of Social History*(1976~77) 10:178-95; Carole Turbin, "And We Are Nothing but Women: Irish Working Women in Troy," Carol R. Berkin and Mary Beth Norton(eds.), *Women of America: A History*(Boston: Houghton Mifflin, 1979); "Immigrant Women and the City," special issue of *Journal of Urban History*(1977~78) 4; Dee Garrison, "The Tender Technicians: The Feminization of Public Librarianship, 1876~1905," Hartman and Banner(eds.), *Clio's Consciousness Raised,* pp. 158-78; Margery Davies, "Women's Place Is at the Typewriter: The Feminization of the Clerical Labor Force," *Radical America*(1974) 18:1-28; Claudia Goldin, "Female Labor Force Participation: The Origin of Black and White Differences, 1870 and 1880," *Journal of Economic History*(1977) 37:87-108; Linda Nochlin, "Why Have There Been No Great Women Artists?" Thomas B. Hess and Elizabeth C. Baker, *Art and Sexual Politics*(New York: Collier Books, 1971).

25 Martha Blaxall and Barbara Reagan(eds.), *Women and the Workplace: The Implications of Occupational Segregation*(Chicago: University of Chicago Press, 1976); Valerie Kincaide Oppenheimer, *Female Labor Force Participation in the United States*(Berkeley: University of California Press, 1970); Scott and Tilly, *Women, Work and Family*[『여성, 노동, 가족』, 같은 책]: Jane Humphries, "Class Struggle and the Persistence of the Working Class Family," *Cambridge Journal of Economics*(1977) 1:241-58; Jane Humphries, "Working Class Family, Women's Liberation and Class Struggle: The Case of Nineteenth-Century British History," *Review of Radical Political Economics*(1977) 9:25-41; Louise A. Tilly, "Paths of Proletarianization: Organization of Production, Sexual Division of Labor and Women's Collective Action," *Signs*(1981~82) 7:400-17; Ellen Ross, "Fierce Questions and Taunts: Married Life in Working-Class London, 1870~1914," *Feminist Studies*(1982) 8:575-602; Jule Matthaei, *An Economic History of American Women*(New York: Schocken Books, 1982).

26 Joan Kelly-Gadol, "The Social Relations of the Sexes: Methodological Implications of Women's History," *Signs*(1975~76) 1:816. 또한 같은 저자의 다음을 보라. "The Doubled Vision of Feminist History: A Postscript to the 'Woman and Power' Conference," *Feminist Studies*(1979) 5:216-27.

27 Natalie Zemon Davis, "'Women's History' in Transition: The European Case," *Feminist Studies*(1976) 3:90.

28 Temma Kaplan, *Anarchists of Andalusia, 1868~1903*(Princeton: Princeton University Press, 1977).

29 Tim Mason, "Women in Nazi Germany," *History Workshop*(1976) 1:74-113 and(1976) 2:5-32.

30 Judith Walkowitz, *Prostitution and Victorian Society: Women, Class and the State*(Cambridge: Cambridge University Press, 1980).

31 Darlene Gay Levy and Harriet Applewhite, "Male Responses to the Political Activism of the Women of the People in Paris, 1789~93"(unpublished paper); Levy, Applewhite, and Johnson(eds.), *Women in Revolutionary Paris, 1789~1795*, pp. 143-220. Lynn Hunt, *Politics, Cultures and Class in the French Revolution*(Berkeley: University of California Press, 1984), pp. 94-117. 또한 다음을 보라. Maurice Agulhon, *Marianne au combat: L'imagerie et la symbolique républicaines de 1789 à 1880*(Paris: Flammarion, 1979)[『마리안느의 투쟁』, 전수연 옮김, 한길사, 2001].

32 사회가 특정 집단에 부여한 지위를 기술하는 것과, 아무런 설명도 하지 않고 그 지위를 그대로 반영하거나 아예 무시하는 것은 다르다. 전자의 경우 역사가는 불평등의 구조를 다뤄야 할 이야기의 일부로 간주하지만, 두 번째 경우에 역사가는 불평등을 "자연적" 또는 불가피한 사실로 받아들임으로써 사실상 불평등이 어떻게 구축되었는지를 역사적 고려 대상에서 제거해 버린다.

33 Teresa de Lauretis, *Feminist Studies/Critical Studies*(Bloomington: Indiana University Press, 1986), p. 14. Biddy Martin and Chandra Talpade Mohanty, "Feminist Politics: What's Home Got to Do With It?" *ibid.*, pp. 191-212도 보라.

34 마찬가지로 만일 백인 사회에서 흑인의 지위를 이해하고자 한다면, 인종은 중요한 분석 도구다. 이외에 미국 사회에서는 민족성과 계급도 차이를 나타내는 방식이다. (지배 집단이든 종속 집단이든) 특정 집단을 연구하는 공통분모는 차이다. 이론적인 역사적 질문은 차이가 어떻게 구축되었는가 하는 것이다.

35 Michel Foucault, *The History of Sexuality*, Vol. I: *An Introduction*(New York: Vintage, 1980), pp. 97-98[「4장 성의 장치」, 『성의 역사 1』, 같은 책, 117-18쪽].

2장 젠더
| 역사 분석의 유용한 범주 |

1 *Oxford English Dictionary*(Oxford: Oxford University Press, 1961) 4.

2 E. Littré, *Dictionnaire de la langue française*(Paris, 1876).

3 Raymond Williams, *Keywords*(New York: Oxford University Press, 1983), p. 285[『키워드』, 김성기·유리 옮김, 민음사, 2010, 435쪽].

4 Natalie Zemon Davis, "Women's History in Transition: The European Case," *Feminist Studies*(1975~76) 3:90.

5 Ann D. Gordon, Mari Jo Buhle, and Nancy Shrom Dye, "The Problem of Women's History," Berenice Carroll(ed.), *Liberating Women's History*(Urbana: University of Illinois Press, 1976), p. 89.

6 가장 예리하고 좋은 예로는 다음을 참조하라. Joan Kelly, "The Doubled Vision of Feminist Theory," *Women, History and Theory*(Chicago: University of Chicago Press, 1984), pp. 51-64. 특히 p. 61.

7 성차의 사회적 측면을 강조하기 위해 젠더를 사용하는 것에 대한 반론은 다음을 보라. Moira Gatens, "A Critique of the Sex/Gender Distinction," J. Allen and P. Patton(eds.), *Beyond Marxism?*(Leichhardt, N.S.W.: Intervention Publications, 1985) pp. 143-60. 나는 섹스/젠더의 구별이, 우리가 몸에 대해 알고 있는 것은 문화적으로 생산된 지식이라는 사실을

무시하면서 몸에 자율적이고 명백한 결정권을 부여하는 것이라는 그녀의 주장에 동의한다.

8 페미니즘적 분석을 다른 방식으로 해석한 것에 대해서는 다음을 보라. Linda J. Nicholson, *Gender and History: The Limits of Social Theory in the Age of the Family*(New York: Columbia University Press, 1986).

9 Mary O'Brien, *The Politics of Reproduction*(London: Routledge and Kegan Paul, 1981), pp. 8-15, 46.

10 Shulamith Firestone, *The Dialectic of Sex*(New York: Bantam Books, 1970)[『성의 변증법』, 유숙열 외 옮김, 꾸리에, 2016]. "혹독한 덫"이라는 문구는 다음에서 인용. O'Brien의 *Politics of Reproduction*, p. 8.

11 Catherine McKinnon, "Femininism, Marxism, Method, and the State: An Agenda for Theory," *Signs*(1982) 7:515, 541.

12 *Ibid.*, pp. 541, 543.

13 '가부장제'라는 용어의 장점과 한계에 대한 흥미로운 논의는 다음에 나오는 역사가 쉴라 로보섬Sheila Rowbotham, 셀리 알렉산더, 그리고 바버라 테일러 사이의 논쟁을 보라. Raphael Samuel(ed.), *People's History and Socialist Theory*(London: Routledge and Kegan Paul, 1981), pp. 363-73.

14 Friedrich Engels, *The Origins of the Family, Private Property, and the State*(1884; reprint ed., New York: International Publishers, 1972)[『가족, 사유재산, 국가의 기원』, 김대웅 옮김, 두레, 2012].

15 Heidi Hartmann, "Capitalism, Patriarchy, and Job Segregation by Sex," *Signs*(1976) 1:168. 그리고 "The Unhappy Marriage of Marxism and Feminism: Towards a More Progressive Union," *Capital and Class*(1979) 8:1-33[「마르크스주의와 여성해방론의 불행한 결혼: 보다 발전적인 결합을 위하여」, 『여성해방이론의 쟁점: 사회주의 여성해방론과 마르크스주의 여성해방론』, 김혜경·김애령 옮김, 태암, 1990, 15-64쪽]; "The Family as the Locus of Gender, Class, and Political Struggle: The Example of Housework," *Signs*(1981) 6:366-94.

16 마르크스주의 페미니즘 논의들은 다음과 같은 것들을 포함한다. Zillah Eisenstein, *Capitalist Patriarchy and the Case for Socialist Feminism*(New York: Longman, 1981); A. Kuhn, "Structures of Patriarchy and Capital in the Family," A. Kuhn and A. Wolpe(eds.), *Feminism and Materialism: Women and Modes of Production*(London: Routledge and Kegan Paul, 1978)[『여성과 생산양식』, 강선미 옮김, 한겨레, 1986]; Rosalind Coward, *Patriarchal Precedents*(London: Routledge and Kegan Paul, 1983); Hilda Scott, *Does Socialism Liberate Women? Experiences from Eastern Europe*(Boston: Beacon Press, 1974); Jane Humphries, "Working Class Family, Women's Liberation and Class Struggle: The Case of Nineteenth-Century British History," *Review of Radical Political Economics*(1977) 9:25-41; Jane Humphries, "Class Struggle and the Persistence of the Working Class Family," *Cambridge Journal of Economics*(1971) 1:241-58; 그리고 다음에 실린 험프리의 저작을 둘러싼 논쟁을 보라. *Review of Radical Political Economics*(1980) 12:76-94.

17 Kelly, "Doubled Vision of Feminist Theory," p. 61.

18 Ann Snitow, Christine Stansell, and Sharon Thompson(eds.), *Powers of Desire: The Politics of Sexuality*(New York: Monthly Review Press, 1983).

19 Ellen Ross and Rayna Rapp, "Sex and Society: A Research Note from Social History and Anthropology," *Powers of Desire*, p. 53.

20 "Introduction," *Powers of Desire*, p. 12; Jessica Benjamin, "Master and Slave: The Fantasy of Erotic Domination," *Powers of Desire*, p. 297.

21 Johanna Brenner and Maria Ramas, "Rethinking Women's Oppression," *New Left Review*(1984) 144:33-71; Michèle Barrett, "Rethinking Women's Oppression: A Reply to Brenner and Ramas," *New Left Review*(1984) 146:123-28; Angela Weir and Elizabeth Wilson, "The British Women's Movement," *New Left Review*(1984) 148:74-103; Michèle Barrett, "A Response to Weir and Wilson," *New Left Review*(1985) 150:143-47; Jane Lewis, "The Debate on Sex and Class," *New Left Review*(1985) 149:108-20. 또한 다음을 보라. Hugh Armstrong and Pat Armstrong, "Beyond Sexless Class and Classless Sex: Towards Feminist Marxism," *Studies in Political Economy*(1983) 10:7-44; Hugh Armstrong and Pat Armstrong, "Comments: More on Marxist Feminism," *Studies in Political Economy*(1984) 15:179-84; Jane Jenson, "Gender and Reproduction: Or, Babies and the State," unpublished paper, June 1985, pp. 1-7.

22 초기의 이론적 논의에 대해서는 다음을 보라. *Papers on Patriarchy: Conference, London 76*(London: n.p., 1976). 내게 이 저서의 존재를 알려 주고 기꺼이 자신이 가지고 있는 책을 빌려주었으며 이 저서에 대한 자신의 생각을 공유해 준 제인 캐플런Jane Caplan에게 고마움을 전한다. 정신분석학적 입장에 관해서는 다음을 보라. Sally Alexander, "Women, Class and Sexual Difference," *History Workshop*(1984) 17:125-35. 1986년 초 프린스턴 대학에서 열린 세미나에서 줄리엣 미첼은 젠더에 대해 유물론적 분석이 우선시되어야 한다고 강조하는 입장으로 선회한 것으로 보인다. 마르크스주의 페미니즘의 이론적 교착상태를 극복하기 위한 시도에 관해서는 다음을 보라. Coward, *Patriarchal Precedents*. 이 분야와 관련한, 미국에서 이루어진 탁월한 성과로는 인류학자 게일 루빈의 다음 저작을 보라. "The Traffic in Women: Notes on the Political Economy of Sex," Rayna R. Reiter(ed.), *Towards an Anthropology of Women*(New York: Monthly Review Press, 1975), pp. 167-68[「여성 거래: 성의 '정치경제'에 대한 노트」, 『일탈: 게일 루빈 선집』, 임옥희 외 옮김, 현실문화, 2015, 101-4쪽].

23 Nancy Chodorow, *The Reproduction of Mothering: Psychoanalysis and the Sociology of Gender*(Berkeley: University of California Press, 1978), p. 169[『모성의 재생산』, 김민예숙·강문순 옮김, 한국심리치료연구소, 2008, 274쪽].

24 "나의 논의가 시사하는 바는, 이런 젠더 관련 이슈들이 오이디푸스 콤플렉스 시기 동안 영향을 받을 수도 있겠지만 그것들이 이 시기의 유일한 초점이나 그 결과는 아니라는 점이다. 이 이슈들 사이의 절충은 보다 광범위한 객체 관계와 자아 과정의 맥락 속에서 이루어진다. 이런 보다 광범위한 과정들은 남성과 여성 내부의 심리적 구조 형성, 그리고 그들의 정신적 생활과 관계 유형에 동일한 영향을 미친다. 이 과정들은 이성애적 대상과의 동일시나 지향의 다양한 방식들, 즉 정신분석학자들이 기술하는 보다 불균형적인 오이디푸스적 이슈들의 이유가 된다. 이런 결과들은 보다 전통적인 오이디푸스적 결과들과 마찬가지로 비대칭적인 육아 구조에서 연유한다. 즉, 주된 양육자로서의 어머니의 역할과 일반적으로 양육에서 훨씬 멀리 떨어져 있는 아버지, 그리고 사회화, 그중에서도 젠더 유형화에 관련된 분야에 대한 아버지의 투자가 그 원인이 된다." Nancy Chodorow, *The Reproduction of Mothering*, p. 166[『모성의 재생산』, 268-69쪽]. D. W. 위니콧과 멜라니 클라인을 따르는 영국의 대상관계 이론가들과 초도로우

사이에는 해석적·접근법적 차이가 있음을 언급하는 것이 중요하다. 초도로우의 접근법이 보다 사회학적인 혹은 사회학적 이론에 근거한 이론이라고 볼 수 있다. 그러나 미국의 페미니스트들은 주로 그녀의 접근법을 통해 대상관계 이론을 바라본다. 사회정책에 나타난 영국의 대상관계 이론의 역사에 관해서는 다음을 보라. Denise Riley, *War in the Nursery*(London: Virago, 1984).

25 Juliet Mitchell and Jacqueline Rose(eds.), *Jacques Lacan and the Ecole Freudienne*(New York: Norton, 1983); Alexander, "Women, Class and Sexual Difference."

26 Teresa de Lauretis, *Alice Doesn't: Feminism, Semiotics, Cinema*(Bloomington: Indiana University Press, 1984), p. 159.

27 Alexander, "Women, Class and Sexual Difference," p. 135.

28 E. M. Denise Riley, "Summary of Preamble to Interwar Feminist History Work," p. 11. 이것은 1985년 5월, 펨브로크 센터 세미나에서 발표된 미출간 논문이다. 이 논문의 논의는 라일리의 다음 명저에 완벽하게 설명돼 있다. *"Am I That Name?": Feminism and the Category of "Women" in History*(London: Macmillan, 1988).

29 Carol Gilligan, *In a Different Voice: Psychological Theory and Women's Development*(Cambridge, Mass.: Harvard University Press, 1982)[『다른 목소리로』, 허란주 옮김, 동녘, 1997; 『침묵에서 말하기로: 심리학이 놓친 여성의 삶과 목소리』, 이경미 옮김, 심심, 2020].

30 길리건의 저서에 대한 유용한 비평으로는 다음과 같은 것들이 있다. J. Auerbach et al., "Commentary on Gilligan's *In a Different Voice*," *Feminist Studies*(1985) 11:149-62; "Women and Morality," a special issue of *Social Research*(1983) 50. 역사가들의 길리건에 대한 인용 경향에 대한 나의 코멘트는 미발표 원고들과 지원서들을 읽은 경험에서 나온 것이며 그것들을 여기에 인용하는 것은 부당하다고 생각된다. 나는 5년 이상 이 경향에 주의를 기울이고 있는 중인데, 길리건은 많이 인용되고 있으며 그 수는 증가하고 있다.

31 *Feminist Studies*(1980) 6:26-64.

32 데리다에 대한 간결하며 이해하기 쉬운 논의로는 다음을 보라. Jonathan Culler, *On Deconstruction: Theory and Criticism after Structuralism*(Ithaca, N.Y.: Cornell University Press, 1982), 특히 pp. 156-79. 또한 Jacques Derrida, *Of Grammatology*, translated by Gayatri Chakravotry Spivak(Baltimore: Johns Hopkins University Press, 1974))[『그라마톨로지』, 김성도 옮김, 민음사, 2010]; Jacques Derrida, *Spurs*(Chicago: University of Chicago Press, 1979); 그리고 다음에 실린 1983년 펨브로크 센터 세미나의 녹취록을 보라. *Subjects/Objects*(Fall 1984).

33 Clifford Geertz, "Blurred Genres," *American Scholar*(1980) 49:165-79.

34 Michelle Zimbalist Rosaldo, "The Uses and Abuses of Anthropology: Reflections on Feminism and Cross-Cultural Understanding," *Signs*(1980) 5:400.

35 Michel Foucault, *The History of Sexuality*, Vol. I, *An Introduction*(New York: Vintage, 1980)[『성의 역사 1: 지식의 의지』, 같은 책]; Michel Foucault, *Power/Knowledge: Selected Interviews and Other Writings, 1972~1977*(New York: Pantheon, 1980)[『권력과 지식: 미셸 푸코와의 대담』, 같은 책].

36 이 논의에 관해서는 다음을 보라. Rubin, "The Traffic in Women," p. 199[「여성 거래: 성의 '정치경제'에 대한 노트」, 『일탈: 게일 루빈 선집』, 임옥희 외 옮김, 현실문화, 2015, 134쪽].

37 *Ibid.*, p. 189[같은 책, 120쪽].

38 Biddy Martin, "Feminism, Criticism and Foucault," *New German Critique*(1982) 27:3-30; Kathryn Kish Sklar, *Catharine Beecher: A Study in American Domesticity*(New Haven: Yale University Press, 1973); Mary A. Hill, *Charlotte Perkins Gilman: The Making of a Radical Feminist, 1860-1896*(Philadelphia: Temple University Press, 1980); Jacqueline Dowd Hall, *Revolt Against Chivalry: Jesse Daniel Ames and the Women's Campaign Against Lynching*(New York: Columbia University Press, 1974).

39 Lou Ratté, "Gender Ambivalence in the Indian Nationalist Movement," unpublished paper, Pembroke Center Seminar, Spring 1983; Mrinalina Sinha, "Manliness: A Victorian Ideal and the British Imperial Elite in India," unpublished paper, Department of History, State University of New York, Stony Brook, 1984, and Sinha, "The Age of Consent Act: The Ideal of Masculinity and Colonial Ideology in Late 19th Century Bengal," *Proceedings, Eighth International Symposium on Asian Studies*, 1986, pp. 1199-214.

40 Pierre Bourdieu, *Le Sens Pratique*(Paris: Les Éditions de Minuit, 1980), pp. 246-47, 333-461, 특히 p. 366.

41 Maurice Godelier, "The Origins of Male Domination," *New Left Review*(1981) 127:17.

42 Gayatri Chakravorty Spivak, "Three Women's Texts and a Critique of Imperialism," *Critical Inquiry*(1985) 12:243-46[「세 여성의 텍스트와 제국주의에 대한 비판」, 윤정미 옮김, 『외국문학』 제31호, 1992, 93-118쪽]. 또한 다음을 보라. Kate Millett, *Sexual Politics*(New York: Avon, 1969)[『성 정치학』, 김유경 옮김, 쌤앤파커스, 2020]. 서양철학의 주요 텍스트들에서 여성에 대한 언급들이 어떻게 작동하고 있는지를 검토한 연구는 다음을 보라. Luce Irigaray, *Speculum of the Other Woman*, translated by Gillian C. Gill(Ithaca, N.Y.: Cornell University Press, 1985)[『반사경』, 심하은·황주영 옮김, 꿈꾼문고, 2021].

43 Natalie Zemon Davis, "Women on Top," *Society and Culture in Early Modern France*(Stanford: Stanford University Press, 1975), pp. 124-51.

44 Caroline Walker Bynum, *Jesus as Mother: Studies in the Spirituality of the High Middle Ages*(Berkeley: University of California Press, 1982); Caroline Walker Bynum, "Fast, Feast, and Flesh: The Religious Significance of Food to Medieval Women," *Representations*(1985) 11:1-25; Caroline Walker Bynum, "Introduction," *Religion and Gender: Essays on the Complexity of Symbols*(Boston: Beacon Press, 1987).

45 예를 들어 다음을 보라. T. J. Clark, *The Painting of Modern Life*(New York: Knopf, 1985).

46 이 문제에 관한 구조주의 이론가들과 포스트구조주의 이론가들 사이의 차이는 차이의 범주들이 얼마만큼 열려 있는지 혹은 닫혀 있는지에 대한 그들의 관점에 기초한다. 포스트구조주의자들은 범주나 범주들 사이의 관계에 대해 보편적인 의미를 고착시키지 않기 때문에, 그들의 접근법이 내가 지지하는 종류의 역사 분석에 도움이 되는 것 같다.

47 Rachel Weil, "The Crown Has Fallen to the Distaff: Gender and Politics in the Age of Catherine de Medici," *Critical Matrix*(Princeton Working Papers in Women's Studies)(1985), 1. 또한 다음을 보라. Louis Montrose, "Shaping Fantasies: Figurations of Gender and Power in Elizabethan Culture," *Representations*(1983) 1:61-94; Lynn Hunt, "Hercules and the Radical Image in the French Revolution," *Representations*(1983)

1:95-117.

48 Edmund Burke, *Reflections on the French Revolution*(1892; reprint ed., New York, 1909), pp. 208-9, 214[『프랑스혁명에 관한 성찰』, 이태숙 옮김, 한길사, 2017, 136, 145쪽; 『프랑스혁명 성찰』, 이태동 옮김, 동서문화사, 2019, 114-15쪽, 121쪽]. 다음을 보라. Jean Bodin, *Six Books of the Commonwealth*(1606; reprint ed., New York: Barnes and Noble, 1967)[『국가에 관한 6권의 책』, 나정원 옮김, 아카넷, 2012]; Robert Filmer, *Patriarchia and Other Political Works*(Oxford: B. Blackwell, 1949); John Locke, *Two Treatises of Government*(1690; reprint ed., Cambridge: Cambridge University Press, 1970)[『통치론』, 강정인·문지영 옮김, 까치, 1996]. 또한 다음을 보라. Elizabeth Fox-Genovese, "Property and Patriarchy in Classical Bourgeois Political Theory," *Radical History Review*(1977) 4:36-59; Mary Lyndon Shanley, "Marriage Contract and Social Contract in Seventeenth Century English Political Thought," *Western Political Quarterly*(1979) 3:79-91.

49 이슬람의 예를 논거로 사용할 수 있었던 것은 버나드 루이스Bernard Lewis 덕분이다. Michel Foucault, *Historie de la Sexualite,* Vol. 2, *L'Usage des plaisirs*(Paris: Gallimard, 1984)[『성의 역사 2: 쾌락의 활용』, 문경자·신은영 옮김, 나남, 2018]. 고전 아테네 시대의 여성에 관해서는 다음을 보라. Marilyn Arthur, "'Liberated Woman': The Classical Era," Renate Bridenthal and Claudia Koonz(eds.), *Becoming Visible: Women in European History*(Boston: Houghton Mifflin, 1977), pp. 75-78.

50 다음에서 재인용. Roderick Phillips, "Women and Family Breakdown in Eighteenth Century France: Rouen 1780~1800," *Social History*(1976) 2:217.

51 프랑스혁명에 대해서는 다음을 보라. Darlene Gay Levy, Harriet Applewhite, and Mary Durham Johnson(eds.), *Women in Revolutionary Paris, 1789~1795*(Urbana: University of Illinois Press, 1979), pp. 209-20; 구소련의 입법에 관해서는 다음에 나오는 문서들을 보라. Rudolph Schlesinger, *Changing Attitudes in Soviet Russia: Documents and Readings,* Vol. I, *The Family in the USSR*(London: Routledge and Kegan Paul, 1949), pp. 62-71, 251-54; 나치 정책에 관해서는 다음을 보라. Tim Mason, "Women in Nazi Germany, *History Workshop*(1976) 1:74-113, and Tim Mason, "Women in Germany, 1925~40: Family, Welfare and Work," *History Workshop*(1976) 2:5-32.

52 Elizabeth Wilson, *Women and the Welfare State*(London: Tavistock, 1977); Jane Jenson, "Gender and Reproduction"; Jane Lewis, *The Politics of Motherhood: Child and Maternal Welfare in England, 1900~1939*(London: Croom Helm, 1980); Mary Lynn McDougall, "Protecting Infants: The French Campaign for Maternity Leaves, 1890s~1913," *French Historical Studies*(1983) 13:79-105.

53 영국의 유토피아적 사회주의자들에 대해서는 다음을 보라. Barbara Taylor, *Eve and the New Jerusalem*(New York: Pantheon, 1983).

54 Louis Devance, "Femme, famille, travail et morale sexuelle dans l'ideologie de 1848," *Mythes et représentations de la femme au XIXe siècle*(Paris: Champion, 1977); Jacques Rancière and Pierre Vauday, "En allant à l'éxpo: L'ouvrier, sa femme et les machines," *Les Révoltes Logiques*(1975) 1:5-22.

55 Gayatri Chakravorty Spivak, "'Draupadi' by Mahasveta Devi," *Critical Inquiry*(1981) 8:381-401[「『드라우파디』(마하스웨타 데비)」, 『다른 세상에서: 문화정치학 에세이』, 태혜숙

옮김, 여이연, 2008, 365-401쪽]; Homi Bhabha, "Of Mimicry and Man: The Ambivalence of Colonial Discourse," *October*(1984) 28:125-33[「모방과 인간: 식민지 담론의 양가성」, 『문화의 위치: 탈식민주의 문화이론』, 나병철 옮김, 소명출판, 2012, 195-211쪽]; Karin Hausen, "The German Nation's Obligations to the Heroes' Widows of World War I," Margaret R. Higonnet et al., *Behind the Lines: Gender and the Two World Wars*(New Haven: Yale University Press, 1987), pp. 126-40. 또한 다음을 보라. Ken Inglis, "The Representation of Gender on Australian War Memorials," *Daedalus*(1987) 116:35-59.

56 프랑스혁명에 관해서는 다음을 보라. Levy et al.. *Women in Revolutionary Paris.* 미국 혁명에 관해서는 다음을 보라. Mary Beth Norton, *Liberty's Daughters: The Revolutionary Experience of American Women*(Boston: Little, Brown, 1980); Linda Kerber, *Women of the Republic*(Chapel Hill: University of North Carolina Press, 1980); Joan Hoff-Wilson, "The Illusion of Change: Women and the American Revolution," Alfred Young(ed.), *The American Revolution: Explorations in the History of American Radicalism*(DeKalb: Northern Illinois University Press, 1976), pp. 383-446. 프랑스 제3공화국에 관해서는 다음을 보라. Steven Hause, *Women's Suffrage and Social Politics in the French Third Republic*(Princeton: Princeton University Press, 1984). 최근 사례에 대한 굉장히 흥미로운 논의로는 다음을 보라. Maxine Molyneux, "Mobilization without Emancipation? Women's Interests, the State and Revolution in Nicaragua," *Feminist Studies*(1985) 11:227-54.

57 출산 장려 정책에 관해서는 다음을 보라. Riley, *War in the Nursery*; Jenson, "Gender and Reproduction." 1920년대에 관해서는 다음에 수록된 논문들을 보라. *Stratégies des Femmes*(Paris: Editions Tierce, 1984).

58 새로운 일자리가 여성에게 미친 영향에 관한 다양한 해석을 위해서는 다음을 보라. Louise A. Tilly and Joan W. Scott, *Women, Work and Family*(New York: Holt, Rinehart and Winston, 1978; Methuen, 1987)[『여성, 노동, 가족』, 같은 책]; Thomas Dublin, *Women at Work: The Transformation of Work and Community in Lowell, Massachusetts, 1826-1860*(New York: Columbia University Press, 1979); Edward Shorter, *The Making of the Modern Family*(New York: Basic Books, 1975).

59 예를 들어 다음을 보라. Margaret Rossiter, *Women Scientists in America: Struggles and Strategies to 1914*(Baltimore: Johns Hopkins University Press, 1982).

60 Luce Irigaray, "Is the Subject of Science Sexed?" *Cultural Critique*(1985) 1:73-88.

61 Louis Crompton, *Byron and Greek Love: Homophobia in Nineteenth-Century England*(Berkeley: University of California Press, 1985). 이 문제는 다음의 저서에서도 다뤄졌다. Jeffrey Weeks, *Sex, Politics and Society: The Regulation of Sexuality Since 1800*(London: Leyman, 1981).

3장 언어와 젠더, 그리고 노동계급의 역사에 대하여

1 "언어, 여성, 이데올로기"에 대한 『급진적 역사 연구』 특별호*Radical History Review*(1986) 34:3의 편집자 서문을 보라. "급진주의자로서 우리는 권력과 불평등의 언어, 즉 단어가 지배와 종속을 표현하고, 그것의 구성을 돕는 방식에 대해 관심을 가져 왔다." "언어"와 "단어"가 같다고

보는 것은 반드시 피해야만 하는 문제이기 때문에, 나는 이 글 전체에 걸쳐 이에 대해 다루고자 한다. 이 논문에 대한 다른 비평으로는 다음에 실린 크리스틴 스탠셀Christine Stansell의 글을 보라. *International Labor and Working Class History*(1987) 31:24-29.

2　여자를 지지하는(profemale) — 전문 분야에서 여성을 지지하고 심지어는 여성사를 지지하는 — 동시에 안티페미니즘 — 여성 종속을 권력 불평등, 즉 계급을 포함한 사회관계 시스템을 통해/그리고 그 안에서 구성된 것으로서 설명하려는 철학적 분석에 반대하는 — 인 것은 모순이 아니다. 페미니즘에 대해 격렬하게 항의하는 이들은 종종 여성들에 대해 큰 연민을 가질 것을 요청하는 사람들이기도 하다. 그들은 단지 자신들이 해온 역사 연구를 페미니즘에 기반한 분석을 고려하면서 재해석해야 한다는 것이 싫은 것이다.

3　G. S. Jones, "Rethinking Chartism," *Languages of Class: Studies in English Working Class History, 1832~1982*(Cambridge: Cambridge University Press, 1983)[이하에서 등장하는 본문의 쪽수 표기는 모두 이 책의 쪽수를 가리킨다].

4　윌리엄 슈얼은 같은 시기 프랑스 노동자에 대한 연구에서 유사한 논리를 보여 준 바 있다. 그의 다음 연구를 보라. William Sewell, Jr., *Work and Revolution in France: The Language of Labor from the Old Regime to 1848*(New York: Cambridge University Press, 1980).

5　정치 이론가 캐롤 페이트먼은 자유주의 이론과 형제애라는 개념에서 중요한 것은 일반적으로 남성의 재산권뿐만 아니라, 여성의 몸에 대한 남성의 (성적) 소유권이었다고 주장한다. Carole Pateman, *The Sexual Contract*(Cambridge: Polity Press, 1988)[『남과 여, 은폐된 성적 계약』, 이충훈·유영근 옮김, 이후, 2001].

6　Barbara Taylor, *Eve and the New Jerusalem: Socialism and Feminism in the Nineteenth Century*(New York: Pantheon, 1983).

7　차티스트운동에서 여성에 대해서는 다음을 보라. Dorothy Thompson, "Women and Nineteenth Century Radical Politics: A Lost Dimension," Juliet Mitchell and Ann Oakley(eds.), *The Rights and Wrongs of Women*(London: Pelican, 1976), pp. 112-38.

8　Sally Alexander, "Women, Class and Sexual Difference," *History Workshop*(1984) 17:125-49.

9　Eileen Yeo, "Some Practices and Problems of Chartist Democracy," J. Epstein and D. Thompson(eds.), *The Chartist Experience: Studies in Working-Class Radicalism and Culture, 1830~60*(London: Macmillan, 1982), pp. 345-80.

4장 『영국 노동계급의 형성』의 여성들

1　E. P. Thompson, *The Making of the English Working Class*(New York: Vintage, 1966), p. 12[『영국 노동계급의 형성, 상권』, 나종일 외 옮김, 창비, 2000, 12쪽].

2　Fredric Jameson, *The Political Unconscious: Narrative as a Symbolic Act*(Ithaca, N. Y.: Cornell University Press, 1981), p. 19[『정치적 무의식: 사회적으로 상징적인 행위로서의 서사』, 이경덕·서강목 옮김, 민음사, 2015, 20쪽].

3　이 문제에 대해서는 다음을 보라. Jacques Rancière, "The Myth of the Artisan: Critical Reflections on a Category of Social History," *International Labor and Working Class History*(1983) 24:1-16.

4 Thompson, *The Making*, p. 210[상권, 291쪽].

5 Thompson, "Outside the Whale," *Out of Apathy*(London: New Left Books, 1960), p. 152.

6 Thompson, *The Making*, p. 9[상권, 7쪽].

7 『영국 노동계급의 형성』에서 논의된 경험의 문제에 대해서는 다음을 보라. William Sewell, Jr., "How Classes Are Made: Critical Reflection on E. P. Thompson's Theory of Working-Class Formation," Harvey J. Kaye and Keith McClelland(eds.), *E. P. Thompson: Critical Debates*(Oxford: Oxford University Press, 1987)와 Sande Cohen, *Historical Culture: On the Recoding of an Academic Discipline*(Berkeley: University of California Press, 1986), pp. 174-229.

8 "Interview with E. P. Thompson," MARHO, *Visions of History*(New York: Pantheon, 1983), p. 7.

9 *Ibid.*

10 Thompson, "Outside the Whale," pp. 174-75.

11 Thompson, *The Making*, p. 11[상권, 10쪽].

12 *Ibid.*, p. 9[상권, 7쪽].

13 *Ibid.*, p. 11[상권, 10쪽].

14 *Ibid*[국역본 상권, 10쪽에는 해당 문장의 번역이 누락돼 있다].

15 *Ibid.*, pp. 18-19[상권 25-26쪽].

16 *Ibid.*, p. 416[상권 569쪽].

17 *Ibid*[상권 569쪽].

18 *Ibid.*, p. 417[상권 570쪽].

19 *Ibid.*, p. 730[하권 391쪽].

20 Ivy Pinchbeck. *Women Workers and the Industrial Revolution*(London: Routledge and Kegan Paul, 1930).

21 Thompson, *The Making*, p. 415[상권 568쪽].

22 Thompson, "Outside the Whale," p. 173.

23 *Ibid.*

24 Thompson, *The Making*, p. 10[상권 8쪽].

25 *Ibid.*, p. 386[상권 531쪽].

26 *Ibid.*, p. 787[하권 469쪽].

27 *Ibid.*, p. 382[상권 530, 515쪽].

28 E. J. Hobsbawm, "Methodism and the Threat of Revolution," *History Today*(1957) 7:124; Hobsbawm, *Primitive Rebels: Studies in Archaic Forms of Social Movements in the Nineteenth and Twentieth Centuries*(New York: Norton, 1959), pp. 106-7[『반란의 원초적 형태』, 진철승 옮김, 온누리, 2011, 147-48쪽]; Barbara Taylor, *Eve and the New Jerusalem: Socialism and Feminism in the Nineteenth Century*(New York: Pantheon, 1983); Deborah M. Valenze, *Prophetic Sons and Daughters*(Princeton: Princeton University Press, 1985).

29 Thompson, *The Making*, pp. 730-31[하권 392쪽].

30 이런 분석에 대한 정신분석적 접근은 다음을 보라. Neil Hertz, "Medusa's Head: Male Hysteria under Political Pressure," *Representations*(1983) 427-54.

31 Thompson, *The Making*, p. 706[하권 358쪽].

32 "Interview," p. 10.

33 Thompson, *The Making*, p. 832[하권 530쪽].

34 E. P. Thompson, *William Morris: Romantic to Revolutionary*(New York: Pantheon, 1977), p. 695[『윌리엄 모리스: 낭만주의자에서 혁명가로 2』, 윤효녕·엄용희 옮김, 한길사, 2012, 581쪽].

35 *Ibid.*, p. 721[2권, 617쪽].

36 *Ibid.*, pp. 793, 803[2권 721, 736쪽].

37 Henry Abelove, "Review Essay: *The Poverty of Theory* by E. P. Thompson," *History and Theory*(1982) 21:132-42. 영국 공산당으로서의 삶에 대한 하나의 해석은 다음을 보라. Raphael Samuel, "Staying Power: The Lost World of British Communism, Part II," *New Left Review*(1986) 156:63-113.

38 Abelove, "Review Essay," pp. 138-39.

39 Thompson, "Outside the Whale," p. 152.

40 Abelove, "Review Essay," p. 138.

41 이에 대해서는 방대한 연구가 있으나 그중 나의 연구로는 다음과 같은 것들이 있다. Tilly and Scott, *Women, Work and Family*(New York: Holt, Rinehart and Winston, 1978; Methuen, 1987)[『여성, 노동, 가족』, 같은 책]. 또한 이 책 1장의 미주들, 특히 미주 4를 보라.

42 Barbara Taylor, "Socialist Feminism: Utopian or Scientific?" Raphael Samuel(ed.) *People's History and Socialist Theory*(London: Routledge and Kegan Paul, 1981, p. 163; Taylor, *Eve and the New Jerusalem*.

43 Michel Foucault, *The Archaeology of Knowledge*(New York: Harper and Row, 1976)[『지식의 고고학』, 이정우 옮김, 민음사, 2000]; "Nietzsche, Genealogy, History," *Language, Counter-Memory, Practice: Selected Essays and Interviews*, Donald F. Bouchard and Sherry Simon(eds. and trans.)(Ithaca, N. Y.: Cornell University Press, 1977), pp. 139-64[「부록 1: 니이체, 계보학, 역사」, 『미셸 푸코: 광기의 역사에서 성의 역사까지』, 이광래 지음·옮김, 민음사, 1989, 329-59쪽].

44 Sally Alexander, "Women, Class and Sexual Difference," *History Workshop*(1984) 17:125-49.

45 이중 체계에 대한 분석은 다음을 보라. Jane Jenson, "Gender and Reproduction: Or, Babies and the State,"(unpublished paper), 1985, p. 21; Heidi Hartmann, "Capitalism, Patriarchy, and Job Segregation by Sex," *Signs*(1976) 1:137-70[「자본주의, 가부장제, 성별 분업」, 『제3세계 여성 노동』, 조형 옮김, 여성평우회 편, 창작과 비평사, 1985, 54-97쪽].

46 Jane Lewis, "The Debate on Sex and Class," *New Left Review*(1985) 149:120.

47 Denise Riley, "Does a Sex Have a History? 'Women' and Feminism," *New Formations*(1987) 1:35.

1 예를 들어 다음을 보라. Bernard Moss, *The Origins of the French Labor Movement 1830~1914: The Socialism of Skilled Workers*(Berkeley: University of California Press, 1976); William H. Sewell, Jr., *Work and Revolution in France: The Language of Labor from the Old Regime to 1848*(New York: Cambridge University Press, 1980); Robert J. Bezucha, *The Lyon Uprising of 1834: Social and Political Conflict in a Nineteenth Century City*(Cambridge, Mass.: Harvard University Press, 1974); Joan W. Scott, *The Glassworkers of Carmaux: French Craftsmen and Political Action in a Nineteenth Century City*(Cambridge, Mass.: Harvard University Press, 1974); Charles Tilly and Lynn Lees, "Le Peuple de juin 1848," Annales ESC(1974) 29:1061-91. 프랑스의 연구는 다음과 같은 것들이 있다. Maurice Agulhon, *Une Ville ouvrière au temps du socialisme utopique: Toulon de 1815 à 1851*(Paris and The Hague: Mouton, 1970); Yves Lequin, *Les Ouvriers dela région lyonnaise*(1848~1912), 2 vols.(Lyon: Presses Universitaires Lyon, 1977); Roland Trempé, *Les Mineurs de Carmaux 1848~1914*, 2 vols.(Paris: Les Editions Ouvrières, 1971). 노동자 시위의 기원에 대한 다른 의견으로는 랑시에르의 다음 책을 보라. Jacques Rancière, *La Nuit des prolétaires: Archives du rêve ouvrier*(Paris: Fayard, 1981)[『프롤레타리아의 밤』, 안준범 옮김, 문학동네, 2021].

2 여성사에 대해서는 다음을 보라. "Travaux de femmes, dans la France du XIXe siècle," special issue of *Le Mouvement Social*(1978) 5. Louise Tilly, "Paths of Proletarianization: Organization of Production, Sexual Division of Labor, and Women's Collective Action," Signs(1981) 7:400-17; Michelle Perrot, *Les Ouvriers en Grève: 1871~1890*(Paris and The Hague: Mouton, 1974), pp. 318-30. 프랑스의 노동하는 여성이라는 주제 전반에 대한 귀중한 자료로는 다음을 보라. Madeleine Guilbert, *Les Fonctions des femmes dans l'industrie*(Paris and The Hague: Mouton, 1966).

3 Georges Duveau, *La Vie ouvrière en France sous le Second Empire*(Paris: Gallimard, 1946), p. 211.

4 Christopher Johnson, "Economic Change and Artisan Discontent: The Tailors' History, 1800~1848," Roger Price(ed.), *Revolution and Reaction: 1848 and the Second French Republic*(London: Croom Helm, 1975), pp. 87-114; Christopher Johnson, "Patterns of Proletarianization: Parisian Tailors and Lodève Workers," John Merriman(ed.), *Consciousness and Class Experience in Nineteenth-Century Europe*(New York: Holmes and Meier, 1979), pp. 65-84; Christopher Johnson, *Utopian Communism in France: Cabet and the Icarian Movement*(Ithaca, N.Y.: Cornell University Press, 1974), pp. 156-57, 183, 200-1; J. P. Aguet, *Les Grèves sous la Monarchie de Juillet, 1830~1847*(Geneva: Droz, 1954); Direction du Travail, *Les Associations professionnelles ouvrières*(Paris, n.d.) 2:601-67; Octave Festy, "Dix années de l' histoire corporative des ouvrier tailleurs d'habits(1830~1840)," *Revue d'Histoire des Doctrines Economiques et Sociales*(1912), pp. 166-99.

5 Remi Gossez, *Les Ouvriers de Paris: L'organisation, 1948~1851*(Paris: Société d'histoire

de la Révolution de 1848, 1967), p. 172. Henriette Vanier, *La Mode et ses métiers: Frivolités et luttes des classes, 1830~1870*(Paris: Armand Colin, 1960), pp. 75-90, 107-24; Mäite Albistur and Daniel Armogathe, *Histoire du féminisme français*, Vol. II(Paris: Des Femmes, 1977), pp. 455-64; Claire Moses, "Saint-Simonian Men/ Saint-Simonian Women: The Transformation of Feminist Thought in 1830s France," *Journal of Modern History*(1982) 2:240-67; Lydia Elhadad, "Fenames prénommées: Les prolétaires saint-simoniennes rédactrices de La Femme libre,' 1832~1834," *Les Révoltes Logiques*(1977) 4:63-88 and(1977) 5:29-60. Laure Adler, *A l'aube du féminisme: Les premières journalistes(1830~1850)*(Paris: Payot, 1979); Susan Hel- lerstein, "Journalism as a Political Tool: The St-Simonian Working-Class Feminist Movement," Honors thesis(Brown University, 1981); Sebastien Charléty, *Essai sur l'histoire de St-Simonisme*(Paris:1896). 여성 생시몽주의자들이 낸 신문은 『자유로운 여성』*La Femme libre*, 『미래의 여성』*La Femme d'avenir*, 『새로운 여성』*La Femme nouvelle*, 『여성 사도』*Apostolat des femmes* 등 다양한 이름으로 불렸다. 나는 혼란을 최소화하기 위해 클레어 모스Claire Moses의 용법을 따랐다(Moses, "Saint-Simonian Men/Women," p. 252, n. 27).

6 *Le Journal des Tailleurs*(Sept. 15, 1848), p. 175.

7 *Ibid.*(March 16, 1848), p. 48.

8 *Ibid.*(Aug. 16, 1848), p. 132.

9 Pierre Vidal, *Histoire de la corporation des tailleurs d'habits, pourpointeurs- chaussetiers de la ville de Paris*(Paris, 1923), p. 50.

10 업계의 역사에 대한 설명은 다음을 보라. "Delegations ouvrieres a l'éxposition universelle de Londres en 1862"(Paris, 1863), Rapport des délégués tailleurs, p. 6.

11 George Rudé, "La Population ouvrière parisienne de 1789 à 1791," *Annales Historiques de la Française*(1967) 39:15-33; Léon Cahen, "La Population parisienne au milieu du XVIIIe siècle," *La Revue de Paris*(1919) 16:148-70; J. Kaplow, *The Names of Kings: The Parisian Laboring Poor in the Eighteenth Century*(New York: Basic Books, 1972); François Furet, "Pour une définition des classes inférieures à l'époque moderne," *Annales ESC*(1963) 18:462, 466; Garden, Lyon et les lyonnaise au XVIIIe siècle(Paris: Les Belles Lettres, 1970); Olwen Hufton, "Women and the Family Economy in Eighteenth-Century France," *French Historical Studies*(1975) 9:1-22; Michael Sonenscher, "Work and Wages in Paris in the Eighteenth Century," M. Berg, P. Hudson, and M. Sonenscher(eds.), *Manufacture in Town and Country Before the Factory*(Cambridge: Cambridge University Press, 1983), pp. 147-72; Sonenscher, "Journeymen, the Courts and the French Trades, 1781~1791," *Past and Present*(1987) 114:77-109.

12 나는 상공회의소 조사에서 쓰인 하도급 직인appièceur의 철자법을 사용하고 있다. 콜린스-로버트의 프랑스어 사전Collins-Robert French Dictionary은 apièceur로 표기하고 있으며, 1836년에 처음 등장한 명사로 설명한다.

13 Kaplow, *The Names of Kings*, p. 36; Cahen, "La Population parisienne," pp. 154-55.

14 기성복의 역사에 대해서는 다음을 보라. *Le Vicomte Georges Avenel, Le Mécanisme de la vie moderne*(Paris, 1896), pp. 31-32; *A Propos du centenaire de la belle jardinière*(Paris, 1924); 성모자상La Belle Jardinère의 설립자인 피에르 파리소Pierre Parisot는 자신의 사업을

농상부 장관에게 설명했다. July 11, 1848, Archives Nationales(AN) F12 2337~38. 업계의 변화에 대해서는 다음을 보라. Johnson, "Economic Change and Artisan Discontent," pp. 95~96; Johnson, "Patterns of Proletarianization," p. 68; Kirby, "Changing Structure in the Parisian Tailoring Trades, 1830~1867," Master's thesis(University of North Carolina, Chapel Hill, 1979), pp. 28, 36; Chambrede Commerce de Paris, Statistique de à Paris, 1860(Paris, 1864), p. 313. Chambre de Commerce de Paris, Statistique de l'industrie à Paris, 1847~1848, 2 vols. Paris, 1851), Vol. II, pp. 293, 294, 298.

15 Chambre de Commerce, Statistique 1847~1848, Vol pp. 66, 285, 293~97; Chambre de Commerce, Statistique 1860(Paris, 1861) p. 310; Rapport des délégués tailleurs(1862), p. 19; Frédéric Le Play, Les Ouvriers européens, Vol. VI(Paris, 1878), ch. 8, "Tailleur d'habits de Paris(1856), pp. 388~441. 또한 다음을 보라. Albert Aftalion, Le Développement de la fabrique à domicile dans les industries de l'habillement(Paris: Librairie de la Société du Recueil J.-B. Siray et du Journal du Palais, 1906), p. 6.

16 Le Journal de Tailleurs, March 16, 1848.

17 Aguet, Les Grèves, pp. 75~90, 130~39, 169, 239, 240, 241; Associations profes-sionnelles ouvrières, Vol. II, pp. 601~5; Johnson, "Economic Change and Artisan Discontent, pp. 103~9; Vanier, La Mode et ses métiers, pp. 63~70, AN, CC 585(1833~34); R. Grignon, Réflexions d'un ouvrier tailleur sur la misère des ouvriers en général(Paris, 1833).

18 AN, C 930 C2394: Chambre de Commerce, Statistique 1847~1848, Vol. II, p. 74; AN, C 930 dos. 5(April 23, 1848); Bibliothèque Historique de la Ville de Paris, Papiers E. Cabet, Folio 372; Tacheux, "Aux membres composant la commission des ouvriers tailleurs"(1848); Gilland, Revue anécdotique des association ouvrières(Paris, 1850)(Jacques Rancière, La Nuit des prolétaires, p. 310[『프롤레타리아의 밤』, 같은 책, 415쪽]에서 재인용). 또한 다음을 보라. André Cochut, Les Associations ouvrières: Histoire et théorie des tentatives de réorganisation industrielle opérée depuis la Révolution de 1848(Paris, 1851), p. 43; Vanier, La Mode et ses métiers, pp. 117~19.

19 Le Journal des Tailleurs(Sept. 15, 1848), p. 175.

20 Ibid.(April 1, 1848), p. 59.

21 Charles Dupin, Discussion du projet de loi sur le travail des des enfants, des adolescents, des filles et des femmes(Paris, 1848), p. 27.

22 Lemann, confectionneur, De l'industrie des vêtements confectionnés en France(Paris, 1857), pp. 34~35.

23 Rapport des délégués tailleurs(1862), pp. 202~I. 또한 다음을 참조하라. AN, C2257 cos. 4772, " Petition des tailleurs d'habits à I'Assemblée Nationale"(1848); AN, C2394 dos. 683(Paris, Oct. 3, 1849), letter from Gautier, tailleur, to the national representatives.

24 Rapport des délégués tailleurs, p. 21.

25 예를 들어 인쇄업자이자 프루동주의자였던 루이 바스벤테르Louis Vasbenter가 1943년에 플로라 트리스탕에게 보낸 편지를 보라. "La vie de la femme est la vie du ménage, la vie domestique, la vie intérieure." Alain Faure and Jacques Rancière, La Parole ouvrière, 1830~1851(Paris: Union générale d'éditions, 1976), p. 199. 또한 다음의 논평을 보라. L

'Atelier,cited in Vanier, *La Mode et ses métiers*, p. 78. 남성 노동자들이 푸리에와 생시몽의 모델보다 카베오 프루동의 가부장적 모델을 선호했다는 점에 대해서는 다음을 보라. Louis Devance, "Femme, famille, et morale sexuelle dans l'idéologie de 1848," *Mythes et représentations de la femme au XIXe siècle*(Paris: Champion, 1977), p. 99.

26 여성 의류 노동자의 역사에 대해서는 다음을 보라. J. Barbaret, *Monographies pro fessionnelles*, Vol. V, "Les Couturières"(Paris, 1890), pp. 260-61. Gaston Worth, *La Couture et la confection des vêtements de femme*(Paris, 1895), p. 9. couturières 협동조합의 역사에 대해서는 다음을 보라. G. Levasnie, *Papiers de famille professionnelle, l'ancien communauté des couturières de Paris et le syndicat actuel de l'auguille 1675~1895*(Blois 1896); Chambre de Commerce, Statistique 1847~1848, Vol. II, pp. 249, 293; Commerce, Statistique 1847~1848; Vanier, *La Mode et ses métiers*, pp. 75, 90; Aftalion, *La Fabrique à domicile, passim; A. Parmentier, Les Métiers et leur histoire*(Paris: A. Colin, 1908), "Tailleurs et couturières," pp. 45-51. 숙련 개념의 사회적 구성에 대한 더 일반적인 문제에 대해서는 다음을 보라. Charles More, *Skill and the English Working Class, 1870~1914*(London: Croom Helm, 1980); Ve ronica Beechey, "The Sexual Division of Labour and the Labour Process," *The Degradation of Work*(London: Hutchinson, 1982); Anne Phillips and Barbara Taylor, "Sex and Skill: Notes Towards a Feminist Economics," *Feminist Review*(1980) 6:78-88.

27 1848년의 페미니즘에 대해서는 다음을 보라. Claire G. Moses, *French Feminism in the Nineteenth Century*(Albany: State University of New York Press, 1984), ch. 6. 페미니즘 담론의 위상에 대해서는 다음을 보라. Richard Terdiman, *Discourse/Counter Discourse: The Theory and Practice of Symbolic Resistance in Nineteenth-Century France*(Ithaca, N. Y.: Cornell University Press, 1985), pp. 72-74.

28 Barbaret, *Monographies professionnelles*, Vol.V, p. 266; Chambre de Com merce, Statistique 1847 ~ 1848, Vol. II, p. 66; *La Voix des Femmes*, April 3, 1848; Alfred Picard, *Exposition Internationale de 1900 à Paris: Le bilan d'un siècle 1801~1900*(Paris: Imprimérie Nationale, 1906), Vol. IV, pp. 412-16.

29 *La Voix des Femmes*, April 15, 1848.

30 *Ibid.*

31 *Ibid.*

32 *Ibid.*, March 22, March 31, April 15, 1848.

33 *Ibid.*, April 21, 1848.

34 Vanier, *La Mode et ses métiers*, p.114.

35 Ibid., p. 112; *La Voix des Femmes*, April 18, 1848; Gossez, *Les Ouvriers de Paris*, pp. 170-71.

36 Vanier, *La Mode et ses métiers*, pp.115-16; Festy, *Procès llerbaux du conseil d'encouragement pour les associations ouvlrières, 11 juillet 1848~24 octobre 1849*(Paris, 1917), pp.96, 106-7; Julie Daubié, *La Femme paullre au XIXe siècle*(Paris, 1866), pp. 47-48.

37 *La Voix des Femmes*, April 26, 1848; May 30, 1848.

38 *Ibid.*, June 1-4, 1848.

39 *Ibid.*, April 10, 11, 1848. 생시몽주의자 수잔 부알캥Suzanne Voilquin은 다음과 같이 썼다.

"남성들에게 평등과 이 땅에서 자유롭게 통행할 권리를 주장하려면 어머니라는 타이틀을 강조하라. 아 모성!…." Susan Grogan, "Charles Fourier, the St. Simoniennes and Flora Tristan on the Nature and Role of Women," unpublished D. Phil., Murdoch University(Australia) 1986, p. 227.

40 La Voix des Femmes, April 18, 1848.

41 Ibid., April 29, 1848.

42 E. Cabet, La Femme(Paris, 1841), p. 19.

43 생시몽 운동에서 여성이 구성되어 온 역사에 대해서는 다음을 보라. Moses, "Saint-Simonian Men/Women," p. 25; Moses, French Feminism, pp. 41-60; Elhadad, "Femmes prénommées"; Adler, A l'aube du féminisme; Suzanne Voilquin, Soullenirs d'une fille du peuple(Paris: Maspero, 1978). Kari Weil, "Male/Female and the New Moraliry of the Saint-Simoniennes," unpublished paper, Pembroke Center for and Research on Women, 1987.

44 Johnson, Utopian Communism, p. 90. 인용

45 Ibid., p. 85.

46 Faure and Rancière, La Parole ouvrière, pp. 384-95.

47 La Voix des Femmes, March 26, 1848.

48 이런 용법에 대해서는 다음을 보라. Devance,"Femme, famille, travail"; Jacques Rancière and Patrice Vauday, "En allant à l'éxpo: L'ouvrier, sa femme et les machines," Les Rélloltes Logiques(1975) 1:5-22; Michelle Perrot, "L'Eloge de la ménagère dans le discours des ouvriers français au XIXe siècle," Mythes et représentations de la femme au XIXe siècle, pp. 105-21; Christine Dufrancatel, "La Femme imaginaire des hommes: Politique, idéologie et imaginaire dans le mouvement ouvrier," Dufrancatel et al., L'Histoire sans qualités(Paris: Editions Galilée,1979), pp.157-86; Christine Dufrancatel, "Les Amants de la liberté? Stratégies de femme, luttes républicaines, luttes ouvrières," Les Révoltes Logiques(1977), 5:76.

49 Louis Réné Villermé, Tableau de l'état physique et moral des ouvrièrs employés dans les manufactures de coton, de laine et de soie, 2 vols.(Paris, 1840); Honoré Antoine Frégier, Des classes dangereuses dans la population des grandes villes et des moyens de les rendre meilleures, 2 vols.(Paris, 1840). 아카데미 자체에 대해서는 다음을 보라. Ernest Seillière, Une académie à l'époque romantique(Paris: E. Leroux, 1926). 또한 다음을 보라. Hiide Rigaudis-Weiss, Les Enquêtes ouvrières en France entre 1830 et 1848(Paris: Les Presses Universitaires du France, 1936). 노동계급 가족에 대한 개혁파의 관점을 논한 연구로는 다음을 보라. Louis Chevalier, Classes laborieuses et classes dangereuses à Paris pendant la première moitié du XIXe siècle(Paris: Plon, 1958), and Jacques Donzelot, La Police des familles(Paris: Editions de Minuit, 1978).

6장 통계로 재현된 노동

| 『파리 산업통계 1847~48』 |

1 예를 들어 다음을 보라. Keith Michael Baker, *Condorcet: From Natural Philosophy to Social Mathematics*(Chicago: University of Chicago Press, 1975).

2 다음에서 인용. Louis Frégier, *Des classes dangereuses*(Paris, 1840), 1:59, Michelle Perrot, *Enquête sur la condition ouvrière en France au XIXe siècle*(Paris: Hachette, 1972), p. 26. 이 문제에 관한 고전적 논쟁은 다음을 보라. Louis Chevalier, *Classes laborieuses et classes dangereuses à Paris pendant la première moitié du XIXe siècle*(Paris: Plon, 1958).

3 다음에서 인용. Alexandre J. B. Parent-Duchâtelet, *De la prostitution*(Paris, 1836), 1:22, Perrot, *Enquête*, p. 31.

4 다음에서 인용. Gérard Leclerc, *L'observation de l'homme: Une histoire des enquêtes sociales*(Paris: Seuil, 1979), p. 184.

5 *L'Atelier*(October 1840) 2:13..

6 이와 관련된 사례를 많이 열거할 수 있지만, 이 작업은 자기비판적인 것이 가장 좋을 것이다. 다음과 같은 나의 연구들 대부분이 이런 절차에 따라 통계자료에서 언급한 범주, 그 의도와 정치학을 거의 비판적으로 검토하지 않은 채 "사실들"을 뽑아냈다. *The Glassworkers of Carmaux: French Craftsmen and Political Action in a Nineteenth Century City*(Cambridge, Mass.: Harvard University Press, 1974), Scott and Louise Tilly, *Women, Work and Family*(New York: Holt, Rinehart and Winston, 1978; Methuen, 1987)[『여성, 노동, 가족』, 같은 책]; Scott, "Men and Women in the Parisian Garment Trades: Discussions of Family and Work in the 1830's and 40's," P. Thane, G. Crossick, and R. Floud(eds.), *The Power of the Past: Essays for Eric Hobsbawm*(Cambridge: Cambridge University Press, 1984), pp. 67–93.

7 이와 같은 통계 연구의 역사에 대해서는 다음을 보라. Bertrand Gille, *Les sources statistiques de l'histoire de France: Des Enquêtes du XVIIe siècle à 1890*(Geneva: Librairie Droz, 1964). 또한 다음 개정판에 실린 페로의 서문을 보라. Perrot, *Enquêtes*, Leon Bonneff and Maurice Bonneff, *La vie tragique des travailleurs*(Paris: Riviere, 1984). 또 다음을 참조하라. T. Markovitch, "Statistiques industrielles et systèmes politiques," *Pour une histoire de la statistique*(Paris: Institut National de la Statistique et des études économiques, 1977), pp. 318–21. 통계를 최초로 다룬 자료로는 다음을 보라. Marie-Noëlle Bourguet, "Race et folklore: L'image officielle de la France en 1800," *Annales ESC*(1976) 31:802-23. 또 같은 저자의 인상적인 논문도 참조하라. "Dechiffrer la France: La statistique départementale à l'époque napoleonienne"(University of Paris I). 통계를 비판적으로 분석하는 문제에 대해서는 다음을 보라. Michel de Certeau, "History: Science and Fiction," chapter 15 of his *Heterologies: Discourse on the Other,* translated by Brian Massumi(Minneapolis: University of Minnesota Press, 1986), pp. 208-10.

8 Hilde Rigaudis-Weiss, *Les enquêtes ouvrières en France entre 1830 et 1848*(Paris: Les Presses Universitaires de France, 1936).

9 Chambre de Commerce de Paris, *Statistique de l'industrie à Paris, 1847~1848*(Paris, 1851)(이 보고서는 한 권으로 출판되었지만 두 부분으로 나뉘어져 있다. 이하 이 보고서를 CCP로 표기하고 첫 번째 부분과 두 번째 부분을 1과 2로 표기한다).

10 Chambre de Commerce de Paris, *Centenaire de la Chambre de Commerce de Paris, 1803~1903*(Paris, 1903), p. 48.

11 다음에서 인용. Adolphe Blanqui, Perrot, *Enquêtes*, p. 16.

12 *Le Moniteur Industriel*, July 2, 1848.

13 AN, F12 2337, 1848년 7월 카베냑 장군과 회담 후 8구와 9구 산업계에 전달된 사항.

14 AN, C926, "Procès verbaux des séances du Comité du commerce et de l'industrie."

15 다음에 나오는 참고문헌들을 보라. Perrot, *Enquêtes*, p. 16. 또 다음을 보라. Leclerc, *Observation*, pp. 202-3; F. de Luna, *The French Republic under Cavaignac, 1848*(Princeton: Princeton University Press, 1969).

16 *Le Moniteur Industriel*, July 2, 1848.

17 이 역사에 대해서는 다음을 보라. Gille, *Sources*, pp. 151-211.

18 CCP, 1:11-15.

19 Louis R. Villermé, *Tableau de l'état physique et moral des ouvriers employés dans les manufactures de coton, de laine et de soie*, 2 vols.(Paris, 1840), 2:93, Rigaudis-Weiss, *Enquêtes*, p. 111에서 재인용. 빌레르메에 관한 흥미로운 논의는 다음을 보라. William Sewell, Jr. *Work and Revolution in France: The Language of Labor from the Old Regime to 1848*(New York: Cambridge University Press, 1980), pp. 223-32. 다음도 보라. William Coleman, *Death Is a Social Disease: Public Health and Political Economy in Early Industrial France*(Madison: University of Wisconsin Press, 1981); B.-P. Lécuyer, "Démographie, statistique et hygiène publique sous la monarchic censitaire," *Annales de démographie historique*(1977), pp. 215-45; B.-P. Lécuyer, "Médecins et observateurs sociaux: Les annales d'hygiène publique et de médecine légale, 1820~1850," *Pour une histoire de la statistique*, pp. 445-76; Jan Goldstein, "Foucault among the Sociologists: The 'Disciplines' and the History of the Professions," *History and Theory*(1984) 23:170-92.

20 이에 대한 자세한 내용은 다음을 보라. Rigaudis-Weiss, *Enquêtes*. 또한 다음을 참조하라. Jacques Rancière, *La nuit des prolétaires: Archives du rêve ouvrier*(Paris: Fayard, 1981)[『프롤레타리아의 밤』, 같은 책]; Alain Faure and Jacques Rancière, *La Parole ouvrière, 1830~1851*(Paris: Union générale d'éditions, 1976).

21 *Recherches statistique de la ville de Paris*, 3 vols.(Paris, 1823~29).

22 *Statistique de la France: Industrie*, 4 vols.(Paris, 1847~52). 이런 시도의 역사에 대해서는 다음을 보라. Gille, *Sources*, pp. 200-3.

23 *Le Journal du Peuple*, June 8, 1841, cited in Rigaudis-Weiss, *Enquêtes*, p. 170.

24 *Le Populaire*, November 1844, cited in Rigaudis-Weiss, *Enquêtes*, p. 173. 또 pp. 169-78에서 이에 대해 상세하게 논의한 부분도 보라.

25 Rigaudis-Weiss, *Enquêtes*, pp. 191-93; Leclerc, *Observation*, pp. 197-204.

26 AN, C943, "Assemblée constituante, enquête sur le travail agriculture et industriel," law of May 25, 1848.

27 AN, C925, "Procès verbaux du Comité du travail," 3 vols., May 1848~March 1849. 이것은 1848년 5월에 시작된 산업조사를 책임지고 수행한 위원회의 활동에 관한 아주 상세한 사료이다.

28 CCP, 1:18-19, 21.

29 경제활동의 특정 분류와 보수 정치 간의 이런 연결은 프랑스 경제를 둘러싼 논쟁의 오래된 특징이었다. 1841년에 노동자 신문 『아틀리에』의 편집자는 샤를 뒤팽 남작의 이런 식의 결론을 강하게 거부했다. "게다가 오늘날 프랑스에는 141만 6000개의 사업주가 있다. 물론 이 숫자에는 리옹의 작업장 주인들인 일군의 남성들이 포함되어 노동자라고 할 수 있는 이들의 숫자를 축소시킨다. 하지만 남작의 계산법에서 얻은 게 있다. 그는 지주 가족을 4인 가족으로 상정하고, 사업주의 가족도 4인 가족으로 상정했다. 따라서 프랑스에는 2400만 명의 지주와 600만 명의 사업주가 있었다. 결론은 여전히 200만 명의 프랑스인들이 무기력하고 게으르며, 교육받지 못하고 소란 속에 살고 있다. 이들은 산업에 법을 적용하고, 임금을 올리고, 다른 이의 재산의 일부를 노력도 없이 얻기를 원하고 있다. 독자들이여, 당신들이 보고 있는 것처럼, 괴물이 돌아왔다!"

30 CCP, 1:11.

31 Chambre de commerce de Paris, *Centenaire de la Chambre de commerce*, p. 52. 오라스 세는 조사 담당자로 되어 있고 레옹 세(아래 미주 33번 참조)와 나탈리 론도가 그를 보좌했다고 적혀 있다. 론도는 섬유 분야의 전문가인 경제학자로 『르 주르날 이코노미스트』의 편집자이자 여러 정치경제학회의 회원이었다. 론도에 대해서는 다음을 보라. *Dictionnaire universel des contemporains*(Paris, 1861), p. 1512. 오라스 세의 생애에 대해서는 다음을 보라. *Dictionnaire universel des contemporains*, p. 1573. 또한 다음을 참조하라. *Horace Say, Rapport du Comité central d'instruction primaire*(Paris, 1845); *Horace Say, Études sur l'administration de la ville de Paris*(Paris, 1846); P. Piazza, *Étude historique et critique sur l'organisation et le fonctionnement des tribunaux commerciaux en France*(Paris: Rousseau, 1918).

32 레옹 세에 대해서는 다음을 보라. G. Michel, *Léon Say*(Paris, 1899), and G. Picot, *Léon Say: Notice historique sur sa vie*(Paris: Hachette, 1901).

33 Léon Say, *Discours prononcé à Mugron, à l'inauguration du monument élevé à la mémoire de Frédéric Bastiat*(Paris, 1878), pp. 10-11.

34 Jean-Baptiste Say, *Traité l'économie politique*, 6th ed., Horace Say(ed.)(Paris, 1841), p. 12. 세의 일에 대해서는 다음을 보라. E. Treilhac, *L'oeuvre économique de J-B Say*(Paris, 1927); Michelle Perrot, "Premières mesures des faits sociaux: Les débuts de la statistique criminelle en France, 1780~1830," *Pour une histoire de la statistique*, p. 134; C. Menard, "Trois formes de résistance aux statistiques: Say, Cournot, Walras," *Pour une histoire de la statistique*, pp. 417-20. 다음도 보라. Horace Say(ed.), *Edition nouveau de J-B Say, Cours complet de l'économie politique*(Paris, 1890).

35 J.-B. Say, *Traité*, p. 586.

36 *Ibid.*, p. 371.

37 *Ibid.*, p. 592.

38 예를 들면 CCP, 2:206, 302.

39 CCP, 1:152.

40 CCP, 2:239.

41 CCP, 2:251.

42 CCP, 2:339.

43 CCP, 2:260.

44 CCP, 2:302.

45 CCP, 2:302.

46 J.-B. Say, *Traité*, p. 195, pp. 190-94.

47 이 논쟁에 대한 가장 훌륭한 예는 다음에 실려 있다. R. Gossez, *Les ouvriès de Paris: L'organisation, 1848~51*(Paris: Société d'histoire de la Révolution de 1848, 1967).

48 J.-B. Say, *Traité*, pp. 86-89.

49 CCP, 1:54.

50 J.-B. Say, *Traité*, pp. 371-74.

51 CCP, 2:194, 246, 277.

52 CCP, 1:52, 54.

53 이에 대해서는 다음을 보라. Chevalier, *Classes laborieuses et classes dangereuses*, p. 394.

54 CCP, 1:70-71, 14L 154, 170.

55 CCP, 1:65.

56 CCP, 1:65.

57 CCP, 1:65.

58 CCP, 1:62-66.

59 CCP, 1:63.

60 CCP, 1:63; 2:206.

61 CCP, 1:64.

62 CCP, 1:106.

63 CCP, 1:64.

64 CCP, 2:277.

65 CCP, 2:83, no.

66 CCP, 1:202.

67 다음 단계는 노동자들의 "결혼 상태"를 좀 더 면밀하게 살펴보는 것인데, 이것은 1849년에 상공부 장관이 시도했다. 그는 "각 부서의 10개 주요 시설에 소속된 노동자들의 시민 생활 상태état civil"에 대한 정보를 요청했다. 1849~50년에 취합된 정보는 통계국에 보내져 프랑스 국립문서보관소 F501에 보관되었다. 센 지역의 기록은 수집된 적이 없어 보인다. 적어도 국립문서보관서에는 없었다.

68 CCP, 1:186.

69 CCP, 1:52.

70 CCP, 1:160.

71 CCP, 2:277.

72 CCP, 1:163. 정치적 위협이 성적 위협으로 재현되는 것과 이를 위해 여성의 모습을 사용하는 것에 대해서는 Neil Hertz, "Medusa's Head: Male Hysteria under Political Pressure," *Representations*(1983) 4:27-54. 정치적 분석에서 여성의 섹슈얼리티를 이용한 것에 대한 시사적이고 중요한 논의로는 다음을 보라. Thérèse Moreau, *Le sang de l'histoire; Michelet, l'histoire, et l'idée de la femme au XIXe siècle*(Paris: Flammarion, 1982).

73 J.-B. Say, *Traité*, p. 446. 다른 여러 경우와 마찬가지로 이 점에 대해서도 세는 케네와 같은 중농학파와 견해를 같이했다.

74 CCP, 2:252.

75 CCP, 2:266.

76 CCP, 2:260.

77 CCP, 1:201-4. 이 내용은 가구 딸린 셋방 부분에서 아주 자세하게 다루고 있는데 보고서의 다른 부분에 비해서 훨씬 더 자세하다. 각각의 공간에서 조사자가 본 것을 가구별로 기술하고 거주하는 개인들에 대한 설명도 달려 있다. 보고서의 마지막에 이르면, 이 부분은 독자들에게 파리 노동자들의 무질서한 삶에 대해 유난히 부정적인 인상을 남기게 된다.

78 CCP, 2:272.

79 CCP, 1:11, 2:272.

80 과학적 보고서에서 "본다는 것"의 중요성에 대해서는 다음을 보라. Perrot, *Enquêtes*, pp. ir, 21, 26, 28. 그리고 "규율"의 양식으로서 범주가 갖는 중요성에 대해서는 다음을 보라. Foucault, *Discipline and Punish*(New York: Vintage, 1979), p. 189[『감시와 처벌』, 같은 책, 349쪽].

81 7장 미주 22를 참조하라.

82 섹슈얼리티에 대한 언급은 계급을 구성하는 좀 더 복잡한 과정의 일부분으로 보인다. 계급에 대한 정의에서 중산계급은 성적 자기 통제와 관련되는데, 이런 정의는 부정적 사례나 사회적 "타자"에 기대고 있다. 이 사례에서 사회적 "타자"는 노동계급이다. 노동계급의 "타자성"은 여성적 재현으로 나타난다.

83 이와 관련해서는 다음을 보라. Perrot, *Enquêtes*, pp. 18-20, Perrot, "Note sur le positivisme ouvrièr," *Romantisme*(1978) 21-22:201-4. 또한 다음을 보라. A. Savoye, "Les continuateurs de Le Play au tournant du siècle," *Revue française de sociologie*(1981), 22:315-44.

7장 "여성 노동자! 불경스럽고 더러운 단어……"
| 1840-60년 프랑스 정치경제학 담론 속 여성 노동자 |

1 *The Second Empire: Art in France under Napoleon III*(Philadelphia: Philadelphia Museum of Art, 1978), p. 310.

2 *Ibid.*, pp. 309-10.

3 Claire G. Moses, *French Feminism in the Nineteenth Century*(Albany: State University of New York Press, 1984), pp. 151-72.

4 Denise Riley, "'The Free Mothers': Pronatalism and Working Women in Industry at the End of the Last War in Britain," *History Workshop*(1981) 11:110.

5 성매매 규제에 대해서는 다음을 보라. Alain Corbin, *Les filles de noce: Misère sexuelle et prostitution aux 19e et 20e siècles*(Paris: Aubier, 1978); Jill Harsin, *Policing Prostitution in Nineteenth-Century Paris*(Princeton: Princeton University Press, 1985).

6 Chamber of Commerce of Paris, *Statistique de l'industrie à Paris, 1847~1848*, 2 vols.(Paris, 1851), 1:11.(Hereafter referred to as CCP.)

7 A. Parent-Duchâtelet, *De la prostitution dans la ville de Paris*, 2 vols.(Paris, 1836; 3d ed., 1857), vol. I, pp. 103-4, cited in Harsin, *Policing Prostitution*, p. 123.

8 Parent-Duchâtelet, *De la prostitution*, cited in Thérèse Moreau, *Le Sang de l'Histoire; Michelet, l'histoire, et l'idée de la femme au XIXe siècle*(Paris: Flammarion, 1982), p. 77.

모로는 파랑의 저작 3판 편집자들이 사치스러운 기호야말로 성매매의 유일한 원인이라고 주장했다는 점을 지적했다.

9 CCP, 2:277.

10 CCP, 2:252.

11 Charles Dunoyer, "De la concurrence," *Le Journal des Economistes,* ler série(1842) 1:135(*Le Journal des Economistes* will be hereafter cited as *JE*).

12 흥미롭게도, 하인들이 도시 생활에서 확실히 문제였음에도 불구하고 이런 논의에는 이들에 대한 언급이 거의 없다. 올웬 후프턴은 18세기 유럽 도시의 성매매에 대해 쓰면서 비슷한 현상에 주목했다. "유혹에 넘어간 하인은 우리가 가지고 있는 자료에서 매우 부차적인 역할만 한다." Olwen Hufton, "The Fallen Women and the Limits of Philanthropy in the Early Modern Metropolis: A Comparative Approach"(unpublished paper, presented at the Davis Center, Princeton University, April 1986), p. 38. 이런 논의에서 왜 하인이 생략되었는지에 대해 더 풍부한 설명이 필요하다.

13 Jean-Baptiste Say, *Traité de l'économie politique,* 6th ed., 2 vols.(Paris, 1841), p. 324. 다음도 보라. J. Gamier, "Étude sur la répartition de la richesse: Profits et salaires," *JE*, ler série(1847) 18:209; Vée(Maire du 5e arrondissement de Paris), "Du paupérisme dans la ville de Paris," *JE*, ler série(1845) 10:224-71; CCP, 1:52.

14 Say, *Traité,*, pp. 372-74.

15 *Ibid.,* p. 372.

16 *Ibid.*

17 *Ibid.,* pp. 593-94.

18 *Ibid.,* p. 599.

19 영국 노동계급 담론에서 임금 개념에 대한 논쟁에 대해서는 다음을 보라. Wally Seccombe, "Patriarchy Stabilized: The Construction of the Male Breadwinner Wage Norm in Nineteenth Century Britain," *Social History*(1986) 11:53-76. "프롤레타리아트"에 대한 그녀의 과도한 강조는 임금체계를 확립하는 데 있어 정치경제 이론을 과소평가하는 경향이 있다. 유사하게, J. 보이드스턴도 가사 노동과 임금의 관계에 대해 논하면서 마르크스에서 시작했지만 내 생각에는 먼저 정치경제학자들을 살펴보는 것이 더 좋지 않았을까 하는 생각이 든다. 마르크스는 이들 정치경제학자들을 비판하지만 또한 그들의 틀을 벗어나지 못했기 때문이다. J. Boydston, "To Earn Her Daily Bread: Housework and Antebellum Working-Class Subsistence," *Radical History Review*(1983) 35:7-25.

20 *L'Atelier,* December 30, 1842, p. 31.

21 다음에서 인용. Eugène Buret, *De la misère des classes laborieuses en France et en Angleterre,* 2 vols.(Paris, 1840), vol. I, p. 287, Moreau, *Le Sang,* p. 74.

22 "성매매는 육체노동자의 **전반적인 성매매가** 특수한 형태로 드러난 것에 지나지 않는다. 성매매 여성뿐만 아니라 성매매를 하는 자도 연관돼 있기에 — 그리고 후자가 더 가증스럽다 — 자본가를 비롯한 기타 사람들이 이 범주에 들어간다." K. Marx, *Economic and Philosophic Manuscripts of 1844*(Moscow: Foreign Languages Publishing House, 1959), note 1, pp. 99-100, pp. 31-34[『경제학-철학 수고』, 강유원 옮김, 이론과실천, 2006. I, 27~34쪽, 130쪽]에서 마르크스가 여성 노동자나 성매매에 대해 논의한 내용 중에는 1840년대 프랑스 정치경제학자들의 저작을 인용하거나 이에 대해 논평한 것도 있는데 이것도 보라. 이런 생각을

분석한 일례로 다음을 보라. Lisa Vogel, *Marxism and the Oppression of Women*(New Brunswick, N.J.: Rutgers University Press, 1983), p. 44.

23 Moreau, *Le Sang*, p. 240.

24 Giovanna Procacci, "Le Gouvernement de la Misère: La Question social entre les deux revolutions, 1789~1848"(unpublished thèse de 3e cycle, Université de Paris VIII, 1983). 이 글에서 프로카치는 정치경제학자들이 빈곤을 재현한 방식의 특징을 설명했다. 빈곤이 연구 대상으로 설정된 방식에 대한 그녀의 분석에 나는 대부분 동의한다. 그녀에 따르면, 정치경제학자들에게 빈곤이란 건전한 질서의 바깥에 있어서 규제가 필요하다고 여겨졌다는 것이다. 하지만 그녀는 빈곤에 대해 젠더화된 재현이 전개된 상황을 무시했다는 점에서 자신의 주제에서 중요한 부분을 놓쳤다. 빈곤은 여성적인 것으로 묘사되었고, 노동계급에 대한 분석과 여성의 지위와 상태에 대한 분석에서 모두 중요한 영향을 미쳤다. 여성적 재현이 어떻게 작동했는지를 살펴보는 것이 이 장의 핵심이다.

25 후프턴은 내게 도시의 도상학이 자주 도시를 성매매 여성으로 재현한다는 점을 상기시켜 준다. "The Fallen Woman," p. 2.

26 Jules Michelet, *La Femme*(Paris: Flammarion, 1981), p. 91.

27 일례로 다음을 보라. Achille de Colmont, "De l'amélioration de la situation sociale des ouvrièrs," *JE*, ler série(1848) 20:195.

28 G. Procacci, "Social Economy and the Government of Poverty," *Ideology and Consciousness*(1979) 4:62. 또한 다음을 참조하라. Louis Reybaud, "Introduction," *JE*, ler série(1842) 1:9.

29 Jacques Donzelot, *La Police des Families*(Paris: Editions de Minuit, 1978).

30 Theodore Fix, "Situation des Classes Ouvrières," *JE*, ler série(1844) 10:39. 또한 다음을 참조하라. Joseph Gamier, "Étude sur la répartition de la richesse," p. 210.

31 정치경제학 내부에 도덕과학을 포함시키려는 광범위한 경향에 반대하는 논의에 대해서는 다음을 보라. A. Blaise, "Cour l'Economie Politique du Collège de France," *JE*, ler série(1842) 1:206.

32 These views are cited in J-B Say, *Cours Comp let d'Économie Politique*, 2 vols.(Paris, 1840), p. 180.

33 de Colmont, "De l'amélioration," p. 257.

34 Dunoyer, "De la concurrence," p. 32.

35 기계화에 대한 논쟁이 잦았음에도 불구하고 성적 경계의 문제는 사실 엄청난 "근육의" 힘을 필요로 하지 않는 업종에서 가장 가열된 것처럼 보였다. 인쇄업이 이런 점에서 좀 더 관심을 가져야 할 사례 중 하나다. 다음을 보라. "Chronique Économique," *JE*, 2e série(1862) 34:324-25.

36 Say, *Cours Complet*, p. 548, and Julie-Victoire Daubié, "Quel Moyens des Subsistance ont les femmes," *JE*, 2e série(1862) 34:361-62. 나는 이 장에서 도비에의 책이 아닌 논문을 인용했는데 그 이유는 책이 1866년에 출판되었을 때 최초의 논문보다 대폭 확장되었기 때문이다. 논문이 쓰인 시점과 출판된 곳을 고려했을 때 여기서는 논문을 인용하는 것이 더 유용해 보였다.

37 T. Fix uses this analogy in "Situation," pp. 9-10.

38 William Sewell, Jr., *Work and Revolution in France: The Language of Labor from the Old*

Regime to 1848(New York: Cambridge University Press, 1980), pp. 223-32.

39 Ibid., p. 227.

40 Ibid., p. 229.

41 Ibid., pp. 224-25. 또한 다음을 참조하라. William Reddy, The Rise of Market Culture: The Textile Trade and French Society, 1750~1900(New York: Cambridge University Press, 1984), pp. 138-84.

42 Fix, "Situation," p. 31.

43 "남자와 여자가 같은 시간에 일하는 대규모 공장은 도덕적으로 문란하다. 다른 곳보다 풍습이 훨씬 방탕하다." "Enquête: de la condition des femmes," L'Atelier, December 30, 1842, pp. 31-32.

44 이 문제에 대해서는 다음을 보라. Isaac Joseph, Philippe Fritsch, and Alain Battegay, Disciplines à Domicile: L'édification de la famille(Paris: Recherches, 1977).

45 Terme et Monfalcon, Histoire des enfants trouvés(Paris, 1840), p. 196, cited in Rachel Fuchs, Abandoned Children: Foundlings and Child Welfare in Nineteenth-Century France(Albany: State University of New York Press, 1984), p. 39.

46 H. Baudrillart, "De l'enseignement de l'économie politique," JE, 2e série(1862) 38:180-81.

47 La Voix des Femmes, March 26, 1848.

48 예를 들어 이와 관련한 다양한 사례들에 대해서는 다음을 참조하라. Devance, "Femme, famille, travail"; Jacques Rancière and Patrice Vauday, "En allant à l'éxpo: L'ouvrier, sa femme et les machines," Les Révoltes Logiques(1975) 1:5-22; Michelle Perrot, "L'Éloge de la ménagère dans le discours des ouvrièrs français au XIXe siècle," Mythes et représentations de la femme au XIXe siècle, pp. 105-21; Christine Dufrancatel, "La Femme imaginaire des hommes: Politique, idéologie et imaginaire dans le mouvement ouvrièr," Dufrancatel et al., L'Histoire sans qualités(Paris: Editions Galilée, 1979), pp. 157-86; Christine Dufrancatel, "Les Amants de la liberté? Stratégies de femme, luttes républicaines, luttes ouvrières," Les Révoltes Logiques(1977), 5:76.

49 Simon, L'Ouvrière, p. i.

50 Daubié, "Travail manuel," JE 39:99.

51 Michelet, La Femme, p. 54.

52 Simon, L'Ouvrière, p. v.

53 Ibid.

54 Ibid., p. 42.

55 Ibid., p. 46.

56 Ibid., p. 71.

57 Ibid., p. 273.

58 Ibid., p. 87-88.

59 Ibid., p. 83.

60 Ibid., p. 89-90.

61 예를 들어, 다음 글들을 보라. Alphonse Esquiros, Les Vièrges Martyres(Paris, 1846), p. 177; "Les soucis de la maternité sont en effect les seuls travaux naturels de la femme; les

autres la déforment."

62 H. Dussard, "Compte rendu de *l'Ouvrière*," *JE*, 2e série(1861), 30:94.

63 Simon, *L'Ouvrière*, p. 277.

64 *Ibid.*, p. 168.

65 *Ibid.*, p. 46.

66 Daubié, "Quel moyens de subsistence," *JE* 34:365

67 Daubié, "Travail manuel," *JE* 39:94.

68 Daubié, "Quel moyens des subsistence," *JE* 34:378.

69 Daubié, "Travail manuel," *JE* 39:83.

70 *Ibid.*, p. 80.

71 *Ibid.*, p. 96.

72 *Ibid.*, p. 84.

73 Daubié, "Travail manuel," *JE*, 2e série(1863) 38:203.

74 *Ibid.*, p. 210.

75 임금 개념에 대한 페미니즘적 비판은 마르크스가 아니라 정치경제학에서 시작하는 것이 중요해 보인다. 이 문제에 대해서는 다음을 보라. Harold Benenson, "Victorian Sexual Ideology and Marx's Theory of the Working Class," *International Labor and Working Class History*(1984) 25:1-23. 또한 Rosalind Petchesky, "Dissolving the Hyphen: A Report on Marxist-Feminist Groups 1-5," Zillah Eisenstein(ed.), *Capitalist Patriarchy and the Case for Socialist Feminism*(New York: Longman, 1981), pp. 376-77.

8장 시어즈 소송

1 법적 관심은 임신 수당의 문제에 집중되었다. 예를 들어, 다음을 보라. Lucinda M. Finley, "Transcending Equality Theory: A Way Out of the Maternity and the Workplace Debate," *Columbia Law Review*, Vol. 86, No. 6(October 1986), pp. 1118-83; Sylvia A. Law, "Rethinking Sex and the Constitution," *University of Pennsylvania Law Review*, Vol. 132, No. 5(June 1984), pp. 995-1040.

2 예를 들어, 역사가들은 평등과 차이의 측면에서 페미니즘 역사학을 시대구분 해왔다.

3 Ruth Milkman, "Women's History and the Sears Case," *Feminist Studies*(1986) 12:394-95. 시어즈 소송에 대한 내 논의는 이 세심하고 지적인 논문에 많이 의지하고 있다. 이 논문은 이 주제에 대한 많은 논문 중 현재까지는 최고의 논문이다.

4 다음에서 인용. Martha Minow, "Learning to Live with the Dilemma of Difference: Bilingual and Special Education," *Law and Contemporary Problems*(1984) 48:157-211; p. 160; 또한 pp. 202-6도 보라.

5 내 생각에, 남성과 여성이 동등한 관심사를 가지고 있다고 주장하는 것과 고용 과정의 모든 측면에서 그런 유사성을 상정해야 한다고 주장하는 것에는 차이가 있다. 두 번째 입장은 관심사의 차이에 대한 선입견이나 잘못된 가정을 고용 과정에 연루시키지 않는 유일한 전략적 방식이다.

6 증거를 보고 싶다면 다음을 보라. *Signs*(1986) 11:757-79. "로절린드 로젠버그의 반박 증언"은 일리노이 북부 지방 법원 동부지원·평등고용기회위원회 대 시어즈 로벅 앤 컴퍼니 간의

민사소송 No. 79-C-4373 의 공식적 녹취록의 일부다(소송 자료를 공유해 주고 많은 이야기를 공유해 준 스탠퍼드 레빈슨Sanford Levinson에게 감사를 표한다).

7 Alice Kessler-Harris, *Women Have Always Worked*(New York: Feminist Press).

8 Appendix to the "Written Rebuttal Testimony of Dr. Rosalind Rosenberg," pp. 1-12.

9 법정에서 강요되는 제약들과 전문가 증인들이 마주할 수 있는 함정들에 관해서는 다음을 보라. Nadine Taub, "Thinking About Testifying," *Perspectives*(American Historical Association Newsletter)(November 1986) 24:10-11.

10 이 점에 관해 나딘 타우브는 유용한 질문을 던진다. "차별 관련 소송들에서, 역사가를 비롯한 다른 전문가 증인들의 증언이 그 사건의 구체적인 사실들에 기반하지 않는 경우, 특정 집단들에 대한 일반화가 허용될 수 있다는 생각을 강화하게 될 위험성이 있는 것은 아닌가?"(11)

11 다음의 반대 심문을 보라. Dr. Alice Kessler-Harris, EEOC *vs* Sears, Roebuck & Co., pp. 16376-619.

12 로젠버그의 "반론"은 이 질문에 와서 특히 맹렬하다. "모든 고용주가 차별적이라는 가정은 [케슬러-해리스의] 저술에서 두드러진다. …… 1979년에 쓴 논문에서 그녀는 여성들이 '잠재적으로 자본주의에 대해 전복적인 가치, 태도, 행동 패턴들을 품고 있다'고 기대감에 차서 썼다"(11). "물론 고용주들이 여성의 기회를 제한하는 사례들이 기록된 바 있다. 그러나 몇몇 고용주가 차별 행위를 했다는 사실이 모두가 그랬음을 증명해 주지는 않는다"(19). 로젠버그의 "반론"은 법정의 정치적·이념적 한계에 관해 또 다른 문제를 제기한다. 혹은 아마 이 표현이 더 나을 것 같은데, 법정이 지배적 이념들을 재생산하는 방식에 관해 또 다른 문제를 제기한다. 차별을 한다고 고용주들을 범주화하는 개념은 용납할 수 없는 것이었다(하지만 특정한 직업군을 "선호한다"고 여성들을 범주화하는 개념은 그렇지 않았다). 그 용납 불가능성은 미국의 정치적 담론에서 용인될 수 없는 입장인 전복과 마르크스주의에 결부되어 강조되었다. 로젠버그의 빈정거림은 두 가지 면에서 케슬러-해리스의 신빙성을 없애려 한 것이었다. 첫째, 그녀가 말도 안 되는 일반화를 하려 한다고 암시함으로써, 그리고 둘째, 허용 가능한 정치적 입장 바깥에 있는 사람들만이 그런 일반화를 할 수 있다고 시사함으로써 말이다.

13 Milkman, "Women's History," p. 391.

14 Naomi Schor, "Reading Double: Sand's Difference," Nancy K. Miller(ed.), *The Poetics of Gender*(New York: Columbia University Press, 1986), p. 256.

15 Michael Walzer, *Spheres of Justice: A Defense of Pluralism and Equality*(New York: Basic Books, 1983), p. xii. Minow, "Learning to Live with the Dilemma of Difference," pp. 202-3도 보라.

16 Milkman, "Women's History," p. 384.

17 Nancy F. Cott, *The Grounding of Modern Feminism*(New Haven: Yale University Press, 1987). 코트는 19세기 초 미국의 페미니즘에 관해 이런 주장을 하고 있다. 영국의 운동에 관해 이와 비슷한 접근을 하는 저술은 다음을 보라. Susan Kingsley Kent, *Sex and the Suffrage in Britain, 1860~1914*(Princeton: Princeton University Press, 1987). 특히 다음을 보라. Denise Riley, "Does a Sex Have a History?: 'Women' and Feminism," *New Formations*(1987) 1:35-46.

18 최근 사례로는 다음을 보라. Linda Gordon, "What's New in Women's History," Teresa de Lauretis, *Feminist Studies/Critical Studies*(Bloomington: Indiana University Press, 1986), pp. 26-27; Alice Kessler-Harris, "The Debate over Equality for Women in the Workplace:

젠더와 역사의 정치

Recognizing Differences," Laurie Larwood, Anne H. Stromberg, and Barbara Gutek(eds.), *Women and Work I: An Annual Review*(Beverley Hills, Calif., 1985), pp. 141-61.

9장 미국의 여성 역사가들, 1884~1984

1 Arthur S. Link, "The American Historical Association, 1884~1984: Retrospect and Prospect," *American Historical Review*(1985) 90:5. 이하 *American Historical Review*는 *AHR*로 약칭.

2 1900년 이전에 역사학 박사 학위 소지자는 100명도 되지 않았고 그중 8명이 여성이었다. 하지만 석사 학위 소지자와 박사 과정에 있는 사람은 이보다 훨씬 많았다. 초창기에 미국역사학회 회원이 된 그 외의 여성들은 여러 역사학회의 구성원들, 문서 보관 담당자, 도서관 사서와 남성 역사가의 부인이었다. William Hessletine and Louis Kaplan, "Women Doctors of Philosophy in History," *Journal of Higher Education*(1943) 14:254-59.

3 Lawrence Veysey, "The Plural Organized Worlds of the Humanities," A. Oleson and J. Voss(eds.) *The Organization of Knowledge in Modern America, 1860~1920*(Baltimore: Johns Hopkins University Press, 1976), pp. 51-106, 특히 pp. 53-78을 보라. 미국역사학회의 초기 역사에 대해서는 다음을 보라. J. Franklin Jameson, "The American Historical Association, 1884~1909," *AHR*(1909) 15:1-20, and "Early Days of the American Historical Association, 1884~1895," *AHR*(1934) 40:1-9, John Higham, "Herbert Baxter Adams and the Study of Local History," *AHR*(1984) 89:1225-39; David D. Van Tassel, "From Learned Society to Professional Organization: The American Historical Association, 1884~1900," *AHR*(1984) 89:929-56.

4 Nellie Neilson, "A Generation of History at Mount Holyoke," *Mount Holyoke Alumnae Quarterly*(May 1939), Penina M. Glazer and Miriam Slater, *Unequal Colleagues: The Entrance of Women into the Professions 1890~1940*(New Brunswick, N.J.: Rutgers University Press, 1987), p. 53에서 재인용.

5 John Higham, *History*(Englewood Cliffs, N.J.: Prentice Hall, 1965), p. 6에서 재인용.

6 *Ibid.,* p. 13.

7 Herbert Baxter Adams, *The Study of History in American Colleges and Universities*(Washington, D.C.: Bureau of Education, Circular 2, 1887), pp. 211-12.

8 다음을 보라. *Ibid.,* pp. 213-17; Adams, *Methods of History Study*(Baltimore: Johns Hopkins University Press, 1883).

9 Adams, *The Study and Teaching of History*(Richmond, Va.: Whittet and Shepperson, 1898), p. 11.

10 *Ibid.,* p. 10.

11 이런 연구의 대부분은 공식적인 정치에 초점을 두었지만 그 외의 여러 제도, 예를 들면 가사 서비스와 같은 정치와 무관한 제도에까지 연구가 확장된 경우도 있었다. 예를 하나 들자면, 루시 샐먼이 "대통령 임명권의 역사"에 대해 쓴 석사 논문이 1897년에 책으로 출간되었는데 이 책에서는 민주주의의 역사에 대한 관심의 일환으로 가사 서비스를 다루었다. 그녀는 가사 서비스 제도에 의존과 종속을 영속화시키는 귀족적 잔재가 있음을 발견하고 그 제도의 역사와 당시의

관행을 연구하기 위한 기발한 방법을 창안해 냈다. 그녀는 자신의 연구를 가족이나 사적 영역 또는 여성에 대한 별도의 연구로 인식하지 않고 오히려 가사 서비스는 경제적·정치적 현상이고 따라서 과학적 역사 연구의 영역으로서 적절하다고 주장했다. Lucy Maynard Salmon, *Domestic Service*(New York, 1897; reprint ed., New York: Ayer, 1972).

12 Adams, *The Study and Teaching of History*, p. 14.

13 다음에서 재인용. AHA records, 1905, Jacqueline Goggin, "Challenging the Historical Establishment: Women in the Historical Profession, 1890~1940"(unpublished paper, Berkshire Conference, June 1987), p. 30.

14 다음에서 재인용. Van Tassel, "From Learned Society," p. 953.

15 *Ibid.*, p. 954. 샐먼이 끈질기게 노력한 결과 미국역사학회의 여러 위원회에서 여성 참여가 증가했다. 집행위원회에서 그녀의 임기가 끝날 무렵인 1920년쯤, 여러 위원회에서 여성 위원은 4명이 되었다. Goggin, "Challenging the Historical Establishment," p. 37.

16 Link, "The American Historical Association," p. 5.

17 1926~39년에 대해 언급한 연구에서는 다음과 같이 결론을 내렸다. "역사를 가르치는 것 ─ 또는 심지어 대학원에서 역사를 공부한 것이 어느 정도 유용하게 쓰이는 자리를 차지하는 것 ─ 은 대부분 남성들이다. 이런 상황이 만들어진 것은 여성의 취업 기회가 남성보다 적었기 때문이기도 하다. 남성이 여대에서 가르치는 경우는 있어도 여성이 남대에서 역사를 가르치는 사례는 하나도 없었다. 남녀공학 기관에서 남성이 고용된 비율은 여성보다 훨씬 높다." Hesseltine and Kaplan, "Women Doctors of Philosophy in History," pp. 255-56.

18 Link, "The American Historical Association," p. 5.

19 Howard K. Beale, "The Professional Historian: His Theory and His Practice," *Pacific Historical Review*(1953) 22:235.

20 1960년대 초기에 발생한 전문직 여성에 대한 논의는 대부분 여성의 인원수가 증가하면 차별이 사라질 것이라 여겼다. 당시 브라운 대학 총장이었던 바너비 키니는 1962년에 "모든 것이 평등해지면 모든 칼리지와 종합대학에서 여성 교수의 비율은 50퍼센트가 될 것이다"라고 썼다. Barnaby Keeney, "Women Professors at Brown," *Pembroke Alumna*(1982) 27:8-9. 또한 다음을 보라. Jessie Bernard, *Academic Women*(University Park, Pa.: Pennsylvania State University Press, 1964), p. xii; Lucille Addison Pollard, *Women on College and University Faculties: A Historical Survey and a Study of Their Present Academic Status*(New York: Ayer, 1977).

21 American Historical Association, *Report of the Committee on the Status of Women*, November 1970, p. i.

22 Jesse Dunsmore Clarkson, "Escape to the Present," *AHR*(April 1941) 46:544-48; *Annual Report of the American Historical Association for the Year 1940*, "Proceedings-1940," pp. 21, 59. 멀 커티는 미국역사학회 총회가 끝난 후 버크셔여성사학회의 서기로부터 회의 프로그램에 여성이 취급된 것에 대해 감사 편지를 받은 것을 기억하고 있다. "나는 우리가 저 정도밖에 하지 못한 것에 대해, 그리고 이것 때문에 우리에게 고마움을 전달하는 것이 적절하다고 생각하게 만든 상황을 부끄럽게 생각했다"(멀 커티가 1987년 3월 25일, 조앤 스콧에게 쓴 사적인 편지).

23 *Annual Report of the AHA*, "Proceedings-1939," p. 58. 이 자료를 찾는 데 도움을 준 노라리 프랭켈Noralee Frankel에게 고마움을 전한다.

24 "Historical News: The American Historical Association," *AHR*(1939~40) 45:745, cited in Goggin, "Challenging the Historical Establishment," p. 52. 1940년에 공천위원회 구성원은 하워드 빌, 폴 벅Paul Buck, 커티스 네틀즈Curtis Nettles와 주디스 윌리엄스Judith Williams였다. 위원장이었던 빌은 오랫동안 집행위원회와 기타 위원회에 흑인을 포함하려고 캠페인을 해왔던 인물이다. 이런 시도는 여러 차례 실패로 끝났지만(미국역사학회의 인종차별적 정서가 얼마나 깊은지를 알 수 있다), 그는 또 하나의 '다른' 범주인 여성 대표를 추천하는 운동을 지지했다.

25 Jessie Bernard, *Academic Women;* Patricia AlbjergGraham,"Expansion and Exclusion: A History of Women in Higher Education," *Signs*(1978) 3:759-73; Susan Carter, "Academic Women Revisited: An Empirical Study of Changing Patterns in Women's Employment as College and University Faculty, 1890~1963," *Journal of Social History*(1981) 14:615-97. 제대군인의 입학을 위해 정부가 대학에 자금을 투입하게 된 G.I. 빌G.I. Bill(1944년의 군인사회귀환법)의 영향에 대해서는 다음을 보라. Keith W. Olson, *The G.I. Bill, the Veterans, and the Colleges*(Lexington, Ky.: University of Kentucky Press, 1974).

26 『뉴욕타임스』 1951년 8월 16일자에 보도된 스탠퍼드 대학의 역사학회의에서 앨런 네빈스의 강연. 다음에서 재인용. Beale, "The Professional Historian," p. 246. 냉전 이데올로기와 교육에 대해서는 다음 예도 있다. *National Defense and Higher Education*(Washington, D.C.: The American Council on Education, 1951).

27 Beatrice Hyslop, Mt. Holyoke College, "Letters of the Class of 1919"(1969). 하이슬롭에 대해 이 사료와 기타 정보를 전달해 준 엘렌 벌링턴 펄로에게 고마움을 전한다. Ellen Bullington Furlough, "Beatrice Fry Hyslop: Historian of France"(unpublished Master's Thesis in History, University of South Carolina, 1978), p. 87.

28 나탈리 제몬 데이비스는 1987년에 미국역사학회 회장이 되었다.

29 누군가가 시간이 있다면, 무비판적 전략이라고 불릴 수 있는 것을 찾아봐도 흥미로울 것이다. 이들은 개인의 탁월함이나 재치가 생물학적 성이 초래한 제약을 극복할 수 있다고 보았다. 따라서 1953년 래드클리프 박사에 대한 연구서의 저자들은 책의 마지막에 여성들이 성공하기 위한 최선의 방법을 제시했다. "해결책은 …… 여성들이 '경쟁'의 문제가 제기될 수 없을 정도로 높은 품질의 일을 해내는 것이다. 편견이 매우 심한 안티페미니스트만이 능력과 성취가 남성보다 훨씬 뛰어나다는 것을 입증한 여성들에 대해 성을 근거로 고용을 거부할 수 있을 것이다." *Graduate Education for Women: The Radcliffe PhD*(Cambridge, Mass.: Harvard University Press, 1956), p. 108. 이 책에는 또한 여성 박사들의 전략에 관한 보고서도 들어 있다. 그중 한 명은 "내 생각을 숨기기" 위해 어떻게 노력했는지를 언급했고(p. 36), 다른 한 명은 "남성이 할 수 있는 것만큼 열심히 밀어붙이려 하지 않았"으며(p. 39), 또 다른 한 명은 사회 행사에서 자신이 배제되는 것을 "클럽이나 남성들의 저녁 식사"와 같은 사소한 것으로 치부했다(p. 27-28). 대부분의 사람들은 어떤 식으로든 성가시게 군다거나 페미니즘을 주장하는 것처럼 보이는 것이 무슨 대가를 치르더라도 피해야 할 위험한 행동이라고 여겼다(p. 26, 38). 요점은 그들의 성sex이 용서받을 정도로 훌륭하거나 눈에 띄지 않을 정도로 신중해야 한다는 것 같았다. 어느 경우든 여성적 차이를 의식한 증거는 압도적으로 분명했다.

30 다음에서 바이올렛 바버Violet Barbour가 샐먼에 대해 쓴 부분을 보라. Louise Fargo Brown, *Apostle of Democracy: The Life of Lucy Maynard Salmon*(New York: Harper and Row, 1943), p. 98. J. T. James(ed.) *Notable American Women*, Vol. III(Cambridge, Mass.:

Harvard University Press, 1971), pp. 223-25. 또한 다음을 보라. Helen Lefkowitz Horowitz, *Alma Mater: Design and Experience in the Women's Colleges from Their Nineteenth-Century Beginnings to the 1930's*(Boston: Beacon Press, 1984), pp. 180, 186-87, 194.

31 다음에서 재인용. Brown, *Apostle of Democracy*, pp. 101-2.

32 *Ibid.*, p. 132.

33 *Ibid.*, p. 136.

34 *Ibid.*, p. 256.

35 샐먼 사후에 발표된 다음 저서 중 A. 언더힐이 쓴 서문(vii.)에서 인용. Lucy Maynard Salmon, *Historical Material*(New York: Oxford University Press, 1933).

36 Higham, *History*, passim and pp. 124n, 206n.

37 1920년대 이전에도 개개인이 분노를 표명하거나 미국역사학회 지도층에 여성이 들어갈 수 있도록 여성 역사가들이 힘을 모았다는 증거가 있다. 하지만 집단행동에 대한 증거가 비교적 많은 것은 1920년대 이후다.

38 "U of M gets First Woman History Prof," *Detroit Free Press*, October 29, 1961, p. C-5, 미시간 대학 사학과 학과장 존 보우디치가 1961년 2월 15일에 부총장이자 교수회회장인 마빈 니허스Marvin L. Niehuss에게 쓴 편지. 로빈슨 박사와 그녀의 유산 기증에 대한 약속 조항에 대한 정보는 위스콘신 대학(매디슨 캠퍼스) 역사학과에서 구했다. 이 기증에서 충분한 소득이 발생해 기증자가 명시한 급여를 지불할 수 있게 되기까지 수년이 걸렸다. 이런 직위에 충분한 예산이 투여되고 고정적으로 사람을 고용하게 된 것은 1960, 70년대에 여성 졸업자들로부터 압박이 가해지고 여성 박사가 늘어나 여성을 위한 이런 가능성들의 존재에 관심이 기울여지기 시작하면서부터다.

39 Schlesinger Library, Radcliffe College, Papers of the Berkshire Conference, MC267(5). Letter of Louise R. Loomis, May 8, 1952와 Kathryn Kish Sklar, "American Female Historians in Context, 1770~1930," *Feminist Studies*(1975) 3:171-84.

40 Papers of the Berkshire Conference, MC267(2), March 16, 1931. 간접적이긴 하지만 이 기간의 노동운동에 대한 관심이 영향을 미쳤다는 점은 분명하다.

41 Papers of the Berkshire Conference, MC267(3), Minutes, May 20~22, 1938.

42 루이스 펠프스 켈로그는 위스콘신주 역사학회의 문서 보관 담당이었다. 그녀는 1930년에 여성으로서는 처음으로 미시시피 밸리 역사학회Mississippi Valley Historical Association(현 미국역사가조직Organization of American Historians의 전신)의 회장으로 선출되었다.

43 왜 넬리 닐슨이 여성 후보자로 뽑혔는지 정확히 알 수 있다면 흥미로울 것이다. 그녀는 물론 명성이 뛰어난 훌륭한 역사가였다. 중세 역사가 수많은 훌륭한 여성 역사학자들을 끌어들이고 양성해 냈다는 사실에 비추어 볼 때, 그녀가 중세 연구자였다는 점은 특히 중요해 보인다. 나는 여성들이 이 분야에 진출한 것은 중세 연구자들에게 요구되는 (난해한 언어와 비문학epigraphy) 스킬과 연관된다고 추측한다. 이런 어렵고 박식한 스킬을 숙달한 여성의 능력은 의심의 여지가 없거나 적어도 도전하기 어렵게 만들었다. 그녀가 이 분야에서 얻어 낸 인정을 기타 접근하기 더 용이한 역사 분야(영어나 현대 외국어를 읽기만 하면 되는)에서 얻어 내려면 더 어려웠을 것이다. 윌리엄 로이 스미스는 넬리 닐슨에 대해 "학생들을 중세 역사에 빠져들게 하는 특이한 능력이 있었다. 또한 학생들이 필사본 자료를 사용해 게임을 즐기는 방법도 가르쳐 주었다"라고 썼다. 다음에서 인용. Goggin, "Challenging the Historical Establishment," p. 15, n. 24.

44 미의회도서관에서 J. 프랭클린 제임슨의 문서를 담당하고 있는 재클린 고긴은 1884년부터

젠더와 역사의 정치

1940년까지의 여성 역사가들의 역사를 정리하고 있다.

45 Higham, *History*, p. 148.

46 Mary Beard, *Woman as a Force in History*(1946: reprint ed., New York: Octagon Books, 1985). 여성사에 대한 다양한 사례에 대해서는 다음을 보라. Mary Sumner Benson, *Women in Eighteenth Century America: A Study of Opinion and Social Usage*(1938; reprint ed., New York: AMS Press, 1976); Elizabeth W. Dexter, *Colonial Women of Affairs: A Study of Women in Business and the Professions in America before 1776*(1931; reprint ed., Fairfield, N.J.: Augustus Kelley, 1972); Julia Cherry Spruill, *Women's Life and Work in the Southern Colonies*(1938; reprint ed., New York: Norton, 1972). 더 많은 참고문헌 목록에 대해서는 다음을 보라. Jill K. Conway, *The Female Experience in Eighteenth and Nineteenth Century America: A Guide to the History of American Women*(Princeton: Princeton University Press, 1985).

47 Beatrice Hyslop, "Letter to the Editor," *AHR*(1956) 62:288-89, Furlough, MA Thesis, p. 67에서 재인용.

48 이 시기의 역사에 대해서는 다음을 보라. Alice Rossi and Ann Calderwood, *Academic Women on the Move*(New York: Russell Sage, 1973). 특히 로시Rossi, 조 프리먼Jo Freeman, 그리고 케이 클로츠버거Kay Klotzburger의 글을 보라.

49 Hilda Smith, "CCWHP: The First Decade"(unpublished paper 1979).

50 미국역사학회 회보에 실리는 여성역사가위원회Committee on Women Historians의 연간 보고서와 다음을 보라. American Historical Association, *Report of the Committee on the Status of Women,* November 9, 1970.

51 Higham, *History*, p. 225.

52 여성에 대해서는 다음을 보라. Joan Kelly-Gadol, "Did Women Have a Renaissance?" *Women, History and Theory: The Essays of Joan Kelly*(Chicago: University of Chicago Press, 1984), Gerda Lerner, *The Majority Finds Its Past*(New York: Oxford University Press, 1979), Joan Hoff Wilson, "The Illusion of Change: Women and the American Revolution," Alfred Young(ed.), *The American Revolution: Explorations in the History of American Radicalism*(DeKalb: Northern Illinois University Press, 1976), pp. 383-446. 아메리카 원주민에 대해서는 다음을 보라. Francis Jennings, *The Invasion of America: Indians, Colonialism and the Cant of Conquest*(New York: Norton, 1976), Michael Paul Rogin, *Fathers and Children: Andrew Jackson and the Subjugation of the American Indian*(New York: Knopf, 1975), Mary Young, *Redskins, Ruffleshirts and Rednecks: Indian Allotments in Alabama and Mississippi*(Norman, Ok.: University of Oklahoma Press, 1961). 인종주의에 대해서는 다음을 보라. George Fredrickson, *The Black Image in the White Mind: The Debate on Afro-American Character and Destiny, 1817~1914*(New York: Harper and Row, 1971), Winthrop Jordan, *White over Black: American Attitudes Toward the Negro, 1550~1819*(Chapel Hill: University of North Carolina Press, 1968), Edmund Morgan, *American Slavery, American Freedom: The Ordeal of Colonial Virginia*(New York: Norton, 1975). 명백한 운명론에 대해서는 다음을 보라. Walter LaFeber, *The New Empire: An Interpretation of American Expansion, 1860~1890*(Ithaca, N.Y.: Cornell University Press, 1963)와 William Appleman Williams, *The Roots of Modern American Empire*(New York:

Random House, 1969).

53 여성에 대한 새로운 지식을 종합하려고 한 최근의 시도로는 다음을 보라. Marilyn J. Boxer and Jean H. Quataert, *Connecting Spheres: Women in the Western World, 1500 to the Present*(New York: Oxford University Press, 1987). '여성의 문화'에 대해서는 다음 심포지엄의 기록을 보라. "Politics and Culture in Women's History," *Feminist Studies*(1980) 6:26-64. 여성의 글쓰기에 대해서는 다음의 특별호를 보라. "Writing and Sexual Difference," *Critical Inquiry*(1981) 8. 정치의식에 대해서는 다음을 보라. Temma Kaplan, "Female Consciousness and Collective Action: The Case of Barcelona, 1910~1918," *Signs*(1982) 7:545-66.

54 '여성'이라는 범주의 역사적 다양성에 대해서는 다음을 보라. Denise Riley, *"Am I That Name?": Feminism and the Category of "Women" in History*(London: Macmillan, 1988).

55 Carl Degler, "What the Women's Movement Has Done to American History," *Soundings: An Interdisciplinary Journal*(1981) 64:419.

56 미국 페미니즘의 평등과 차이에 대한 두 가지 논의에 대해서는 다음을 보라. Nancy F. Cott, *The Grounding of Modern Feminism*(New Haven: Yale University Press, 1987).

10장 평등이라는 난제

1 구주에 대해서는 다음을 보라. Joan W. Scott, *Only Paradoxes to Offer: French Feminists and the Rights of Man*(Cambridge, MA: Harvard University Press, 1996)[『페미니즘 위대한 역사』, 공임순·이화진·최영석 옮김, 앨피, 2017. 55쪽].

2 나는 이 단락의 예들을 다음에서 참고했다. Martha Minow, *Not Only for Myself: Identity, Politics, and the Law*(New York: The New Press, 1997).

3 *Ibid*, p. 56.

4 R. R. Palmer, "Equality," *Dictionary of the History of Ideas*, Edited by Philip P. Wiener(New York: Scribner, 1973~74), p. 139.

5 다음에서 인용. Darlene Gay Levy, Harriet Branson Applewhite and Mary Durham Johnson(eds.) *Women in Revolutionary Paris, 1789~95*(Urbana: University of Illinois Press, 1979), p. 219.

6 Marquis de Condorcet, "On the Admission of Women to the Rights of Citizenship"(1790). *Selected Writings*, Edited by Keith Baker(Indianapolis: Bobbs-Merrill, 1976), p. 98.

7 *Oxford English Dictionary*(Oxford:1961, Vol. III), p. 253.

8 Stephen Lukes, *Individualism*(New York: Harper and Row, 1973), p. 146.

9 Yvonne Knibiehler, "Les Médecins et la 'Nature féminine' au temps du Code civil," *Annales E.S.C.* 31(1976), p. 835.

10 Elissa Gelfand, *Imagination in Confinement: Women's Writings from French Prisons*(Ithaca: Cornell University Press, 1983). 겔팬드는 다음 책을 인용했다. Cesare Lombroso and G. Ferrero, *La Femme criminelle et la prostituée*, Trans. Louise Meille(Paris:1896).

11 Alphonse de Lamartine, *Histoire de la revolution de 1848*(Paris:1948), Vol. II, p. 139.

12 Arnold M. Rose, "Minorities," *International Enyclopedia of the Social Sciences*, Edited by David L. Sills. Vol. 10(New York: Macmillan Company, 1972), pp. 365-71.

13 Jacques Rancière, *The Nights of Labor: The Workers' Dream in Nineteenth-Century France*, Trans. John Drury(Philadelphia: Temple University Press, 1989), p. 3[『프롤레타리아의 밤』, 같은 책, 19쪽].

14 *Ibid*, pp. 3-4[같은 책, 20-21쪽].

15 펠티에에 대해서는 다음을 참조하라. Joan W. Scott, *Only Paradoxes to Offer: French Feminists and the Rights of Man*(Cambridge, MA: Harvard University Press, 1996), pp. 125-60[『페미니즘 위대한 역사』, 263-320쪽].

16 *Ibid*, p. 23.

17 *Ibid*, p. 23.

18 Dick Gregory, *Nigger*(New York: Dutton, 1964).

19 John David Skrentny, *The Ironies of Affirmative Action*(Chicago: The University of Chicago Press, 1996), p. 200.

20 Sarah Kershaw, "Regents, at Unruly Meeting, Vote to Retain Policy on Bias," *New York Times*, January 19, 1996.

21 Hopwood v. Texas. 78 F. 3d 932(5th Cir. 1996)

22 *Ibid*.

23 *Ibid*.

24 Mike Peters, Cartoon, *Dayton Daily News*, 1999.

가내노동(자) 178-182, 185, 186, 190, 197, 221, 234, 239, 254

가부장제patriarchy 16, 50, 73-76, 79, 162, 336, 399

가사 노동(자) 159, 186, 190, 256, 276, 348, 391, 418, 423

가정성domesticity 141, 142, 151, 190, 195, 201, 285

가족 14, 30, 31, 44, 49, 50, 52, 53, 55, 57, 61, 69, 72, 76, 80, 81, 90, 96, 100, 118, 125-127, 141, 144, 162, 173-175, 177-180, 184, 185, 187-195, 197-202, 207, 208, 211, 213, 217, 220, 226, 229-232, 234-237, 240, 251, 252, 255, 258-261, 267, 270-275, 277-285, 304, 334, 336, 395, 412, 414, 423

___가족 임금 125, 187

___가족 작업장 185, 273

___가족제도 31, 281

___노동계급 가족 185, 217, 231, 235

『가족의 기원』 Origins of the Family(엥겔스) 76

간학제적 작업 34, 45, 52

감리교 143, 146, 147

건설 노동(자) 176, 233, 234

건설업(19세기 프랑스) 176, 228, 233, 362, 363

『검둥이』 Nigger(그레고리) 357

게, 데지레Gay, Desirée 192, 194

결사체주의associationalism 173

결혼 9, 20, 43, 65, 97, 99, 117, 200, 232, 234, 266, 274, 284, 324, 416

경제사economic history 69, 134

경험 28, 30, 48, 50-52, 58-60, 67, 71, 75, 80, 81, 84, 109, 112, 120, 134-136, 141, 142, 144, 159, 161, 162, 165, 175, 200, 202, 208, 231, 302, 303, 310, 316, 324, 328, 330, 334, 335, 345, 346, 368, 401, 406

___객관적 경험 27

___계급 경험 124, 135

___사회적 경험 68, 77, 163, 166, 325

___여성의 경험 28, 48, 50, 51, 55, 61, 67, 69, 84, 127, 141, 143, 295, 296, 302, 311, 339, 345

계급class 26, 27, 30, 31, 33, 43, 50, 55, 66-68, 92, 97, 101, 109-114, 116-122, 124-129, 133-140, 142-145, 151, 157-159, 161-168, 199, 206, 217, 235, 241, 317, 320, 349, 364, 398, 405, 417

___계급 갈등 217

___계급 언어 118, 119, 128

___계급의식 112, 114, 119, 121, 133, 136, 137, 142, 144-146, 150, 151, 160, 161, 165

___계급투쟁 158, 161

___'노동계급' 항목도 참조

___'중간계급' 항목도 참조

『계급의 언어』Languages of Class(스테드먼 존스) 111

계보학genealogy 161

고들리에, 모리스Godelier, Maurice 92

「고래 밖에서」Outside the Whale(톰슨) 144, 155

공방workshop 142, 178-184, 186, 188, 192, 195, 221, 231-233

공장 30, 136, 213, 219, 221, 233, 262-266, 272, 273, 277, 391, 419

공장주 180, 210, 211, 217, 227, 232

국가 9, 11, 14, 16, 31, 43, 46, 55, 60, 61, 72, 79, 94-96, 98-100, 112-115, 127, 144, 184, 191, 194, 211, 214, 216, 224, 228, 235, 271, 280, 315, 357, 365, 392

___국민국가 43, 46, 94

국민작업장national workshops(19세기

프랑스) 183, 188, 191, 192, 211, 216

국제형사재판소International Criminal Court 20, 389

권력power 11, 12, 15, 16, 19, 28, 30, 31, 35, 36, 38, 44, 54, 55, 57, 59, 60, 68, 70, 72, 75, 81, 88, 92, 94-99, 113, 115, 175, 184, 208, 216, 242, 251, 282, 283, 306, 318, 330, 338, 339, 349, 353, 364, 365, 367, 404, 405

___권력관계 24, 26, 57, 60, 88, 92, 96-98, 113, 189, 209, 284, 299, 340, 364

___정치권력 14, 16, 95, 98

___젠더와 권력 97, 99

___지식과 권력 28, 30, 36, 175, 242

귀금속 노동자(19세기 프랑스) 231, 232

규율disciplines 10, 153, 155, 157, 230, 235, 240, 251, 259, 271, 285, 417

그레고리, 딕Gregory, Dick 357

근본주의 종교 집단 89

글레이즈, 오귀스트-바르텔레미Glaize, Auguste-Barthélemy 247, 248, 251

급진주의radicalism 113, 114, 120, 136, 141, 145, 147, 149, 166

기계화 263, 264, 268, 272, 419

기성복 산업 176, 180-182, 184, 189, 190, 228, 229, 252, 409

기어츠, 클리퍼드Geertz, Clifford 86

길리건, 캐럴Gilligan, Carol 79, 80, 84, 85, 401

길먼, 샬롯 퍼킨스Gilman, Charlotte Perkins 91

나치 독일 55

남성 노동자 121-123, 125, 140, 142, 194, 196, 258, 263, 303, 410

『남성복 재봉사 신문』Le Journal des
Tailleurs 183
남성성masculinity 17, 18, 57, 81, 82, 89,
94, 98, 125, 156, 162, 174, 186,
195, 197, 202, 263, 313, 316, 321
남성 지배 74, 75, 77, 336
네빈스, 앨런Nevins, Allan 321, 425
노동계급working class 18, 27, 49, 98,
109, 110, 117, 119, 120, 123-128,
134, 137-139, 145-150, 152,
157-161, 164-168, 173, 176, 196,
199, 206, 210, 213-215, 217, 235,
237, 241, 249, 250, 260, 265,
267-271, 274, 285, 354, 393, 412,
417-419
『노동계급의 빈곤』The Poverty of the
Working Classes(뷔레) 258
노동 분업 31, 53, 80, 126, 177, 250,
261, 262
노동사labor history 27, 53, 107-111,
128, 129, 133, 135, 138, 159, 163,
164, 168, 174, 295, 304, 320
노동시장 53, 90, 142, 229, 255, 262,
263, 281
노동의 여성화feminization of labor 263
노동자 27, 52, 53, 55, 97, 112, 117,
118, 120, 127, 134, 136, 144, 146,
151, 154, 155, 163-165, 173-179,
181, 183-186, 188, 192, 193,
195-198, 200-202, 205-209,
211-222, 224-240, 247, 252,
254-259, 261, 262, 265, 267,
271-273, 277, 282, 283, 295, 304,
337, 351, 353-355, 364, 392, 405,
408, 414, 416
___'남성 노동자' 항목도 참조
___노동(자)운동 84, 97, 124, 128,
137, 151, 160, 193, 195, 202, 353,
364, 426

___노동자 문제 124, 215
___독신 여성 노동자 239, 241
___'여성 노동자' 항목도 참조
「노동 조직」Organisation du Travail(블랑)
214
노동조합(노조) 45, 49, 53, 121, 125,
136, 141, 147, 393
노동할 권리right to work(19세기
프랑스) 176, 191-194, 215, 354
노리스, 질Norris, Jill 49
뉴딜New Deal 329
『뉴레프트 리뷰』New Left Review 78
닐슨, 넬리Neilson, Nellie 313, 314,
319-321, 326, 329, 426
다원주의pluralism 27, 306, 338
대문자 인간/남성Man 310, 316, 323,
331, 332, 334
___'보편적 인간' 항목도 참조
대상관계 이론object-relations theory 74,
79, 80, 400, 401
대표representation 16, 47, 59, 114, 120,
124, 125, 149, 192, 194, 208, 214,
217, 316, 318, 319, 321, 326, 333,
344, 345, 348, 355, 367
데글러, 칼Degler, Carl 51, 336, 337
데리다, 자크Derrida, Jacques 28, 33, 85,
108, 401
데리쿠르, 제니Héricourt, Jenny d' 249
데이비스, 나탈리 제몬Davis, Natalie
Zemon 55, 66, 93, 425
도급일piecework(19세기 프랑스) 181,
189
도덕성 79, 178, 186, 230, 231, 233-235,
237, 249, 263, 268, 270, 274, 275,
281
도덕정치학아카데미Académie des
sciences morales et politiques 211,
213, 223, 251, 263

도덕화 267, 282

도비에, 줄리-빅투아르Daubié, Julie-Victoire 248, 269, 270-272, 279-285, 419

도시화 46, 260, 262, 286, 335

독신 여성femmes isolées 240, 252-254, 258, 260, 261, 283, 284

동업조합 180, 183, 186, 188, 189, 192, 200

두보이스, W. E. B. DuBois, W. E. B. 320

뒤 캉, 막심du Camp, Maxime 249

뒤사르, 이폴리트Dussard, Hippolyte 247

드 구주, 올랭프de Gouges, Olympe 343, 357, 428

드 로레티스, 테레사de Lauretis, Teresa 30, 59, 83

드 콩도르세, 마르키de Condorcet, Marquis 349

드루앵, 잔Deroin, Jeanne 198

라이트, 수재너Wright, Susannah 149, 150

라일리, 데니즈Riley, Denise 10, 64, 84, 106, 132, 164, 250, 373, 401

라캉, 자크Lacan, Jacques 16, 79, 80, 81, 83, 90, 108, 161, 162, 164

라테, 루Ratté, Lou 91

라플랑슈, 장Laplanche, Jean 13

랑시에르, 자크Rancière, Jacques 354, 408

러다이트운동Luddite movement 121, 133, 147, 154

레비, 달린Levy, Darlene 56

레이보, 루이Reybaud, Louis 263, 269

로빈슨, 플로렌스 포터Robinson, Florence Porter 327, 426

로잘도, 미셸Rosaldo, Michelle 87

로젠버그, 로절린드Rosenberg, Rosalind 291, 293-297, 301, 302, 421, 422

로즈 보고서Rose Report 319, 333

로즈, 윌리 리Rose, Willie Lee 319

로크, 존Locke, John 94, 122

론도, 나탈리Rondot, Natalis 415

루미스, 루이스Loomis, Louise 327

루빈, 게일Rubin, Gayle 90, 401

루소, 장-자크Rousseau, Jean-Jacques 343, 350, 357

루이스, 제인Lewis, Jane 164

뤽상부르위원회Luxembourg Commission 178, 191, 216

르네상스Renaissance 14, 49, 335

『르 주르날 이코노미스트』Le Journal des Economistes 247, 251, 253, 264, 265, 269, 415

르포르, 클로드Lefort, Claude 16

리딩턴, 질Liddington, Jill 49

링크, 아서Link, Arthur 318

마르크스, 칼Marx, Karl 68, 135, 147, 418, 421

마르크스주의(자) 27, 44, 45, 68, 73, 74, 76-79, 121, 133-136, 153, 160, 161, 297, 422
___마르크스주의 페미니즘/ 페미니스트 45, 76-78, 399, 400

마틴, 비디Martin, Biddy 91

맥키넌, 캐서린MacKinnon, Catherine 74, 75

메이슨, 팀Mason, Tim 55, 57

모로, 자크-루이Moreau, Jacques-Louis 350, 417

모리스, 윌리엄Morris, William 152, 153, 156

모성 99, 198, 202, 258, 266, 268, 270-272, 275-277, 280, 281, 285, 304, 353, 411

몬터규, 메리 워틀리Montagu, Mary
    Wortley 65
무의식 14, 19, 21, 80, 82, 161
무질서 188, 200, 213, 236, 247,
    251-253, 264, 265, 267, 270
미국대학여성협회American Association
    of University Women(AAUW) 328
미국역사학회American Historical
    Association(AHA) 64, 132,
    311-314, 317-323, 326-329, 331,
    333, 339, 423-427
미노우, 마샤Minow, Martha 292, 347
미숙련노동(자) 177
미슐레, 쥘Michelet, Jules 249, 272
미시간 대학University of Michigan 323,
    327, 426
민주(주의)혁명 16, 49, 149, 350, 356
민주주의 19, 27, 49, 95, 96, 120, 135,
    137, 149, 155, 194, 309, 312, 313,
    316, 320, 321, 324, 330, 331, 334,
    336, 338, 345, 350, 356, 423
민주집중제democratic centralism 154
밀크맨, 루스Milkman, Ruth 291, 292,
    299
바렛, 미셸Barrett, Michèle 78, 79
바이넘, 캐롤라인Bynum, Caroline 93
반혁명 147
발렌즈, 데버러Valenze, Deborah 148
방직 노동(자) 141, 142, 337
방직업 143
버크, 에드먼드Burke, Edmund 94
버크서여성사학회Berkshire Conference
    of Women Historians 308, 320,
    327, 328, 329, 391, 424
버틀러, 조세핀Butler, Josephine 56
버틀러, 주디스Butler, Judith 9, 10, 389
벤저민, 제시카Benjamin, Jessica 78

보날드, 루이 드Bonald, Louis d 95
보댕, 장Bodin, Jean 94
보편성universality 58, 118, 316, 317,
    322, 323, 331, 339, 361, 363
보편적 인간Universal Man 36, 47, 139,
    302, 310, 312, 316, 330, 337
    ___'대문자 인간/남성' 항목도 참조
보호주의protectionism(19세기 프랑스)
    224, 235
복지국가 96
봉제여공우애조합Association Fraternelle
    des Ouvrières Lingères 192
부르디외, 피에르Bourdieu, Pierre 92, 93
부르주아bourgeoisie 15, 50, 151, 173,
    177, 197, 199, 201, 202, 206, 220,
    223
불평등 12, 26, 37, 68, 70, 75, 81, 86,
    97, 120, 129, 177, 296, 298, 300,
    329, 338, 340, 353, 360, 364, 398,
    404
    ___권력의 불평등 68, 405
    ___젠더 불평등 27, 75
뷔레, 외젠Burct, Eugène 222, 258, 261
블랑, 루이Blanc, Louis 178, 191, 214,
    216
블레이크, 윌리엄Blake, William 152,
    156
비숙련노동(자) 184, 186, 189, 195, 226,
    229, 279
비어드, 메리Beard, Mary 326, 330
비엔노, 엘리안Viennot, Eliane 14
비처, 캐서린Beecher, Catharine 91
빈곤poverty 173, 212-215, 228, 247,
    248, 251-254, 258, 260, 264, 265,
    268, 271, 281, 282, 284
빌, 하워드 K. Beale, Howard K. 319,
    320, 424
빌레르메, 루이Villermé, Louis 213,

263-265, 267, 269, 270, 414

사랑 50, 146, 148, 198-202, 273, 275, 276

사례연구case studies 44, 68, 176, 392

사우스콧, 조애너Southcott, Joanna 140, 146, 147, 149, 150, 162

사탄Satan 146, 148

사회사social history 11, 23, 27, 31, 34, 49, 52, 54, 72, 133, 207, 337

사회주의(자) 44, 45, 76, 97, 114, 117, 121, 122, 124, 126, 148, 152, 154, 157, 158, 173, 189, 196, 211, 215, 216, 221, 222, 224, 235, 242, 250, 259, 277, 286, 351, 391, 393, 403

___과학적 사회주의 160

___사회주의 운동 151, 154, 160

___사회주의 페미니즘 138, 158, 160, 161, 194

___사회주의 휴머니즘 134, 136

___유토피아적 사회주의 46, 97, 124, 160, 200, 201, 403

사회화 31, 293, 296, 297, 301, 400

『산업시보』Le Moniteur Industriel 211

산업화 30, 46, 121, 133, 141, 262, 286, 335

살로메, 루 안드레아스Salomé, Lou Andreas 91

상징 30, 67, 89, 95, 99, 145, 150, 198, 199, 201, 259, 266, 369, 390

___상징적 질서 80, 81

샐먼, 루시 메이너드Salmon, Lucy Maynard 314, 317, 318, 323-327, 329, 338, 423-426

생산 31, 45, 151, 179, 181, 183-185, 187, 190, 195, 198, 220, 221, 225, 226, 229, 230, 250, 256, 257, 260, 263, 264, 273

___대량생산 181, 217

___생산성 28, 125, 157, 259, 281, 285

___생산양식 76

___생산자 97, 119, 148, 190, 193, 195, 196, 202, 221, 222, 225, 228, 276, 283

생산관계 30, 76-78, 115, 128, 135, 139, 141-145, 146, 161, 165, 175, 221, 286

생시몽주의자Saint-Simonians 173, 176, 197, 198, 409, 410, 411

샤츠, 애덤Shatz, Adam 17

석공masons(19세기 프랑스) 234

선거권suffrage 43, 90, 121, 122, 127, 193, 208, 215, 351

선거법 개정안(1832) 120, 121

섬유산업(19세기 프랑스) 262, 415

성매매(매춘) 117, 199, 206, 233, 234, 237, 238, 240, 247, 248, 252-254, 259, 260, 264, 265, 270-272, 274, 280, 417-419

성별 노동 분업 31, 76, 79, 81, 83, 126, 128, 142, 177, 195, 200

성 역할 67, 71, 72

『성의 역사』The History of Sexuality(푸코) 56, 60, 389, 398, 401, 403

성적 대상화 74

성적 적대sexual antagonism 83, 125, 161

성적 차이(성차)sexual difference 10-13, 16, 19, 20, 24, 25, 28, 30, 32, 36-38, 56, 59, 66, 81, 82, 85, 93, 96, 97, 107, 110, 111, 118, 124, 127, 128, 144, 145, 158, 162, 165, 166, 173, 175, 264, 267, 268, 270, 271, 279, 283, 285, 291, 293, 294, 296, 299, 300, 302, 303, 305, 306, 311, 339, 356, 370, 398

세, 오라스 에밀Say, Horace Emile 222,

223, 235, 415

세, 장-밥티스트 레옹 Say, Jean-Baptiste Leon 223, 224, 415

세, 장-밥티스트 Say, Jean-Baptiste 223-226, 228, 229, 239

세탁부 washerwomen(19세기 프랑스) 220, 225, 226, 231, 233

섹슈얼리티 sexuality 12, 13, 45, 52, 56, 57, 61, 65, 71, 74-77, 90, 92, 93, 95, 100, 118, 146, 148, 237, 238, 240, 241, 250, 253, 259, 260, 267, 268, 270, 271, 302, 334, 360, 416, 417

소비 126, 239, 253

소수자 344, 345, 352, 353, 358, 362, 366

쇼메테, 피에르-가스파르 Chaumette, Pierre-Gaspard 348

쇼어, 나오미 Schor, Naomi 298

숙련노동(자) 143, 173, 175, 178-180, 183, 184, 186-189, 192, 193, 195-197, 202, 213, 214, 221, 225, 228, 231, 254, 262, 279, 313, 363, 411

쉬, 외젠 Sue, Eugène 206

슐츠, 조지 Schultz, George 362, 363

스미스-로젠버그, 캐롤 Smith-Rosenberg, Carroll 50

스크렌트니, 존 데이비드 Skrentny, John David 364

스클라, 캐스린 Sklar, Kathryn 91

스테드먼 존스, 가레스 Stedman Jones, Gareth 111-119, 121, 127, 128

스톨러, 로버트 Stoller, Robert 9

스피박, 가야트리 차크라보르티 Spivak, Gayatri Chakravorty 93

시몽, 쥘 Simon, Jules 247, 248, 268-279, 281, 282, 284

시민권 56, 196, 208, 300, 348, 349, 351, 356, 357, 361

시어즈 로벅 앤 컴퍼니 Sears, Roebuck & Company 291, 293-298, 301, 421

신좌파 New Left 134, 137, 151, 152

신하, 므리날리나 Sinha, Mrinalina 91

실증주의 positivism 26, 27, 208, 295

『19세기의 가난한 여성』La Femme Pauvre au XIXe Siècle(도비에) 248, 269

아나키즘/아나키스트 55, 97

아담, 쥘리에트 랑베르 Adam, Juliette Lamber 249

아동노동(자) 133, 213

아동노동법(19세기 프랑스) 213, 218

아벨로브, 헨리 Abelove, Henry 132, 154, 155

아이러니 irony 301, 358

아피아, 앤서니 Appiah, Anthony 346

『아틀리에』L'Atelier 206, 214, 257, 414

『안달루시아의 아나키스트』Anarchists of Andalusia(캐플런) 55

알렉산더, 샐리 Alexander, Sally 83, 84, 125, 161, 164, 399

알베르 Albert(19세기 프랑스 노동자) 216

애덤스, 허버트 백스터 Adams, Herbert Baxter 312, 314-318, 326

애플화이트, 해리엇 Applewhite, Harriet 56

어빈, 샘 Ervin, Sam 362, 363

언어 10, 13, 21, 24, 66, 80-82, 88, 93, 101, 107-112, 114-118, 122, 125, 128, 147, 148, 151, 162, 164, 207, 241, 261, 272, 317, 339, 352, 365, 404

___언어 이론 79, 107, 115

에임스, 제시 대니얼 Ames, Jessie Daniel 91

엥겔스, 프리드리히Engels, Friedrich 76, 147

여, 아일린Yeo, Eileen, 65 125

여성개혁협회Female Reform Societies 141

『여성과 여성 시민의 권리 선언』Declaration of the Rights of Woman and Citizen of 1791(드 구주) 343, 357

여성 노동자 59, 125, 141, 146, 188-190, 194, 237, 239-241, 247-249, 254, 258, 259, 261, 266, 271, 272, 275, 278, 279, 285, 286, 304, 410, 418

『여성 노동자와 산업혁명』Women Workers and the Industrial Revolution(핀치벡) 143

『여성 노동자』L'Ouvrière(시몽) 248, 268, 272

『여성논단』La Tribune des Femmes 176

여성 봉제사lingères/seamstresses 143, 176, 177, 188-192, 193, 195-199, 201, 227, 229, 239, 240, 252, 337

여성사(가) 23, 26, 28, 43-48, 52, 54, 55, 57, 58, 61, 67, 68, 69, 70, 84, 107, 110, 128, 159, 174, 277, 320, 330, 332, 334-339, 344, 391, 405, 408, 426

여성성femininity 56, 66, 81, 82, 89, 94, 95, 156, 162, 174, 186, 190, 195, 197, 198, 202, 250, 272, 275, 278, 304, 305, 313, 316, 321, 357

여성역사가상임위원회Standing Committee on Women Historians 319, 333

여성역사학자조직위원회Coordinating Committee on Women in the Historical Profession(CCWHP) 333

여성용 모자 제작자milliners(19세기 프랑스) 143, 238

여성운동 43, 46, 56, 393

『여성의 목소리』La Voix des Femmes 194, 197

여자대학(여대) 314, 317, 318, 323, 327-329, 345, 424

역사가(역사학자) 14, 19, 21, 23, 25, 26, 28, 31, 33-35, 37, 38, 43, 46, 48, 49, 51-53, 55, 58-60, 66, 68-70, 72, 73, 75, 80, 83, 84, 87, 89-91, 93, 94, 107-111, 115, 128, 129, 134, 151, 158, 161, 173, 174, 202, 206, 209, 242, 243, 249, 264, 277, 286, 291, 295, 296, 298, 305, 306, 308, 310, 311, 313, 316, 317, 319-323, 326-329, 331-334, 336, 337, 339, 390, 398, 399, 401, 421-423, 426

____페미니스트 역사가 14, 31, 36, 45, 54, 67, 68, 80, 86, 107, 110, 127, 158, 161, 164, 167, 338, 391

『역사학』History(하이엄) 326

『역사학 워크숍』History Workshop 391

역설paradox 347, 348, 351, 356, 365, 371

『영국 노동계급의 형성』The Making of the English Working Class(톰슨) 121, 133-140, 142, 143, 145, 149, 151, 152, 154, 155, 159, 165, 168, 406

영웅 133, 152

____여성 영웅 150

(여성의) 예속(종속) 36, 47, 61, 71, 74, 76, 141, 167, 237, 240, 405

오두막 예배cottage religion 148

오든, W. H. Auden, W. H. 155

오디간느, 아르망Audiganne, Armand 263, 269

오브라이언, 메리O'Brien, Mary 74

오언, 로버트Owen, Robert 146, 147

오언주의 114, 121, 147, 148, 160

왈저, 마이클Walzer, Michael 290, 299
『욕망의 권력』Powers of Desire 77
우애fraternité 50, 173
울스턴크래프트, 메리Wollstonecraft,
　Mary 139, 149
울프, 버지니아Woolf, Virginia 43, 46,
　53
월코위츠, 주디스Walkowitz, Judith 56
위계hierarchies 12, 18, 21, 26, 28, 33,
　35, 38, 97, 116, 221, 235, 267, 306,
　310, 335, 339, 340, 352, 364
위스콘신 대학University of Wisconsin
　327, 426
윌리엄스, 메리Williams, Mary 329
윌슨, 우드로Wilson, Woodrow 324
윌슨, 피트Wilson, Pete 365
유토피아주의Utopianism 83, 123, 126,
　147, 153, 156, 160, 174, 186, 200,
　202
의류(업) 노동(자)(19세기 프랑스) 176,
　177, 180, 188, 190, 202, 226, 410
의미meaning 29, 32, 33, 35-37, 65, 67,
　69, 81, 82, 86, 88, 89, 98-100,
　107-111, 114, 116-119, 121, 127,
　128, 144, 151, 158, 159, 164, 166,
　167, 267, 286, 304, 305
　___신체적 차이의 의미 10, 25, 75
　___역사(학)와 의미 36
　___포스트구조주의적 관점 29,
　80, 107
의식consciousness 29, 30, 50, 82, 112,
　136, 163-166
　___'계급의식' 항목도 참조
　___정치의식 142, 150, 336, 427
의학 50, 310
이데올로기 29, 45, 49, 51, 72, 74, 78,
　96, 108, 112, 134, 136, 145, 162,
　164, 167, 188, 208, 224, 278, 321,

335, 392, 425
　___가정 이데올로기ideology of
　domesticity 44, 50, 89, 277, 395
　___젠더 이데올로기 72, 78,
　162-164
이리가레, 뤼스Irigaray, Luce 100
이슬람 92, 95, 403
이익집단 328-330, 333
이중 체계 분석dual systems analysis 76,
　162, 163, 164, 407
이카리안 운동Icarian movement 176
이혼(법) 95, 194
인과성causality 29, 78, 84, 116, 174
『인권』Rights of Man(페인) 149
『인민 광장』La Rûche Populaire 206
인식론적 이론 35, 110
인식론적 전환 109
인적 자본human capital 255, 256
임금 44, 53, 125, 173, 179, 188, 190,
　191, 193-195, 206, 207, 213, 214,
　220, 226-232, 237-239, 251-259,
　261-263, 266, 268, 272-274, 276,
　279, 281, 283, 284, 293, 354, 414,
　418, 421
임금격차 125, 304
임금노동(자) 53, 96, 117, 120, 126,
　141, 177, 187, 188, 190, 195, 196,
　214, 226, 229, 252, 256, 257, 261,
　268, 274, 275, 277, 279, 281, 283,
　284, 354
『자기만의 방』A Room of One's Own(울프)
　43
자본주의capitalism 46, 52, 55, 76, 79,
　134, 140-143, 146, 148, 162, 163,
　174, 183, 188, 189, 197-201, 214,
　226, 259, 277, 422
　___산업자본주의 44, 142, 173,
　212

자연권natural rights 121
자연법칙natural laws 237, 254, 261
장인artisans 119, 133, 134, 140, 141,
    143, 147, 152, 173, 177, 179, 180,
    187, 188, 196, 199, 200, 217, 221,
    225, 227, 228, 231, 234, 235, 355
___남성 장인 142-144, 227
___여성 장인 142-145, 189, 227
재봉사___남성복 재봉사ouvriers
    tailleurs/tailors 143, 175-188,
    195-197, 200, 201, 220, 225, 227
___여성복 재봉사 couturières/
    dressmaker 175, 176, 188, 189,
    192, 201, 220, 225, 227, 252
재생산reproduction 25, 31, 44, 45, 51,
    52, 74-77, 90, 92, 98, 99, 126, 129,
    137, 142, 229, 254-257, 284, 317,
    348, 392, 393, 422
___재생산양식 76
재현representation 15, 25, 26, 32, 34,
    35, 55, 57, 58, 80, 81, 88, 89, 91,
    116, 124, 139, 140, 145, 149, 156,
    157, 164-168, 174-176, 179, 184,
    198, 207, 208, 237, 241, 250, 257,
    271, 299, 310, 313, 317, 322, 331,
    332, 334, 361, 416, 417, 419
___남성적 재현 58, 124
적극적 차별 수정 정책affirmative action
    programs 298, 333, 344, 358-367,
    369, 389
전미여성기구National Organization of
    Women(NOW) 333
전쟁 21, 31, 72, 98, 99, 100, 321
정신분석(학/이론/학자) 12, 14, 19, 58,
    74, 79, 90, 161, 163, 400, 406
정체성 24, 27, 28, 30-32, 34, 59, 75, 79,
    88, 90, 113, 116-119, 122, 162,
    165, 175, 177, 186, 190, 193, 196,
    303, 306, 309, 311, 322, 334, 353,

355, 358, 359, 370
___계급 정체성 116, 118, 120,
    121, 136, 158, 165, 353
___남성(적) 정체성masculine
    identity 59, 139, 302
___노동 정체성 174, 190, 196,
    202
___성 정체성 83, 86
___여성 정체성feminine identity
    59
___정체성 집단 344, 345
___젠더 정체성 74, 78-81, 90, 91,
    97, 158, 162, 302, 352
___직업 정체성 175, 179, 311
___집단 정체성group identity 59,
    118, 137, 303, 343, 344, 346, 347,
    352, 355, 356, 358-361, 363, 370
___집합적 정체성collective identity
    59, 142, 188, 195, 333, 354, 355
정치(학)politics 12-15, 19-21, 26, 28-30,
    45, 48, 49, 61, 70, 72, 78, 81, 90,
    109-120, 122, 124-129, 134-140,
    142-160, 162-168, 173-175, 177,
    191, 193-197, 205, 215, 219,
    221-224, 234, 242, 243, 298, 299,
    305, 311, 313, 316, 324, 334, 338,
    340, 348, 358, 370, 371, 393, 423
___권력관계와 정치 57, 60
___마르크스주의 정치 133
___시와 정치 154-156
___정치와 젠더 55, 56, 93-100,
    157
___집단 정체성의 정치 346
___'페미니즘 정치' 항목도 참조
___포스트구조주의에서 정치
    35-37
정치경제학political economy 121, 209,
    222-224, 228, 235, 250, 255, 258,

260, 263, 269, 274, 276, 281-283, 285, 286, 419, 421

『정치경제학 개론』(『개론』) Traité d'économie politique(J.-B. 세) 225, 229

정치경제학회Society of Political Economy(프랑스) 223, 251, 268

정치사political history 14, 49, 52, 57, 59, 69, 94, 98, 100, 168

정통 감리교Orthodox Methodism 146

제2공화국(프랑스) 215, 223

제3공화국(프랑스) 49, 242, 271, 272, 404

제임슨, J. 프랭클린Jameson, J. Franklin 312, 313, 426

제임슨, 프레드릭Jameson, Fredric 133

제헌의회Constituent Assembly(19세기 프랑스) 216

젠더gender 9-14, 19-21, 24-26, 29-32, 37, 38, 51, 54, 55, 57-59, 61, 65-73, 75-77, 79-81, 83, 86-88, 90-95, 97-101, 107, 108-111, 118, 122, 123, 128, 129, 144, 150, 157, 161, 162, 173-175, 177, 187, 197, 202, 258, 261, 284, 301, 302, 306, 311, 319, 321, 339, 349, 363, 367, 372, 388, 389, 398, 400

___계급과 젠더 127, 128, 157, 162, 164, 165, 166, 168

___역사와 젠더 24, 26, 36, 38, 54, 110, 179

___인종과 젠더 18, 68, 109, 309, 344, 360, 364

___정치와 젠더 14, 20, 21, 57, 61, 118, 340

___젠더 범주 10, 13, 19, 21, 69, 72, 303, 304

___차티스트운동과 젠더 123

존슨, 바버라Johnson, Barbara 32

종교 93, 124, 126, 146-149, 157, 352, 353, 360

___종교 운동 147, 151

주체subject 11, 30, 36, 46, 47, 49, 52, 54, 58, 74, 79, 80, 83, 86, 88, 90, 136, 139, 144, 162, 164, 174, 256, 310, 316, 317, 330-332, 338, 339, 394

___남성 주체 27, 57

___여성 주체 47, 54, 58, 61, 107, 164

___역사적 주체 36, 46, 48, 54, 100, 167, 310, 311, 316, 326, 331, 334

주체성 83, 99, 302

주판치치, 알렌카Zupančič, Alenka 13

중간계급middle class 18, 49, 50, 59, 97, 119, 120, 126, 148, 152, 181, 199, 271, 317, 417

지식 12, 24, 25, 28, 30, 32-38, 44, 46-48, 58, 60, 61, 69, 71, 116, 168, 175, 225, 242, 251, 269, 310, 311, 330, 335, 340, 344, 398, 427

___젠더 지식 26, 37

___지식 생산 12, 24-26, 30, 32-34, 36-38, 44, 46, 48, 58, 61

직인journeymen 179, 180

진보progress 27, 49, 272, 315, 321, 324, 325, 330, 334

차별 27, 28, 196, 294, 296-298, 309, 311, 312, 319, 322-329, 332, 333, 337, 339, 346, 347, 353, 354, 356, 359, 360, 362-364, 366, 367, 369, 370, 422, 424

___성차별 291, 293, 332

___인종차별 335, 363, 365, 369, 424, 427

___젠더 차별 319, 333

차이difference 10, 12, 13, 25, 28, 30, 32,
34, 38, 53, 59, 75, 77, 83-85, 88,
92, 93, 107, 110, 118, 122, 139,
144, 158, 162, 175, 187, 196, 213,
233, 262, 263, 266, 267, 273, 292,
295, 296, 298-306, 309-312, 316,
317, 322, 325, 330-340, 343,
347-352, 356, 358, 360, 361,
366-368, 371, 389, 398, 421, 425,
428

___'성적 차이(성차)' 항목도 참조

___젠더 차이 28, 51, 54, 196, 296,
297, 305, 322, 326, 327, 333, 349

___차이의 딜레마 292, 296, 306,
338, 347

차이화(차별화)differentiation 32, 36, 82,
93, 110, 117-119, 123, 309, 317,
327, 330, 334, 339, 352, 353, 356,
358, 370

차티스트운동Chartism 46, 112-116,
118-127, 405

참정권 운동suffrage movement 46, 49,
272, 323

1848년 혁명 176-178, 183, 196, 209,
211, 217, 235, 242, 260, 354

체니, 에드워드Cheney, Edward 326

초도로우, 낸시Chodorow, Nancy 79-81,
400

출산 92, 99, 126, 140, 256, 277, 280,
357, 404

친족 체계kinship systems 90, 162

7월왕정 205, 215, 216, 223

카베, 에티엔Cabet, Étienne 173, 176,
197, 198

카베냐크, 루이 외젠Cavaignac, Louis
Eugène 211, 224

칼라일, 리처드의 지지자들 139, 142,
149

캐플런, 템마Kaplan, Temma 55

캘리포니아 대학University of California
365

커티, 멀Curti, Merle 320, 424

케네디, 존 F.Kennedy, John F. 333

케슬러-해리스, 앨리스Kessler-Harris,
Alice 291, 293-297, 301-303, 422

켈리, 조앤Kelly, Joan 55, 77

코드화coding 97, 123, 151, 157, 166

클린턴, 힐러리Clinton, Hillary 18, 19

키니, 바너비Keeney, Barnaby 424

탈구축deconstruction 33, 35, 85, 108,
167, 305

테일러, 바버라Taylor, Barbara 147, 148,
160, 162, 163, 399

테일러, 제임스Taylor, James 314, 323

『토템과 터부』Totem and Taboo(프로이트)
16, 389

톰슨, E.P. Thompson, E. P. 49, 121,
133-159, 161-163, 165-167

톰슨, 밀드레드Thompson, Mildred 320

통계(학)statistics 205-210, 212, 227,
236, 243, 295, 296, 298, 301, 319,
363, 413

___인구통계 208

___통계자료 214

___통계조사 208, 242, 328

트럼프, 도널드Trump, Donald 17-19

트리스탕, 플로라Tristan, Flora 214, 410

특수성 58, 59, 83, 304, 331, 337, 361

___여성의 특수성 36, 47, 58,
302

티슬우드, 수전Thistlewood, Susan 150

티슬우드, 아서Thistlewood, Arthur 150

파랑-뒤샤틀레,
알렉상드르Parent-Duchâtelet,
Alexandre 206, 252, 253, 417

『파리 산업통계
1847-48』(『산업통계』)Enquête
industrielle(1848) 209, 210, 212,
217-226, 228-232, 234-243, 252,
253
파머, 조지 허버트Palmer, George Herbert
327
파이어스톤, 슐라미스Firestone,
Shulamith 74
팔루스phallus 81-83, 146
펄먼, 셀리그Perlman, Selig 320
페미니스트feminist 9, 23, 26, 28, 36,
37, 47, 48, 58, 65-67, 69, 70, 79,
85-87, 100, 127, 129, 158, 160,
163, 164, 167, 195, 196, 198, 250,
271, 291, 292, 299, 300, 303, 306,
320, 331-333, 338, 343, 353, 356,
401
페미니즘feminism 9, 20, 28, 38, 43-47,
54, 57, 71, 73-75, 80, 85, 101, 138,
151, 152, 160, 164, 189, 202, 290,
291, 299, 305, 306, 320, 329, 355,
356, 392, 394, 405, 411, 422, 425,
428
___'마르크스주의 페미니즘/
페미니스트' 항목도 참조
___'사회주의 페미니즘' 항목도
참조
___안티페미니즘antifeminism
110, 405, 425
___페미니즘 역사(학)feminist
history 26, 28, 37, 110, 165, 421
___페미니즘 정치(학)feminist
politics 28, 30, 138, 299, 334
「페미니즘 이론의 이중적 시각」The
Doubled Vision of Feminist
Theory(켈리) 77
페인, 토머스Paine, Tom 149, 150
펠티에, 마들렌Pelletier, Madeleine 355,

356, 429
펨브로크 여성교육및연구센터Pembroke
Center for Teaching and Research on
Women 23, 372, 401
평등 27, 97, 101, 116, 144, 145, 158,
183, 193, 195, 197, 263, 283, 284,
292-294, 298-300, 303, 305, 306,
312, 319, 322-324, 330-332, 338,
339, 343-345, 347-351, 356, 360,
364, 367, 370, 371, 373, 411, 421,
428
___성평등 321, 396
___젠더 평등 20
평등고용기회위원회Equal Employment
Opportunity Commission(EEOC)
291, 293, 294, 297, 298, 301, 421
평등주의 145, 152, 158, 161, 198, 299,
313
포스트구조주의post-structuralism 13,
23, 28, 29, 32, 74, 79, 80, 87, 107,
108, 111, 161, 290, 402
푸리에, 샤를Fourier, Charles 173, 410
푸코, 미셸Foucault, Michel 11, 12, 24,
28, 56, 60, 77, 84, 88, 95, 108, 117,
128, 161, 205
프랑스혁명 14, 46, 56, 69, 94, 95, 96,
215, 321, 343, 348, 403, 404
프레지에, 루이Frégier, Louis 206, 235
프로이트, 지그문트Freud, Sigmund 13,
16, 18, 79, 162
프로카치, 조반나Procacci, Giovanna 261
프루동, 피에르 조제프Proudhon, Pierre
Joseph 249
프리먼, 앨리스Freeman, Alice 327
픽스, 테오도르Fix, Theodore 265, 266
핀치벡, 아이비Pinchbeck, Ivy 143
필머, 로버트Filmer, Robert 94
하도급 직인appièceur 179, 180, 182,

184, 227, 409

하디, 토머스Hardy, Thomas 140

하우스, 스티븐Hause, Steven 49

하이슬롭, 비어트리스Hyslop, Beatrice
321, 331, 332, 425

하이엄, 존Higham, John 326, 329, 334

하트만, 하이디Hartmann, Heidi 76

합리주의rationalism 124, 129, 145, 146,
148, 149, 151, 152, 156, 161, 162

핵가족 49, 81

허스토리her-story 48-52, 54, 58

허위의식 30

헌트, 린Hunt, Lynn 56, 373

혁명 55, 216, 219, 357

협동조합 121, 147, 411

＿노동자 협동조합 216

＿생산자 협동조합 176, 177,
188, 192

홀, 재클린Hall, Jacqueline 91

홉스봄, 에릭Hobsbawm, Eric 147

휠러, 애너Wheeler, Anna 139

휴머니즘 87, 134

힉맨, 에밀리Hickman, Emily 328

힐, 메리Hill, Mary 91

젠더와 역사의 정치

1판 1쇄. 2023년 6월 5일

지은이. 조앤 W. 스콧
옮긴이. 정지영, 마정윤, 박차민정, 정지수, 최금영

펴낸이. 안중철, 정민용
책임편집. 이진실
편집. 최미정, 윤상훈

펴낸 곳. 후마니다스(주)
등록. 2002년 2월 19일 제2002-000481호
주소. 서울 마포구 신촌로14안길 17, 2층(04057)

편집. 02-739-9929, 9930
제작. 02-722-9960

메일. humanitasbooks@gmail.com
블로그. blog.naver.com/humabook
SNS f ⓘ ✉ /humanitasbook

인쇄. 천일인쇄 031-955-8083
제본. 일진제책 031-908-1407

값 25,000원

ISBN 978-89-6437-428-3 94900
      978-89-6437-310-1 (세트)

이 저서는 2021년 대한민국 교육부와 한국연구재단의 지원을 받아
수행된 연구임(NRF-2021S1A5C2A02088731)